国家出版基金项目
NATIONAL PUBLICATION FOUNDATION

田野中国·当代民俗学术文库

梅花拳与乡村自治传统：冀南北杨庄考察

张兴宇　著

齊鲁書社

图书在版编目（CIP）数据

梅花拳与乡村自治传统：冀南北杨庄考察 / 张兴宇著. -- 济南 ：齐鲁书社，2019.12
（田野中国 · 当代民俗学术文库）
ISBN 978-7-5333-4254-8

Ⅰ.①梅… Ⅱ.①张… Ⅲ.①农村－群众自治－研究－广宗县 Ⅳ.①D638

中国版本图书馆CIP数据核字(2019)第292434号

梅花拳与乡村自治传统：冀南北杨庄考察

张兴宇 著

主管单位	山东出版传媒股份有限公司
出版发行	齊魯書社
社　　址	济南市英雄山路189号
邮　　编	250002
网　　址	www.qlss.com.cn
电子邮箱	qilupress@126.com
营销中心	（0531）82098521　82098519
印　　刷	山东临沂新华印刷物流集团有限责任公司
开　　本	710mm × 1000mm　1/16
印　　张	20
插　　页	3
字　　数	314千
版　　次	2019年12月第1版
印　　次	2019年12月第1次印刷
印　　数	1-1000
标准书号	ISBN 978-7-5333-4254-8
定　　价	80.00元

在田野中理解中国（总序）

张士闪

近年来学界劲吹“田野风”，行走田野成为时尚。田野调查并不专属于哪一学科，讲究的是深入民间，以参与式观察获得实证材料，当下能有红火气象，诚然可喜。田野调查在我国有着悠久传统，西周时期就已有“问俗知政”制度，专设负责采风的官员即“行人”，到民间搜集歌谣，供当政者了解民情风俗，考察政治得失。据说《诗经》中《国风》和《小雅》的部分诗篇，其由来便与此有关。“礼失求诸野”这句话是否真为孔子所说，一直存有争议，但它赋予“田野”的那种沉甸甸的神圣感，至今还能感受到。

不过，“田野”究竟意味着什么呢？这是我一直萦绕于心的问题。

一

我所理解的“田野”，就是我等众生于其中生老病死的日常生活世界。田野是人类知识的本原，是人类总体行为的发生场所。套用柯林武德的话来说，即生活是“自我—授权”① 的。如果仅依据书面材料分析人性乃至人类，就既高估了人类的理性能力，也低估了日常生活世界的复杂程度。

日常生活是琐碎、模糊的，它当然也会受到国家制度的巨大影响，虽

① ［英］R. G. 柯林武德著，何兆武、张文杰译：《历史的观念》，中国社会科学出版社 1986 年版，第 331 页。

然后者并不见得总是直接发挥作用。① 我们都在日常生活中，视听言行皆为日常，但常被选择性地赋予不同价值，导致我们身在其中却忘了我们在学术视野中的“日常”之理。田野研究作为方法，首要之义就是需要警觉与反思人之常情的缺失。

在现代西方文化研究转向中，日常生活被提升到空前高度予以关注。胡塞尔强调的对“生活世界”的回归，海德格尔的“日常共在”观念，维特根斯坦的“生活形式”分析，福柯关于“规训”的微观性权力的分析等，都是产生了巨大影响的思想。晚近的布迪厄则以人的“习性”为关键性概念，通过对其历史养成与现实运用的观察，试图理解日常生活实践。② 在他看来，“习性”研究的特别意义，在于它代表了一种相对稳定的社会行为规范，在日常生活与社会运行之间提供了一条便捷的阐释路径。

许多著名思想家都惊叹于日常生活力量的不可低估，如黄遵宪说：

> 风俗之端始于至微，抟之而无物，察之而无形，听之而无声，然一二人倡之，千百人和之，人与人相接，人与人相续，又踵而行之。及其既成，虽其极陋甚弊者，举国之人习以为然，上智所不能察，大力所不能挽，严刑峻法所不能变。夫事有是有非，有美有恶，旁观者或一览而知之，而彼国称之为礼，沿之为俗，乃至举国之人，展转沉

---

① 张士闪：“毫无疑问，国家制度‘深深地影响着乡村社会的日常生活’，但在乡村社会语境中，‘国家制度’又经常被视作一种可供谈论、交流、改装或化用的‘文化文本’。”（张士闪：《礼俗互动与中国社会研究》，载《民俗研究》2016 年第 6 期）在民间，这一文本或许会被漠视或忽略，也许会在不断的强化中嵌入地方传统之中，甚或在新语境的诱发之下衍生出新意与价值。从本原的意义上，国家制度是世俗化的产物，而国家制度的实施又在社会中形成新的常识，这亦可视为世俗化的过程。刘铁梁曾提及村落中一种散漫的、冲击着国家想象的“民俗现象”的存在，认为它是任何国家力量也无法消除的，“任何大一统的文化到了民间，都有一个民间化的过程，而这个民间化过程是紧密联系其社区自身存在和发展的需要”，这可视为对上述现象的自下而上的论证。参见王铭铭、刘铁梁：《村落研究二人谈》，载《民俗研究》2003 年第 1 期。

② ［法］皮埃尔·布迪厄著，蒋梓骅译：《实践感》，译林出版社 2012 年版，第 79 页。

锢于其中，而莫能少越，则习之囿人也大矣！①

詹姆斯·C. 斯科特也说：

正如成千上万的珊瑚虫杂乱无章地形成的珊瑚礁一样，成千上万的以个体形式出现的不服从与逃避行动构建了其自身的政治或经济屏障……当国家的航船搁浅在这些礁石上时，人们的注意力被典型地吸引到船只失事本身，而不会看到正是这些微不足道的行动的大量聚集才是造成失事的原因。②

黄遵宪认为民众“习俗”是自行其是的，因此以“习之囿人也大”推导变法维新思想的合法性，而斯科特则关注“微不足道的行动的大量聚集”对于国家权力的侵蚀，认为应从日常生活政治理解社会变迁。二人的共同之处，则是都将日常生活与国家命运相提并论。类似思想，早在两千多年前的《史记》中即有表达：

鲁公伯禽之初受封之鲁，三年而后报政周公。周公曰：“何迟也?”伯禽曰：“变其俗，革其礼，丧三年然后除之，故迟。”太公亦封于齐，五月而报政周公。周公曰：“何疾也?”曰：“吾简其君臣礼，从其俗为也。”及后闻伯禽报政迟，乃叹曰：“呜呼，鲁后世其北面事齐矣！夫政不简不易，民不有近；平易近民，民必归之。”③

在这则案例中，君王对于民众日常生活的态度（或者说“民俗政策”），对于王朝命运的影响是如此巨大而直接，难怪被后世视为治国之鉴。其中反复述及的“礼”“俗”话语，既是对中国传统社会形态

① 〔清〕黄遵宪：《日本国志·礼俗志一》。

② ［美］詹姆斯·C. 斯科特著，郑广怀等译：《弱者的武器》，译林出版社2007年版，第43页。

③ 《史记》卷三三《鲁周公世家》。

的化约表述，又表征着颇富弹性的中国传统政治模式。源远流长的中国传统政治，绝非近代以来西方学者所谓“东方专制主义”一语所能盖棺论定的。

二

在我的家乡鲁中山区洼子村，村民至今有讲礼论俗的传统。村里老人也知道，他们的生活本身是“民俗”，却在分家、葬礼等一些重要场合，依然拿“礼”或“老礼”说事。面对已有或潜存的世俗纠纷，“礼”（而非“理”）是管用的。再看遍及全国各地的庙会节庆、冠婚丧祭、修志续谱、传统游艺等活动，在看似不同的文化表达中，都体现出“礼治社会”的共同特征。如民间祭祀中“天地君亲师”牌位的摆设，乡村巡游时“普天同庆”“天下太平”等旗号的彰显，庙碑家谱中“礼曰”“诗云”的征引，民间口头传统中“圣人言”“老人言”“老礼”“老话”的强调等，都在借用国家权威（礼）而建立地方秩序，却在持续的仪式活动实践中，经由形式模仿而逐渐嵌套于国家政治格局之中，形成了各地同中有异的“家国一体化”传统。我们意识到，民间之“礼”固然是含混的，但这正是民众参与国家礼制建构所留下的文化印迹，并已成为中国传统文化完整谱系中不可或缺的部分。

我还注意到，为各地民众所运用的“礼”“俗”话语，既与国家历史进程中的教化实践有关，也对应于乡村日常生活本身的复杂性质。在乡村社会中，也会出现家庭内部的分化或分工的问题。兄长可能是讲究礼仪、在乡里素有声望的人士，瞧不上“时俗”；兄弟却喜好参与地方信仰仪式、乡民游艺之类的热闹活动。当国家致力于“礼仪下行”之时，对这类家族造成的影响可能就是分裂，最终在地方社会中形成既有分治又有整合的状态。每逢灾乱年头，民众挣扎于生存底线，也会使得社会上“礼”与“俗”的裂缝加大，国家行政难以贯彻基层。这已是每次大的社会灾乱过后，历代王朝总要“整顿风俗”的根本原因，并成为中华文明逐渐建构、整合和传承的有机部分。

我相信，中国传统社会的良性运转，正在于礼俗互动的政治制度框架与弹性实践机制的设计：在社会理念上，国家讲究礼制而不至于脱离俗情，民众以贴近国家正统为正途；在国家政治层面，倡导“为政必先究风俗”“居官以正风俗为先”等民俗政治原则，注重因俗制礼与以礼化俗相结合的社会实践，冀望通过礼仪教化达致礼俗融合的社会理想状态。

当然，村民的讲礼论俗，与国家制度或文化典籍中的礼俗话语并不一致，亦不见得是要谋求上层社会的支持，而重在自树影响，以强调传统伦理、化解民间纠纷或动员公益事务等。但更重要的是，这种民间之“礼”虽与国家礼制有异，却又以贴近国家礼仪正统自命，并自觉调适于国家一统进程中。村民为什么要将自身“民俗”的一部分界定为“礼”？他们在援引“礼”的话语时，如何确信就是（或符合）国家之“礼”？这就是田野研究一展身手的地方了。

田野研究的一大优势，是可以直接碰触已在民间存在久远、至今仍在发挥作用的一些知识和思想，无论它们是以怎样的形式存在（如村志、族谱、庙碑、俗语、节庆、礼仪等），还可以持续观察它们为民众继续使用的过程与样态。这些知识和思想并不见得就完全属于民间，因而与一般意义上的“中国原理”相联系。长期行走田野的学者，都曾有类似经历：有时候偶然听到一两句俗语，忽然就对国家一统进程中积淀一方民众的某种心态心领神会。哈布瓦赫认为“言语的习俗构成了集体记忆最基本同时又是最稳定的框架”①，那么为村民频繁使用的俗语，就可以视为理解地方社会生活的一种捷径。重要历史事件和影响较大的社会观念，必然会在俗语中有所表达。还有些流行更广泛的俗语，如“不经一事，不长一智”“谋事在人，成事在天”等，则代表了中华民族更普遍的文化心性。前者是说人类个体“成人”的过程离不开社会历练，而后者则在激发一种积极奋发精神的同时，并不否认社会条件的制约性。

何谓“下田野”？即指学者走进民众的日常生活，以具体的人和事为研究对象，发现其背后的“人情世故”及其文化意义的过程。古往今来，

① ［法］莫里斯·哈布瓦赫著，毕然、郭金华译：《论集体记忆》，上海人民出版社2002年版，第80页。

无论是古代文人的采风问俗实践，还是现代史上知识分子“向民间去”的社会运动，都具有某种“下田野”的色彩。但这些活动往往因为忽视民众的自我表达，难以对民众的日常生活有充分认知。我以为，田野调查之要义，是一种特定的人际交往方式和文化互动实践。民众口述所表达的知识（田野资料）与口述本身所代表的交流行为（田野关系），其实都是具有学术意义的素材。比如一位村民讲同一件事，面对家人、邻居或陌生人的表述肯定会有所不同。不同的社会语境，影响了他的知识表达。

田野研究既以民众日常生活为研究对象，首先就要关注“野”，就是探究以人与自然的互动为基础而形成的人地关系，即“非社会”状态。人总是宿命般地存在于自然环境之中，自然环境是人与社会的共同起点。自然环境凭借其物质构成，不仅为人们提供生计资源，还是人类情感、意志及广泛意义上的实践行为的投射对象，并以意象的方式参与人类心智结构的发育。自然环境通过人的生计劳动，再转化为合乎人需要的物，而富有人文气息的“田野”亦由此生成，这就是更广泛意义上的“文化”发生的过程。譬如那些以凤凰、凤翅、龙头、卧龙、回龙等命名的地理地貌或人工建筑，就是人们附会宏大历史或赋予吉祥寓意所营造的族群认同符号。人与自然环境之间的交互作用看似微不足道，却坚韧地影响着整体社会系统的运行与变迁。因此，马克思曾将“市民社会”界定为“物质的生活关系的总和”①，并认为它是“全部历史的真正发源地和舞台”②。

按照赖特·米尔斯的说法，社会科学应“探讨个人生活历程、历史和它们在社会结构中交织的问题”③，这需要研究者贴近日常生活，体察民众感受，并以田野的眼光理解个人所处的社会结构与历史传统。虽然，生活总如流水般不断逝去，但承载流水的河床还在，田野研究便有章可循。

---

① 《马克思恩格斯选集》第二卷，人民出版社 2012 年版，第 2 页。

② 《马克思恩格斯选集》第一卷，人民出版社 2012 年版，第 167 页。

③ ［美］C. 赖特·米尔斯著，陈强、张永强译：《社会学的想像力》，生活·读书·新知三联书店 2001 年版，第 158 页。

三

田野研究的学术共识，是从地方生活细节入手，在民间与国家的相互建构中理解中国政治传统。如果说“地方性知识”（克利福德·格尔兹语）是人类文化的起点与载体，那么我们常说的“文化传统”无非是稳定化了的文化，而“传统文化”则是做大做强了的“文化传统”。文化的意义在于为生活提供价值，但对于文化的价值判断，却长期来自政治系统、学术系统，而非占据人类绝大多数的芸芸众生的生活系统，诚为咄咄怪事。久而久之，人们甚至会淡忘“生活是文化之根”的常识，以至于需要一种“眼光向下”的学问，长期在田野中观察民众生活系统，做相关的价值辨别及清理工作，提醒整个社会不要忽略或淡忘来自民众生活系统的文化判断。

中华民族是众多族群的集合，中华传统文化是在对多元地方文化的融会、提炼中形成的，而与礼俗相关的话语形式与社会实践，涉及中华民族自古及今持续的思想构成与社会运作，因而成为理解这一过程的重要路径。历经波澜起伏的近现代社会变迁，其精髓仍在当今社会生活中潜在传承。近年来，已有不少学者以田野调查为基础，对国家之“礼”与民间之“俗”之间复杂的互动关系进行研究，显示出“在田野中理解中国”的广阔前景。

长期在中国做田野调查的科大卫教授，将地方信仰、祖先祭祀、社区节诞、民众文字传统、庙宇建筑等视作“有意义的礼仪标签”，试图以此“重建地方社会整合到中华帝国的过程”①。近年来，他又提出“国家对地

---

① 科大卫、刘志伟：“在不同时间不同空间，尽管人们都同样追求大一统，但他们用来定义大一统的标签往往不一定相同。在把地方传统纳入大一统范畴的过程中，尽管他们总是会努力把对自我的认知与对大一统认知之间的距离拉近，他们建构的大一统样式与其他人建构的大一统样式在概念和行为上仍然可以有很大的差异，问题不在于这种差异有多大，而在于他们对正统的理解和定义是否有规律可循。”见氏著《“标准化”还是“正统化”？——从民间信仰与礼仪看中国文化的大一统》，载《历史人类学学刊》2008 年 10 月第一、二期合刊。

方社会的影响，不一定是控制，也可以是地方社会很主动、很巧妙地把国家制度引入来处理地方上的问题。所谓地方整合到国家，就是一种认同的过程”，因为“我们在田野考察的基础上注意到，这种认同跟地方社会与国家机构打交道的形式很有关系”①。在他看来，国家政治建构与地方社会发展之间的互动过程，即“形成中国的历史”，而在这一互动过程中形成的“礼仪标签”，就是“理解中国”的关键。无独有偶，在历代王朝“礼下庶人”的教化过程中，刘志伟、孙歌看到的却是“礼俗互动”的基层政治实践，“读书人在民间推行士人之‘礼’的过程，常常是通过把原来民间社会秩序中的‘俗’纳入‘礼’的体系之中来实现的……礼教在民间的渗透推广，并不是一个自上而下的过程，而是读书人和士大夫阶层自觉地把民间的社会秩序之‘俗’纳入礼的规范中来的过程”②。或许正鉴于此，郑振满将历史人类学的研究范式归结为“注重民间文献，注重田野调查，力求回到历史现场，从民俗研究历史”③，我相信这一理念也适用于更多的学科。

如此，以田野的眼光看文献，以历史的眼光看民俗，就在“礼”“俗”之间看到了“俗化之礼”“礼化之俗”等所谓“礼俗相交”的社会状态。其实，南宋思想家吕祖谦本来就说得很是清楚：“礼俗不可分为两事，制而用之谓之礼，习而安之谓之俗。”④ 历代县志中常见的“俗成民化”之说，是地方官普遍设定的社会治理目标，“俗成”即社会风气明显好转，“民化”则指民众经由教化达致“礼仪自觉”，彻底成为“化内之民”。

再看国家之“礼”，也并非成于一时、定于一尊，其本身即屡经重建、多元复合的产物。在不同的历史时期，所谓“礼制”并未由儒学所垄断，

---

① 科大卫、张士闪：《“大一统”与差异化——历史人类学视野下的中国社会研究——科大卫教授访谈录》，载《民俗研究》2016 年第 2 期。

② 刘志伟、孙歌：《在历史中寻找中国——关于区域史研究认识论的对话》，香港大家良友书局有限公司 2014 年版，第 115 ~ 117 页。

③ 郑振满：《华南学者的历史人类学：传承与互动》，载《开放时代》2016 年第 4 期。

④ 〔宋〕王应麟：《困学纪闻》卷四。

佛道之学对于“礼”的建构也各有绵延的传统。譬如在春秋战国时期，有楚礼也有夷礼，礼的相对性极为明显。在元朝时期，全真教曾力压儒、佛而以“国家之礼”自居，一度在众多地区担当起社会教化与组织的职责，成为沟通王朝政治与地方社会的重要方式。时过境迁，历史上国家礼制的多元建构却依然会对地方社会持续发生影响。我们在田野中见到的多种民间文献，如族谱、碑刻、契约文书、诉讼文书、日用类书、民间礼仪本、宗教科仪书、宝卷、善书、唱本、剧本、账本、杂记等，就生动地显示出了这一点。

赵世瑜曾为田野研究树立了一个宏大目标：

> 我们要研究的，就不只是中国文化的“大一统”的结构本身，而是形成其结构的复杂历史过程，尤其需要对不同地域历史演变作比较的研究……中国社会秩序是以“礼仪”为核心，建筑形式、行政制度、产权代表、武装力量等都是礼仪的表征，因此可以作为理解统一性的切入点。①

当然，这需要无数田野个案的长期累积和以小见大的层进拓展。

四

在田野中遭逢的一切，既是现实，也是历史，足可展开绵密而深邃的思考。钟敬文说“一滴水的意义是不能低估的”②，罗志田说“历史的共性完全可以展现在个人的经历和体验之中”③，都说的是个案研究之长。不过在田野研究中，现实的多重面相与人性纠结需要辨析，历史的杂乱堆积与回环嵌套也需要厘清，因而抱持一种谦卑心态是必要的，因为“历史留

---

① 赵世瑜、申斌：《从社会史到中国社会的历史人类学》，载日本中国史学会《中国史学》第25卷，2015年10月。

② 钟敬文：《民间美术与民间文化问题——在山东高密民间艺术展览座谈会上的讲话》，载《民间工艺》创刊号，1984年10月。

③ 罗志田：《知人论世：回归以人为主体的历史》，载《读书》2019年第11期。

给后人的本来就不可能是一个完整的图像，本来就都是些‘碎片’，关键在于人们如何发现它们之间的联系及其意义，把它们连缀起来”①。在田野中搜集“碎片”的工作固然辛苦，而在纷然“碎片”中发现和建立关联则尤费斟酌，这需要有足够的想象力。我曾试图这样概括我的田野研究思路：

> 一是注重人地互动的关系，从人与自然之间长时段的相互塑造关系来理解民俗传统；二是注重中国社会发展进程中礼俗互动的关系，从乡村生活实践中观察整个社会的礼俗互动态势，梳理其价值演化的脉络、机制与逻辑；三是关注田野调查中的人际互动关系，将田野访谈视作一种特定的人际交往方式和文化互动实践。②

这样的表达并不完整，但是有感而发，意在提醒田野同道们应兼顾多维思考。就上述三种互动关系而论，任何一维的些许变化又都会影响其他，并在复杂联动中将这一微变放大或削弱，从而影响整个社会系统的运行和演化。比如人际关系固然是在人地关系的基础上发展起来，但既同为社会性的存在，人地关系又可视为人际关系的延伸，并连同在长期礼俗互动中凝结而成的社会结构，一起汇作我们当下正在观察的社会关系整体。

我相信，就学术方法而言，唯有置身于田野之中，才能真正理解一种地方传统的约定俗成，并在更长时段、更广阔区域被传承，乃至与国家政治形成因应互动的关系。换句话说，当我们在田野中亲密接触一个个活生生的人，体会“芸芸众生”内部的千差万别，内心就有了五味杂陈。在田野故事多种版本的背后，映照的恰是人情世故众生相。田野研究是凸显“人的实践”的研究模式，贯穿于整个工作过程的，应是那种持之以恒地探究个体日常生活的好奇心。海外学者萧凤霞曾说：

---

① 赵世瑜等：《走向多元开放的社会史——中国社会史研究 30 年的回顾与前瞻（超越名实之辨的社会史）》，载《光明日报》2009 年 3 月 24 日。

② 张清俐：《“深描”中国村落文化变迁》，载《中国社会科学报》2017 年 7 月 10 日。

> 我着力研究在田野考察过程中碰到的一个个人，我探讨某些事物为什么对他们那么重要，尝试了解他们的选择和取向，是经过一个怎样复杂的历史过程而形成的。……像中国这样庞大的政治实体，不论在帝国时期还是在现代，有那么大的地区文化差异，又经过那么繁复的兴衰周期，它是怎样维系着人民共同的想象的呢？①

这席话是对田野研究目标的绝好概括。我们在田野中所接触的民众生活文化，与长期高居庙堂的儒家经义，以及道、法、墨等百家之学，同是秉承于中华民族古老的精神血脉，而各有损益，多元相通，并非势同水火，因此才会有“礼失求诸野”的说法。“呦呦鹿鸣，食野之苹。”我们真希望能有更多怀有学术良心与善意的人走进田野，联起手来，俯下身去，一步一步共同实现“在田野中理解中国”的宏愿。

---

① 萧凤霞：《廿载华南研究之旅》，载《清华社会学评论》2001 年第 1 期。

目　录

导 言

一、田野之问、研究缘起及意义

（一）田野之问："调查这个有啥用？"

2016年7月中旬，此时正逢中国北方的盛夏，骄阳似火。一同西去的乘客安坐在从山东济南开往河北广宗的长途大巴车里，虽然隔着一层厚厚的车窗，但窗外柏油马路上散发出的腾腾热气仍旧清晰可见。笔者与师弟再次开启了前往河北省邢台市广宗县核桃园乡北杨庄村的第N次梅花拳田野调查。然而这趟通往广宗县所谓的长途"豪华"大巴，着实难以称得上"豪华"二字。破旧的皮质座椅，刺鼻的车厢气味，夹带着轰轰隆隆的发动机声，伴随着这辆颇具"复古感"的汽车驰行穿越了黄河、徒骇河、京杭运河和老漳河①。车旅劳顿，乘客们的神情多半显得躁动不安。经过四个半小时的长途跋涉，当汽车行至广宗县城东的标志性建筑——"四羊方尊"雕塑路口处时，我们终于可以下车歇息。时间已近中午，稍作休整，我们又转而搭乘从广宗县城通往核桃园乡的城乡公交。幸运的是，广宗县公交公司刚刚统一更换了崭新的城乡新能源电动公交汽车，车内既宽敞又凉爽，一同乘车返乡的村民也对此举赞不绝口。与之前老旧的柴油汽车相比，这当然算是"鸟枪换炮"了。

从广宗县城到核桃园乡客运站，车程大概需要四十多分钟，中间还会路过洗马村、柏城村等十几个村庄。司机师傅基本上招手即停，一是为了方便村民乘车，二是在路途中还能多拉一些零散客源。酷暑难耐，周边村

---

① 黄河、徒骇河和京杭运河流经山东省境内，老漳河位于河北省境内。

庄的农民在道路两旁种植的大批油葵花也被晒得低下了头。公交车抵达核桃园乡客运站，从核桃园再转道去北杨庄村，大约只需三四华里的路途。入乡随俗，出于礼节所需，进村前我特意与师弟从乡里的商店买了些家常礼物，准备赠送给这次接待我们开展田野调查的村民们。考虑到正是农忙时节，调查期间在老乡家居住多有不便，我们决定完成当天调查后再折返县城，于是请乡里商店的老板帮忙租了一辆出租车。傍晚八点多钟，在顺利结束了当天的调查工作之后，司机师傅如约来到村口接调研小队回城。来者不善，路途中这位司机师傅主动搭讪和我们闲聊，他用略带疑惑的冀南方言质问道："你们费时费力地调查梅花拳这个东西有啥用啊？""我们是学生，来这里就是找老乡们学习民间知识的。"师弟客套地回了一句。"那师傅您觉得有什么用？"我随口反问他。"我啊！我觉得这个没什么用！你看，一不能挣钱，二不能吃喝。你说有啥用？"说到此处，司机师傅的语调一下子提高了许多。我和师弟相视一笑，没再搭话，双方陷入了尴尬的沉寂状态。

显而易见的是，对于这位出租车司机的疑惑，也正是我们在田野调查过程中常常会碰到的难题。面对调查对象的质询，我们固然需要反问自身："在村落中调查这些东西究竟有什么用？"某种程度上，如果按照这位司机师傅的"田野无用论"逻辑加以解答，其实他的观点并非完全错误。作为民俗研究者，进村调查梅花拳这些在外人看起来"老掉牙"的东西，的确无法满足他们所谓的"口腹"之欲，更不用谈什么增加额外的经济收入。或许在他们的眼中，尽可能多地挣钱养家糊口才是他们这一代人的农村生活"实况"。此外，每当我们踏入村落进行田野调查时，也总会遇到和英国人类学家奈杰尔·巴利在多瓦悠族地区碰到的相似困惑：

> "你为什么这么做？"
> "因为它是好的。"
> "因为祖先要我们这么做。"
> "祖先为什么要你这么做？"

“因为它是好的。”

正如巴利在此次调查之后做出的调侃式评判：“他永远打不败这些祖先，他们是一切解释的起始与结束。”① 不容忽视的是，在这些乡村地区，村民的实际心态通常会影响他们对于某一文化现象的理解。比如，通常我们对乡村的历史文化传统进行追溯调查时，乡民口中所回应的表述一般是模棱两可的。而且，除了某些村落中个别的“能人”之外，绝大部分乡民对这些看起来属于“陈芝麻烂谷子”的历史往事并不关心，他们多半会在访谈结束后像前文提及的司机师傅那样加问一句：“你们了解这个有啥用?”或“你们问这个对我们有什么好处?”对于在田野调查中观察到的各种民俗现象，我们往往倾向于去寻找它们背后的“文化解释”，实如克利福德·吉尔兹（Clifford Geertz，或译作克利福德·格尔兹）所述：“或许应该像我们大多数人一样，用他们自己的方式去指称他们自己的心灵，他们毕竟不似有人指称的那样敏锐。”② 换言之，从地方民众不同场景的话语表述中，去了解他们对自身乡土文化的一种“认知逻辑”，进而理解其背后的“文化意义”。如此看来，“有用”“好”等表述是乡民出于对村落生活层面的现实考量，而“解释”“意义”则是研究者出于田野实践研究层面的学理追寻，两者各取其用，实际上并不矛盾。

麻雀虽小，五脏俱全。无论是人类学、民俗学田野作业的开山祖师马林诺夫斯基（Malinowski，或译作马凌诺斯基）早年间对南太平洋特罗布里恩德岛小型社区的微观考察，还是后来中国著名社会学家费孝通先生倡导的乡土社会研究范式，他们或是从基层村落社区民众生活的特殊性和复杂性中发现普遍性规律，又或从乡村生活的共同性中提取独特性和典型性特征③。

---

① ［英］奈杰尔·巴利著，何颖怡译：《天真的人类学家——小泥屋笔记》，上海人民出版社2003年版，第81页。

② ［美］克利福德·吉尔兹著，王海龙、张家瑄译：《地方性知识：阐释人类学论文集》，中央编译出版社2000年版，第74页。

③ 参见［英］马凌诺斯基著，梁永佳、李绍明译：《西太平洋的航海者》，华夏出版社2002年版；费孝通：《乡土中国》，北京出版社2005年版。

从意义层面来审视，其实两者不分轩轾，皆有助于提升并深化人类学、民俗学田野研究的学术厚度。诚然，民俗学作为一门关心当下民众日常生活与身体感受的学问，近年来，“生活性”与“感受性”已然成为民俗学界田野研究关注的焦点①。在研究视角聚焦的过程中亦不难看出，当代乡村生活传统的理路形成也必然经历了民众对过去生活历史的吸收、变异和改造过程，这还与地方社会特定的地理、生态、经济、政治、文化等诸多要素息息相关。与此同时，由于改革开放以来中国乡土社会经济发展与文化转型的不断提速，过去被乡民称为乡村民俗传统或文化传统的生活观念也随之发生了翻天覆地的变化。不容忽视的是，这种变革所引发的连带效应至今仍在乡民的日常生活领域中发酵。

平心而论，每次走进充满着肃穆感的乡间村落，当我们试图去倾听和感受乡土民众的“活法”和“想法”时，常能深刻体会到文本理论知识与乡村生活现实之间所存在的巨大文化冲击和结构性断裂。在乡村日常生活中，乡民个体的生活观念虽然千差万别，但他们也会习惯于借助共同的节日、信仰、仪礼、规矩等乡村生活方式去达成一定意义上的观念统合，从而塑造和凸显了乡村整体的文化个性。但在理解这种所谓的乡村文化个性时，人们往往又会陷入更大的文化差异性鸿沟，这或许正是中国乡土村落的多元文化底色。所以，从关注乡民个人生活方式的主体视角出发，探寻乡村生活文化传统的公共价值与意义，就成为弥合这条鸿沟和断裂带的一种关键方式。

（二）研究缘起：“种地”“习武”“求学问”

进一步说来，本书的选题是基于梅花拳这一“民间武术”而展开的乡村自治传统研究，主要扎根于与乡民主动“打交道”的民俗学田野调查理念，侧重探讨当下乡民艺术、乡村自治组织和民众生活传统之间的互动机

---

① 近年来如刘铁梁等国内民俗学者倡导进行生活民俗学研究。他认为：“通过民俗来观察一定地域和人群的生活，考察他们在那里一代代传承的文化。民俗的传承与变迁从来都是与具体的人群、个人连接在一起，同时又与时代社会背景紧密联系。”参见刘铁梁：《感受生活的民俗学》，载《民俗研究》2011 年第 2 期。

制与文化意义等问题①。乍看之下，“种地”“习武”和“求学问”之间没有什么太过紧密的关联，实则不然。从本质上看，“种地”“习武”与“求学问”并无二致。相较之，乡间农民欲求颗粒满仓，故不可“四体不勤，五谷不分”，尚需熟识“种地”的日常规矩与方法；习武者欲精通武术要义，则不可“三天打鱼，两天晒网”，亦需了解“习武”技艺并勤加苦练；学术研究者欲钻研学问，则不可“一瓶不满，半瓶晃荡”，还需着力探寻治学的理路和门径。所谓“种地”“习武”“求学问”，此三者皆源出“田野”，且讲究机缘巧合。笔者自幼成长于鲁南乡村，老家依山临水，所以对“种地”这个行当并不陌生，又因生活过的乡村素存尚武风习，故也略知几分“少林拳脚”，亦曾有短暂数年的“习武”经历，因此决定了本人近年来对乡村民俗传统的持续关注。

“外练筋骨皮，内练一口气。刚柔并济不低头，我们心中有天地”，在20世纪90年代中后期，中国男歌手屠洪刚演唱的一曲《中国功夫》，凭借其通俗清脆的唱腔、豪迈奔放的气魄，曾风靡大江南北，妇孺皆晓。与此同时，经典香港武打电影中流行的武林高手意象深入人心，他们多半武艺高强，常能飞檐走壁，出没于江湖野村，行侠仗义，其意象深刻滋养了一代中国年轻人的精神文化生活。中华武术传承历史悠远，内涵博大精深，名目种类繁多。而在中国传统乡村社会，武术往往被民众视为防身自卫、御敌威慑及闲暇娱乐生活的重要方式之一。尤其在过去，乡村每逢冬季农闲时节，三五村民聚众会友，切磋拳脚技法，亦是惬意之事。其传播范围小至几户街巷邻里，广则覆及一村一县，乡间热衷习练功夫者甚为普遍。“拳脚”“拳术”“功夫”“武术”“Chinese Martial Arts”“Kung Fu”等海

---

① 梅花拳作为中国传统民间武术拳种之一，通常也被视作一种“乡民艺术”。当然，它在乡民日常生活中所发挥的功用并不局限于艺术展演等领域。需要说明的是，本书采纳并使用了张士闪教授在2005年提出的“乡民艺术”概念，并在此基础上展开进一步讨论。他认为：“‘乡民艺术’研究需注意两个方面，一是通常在村落中所展演的各类艺术活动，尽管蕴含着大量的艺术元素，但作为其传承主体的村民从未视之为‘艺术’。”再是“乡民艺术”研究应主要探讨“艺”与“乡”、“艺”与“民”之间复杂而生动的关系。参见张士闪：《乡民艺术的文化解读——鲁中四村考察》，山东人民出版社2005年版，第6～7页。

内外风格各异的俗语称谓，彰显着武术这一中国传统体育项目的独特魅力。如今，随着中国参与世界新一轮全球化进程的不断深入，“中国功夫”逐渐成为中华传统文化走向世界舞台的一张耀眼名片。

抚今追昔，如果从1925年由民俗学家顾颉刚先生组织的第一次具有现代意义性质的妙峰山民俗调查算起①，中国现代民俗学田野研究已经走过了90多个年头。英国人类学者拉德克利夫·布朗曾指出：“在中国做研究，最适宜于开始的单位是乡村，因为大部分的中国人都住在乡村里；而且乡村是足够小的社区，可供给一两个调查员在一二年之内完成一种精密研究的机会。”② 值得注意的是，自改革开放以来，以刘铁梁为代表的国内民俗学者特别倡导以村落为基础单元展开学术探讨，并提出了“村落是民俗传承的生活空间”这一重要研究趋向和论断③。一定程度上看，乡土村落、基层社区等地方微缩景观成为民俗学田野研究出发的“原点”，显示出浓郁的“民间性”。笔者近年来长期随同山东大学民俗学团队对山东、河北地区的民间庙会、乡土村落及各类乡民艺术活动进行田野调查研究，但走过的村子愈多，便愈加感受到对克利福德·吉尔兹（Clifford Geertz）所谓“地方性知识”理解之不足④。尤其值得关注的问题是，我们在考察民间仪式活动的运作过程时，总能碰到这样一个群体：他们看似是有组织的，却并不一定受到组织的绝对约束；他们看似是散在的，却也在民间社

① 顾颉刚在《妙峰山·自序》中旗帜鲜明地指出：“国内受香火的山川，像妙峰山的必不少；香火胜过妙峰山的也还有。同志们，你们肯各把自己看得见、听得到的，都写出来吗？这是民众艺术的表现，这是民众信仰力和组织力的表现。”参见李文海：《民国时期社会调查丛编·宗教民俗卷》，福建教育出版社2014年版，第52页。

② ［英］拉德克利夫·布朗著，夏建中译：《社会人类学方法》，华夏出版社2002年版，第182～183页。

③ 刘铁梁：《村落：民俗传承的生活空间》，载《北京师范大学学报（社会科学版）》1996年第6期。

④ 吉尔兹以“深度描写”和“地方性知识”为武器，以观察、移情、认知、自觉地追随“文化持有者的内部视界”去阐释，用摒弃一般、寻找个别的方式去重建新的知识结构。参见王海龙：《导读一：对阐释人类学的阐释》，原载于［美］克利福德·吉尔兹著，王海龙、张家瑄译：《地方性知识：阐释人类学论文集》，中央编译出版社2000年版，第14～15页。

会甚为常见。他们以类似“乡村能人”的身份沉浸其中，各负其责，为乡村公共仪式活动的举办贡献着自身的物力、财力和精力。他们依托这种民间组织编织着他们的乡村自治生活图景，呈现出鲜明的“自治性”。当然，这些民间组织与基层自治组织有所不同，它一般由村民自发组织和运作，或以家族、宗族等亲缘关系为基础，或以地缘、业缘关系为纽带，通过某种协商方式遴选出村落中有威望、有能力的民众，共同处理、组织乡村公共仪式活动或其他集体事务①。

梅花拳，民间俗称梅花桩拳、梅拳、父子拳等，是中国传统武术项目中的重要拳种之一，过去曾广泛盛行于华北（河北、山东、河南等）一带的乡村地区。事实上，笔者对梅花拳的最初印象，也仅仅局限于中学历史课本中对义和团运动只言片语的描述。后来能够有机会了解到梅花拳武术活动，主要源于一次“被动”的听讲座经历。时间大概是在 2013 年 12 月底的一个下午，学校自习教室里忽然涌进大批学生，他们秩序井然地各自寻找座位入座。此后，一位精神矍铄的老者缓步登上讲台，开始慢条斯理地为学生们讲授梅花拳习武心得。侧耳旁听，方才得知这位老者是山东省梅花拳名师燕子杰先生。而在笔者曾经就读的高校体育场，如果没有雨雪天气，基本上每天下午四五点钟总能看到一群年轻学子在操场上认真练习梅花拳。但那时我也只是微觉疑惑，梅花拳为何能在高校吸引如此多的学生追逐习练？亦不曾想这成了自己此后数年的田野研究方向。

及至 2014 年 4 月至 6 月，为推进华北地区梅花拳与民间自治传统研究课题，山东大学民俗学团队曾专门邀请山东梅花拳名师开设了梅花拳短期学习课程。此时笔者有幸参与其中，并对梅花拳的拳理技法有了初步了解，但对其内部知识系统仍浮于皮表。2015 年 3 月，受河北省广宗县政协原主席、广宗地方文化研究会会长李云豪之邀，山东大学民俗学团队一行 7 人对广宗县大平台村“打醮”习俗进行田野考察；2015 年 4 月，调查团

① 从历史传统看，这种由乡民自发组织或运作的民间组织类型在我国华南、华北乡村社会比较多见，尤其常见于以年度为举办周期的乡村公共信仰仪式活动之中。参见科大卫、陈春声、刘志伟等学者的华南乡村社会研究，杜赞奇、黄宗智、赵世瑜等学者的华北乡村社会研究成果。

队又分赴广宗县前魏村、大平台村、北杨庄村和杜家庄村考察“打醮”“菩萨会”等民间信仰仪式。当笔者在距离广宗县城以北约40华里的北杨庄村调查“菩萨会”信仰习俗时，第一次接触到了这些面容淳朴却内心热忱的乡村梅花拳拳民。他们看起来皮肤黝黑，头上系扎着白色方巾，手执旱烟，一同聚坐在被称作“当家人”的梅花拳文场师傅家中。在我们这帮从山东远道而来的田野调查者面前，老乡们反倒显得有些局促。经验丰富的带队老师首先尝试打破了这种窘境，他从村民的日常生活切入，与老乡们聊了些家长里短的生活习俗，这使得现场的气氛逐渐活跃起来。我们几名“学生”则围坐在一旁，集中精力去记录、理解老乡们乍听起来有些晦涩难懂的冀南方言。言谈之间，北杨庄村梅花拳“文场”和“武场”的独特组织运作方式引发了带队老师的关注。随后在私下的交流中，带队老师悄声告诉我：“以后你可以沉下心来在这个村子做研究了！”此时笔者还注意到，在冀南广宗一带，民间信仰之风颇盛。一般而言，乡村梅花拳主要借助表演武术套路、器械等形式展现武场魅力，这对外人来说寻常可见；但它的文场运作机制通常是以一种神秘形象展示给外部世界的。大致说来，梅花拳与其他中国传统武术项目相比，其中一个非常明显的区别就是对文、武两场的典型划分。实际上，经过这两次相对粗浅的田野调查，即便我对梅花拳“文场”“武场”的结构性认知仍处于“真空”状态，无形中却增添了自身对乡村梅花拳这一民间武术组织的研究兴趣和信心。

再后来，当我把田野观察视线逐渐转向广宗县北杨庄村这些面朝黄土背朝天的梅花拳乡民身上时，陆陆续续又去了几次村子进行蹲点调查，但一直没有机会在现场观看他们集体表演梅花拳武术。直到2016年2月中旬，文化部（现为文化和旅游部）民族民间文艺发展中心与山东大学文化遗产研究院联合广宗县政府举办了一场主题为“梅花拳与中国乡村自治传统”的学术研讨会①。作为承办方之一的广宗县梅花拳协会（由当地农民自发组织的武术协会）提前约请了该县及周边县乡的三十余支乡村梅花拳

---

① 周吉：《寒意渐去春将至，梅花盛开正月时——“梅花拳与中国乡村自治传统”学术研讨会召开》，载《中华武术》2016年第4期。

表演队伍，并于当天上午在广宗县前魏村组织了一场声势浩大的梅花拳“亮拳”武术表演活动。令人称奇的是，虽然北杨庄村距离前魏村足足有35华里之遥，但该村前往参加“亮拳”表演活动的梅花拳弟子人数最多，乡民在轮番上阵表演武术时也显得极为卖力和投入①。其实，像北杨庄村一样热衷于梅花拳武术活动的村落，在冀南广宗县、平乡县一带是甚为常见和普遍的。不仅如此，在当今中国城镇化发展进程不断提速、“美丽乡村”项目建设不断推进、传统乡村社会生活方式发生急剧变迁的时代背景下，又会是何种原因让这些看起来再普通不过的乡民们有着如此真挚而热切的“民间武术情怀”和“乡民艺术情结”呢？值得注意的是，涉及梅花拳“文场”的人员组织，属于一种与民间信仰活动密切关联的“村落信仰群体”。见微而知著，他们必定是一个非同寻常的乡村武术组织！但这种看似平常的民间组织方式，究竟是如何渐次渗透至乡村自治生活领域中去的？梅花拳“文场”信仰在乡村武术组织的整体运作过程中又居于何种位置？我们应该如何看待乡村梅花拳“文武一体”的自治组织格局？一系列问题接踵而至。行文至此，“种地”“习武”“求学问”，自然而然地成了本书所关注的乡民艺术、乡村自治组织和民众生活文化传统研究的一个起点。

（三）研究意义

从某种意义上看，一直以来，诸如社会学、民俗学及人类学等特别青睐“田野作业”的学科，既坚持经世致用的理性追求，也特别注重“取之于民，用之于民”的人文关怀。早年间社会学家费孝通先生在《乡土中国》一书中提及的“从基层上看去，中国社会是乡土性的”价值判断，至今看来仍不过时②。国家统计局于2017年2月发布的《中华人民共和国2016年国民经济和社会发展统计公报》中指出：“2016年年末中国城镇常

---

① 当天北杨庄村梅花拳表演队伍共分成三支，一支由北杨庄村民邢尚娥带队，参加人数36人；另一支由核桃园小学体育教师刘金亮（北杨庄村民）带队，参加人数9人，人数最多的一支由广宗二中体育教师王尚信（北杨庄村民）带队，参加人数40人。

② 费孝通：《乡土中国》，北京出版社2005年版，第1页。

住人口为79298万人，占总人口比重（常住人口城镇化率）57.35%，户籍人口城镇化率为41.2%；乡村常住人口则为58973万人，占比42.65%。”虽然单从数量上看，城镇常住人口已经超越乡村常住人口，但户籍人口实际城镇化率仍未超过50%的中间线。据此可知，在一个可以预见的时间段内，即便未来数年中国农村人口比重持续降低，中国社会的乡土底色仍会持续存在。

毋庸讳言，乡村梅花拳组织的重要特征之一就是它的乡土性。诚然，正是由于梅花拳文场、武场的规制性区分，使得这一特殊的民间武术群体在组织乡村公共仪式活动中仍旧发挥着相当重要的导引作用。而这类乡村梅花拳组织的存在、运行，在有着“中国梅花拳之乡”美誉的广宗地区，逐渐凝化为一种“神圣”古朴且鲜活灵动的乡村自治传统。乡村梅花拳作为一种民间武术组织类型，经历过不同时段的文化变迁，且与地方社会生活相互激荡，形塑了特色鲜明的乡村自治景观。但它在当下村落社区日常生活之中又会起到怎样的效用？民众如何看待这种村落自治组织？历史上它究竟是如何深刻影响到地方社会变动进程的？乡村梅花拳的复兴、传承与国家政治、地方社会的发展进程之间产生了怎样的纠葛？对这些问题的思考，都将在接下来的田野研究中一一得到解释。实际上，它的变动过程必然与冀南地区独特的自然地理生态、经济社会结构、政治文化实情及乡村自治传统等因素密切相关。基于以上诸多问题的考量，本书主要以近百年来河北省广宗县北杨庄村梅花拳与乡村自治生活的发展、融合历程为核心个案，从兼具历时性、共时性的研究视角出发，以国家政治、地方社会与乡村自治传统的有机互动和文化调试为切入点，走进、观察并审视乡土社会内部文化持有者的“生活世界”。同时，通过对乡土社会的民间自治组织生成方式和村落民众的日常生活模式加以“深描”，重点探讨当代乡村自治组织和地方文化传统的生成、运作逻辑问题，这对推进新时期乡民艺术与乡村自治组织研究具有一定的理论参考意义。

具体来说，民俗学作为一门记忆之学、传承之学、生活之学和感受之学，无法摆脱乡土社会的民间文化基因。不仅如此，当下基层村落社区的日常治理实践，也频繁遭遇着道德困境，面临治理危机等多重问题，乡村社会治理成为维系当今中国社会可持续稳固发展格局的重大研究课题。关注和探究以民间梅花拳为代表的乡村自治组织问题，讨论乡土村落公共生活的地方性建构，理解乡民艺术对民众生活之多元意义，提炼凝结于乡村社会的自治文化传统，发掘其内在合理性，无疑具有重要的现实“破题”意义。更为关键的是，以乡村梅花拳为代表的民间武术组织，通常以相对秘密的运作方式融入乡村自治生活，而通过对此个案的深入研究，有助于从民间自治组织内部阐释、理解这一类乡村群体的日常组织和运作机制。从民俗学范畴解读乡土社会中民间自治组织与乡村自治传统的互动关系结构，对此类问题的有序化解亦具有一定的现实意义。

二、国内外研究综述

长期以来，在中国乡村社会的日常生活领域，以农民为主体的乡村自治组织或民间团体研究始终被海内外学界所重视，并拓展、形成了富有中国特色的乡土社会研究范式。概而言之，学界所关涉的研究指向大致是从历史学、政治学、社会学、人类学和民俗学等多学科视角来阐释乡土社会中各种村落组织类型、乡村自治组织方式及组织功能、意义等多个方面①。首先需要厘清的核心问题是，与学界以往惯用的“地方自治”“民间自治”等术语或概念有所不同，本书主要围绕梅花拳与乡村自治传统这一论题展开民俗学研究②。如前所述，从广义上看，乡村自治传统是一个较为宽泛的学术概念框架，它还牵涉村落政治、经济、家族、文化艺术及民间信仰等不同领域。而且，最为重要的一点是，就民众日常生活实践层面而言，乡村自治传统的实现离不开以村落为基础单元的各类民间自治组织（公开或潜默）的运行。从乡村梅花拳这一民间武术组织对村落公共生活领域（仪式、信仰、家族及政治等方面）的历时性和共时性影响入手，进而依托地方性视角探讨此类民间自治组织在当下乡村社会生活中呈现出的多元样态与价值、意义。

---

① 参见下文梳理的中国传统社会的乡村自治组织研究成果。

② 如在历史学研究中，学者通常使用“地方自治”术语讨论国家与地方社会的关系问题，而在社会学、民俗学等领域，则多使用“民间自治”这一术语。

实际上，最近十多年来的民俗学、人类学研究更加倾向于讨论以宗族、祭祀组织等为代表的民间自治类型①。换言之，学界在研究乡村社会的文化传统问题时，不应只看到已有的具有普遍性意义的宗族或村落祭祀组织，也应注意到其他乡村自治组织的文化现象。虽然这些文化现象在中国乡村社会中并非一种普遍性的文化存在，但它至少在华北乡村社会较为突出②。进一步而言，这种乡村自治组织至少对当地村落或地方社会产生过较为深刻的文化影响。如果忽略了这个层面，则可能对于乡村自治传统的观察是有缺失的。具体到华北乡村梅花拳组织而言，梅花拳在某种程度上超越家族、宗族关系而存在。他们在日常生活实践中主要依托“推行社区公益”和“组织秘密团体”两种方式来营造乡村自治生活图景。当然，必须要承认的是，梅花拳这种民间武术组织对乡村自治传统的影响在乡土社会中并非一种均质化的呈现，它可能对梅花拳相对活跃的部分乡土社会区域的影响更为深刻。从地方性视角窥探乡土社会的民众自治生活方式，其所呈现出的文化意义必然不尽相同。这也意味着，梅花拳作为一种超越乡土的“文化性”组织而存在，它可能与更为广泛的外部世界发生联系。

因此，下文将具体围绕“民间自治组织研究”“中国社会的乡村自治组织研究”“梅花拳本体研究”等海内外研究成果进行分类述评③。第一部分对“民间自治组织研究”的不同进径和范式予以梳理，主要从概念界定、功能特征等方面分而述之；第二部分针对中国社会民间组织类型中较为典型的“乡村自治组织”研究成果，按照历史学（历史人类学）、社会学、政治学及民俗学等不同学科脉络进行论述；第三部分“梅花拳本体研究”，主要从历史学、武术学和民俗学等不同学科视角，对近年来梅花拳

---

① 在历史人类学领域，以科大卫、陈春声为代表的华南学派，长期关注宗族组织在乡村社会文化传统建构中的影响问题。

② 这一论点系笔者在2017年与刘铁梁教授交流论文写作问题时受其启发得出，特此致谢。

③ 在实际田野调查过程中我们发现，华北乡村梅花拳组织的具体运作方式与民间信仰组织的公益慈善研究有着紧密关联。它是阐释村落自治组织机制的有力论据支撑，故添加了这一部分的学术史内容。

相关研究成果予以梳理评介。

（一）民间自治组织研究

1. “民间自治组织”的概念界定及特征

学界关于民间自治组织的概念界定与内涵阐释较为丰富多样。单从词源学视角看，民间自治组织可以分解为“民间”“自治”“组织”三个词。所谓民间（folk，voluntary，nongovernmental），大致包括平民自愿组织、非官方、源于老百姓等几个层面的含义。解读民间自治组织的关键在于自治，自治（autonomy；self-government）一词，原本属于西方政治学语汇中的舶来品①。据英国《布莱克维尔政治学百科全书》记载，自治通常被西方学者理解为某个人或集体自主管理自身事务，同时各自对其行为和命运负责的一种状态。而在具体实践中，它又被分成文化、法律、共同体与民族国家等四个方面的自治类型。② 至少从我国现代国家治理层面来看，它主要指国家对少数民族区域的一种管理模式。自治行政管理法规的相关条文不得超越国家大法的法律权限。德国社会学家马克斯·韦伯则从团体自治形态上予以区分。他认为，“自治意味着不像他治那样，由外人制定团体的章程，而是由团体的成员按其本质制定章程（而且不管它是如何进行的）”③。也就是说，“自治”意味着某一团体的自主权相对独立，并有权自主处理自身事务。民间自治组织中的“自治”概念界定并不拘泥于此，其内涵从乡土语境中理解则大致涵盖三个层面的意思：自行管理事务、修养自身德性与自然安治。至于组织（organization）一词，它属于社会学概念的一种，泛指在一定的环境中，为实现某种共同的目标，按照一定的结构形式、活动规律结合起来的具有特定功能的开放系

---

① 自治一词，最早可追溯至西方古希腊人对政治自由或自主的崇尚。参见方盛举：《中国民族自治地方政府发展论纲》，人民出版社2007年版，第5页。

② ［英］戴维·米勒（David Miller）、［英］韦农·波格丹诺（Vernon Bogdanor）主编，邓正来译：《布莱克维尔政治学百科全书》（修订版），中国政法大学出版社2002年版，第745页。

③ ［德］马克斯·韦伯著，林荣远译：《经济与社会》（上卷），商务印书馆1997年版，第78页。

统。社会学者塞尔斯尼克指出：“作为各种合作系统、适应性社会结构的组织概念，它是由各种互相作用的个人、亚群体、非正规和正规关系构成的。”① 虽然民间自治组织这一词汇已被广泛使用于各类学科中，但目前学界对民间自治组织的概念并无统一定义。按照我国正式界定，民间自治组织也称民间组织、非政府组织（NGO）或第三部门，是人们为了追求和实现一定的宗旨或目标，依照有关的法律、法规，由公民自愿组成并按其章程开展活动，不以营利、政治及宗教为目的的社会组织。②

已有研究表明，无论是西方社会，还是东方国家，都尤为重视民间自治组织研究。他们主要从政治学、法学、历史学和社会学等学科视角进行细分阐释，其研究旨趣多在于社会治理、公共服务、民主诉求等方面，并与社区建设、民间自治方式等论题有着紧密关系。需要指出的是，本书采用的民间自治组织概念，主要基于民俗学的学科视角，泛指在特定区域（乡土村落、基层社区）的社会内部人员（因血缘、地缘或业缘等关系联结起来的人群）经过长期的文化（习俗、惯例、传统等）涵化，由此形成的以乡村自治生活方式（个体权威与群体磋商）为典型特征的地方性群众组织。大体说来，民间自治组织具有公益性、社会性和自治性三个重要特征。

首先，民间自治组织具有鲜明的公益性特征。简而言之，民间自治组织建立的重要基础源于它能够在一定程度上保障组织成员的公共利益诉求。一般认为，在西方国家，民间自治组织发展历史悠久，往往象征着公民意识和民主精神。而且非政府组织相对发达，人们对非政府组织的信任有时甚至要高于政府组织，公众参与率高，非政府组织中的公民参与很大程度上依赖于该组织的公信力和社会动员能力与水平。③ 民间自治组织与民众日常生活相互交织，互相影响。从法理学视角看，“民间自治组织在

---

① ［美］赖特·米尔斯、［美］塔尔考特·帕森斯著，何维凌、黄晓京译：《社会学与社会组织》，浙江人民出版社 1986 年版，第 153 页。

② 汪进元主编：《中国特色协商民主的宪制研究》，中国政法大学出版社 2015 年版，第 270 页。

③ 陈金罗、刘培峰：《转型社会中的非营利组织监管》，社会科学文献出版社 2010 年版，第 15 页。

西方文化语境中被称为‘非政府组织（NGO）’，是指非官方的民间自发性组织。……社会自治组织通过自己的实力和能力保护组织成员利益，抵御各种外来侵害，是实现社会成员之消极自由权的一道重要屏障”①。这种公益性特征，是维持民间自治组织长期可持续发展的关键原因之一。

其次，民间自治组织具有鲜明的社会性特征。在不同的社会历史发展时期，这种民间自治组织所发挥的社会作用也不尽相同。例如，在日本，国家层面早就注意到传统社会中民间自治组织的社会作用。明治维新以后，日本开始积极向西方学习，整个社会态势迅速由传统向近代转型。在此期间，西式法制系统的建立和完善成为日本社会由传统向近代转型的主要标志。但日本当局并未简单否定、抛弃德川时代遗留的民间自治传统。一百三十多年来，作为民主标志的西式法制系统能够在社会控制方面发挥有效作用，主要得力于政府的自制、民间的自治。② 由此可见，民间自治组织对社会的整体治理具有不可轻视的重要意义。除了保障内部成员的公共利益诉求，民间自治组织的发展也有益于完善社会治理工作，推进社会文明不断向前发展。

再次，民间自治组织具有自治性特征。民间自治组织的自主管理、自我协调、自我处置内部事务是体现其自治性的根本意涵。从世界范围的自治经验来看，地方社区建设一般有三种基本模式，即社区自治模式、政府主导模式和社区自治与政府主导相结合的混合模式。而社区自治模式渊源于民间自治组织完善的欧美发达国家，其主要特点是政府行为与社区行为相对分离。③ 具体到民间自治组织在中国的本土化发展过程，其同样曾经

① 吕廷君：《社会自治的民间法资源》，载《甘肃政法学院学报》2006 年第 2 期。

② 孟庆超：《另一种和谐：儒家传统对日本警察执法的影响》，群众出版社 2007 年版，第 113 ~ 114 页。

③ “政府主导模式以新加坡为代表，其基本特点是政府行为与社区行为紧密结合，政府对社区的干预较为直接和具体，社区发展特别是管理方面的行政性管理、官方色彩较浓；在混合模式中，政府对社区发展的干预较为宽松，官方色彩与民间自治特点在社区发展的许多方面交织在一起，其中以日本为代表。”参见李爱卿：《转型期我国社区建设与政府行为关系初探》，载《求实》2004 年第 4 期。

历过长时段、差异化的数次转变，最终形成了一种较为稳固的民间自治组织发展模式。从社会学视角看，目前我国非政府公共组织分为公共事业组织、公共企业组织、社会中介组织、社会团体及民间自治组织等几种主要类型①。虽然民间自治组织的核心功能在于自治，但在不同的国家和社会运行机制之下，其具体自治能力、作用的呈现差别较大。更为关键的一点是，民间自治组织还与地方社会生活、乡村社会治理等论题密切相关。

2. 民间自治组织与地方社会生活

民间自治组织主要落实和植根于地方社会的民众生活之中，依托这一民间组织构建的社团或群体往往是显而易见的。它与公众评价、权力结构、社会关系等因素密不可分，并与地方社会的公共生活关系密切。何谓恰当得体的社会？柯武刚、史漫飞认为："根据一个社会的成员能够实现这些基本价值的程度，以及一个社会的人口中绝大多数人自愿追随该社会的程度，可以对各种各样的社会作出评价。"② 简言之，个体的人类价值实现是评价制度和公共政策的重要准则。民间自治组织一般基于成员们追求某一共同的价值准则而建立，有助于满足、丰富民众的公共生活需求，这表明其与地方社会生活紧密相连。赖特·米尔斯在分析美国上层社会与地方社会的关系时也曾指出："地方社会既是一种权力结构，又是一种身份地位的层级；在其最上层，是一个小集团或'小圈子'，其成员判断和决定重大的社区问题，以及更多更大地涉及了'社区'的州与国家之间的问题。"③ 不难看出，米尔斯特别强调权力层级结构问题，而所谓的小集团或"小圈子"则意味着权力层级在分化过程中能够促进民间自治组织的发展。这种民间自治组织的权力话语主要是在社区民众的日常公共生活中予以落实。

第一，从国家社会治理层面来看，地方自治与民间自治组织有着密不

---

① 黎民主编：《公共管理学》，高等教育出版社 2011 年版，第 281 页。

② "它们描述一个人眼光中的好社会，反映着将人类长期福祉变成评价制度和公共政策的尺度这样一种思维方式。"参见［德］柯武刚、史漫飞著，韩朝华译：《制度经济学——社会秩序与公共政策》，商务印书馆 2000 年版，第 88 ~ 89 页。

③ ［美］查尔斯·赖特·米尔斯著，王崑、许荣译：《权力精英》，南京大学出版社 2004 年版，第 41 页。

可分的关系。地方自治进程的推进与民间自治组织的发展就是一种相辅相成的有机互动结构，并不断影响地方民众的社会生活模式。需要厘清的是，地方自治的学术概念最初源自近代欧美资产阶级革命之后确立的一项政治制度。它主要指在法律规定的范围内，地方民众通过具有选举组织机构、管理地方事务的权利。关于地方自治的概念界定，《中国大百科全书·政治卷》一书将其定义为："在一定的领土单位之内，全体居民组成法人团体（地方自治团体），在宪法和法律规定的范围内，并在国家监督之下，按照自己的意志组织地方自治机关，利用本地区的财力，处理本区域内公共事务的一种地方政治制度。"可以说，作为近代民主社会革命的成果之一，地方自治的施行不仅反映了民众自由、平等的政治管理理念要求，而且极大激发了民众参与政治的动力，这对推动国家、社会的有序发展产生了重要影响。日本学者村松岐夫根据中央政府和地方政府分权程度的差异，将近代以来形成的地方自治制度分成"政治式分权""行政式分权""行政式转让"三种类型①。一般认为："近现代意义的地方自治是资本主义商品经济和民主政治发展的产物。所以，它是以国家和社会分离、公共事务与私人事务的分离为前提背景的。其核心内容是一定的领土单位的法定的自治权。"② 这属于政治学语境下的地方自治解读，主要强调它的分离特性。地方自治将国家与社会、公与私相分离，此时民间自治组织也就有了发挥能力和作用的社会空间。从政治学视角看，实施地方自治必须大力发展民间自治组织，创新社会自治机制，拓展社会自治空间，并不断提升自治组织的自我发展、自我管理、自我协调、自我约束能力，实现国家公共管理与社会组织自治的良性互动③。可见，地方自治与民间自治组织的双向发

---

① "鸦片战争后，地方自治也开始被中国人所认知，在清政府推行地方自治前，当时社会各群体已经积极呼吁实施地方自治。概括起来，主要有两种诉求，一种以君主立宪为目标，一种以民主共和为目标。"参见颜军：《"自治"与"官治"：从地方自治改革看清朝的灭亡》，载《广东社会科学》2014 年第 6 期。

② 魏红英：《对当代中国地方自治制度若干特征的认识》，载《江汉论坛》2002 年第 12 期。

③ 陈怀平：《政治主体论：基于马克思主义主体哲学的分析》，中国社会科学出版社 2013 年版，第 150 页。

展主要是国家基于加强、提高地方社会综合治理水平的考量。

第二，民间自治组织实际上是地方文化传统的一种建构表现形式，并深受地方社会公共生活环境的影响。正如王斯福所言："在现代社会中，文化传统并不是简单延续的，而是与环境逐渐调整的。通过民族国家形成（nation-formation）的巨大力量，它在很大范围内得以重建。在公共空间中会形成对它调整方式的挑战，这是公共意志的主题（subject-matter）。"①换言之，在地方社会生活的基础之上，民间自治组织关联着地方社会的公共生活。而在地方社会公共生活领域，群体认同感是构建地方文化传统的重要因素。弗雷德里克·巴斯认为："当一个人通过时间来追溯一个族群历史的时候，那么与此同时，在同样意义上，他并不是追溯'文化'的历史：那个族群当代文化的元素并不是源自以前建构族群文化的那套特定装置，而是群体有一个连续性的组织存在，尽管不断修改，这些边界依然表明了连续单位的界限。"② 如此看来，地方社会中民间自治组织的建构过程，也必然与地方环境、人群的变动、调适等因素息息相关。此类民间自治组织经由民众日常生活领域不断的交织互动，形成了特色鲜明的地方民俗文化传统。

3. 民间自治组织与当代乡村社会治理

在近现代中国社会，民间自治组织的形成和发展过程绕不开乡村社会治理的基本因由。近些年来，诸多学者已从历史学、社会学、政治学及人类学等不同领域探讨民间自治组织与我国乡村社会治理问题。

其一，对民间自治组织与乡村社会治理的发展模式予以讨论。如社会学者贺雪峰经长期深入的乡村社会治理研究发现："乡村治理是指如何对中国的乡村进行管理，或中国乡村如何可以自主管理，从而实现乡村社会的有序发展。乡村治理这个词有两个偏向性的所指，一是强调地

---

① ［英］王斯福著，吴飞译：《面子的方位——当代中国乡村的公共空间与对公益的说法》，原载于王铭铭、［英］王斯福主编：《乡土社会的秩序、公正与权威》，中国政法大学出版社 1997 年版，第 390 页。

② ［挪威］费雷德里克·巴斯主编，李丽琴译：《族群与边界——文化差异下的社会组织》，商务印书馆 2014 年版，第 28 页。

方自主性，一是强调解决农村社会发展中存在问题的能力。”① 相对而言，贺雪峰已经注意并特别强调乡村社会治理进程中的自治性与应用性功能。黄家亮、郑杭生则发现西方社会的多元共治发展理念，颇中肯綮，他们认为：“上世纪 80 年代以来，伴随着西方社会日益严重的经济社会危机，特别是社会福利改革运动的兴起，‘多元参与与合作共治’的理念逐渐形成并被广为接受。”② 俞可平则从政治学的理论视角区分中国乡村社会治理的模式、特征和分析框架，他认为：“中国的乡村治理是一种政府主导的治理模式，治理结构的多元化和治理主体的精英化，是近代至今中国乡村治理的重要特征。”③ 换言之，在中国独特的社会主义社会语境之下，由政府主导乡村社会治理模式，引导、运用和发挥民间自治组织的地方资源优势，可以有效减轻乡村社会治理的成本。

其二，探讨乡村社会治理与民间自治组织的多层级稳定关系问题。这在中国少数民族地区保存的传统民间自治组织研究中表现得尤为明显，而且它通常对维系当地家族、宗族及村落社区的整体稳定产生重要影响。例如，有学者以苗族的“议榔”活动为个案，梳理了民间“自组织”在民族乡村治理中的社会功能。他们发现，“议榔”活动在乡村信任的建立、规范的确定及社会网络的形成等方面发挥作用。④ 郭宇宽在考察黔东南侗乡的寨老制度时提出：“当地‘小款’联寨、‘大款’联营的特殊方式，是村寨和村寨之间有民间自治和自卫功能的地缘性联盟组织，蕴含着有‘款’无官的民间自治传统，他们依靠社区成员对共同契约的认可，排解

---

① 贺雪峰：《乡村治理研究的三大主题》，载《社会科学战线》2005 年第 1 期。

② 黄家亮、郑杭生：《国外社会治理的基本经验》，载《人民日报》2014 年 5 月 4 日第 5 版。

③ 俞可平、徐秀丽：《中国农村治理的历史与现状——以定县、邹平和江宁为例的比较分析》，载《经济社会体制比较》2004 年第 2 期。他们认为，治理和善治理论是一种新的政治分析框架，而“治理”一词的基本含义是指在一个既定的范围内运用公共权威维持秩序，以增进公众的利益。治理的最终目标是实现善治（good governance）。善治就是使公共利益最大化的社会管理过程。善治的本质特征，在于它是政府与公民对公共生活的合作管理，是政治国家与市民社会的一种新型关系。

④ 罗章、陈萍：《民间自组织传统在民族乡村治理中的功能研究——以苗族“议榔”活动为例》，载《云南社会科学》2010 年第 2 期。

社区矛盾，维持社区秩序。”① 这里强调的是民间自治组织的自卫与认同功能。也有学者在对高海拔山区聚落群体的田野考察中发现：“……民间自治传统维系了群体的和谐稳定状态。由于缺少与外界的联系，这些聚落群体传统的社会构建通常由家庭、家族、村寨组成，是一种具有民间自治和民间自卫功能的地缘性联盟组织。”② 张跃、刘娴贤则以云南西双版纳曼刚傣族寨调查资料为基础，分析傣族地方社区中民间自治组织对社会调控的重要作用，经济制度、组织结构、宗教信仰和民族传统文化等多重变化都会对其产生影响③。不难看出，在少数民族地区盛行的民间自治组织类型是协调少数民族村寨社会关系、稳定社会秩序的重要方式。当然，这些民间自治组织的发展并不局限于少数民族地区。如仵希亮、王征兵对山西蒲州农民协会的考察发现：“这种自下而上、自我发展的民间自治组织，需要在农户主导、精英人物领导、市场促进、政府引导与民间组织的互动上加以考虑。”④ 蒋旭峰提出，协同型传播是“合作性政治”在乡村社会治理中的传播实践，是基层政府、“乡村能人”及村民等治理主体站在整体利益的立场上，尊重对方的利益诉求，沟通自己的观点，平等对话，推动和谐合作的一种传播行为⑤。显然，这属于一种比较理想型的

---

① 郭宇宽：《大山深处的民间社会——对黔东南侗乡自治传统和寨老制度的田野考察》，载《南风窗》2004 年第 15 期。

② 南山：《当代中国社会的转型与发展》，四川人民出版社 2007 年版，第 61 ~ 62 页。

③ 张跃、刘娴贤：《社会调控在少数民族社会运行中的作用——以西双版纳曼刚傣族寨为例》，载《思想战线》2007 年第 6 期。相关研究如侯晓光：《村民自治研究——基于清末民国时期与改革开放时期的比较》，中国政法大学 2014 年博士学位论文；王志霞：《村民自治背景下的村庄治理——以河南丰村为个案》，华中师范大学 2009 年硕士学位论文；窦瑞琳：《少数民族传统社会组织与乡村治理——社会资本视野下卓尼拉力沟的俄拉组织研究》，兰州大学 2009 年硕士学位论文；戴玉琴：《村民自治中的政治文化资源开发——以苏北响水、泗洪两县为分析对象》，苏州大学 2006 年博士学位论文。

④ 仵希亮、王征兵：《农民组织的发展机理研究——基于对山西省永济市蒲州农民协会的微观观察》，载《大连理工大学学报（社会科学版）》2009 年第 2 期。

⑤ 蒋旭峰：《乡村社会协同型传播建构的困境、基础及路径——以乡村善治为视角》，载《学海》2013 年第 6 期。

“合作共赢”乡村社会治理方式。总之，在乡村社会治理实践中，民间自治组织的有效运作往往牵扯多方力量的互制，涉及更多层级的社会稳定关系。

其三，讨论民间自治组织与传统乡村社会治理的互构影响问题。值得注意的是，在中国传统乡村社会，以家族、血缘为基础建构的村落亲缘关系，乡民一般处于社会阶层的最底端，而且长期经历着物质生活匮乏的困扰，传统道德的社会约束力可能会走向两个极端。社会学家涂尔干曾指出：“贫困本身就是一种道德约束力的根源，在最低层次以上的职业更容易摆脱稳定的道德约束。”① 在此意义上看，民间自治组织对相对贫困的农村民众而言，更像是一种生存互助策略，其影响和作用也随之得以凸显。例如，在中国传统乡村社会流行的各类信贷组织，能够帮助村民缓解经济上的暂时性困难。当然，在中国传统乡村社会，日常制度性规则的约束力和控制力的下降，可能会导致地方村落生活秩序的暂时失范，但这一定不会构成乡土社会生活的长久之势。它常常会在摆脱了某种生活秩序的结构性崩塌后，依靠民间自治组织的公益性和社会性力量，重新回归正轨，中国传统乡村社会的稳定性也因此得到保证和延续。李怀印曾从传统乡村治理实践和20世纪早期乡村新政建设方面探究前近代（帝制时代）中国的国家政权与乡村社会的关系问题②。范丽珠也在研究华北地区的民间信仰仪式活动时发现：“在农村社会不仅存在着宗族组织、乡绅主导的村社结构，还有比较广泛地含有宗教、信仰、娱乐和互助多种功能的农村‘会社’，主要包括香会、花会、社戏、社火组织，还有看青会、拳会等半武行的团体，正是这些农村祭祀的团体，代表着中国‘社会’的原意。”③ 这里强调的是传统民间自治组织的功能区分及其对乡土社会的积极互构作用。这也意味着民间自治组织长期为国家所重视，并将其持续应用于具体

---

① ［英］安东尼·吉登斯著，郭忠华、潘华凌译：《资本主义与现代社会理论——对马克思、涂尔干和韦伯著作的分析》，上海译文出版社2018年版，第109页。

② ［美］李怀印著，岁有生、王士皓等译：《华北村治：晚清和民国时期的国家与乡村》，中华书局2008年版。

③ 范丽珠：《公益活动与中国乡村社会资源》，载《社会》2006年第5期。

的乡村社会治理实践中①。

综上可知，学界以往对民间自治组织与乡村社会治理的研究，倾向于从国家管理和控制的层面进行顶层设计，且已经注意到民间自治组织的自主性发挥，并从中国乡村社会治理与乡土秩序稳定建构的视角进行研究。以上不同时代、地区的理论和田野研究凸显出一个共同的特征，即民间自治组织的存在、运行对于乡土社会秩序的稳定建构和乡村治理具有一定的积极意义，这也推动了中国社会的民间自治组织、乡村治理与地方生活等研究不断走向深入。

（二）中国社会的乡村自治组织研究

盛行于中国乡土社会的各类乡村自治组织为什么能够长期存在？乡民为何在日常生活中需要启用“自治”的文化逻辑？解释这一问题，当然首先要从传统乡村自治组织的功能视角进行分析。毋庸置疑，虽然海内外学界对于以村落为基本单元的各类乡村自治组织称呼不尽相同，但其本质意义差别并不大。如美国汉学家葛学溥最初将其称为“社团”，日本学者则称其为“共同体”，中国学者一般称其为“民间结社”。其实，无论是何种定义，其本意皆代表着在村落社会中特定生活人群的小范围互助联合组织，而且这种联合体的辐射范围一般不会超出本县本乡的实际控制区域。晚清以降，伴随着西方殖民列强的坚船利炮，中国传统乡土社会的广大民众深陷于内忧外患之苦海。1872 年，美国基督教传教士明恩溥（Arther H. Smith）利用来华传教的机会进行实地走访考察，后来写成了《中国乡村生活》（*Village Life in China*）一书。他用随笔式的话语首次描述了当时中国

① 相关研究如李志强：《转型期农村社会组织：理论阐释与现实建构——基于治理场域演化的分析》，吉林大学 2015 年博士学位论文；李杰：《社区民间组织研究》，西南政法大学 2014 年硕士学位论文；马欣荣：《中国近现代乡村治理结构研究》，西北农林科技大学 2012 年博士学位论文；董红：《当代中国村民自治问题研究》，西北农林科技大学 2012 年博士学位论文；王正兴：《我国农村民间组织参与乡村治理研究》，河南大学 2011 年硕士学位论文；陆志华：《参与式管理：民间自治组织对社区治理结构的重塑——对上海 W 社区业委会发展的个案研究》，复旦大学 2007 年硕士学位论文。

乡村普遍存在的看青会、借贷会等乡村自治组织类型①。一定程度上看，近现代中国社会的乡村自治组织研究即肇始于此。

1. 乡村自治组织研究的本土化语境

具体到乡村自治组织研究的本土化研究而言，其主要区别在于探讨“官治”与“民治”、“地方”与“国家”、“礼”与“俗”的二元结构等方面。中国传统社会，尤其是工业化之前的中国社会，有着强大的民间自治传统。也就是说，官方的体制可能更多地满足于表面上的获得权威，而尚无力于具体地、现实性地强制事实与规范相符合②。一般认为，乡村自治组织主要依托乡村社会的“内”“外”管理权之别来划分。在中国乡村内部通过自治权来管理，乡村外部由地方行政权来控制，乡村社会内部的自治权与源自乡村外部的行政权体现出二元互构且有机结合的特点：“自治权主要用于乡村的社会性事务和少量的经济性事务；行政权主要用于公共工程的修建、税费收取等管理性的事务。国家行政机构一般不进入乡村，即‘王权止于县政’。行政权力主要是通过王权认可的力量延伸到乡村，实行的是无为而治和乡绅治乡。”③ 台湾学者牛铭实曾系统梳理了中国社会地方自治演变过程，他认为：“历史上推行乡村自治的儒者们，把乡里自治的传统一直追溯到周代。明代发展的一套以乡约、保甲、社学、社仓四者为一体的乡治系统，可惜到了清代中断。民国时期梁漱溟推行的乡约包括四条：一德业相劝，二过失相规，三礼俗相交，四患难相恤。这是一种乡村组织，中国地方自治大概如此。”同时他提出：“当村政无法反映民意时，村自治自然就会形式化。要解决村自治和现时的行政管理体系不配套的问题，乡镇施政也必须反映村的利益，市县反映乡镇的利益，省反映市县的利益，中央反映各省的利益，如此由下往上一层一层地反映民意。当中国人能‘自治其身，自治其乡’，并将自治‘由一府一县，

① ［美］明恩溥著，午晴、唐军译：《中国乡村生活》，时事出版社 1998 年版。

② 徐显明主编：《以人为本与法律发展》，山东人民出版社 2008 年版，第 109 页。

③ 于语和主编：《村民自治法律制度研究》，天津社会科学院出版社 2006 年版，第 2 页。

推之一省，由一省推之天下，可以追共和之郅治，臻大同之盛轨’。”①这为中国社会的地方自治方式提供有益借鉴，体现出上下同构、逐级反映、层次有序等特征。从广义上看，乡里组织、民间私社、宗族组织、族田、乡约、乡绅乡治以及古代城市中的行会、商人会馆等形形色色的组织，均是古代中国基层社会自主治理身边公共事务的组织。就其性质而言，它们是国家政权系统之外自发形成、带有自治性的组织。诸类组织所开展的公共管理活动，蕴含着基层社会的自治元素，体现着中国民众的自治精神②。而村落自治和国家官治的分野，事实上最终结果还是殊途共轨。“民治”实质上乃“官治”的延伸与变异，其统摄治理乡民的方式更加隐蔽；此外，交织于“官治”和“民治”之间的柔性的儒家纲常教化理念的统摄力也相当显著③。中国社会的乡村自治传统在此基础上实现了“官治”与“民治”的有效互动。而运行于乡土社会的各种民间自治组织恰好具有满足乡民日常生活需要的功能性作用。因此，充分利用乡土社会中村落自治组织所散发的自治能量，是加强地方社会管理的有效实现方式。总体来看，以往乡村自治组织的本土化研究主要围绕三个方面来展开。

第一，对中国传统社会乡村自治组织的类型研究。早在1925年，美国社会学者葛学溥就发表了其对广东省潮州凤凰村的重要研究成果，这也是第一部华南汉族村落社区研究的民族志专著。他注意到凤凰村总共存在六种不同类型的乡村自治组织：互助会、丧葬会、制糖会、水利会、拳会和曲艺社④。他把这些民众自发成立的社会团体称作社团，并对其创建的原

---

① 牛铭实：《从封建、郡县到自治：中国地方制度的演变》，载《开放时代》2004年第6期。

② 薛冰、岳成浩：《古代中国基层自治实践对现代公共管理的意义》，载《西北大学学报（哲学社会科学版）》2009年第2期。

③ 刁培俊：《官治、民治规范下村民的“自在生活”——宋朝村民生活世界初探》，载《文史哲》2013年第4期。

④ 他认为这些组织能够满足村民们的某些特别需要，是家族组织的补充。而且，村里所有组织，包括耕种、果园、果树栽培、交通、贸易、家族组织和活动、志愿团体、政治、教育、艺术和宗教等都具有控制和规范个人行为的功能。参见［美］葛学溥著，周大鸣译：《华南的乡村生活：广东凤凰村的家族主义社会学研究》，知识产权出版社2011年版，第7～8页。

因、特征等方面进行了简要分析。实际上，在20世纪20年代至30年代，海外汉学界还曾对华北乡村社会的经济、政治、信仰、家族及自治组织等诸多方面进行了细致的社会学田野调查，其中较具代表性的研究包括卜凯、戴乐仁、甘布尔等汉学家组织的河北农村调查，以及1936年日本有关机构对河北东部农村的农业状况调查①。这些学者开展调查的目的虽然不尽相同，却为华北民间组织研究提供了十分丰富的文献资料。如在卜凯组织的中国乡村调查中，乔启明就发现20世纪20年代安徽宿县存在的农村民间组织达数十种之多，其名目各异，组织的目的和功能多是属于村民互助性质的经济和社会组织；张中堂调查的山东中部泰安六郎坟村，乡村内部的民间自治组织主要包括村公所、保卫团、义坡会、红枪会、无极会等多种形式；田德一调查的河北大北尹村村落自治组织，则主要依靠家族势力的强弱来组织分工和实施管理②。另外，杜赞奇曾依据华北地区乡村信仰的组织规模和联合原则为基础所划分的乡村组织类型也值得注意，他将其分成村中的自愿组织、超越村界的自愿组织、以村为单位的非自愿性组织及超村界的非自愿性组织四种③。总体而言，这些乡村自治组织大多是基于乡民日常生活需要而组建的村落互助型组织。

再者，从中国传统社会的发展形态来看，基层社会的乡村自治组织主要依靠血缘、亲缘等亲属关系来维系发展。对历史学者而言，他们大多是从宗族观念的视角来讨论乡村自治组织的类型划分与自治功能问题。例如科大卫曾指出："在中国历史上的不同时段，区域社会与王朝国家的关系，体现在不同的词汇、仪式、统治风格、信仰之上。把这些词汇、仪式、统治风格、信仰一言以蔽之，并以之命名一个制度，就是华南的'宗族'。随着宗族组织崛兴并为王朝国家意识形态所接受，区域社会与

---

① 杨学新、庞琳：《20世纪二三十年代河北农村社会状况调查述评》，载《河北学刊》2010年第4期。

② 李文海主编：《民国时期社会调查丛编·社会组织卷》，福建教育出版社2014年版，第46、64、92页。

③ ［美］杜赞奇著，王福明译：《文化、权力与国家——1900—1942年的华北农村》，江苏人民出版社1996年版，第119～129页。

王朝国家的结合，把地区的利益也说成国家的利益。”① 科氏认为以皇帝为代表的王朝政治与以宗族为代表的区域社会是两项重要分析指标，并据此探讨华南数百年地域社会的建构进程。而王朝中央与华南地区之间的正统纽带，不仅建立于里甲与祀典之上，也建立在“宗族”这套语言之上，这正是地方社会的聪明之处。可见他关心的问题在于以宗族为象征的乡村自治组织如何成为国家政治与地方社会关系建构的关键纽带，也凸显出鲜明的“国家”与“地方”观念。傅衣凌则认为，中国传统社会的控制系统分为“公”与“私”两个部分，在基层乡土社会，依托血缘、地缘关系来构建多层次、多元的错综复杂的网络系统，而且具有很强的适应性。② 冯尔康在研究清代宗族的“自治”性时也发现：“清代宗族活动增强了宗族内部凝聚力，令宗族成为政府和社会之间的某种中介组织，促使贫乏的社区生活面貌有所改变，有益于社会秩序的稳定。”③ 这表明以宗族为表征的乡村自治组织，能够对地方民众生活形成多重的社会影响。

第二，对中国社会中各类乡村自治组织的性质及意义研究。不少学者注意到乡村自治组织的非正式属性这一事实。如马若孟通过对河北和山东农业经济的研究发现，虽然当地村民并没有很多正式的乡村自治组织，但是这并不能证明村民们从来没有一种对他们村庄的归属感，不能够组织“社团”并管理他们的事务④。如同中国乡村社会普遍存在的民间信仰活动一样，这些乡村自治组织在正式与非正式的边界上下浮动，当人员、规模、资金等社会力量不断扩大时，由此会产生一定的倒逼机制，乡民之间的非正式集体磋商机制开始发挥作用。庄孔韶则注意到乡村自治组织

① 科大卫著，卜永坚译：《皇帝和祖宗：华南的国家与宗族》，江苏人民出版社 2009 年版，第 8 ~ 9 页。

② 傅衣凌：《中国传统社会：多元的结构》，载《中国社会经济史研究》1988 年第 3 期。

③ 冯尔康：《简论清代宗族的“自治”性》，载《华中师范大学学报（人文社会科学版）》2006 年第 1 期。

④ ［美］马若孟著，史建云译：《中国农民经济：河北和山东的农民发展，1890—1949》，江苏人民出版社 1999 年版，第 92 页。

的文化性，他认为："乡村社会的制度与组织是又一个观察的重心，这源于族群区域活动的方式特点。人们是以宗族组织人群，还是凭借地缘、业缘的结合制度，抑或是信仰的支援活动，都将看到文化的深刻烙印。如果我们考察那些正规的主要是行政层级体制以外的所谓'非正规组织'（在多数情况下），那么我们总是可以找到在民间日常运转的五花八门的'作为文化的组织'。"① 这表明，乡村自治组织的鲜明特征之一就是其非正式性。

实际上，乡村自治组织的非正式属性和文化性都与乡村自治传统密切相连。社会学家费孝通早就注意到："中国现代化过程进行得非常急剧，上层国家权力拼命往农村基层渗透，把一个自然的社会状态改造成一个人为的行政状态，自然村变成行政村。在这个转换过程中，如果不给基层社会留够自治空间，延续上述传统，上层对下层的根本改造很有可能会使下层被迫担负起太多的责任。下层社会担负起过多的行政责任，就会引起基层自治社会的崩溃。"② 换言之，乡村自治传统的塑造与发展依托于各种乡村自治组织的文化意义生成过程，也离不开上层与下层之间的相互协调，而这也正是乡村自治组织的文化性之意义所在。

第三，对中国社会的乡村自治组织的功能与价值研究。例如华南地区凤凰村自发成立的乡村自治组织类型，村民运作这一类组织的主要目的是应付某种明确的需要，即可能目前面临的或未来将要发生的事件。而在后一种情形中，乡村自治组织能够建立一个使之持续运作的发展机制直至其作用得以发挥，借助各种方式使其实现防御、聚财或消遣等不同功能③。从历史学研究视角来看，学界较为关注家族、宗族及民间信仰等对乡村自治组织的重要影响作用。马克斯·韦伯在分析中国乡村自治功能时曾指出："通过村庙，全村从法律上和实际上具有了地方自治

① 庄孔韶等：《中国乡村研究三十年》，载《开放时代》2008 年第 6 期。

② 范丽珠：《公益活动与中国乡村社会资源》，载《社会》2006 年第 5 期。

③ 参见［美］葛学溥著，周大鸣译：《华南的乡村生活：广东凤凰村的家族主义社会学研究》，知识产权出版社 2011 年版。

体的行动能力，这种职能正是‘城市’没有的，乡村，而非城市，是村民利益范围内的一个有实际防御能力的联合体。”① 这里强调的是地方社会借助民间信仰功能拓展乡村自治组织的社会空间。弗里德曼在对中国东南宗族组织研究中也发现了地方士绅对于维系一方稳定的重要性。而在中国封建社会君主专制时代，政府为什么给予村落民众以某种宗族自治权？有学者依据乡村自治组织的日常功能总结出了四个方面的理由：“第一是落实‘移孝作忠’的方针、政策所必需；第二是利用乡绅治理民众，以改善政权与民间的隔阂；第三是减少官府一些繁杂事务的麻烦，也使得政府利用宗族成为必须；第四，地方政府借用宗族力量维持社会秩序的稳定。”② 可见，在村落日常生活中，依托宗族建立的各种自治组织也是国家调控与地方社会关系的重要渠道。不仅如此，在特殊阶段中，社会自治功能曾被短暂废止，民间自治传统被放弃。然而，民间自治功能重新生长、民间组织的价值自发再生，需要的不只是一两代人的努力③。所以，乡村自治组织所内含的功能与价值总会以各种方式影响着基层民众的日常生活实践。

可以说，中国社会的乡村自治组织源出传统乡村的群体互助形态，其运作机制主要依靠家族或宗族为代表的乡村自治群体来实现。这种发展状态在传统中国社会曾长期存在和运行，并深刻影响着中国近现代乡村社会生活的衍变进程。近代以来，国家政治力量强势渗透到基层村落社会，一定程度上挤占了原有的乡村自治空间，从而导致了乡村自治组织的刚性回缩。自改革开放以来，中国乡村自治组织的固有文化传统逐渐呈现复兴态势。而在经济全球化、一体化、信息化及现代化等时代背景下，中国社会的乡村自治组织资源得到了进一步发掘和释放。正如德国社会学家尼克拉斯·卢曼所言：“一个系统在选择性构成的‘环境’中确立自己，而且将

---

① ［德］马克斯·韦伯著，王容芬译：《儒教与道教》，商务印书馆 1999 年版，第 147 页。

② 肖唐镖主编：《当代中国农村宗族与乡村治理——跨学科的研究与对话》，中国社会科学出版社 2008 年版，第 30 ~ 31 页。

③ 齐爱民：《私法视野下的信息》，重庆大学出版社 2012 年版，第 224 页。

在环境与‘世界’的脱离情况下瓦解。”① 乡土社会中民众日常生活的文化变迁与其所在区域的环境转换具有不可分离的关系。不容忽视的是，中国社会的乡村自治组织呈现出的当代复兴态势，也将会伴随不同的社会发展情境呈现出新的面貌和样态。

2. 民俗学视域下的乡村自治组织研究

在最近20年来的国内民俗学田野研究中，特别是以村落为基本单元的田野考察中，许多民俗学者已经注意到乡村自治组织对村落生活、地方社会及国家政治的关键作用。不仅如此，当下国家政治与民俗学术之间的紧密互动关系，以现代国家治理向民俗传统的自觉贴近为显著特征。其主要体现在两个方面：一是乡村在国家自上而下的治理中发生了重大变革，二是村落自身固有的民俗脉络依旧坚固，并与国家治理之间形成了一种相互制衡的关系结构②。在此背景之下，当代民俗学视域下的中国乡村自治组织研究也逐渐走向纵深。

一是注意到乡村自治组织与乡村自治传统的生活意义勾连。刘铁梁早在20世纪90年代的村落民俗调查中就已经发现：“理解新时期官方与民间的关系，应当兼顾社会内部国家力量与乡村自治传统力量之间形成新的互动结构。但是仅仅观照民间文化传统本身是远远不够的，还必须顾及现实存在的社会历史背景。”③ 赵世瑜在阐述国家与社会的关系论题时曾指出：“国家不仅仅体现在政策或者制度上，也体现在生活的实践中。我们不仅要在生活实践中理解它，还要在不同的、具体的地方去理解它，然后才能对这个制度，对于国家有比较完整的了解。”④ 因此，在解读乡村自治组织的当代意义和价值时，应充分注意国家与社会的二元逻

① ［德］尼克拉斯·卢曼著，瞿铁鹏、李强译：《信任——一个社会复杂性的简化机制》，上海人民出版社2005年版，第8页。

② 张士闪、李海云：《“城乡民俗连续体”有重构趋势》，载《社会科学报》2015年4月16日第6版。

③ 刘铁梁：《民俗志研究方式与问题意识》，载《北京师范大学学报（社会科学版）》1998年第6期。

④ 参照2015年4月18日北京大学出版社举办的“沈艾娣与赵世瑜谈《梦醒子》”活动对话稿整理。

辑结构问题。刘晓春把客家村落“自组织”操办的灵官庙会和游花灯仪式视作一种乡村政治与村落认同的象征秩序，其与民间自治传统密切相连①。张士闪通过研究鲁中乡村自治组织——小章竹马也发现：“在当代华北村落社会中，村民在复兴民间仪式活动时，常常借助于国家政治与自身宗族资源，在实际操作中呈现出‘国家在场’与‘宗族在场’的文化景观。”②换言之，纵观民俗学视域下的乡村自治组织与乡村自治传统研究，学者主要把研究视野放置于国家与社会、地方传统与民众生活等不同维度予以统筹考量。正如刘宗迪所言：“作为研究者，观察地方社会的时空，不仅需要主位的内在眼光，还要跳出主位，回到客位。先入乎其内，再出乎其外。”③ 这实际上也提醒我们，在解读和阐述民俗学视域下的乡村自治组织的内在文化逻辑时，必须把握好民俗叙事和民俗志书写的主客位及时空关系。

二是注意到乡村自治组织能够发挥调适地方民众生活秩序的作用。例如，赵旭东在河北地区的田野研究中发现：“从乡村社会的传统治理而言，乡村秩序建构的核心理念从来都是强化礼教对人的教化作用，并不存在那种特意要改造农民成为新人的现代观念下的意识形态。”④ 在地方民众的日常生活中，乡村自治组织通常借助礼俗观念来建构乡村的社会秩序，其关键在于乡民自治能力的强弱程度。李松曾指出：“这种自治能力的核心背景则是乡土社会的秩序体系，外在表现则涵盖了观念、民间信仰、礼俗、艺术和审美等要素的综合体。个体在这个体系中获得归属感、安全感、荣誉感和基本的幸福感，也是中国传统社会家、国、天下文化结构的重要社会基础。”⑤ 耿波也认为：“民俗传统，正是特定群体在文化应激与价值

---

① 刘晓春：《仪式与象征的秩序：一个客家村落的历史、权力与记忆》，商务印书馆2003年版，第134～143页。

② 张士闪：《乡土社会与乡民的艺术表演》，北京师范大学2005年博士学位论文。

③ 刘宗迪：《民俗志与时空观的地方性》，载《民间文化论坛》2007年第1期。

④ 赵旭东：《本土异域间——人类学研究中的自我、文化与他者》，北京大学出版社2011年版，第127页。

⑤ 参见李松：《民间自治与当代乡土社会发展》，源自其在2015年5月23日参加山东大学“礼俗互动：近现代中国社会研究”国际学术研讨会上的主题发言。

约束下相互激荡的产物。在中国社会发展历史上，民俗传统中的价值规束通常集中于神圣价值层面。”① 依靠地方文化传统的力量彰显群体的社会价值，需要依托乡村自治组织的主动调适及其对“神圣”价值的塑造。又如王加华在分析近代江南地区的农事活动与乡村娱乐时所提到的观点，他认为：“农事活动与乡村社会活动之间的关系，实际上反映出来的是一种社会节奏与自然节律间的关系，其实质是把乡村社会节奏纳入到自然节律中去。”② 其实，无论是农事活动的安排，还是乡村社会活动的组织，都需要以村落生活为基础的乡村自治组织的统筹运作，由此实现安顿民众日常精神生活的作用。刁统菊在考察河北龙牌会仪式时指出：“任何一种文化空间都为不同性别的每一个个体提供了展示、表达自身的实践机会和场所。”③ 可见，以民间信仰为表征的乡村自治组织，通过“神圣”空间的塑造，促进了个体的价值实现。这种“神圣性”、娱乐性并存的精神诉求表达，就是乡村自治组织实现地方民众生活秩序自我调适的重要方式之一。

总之，乡村自治组织的功能发挥和意义呈现依托于地方民众的日常生活习俗和惯制。乡土村落生活习俗看似无序和烦琐，其实内部充满着张力和弹性，各种乡村问题与事件在日常生活中的应对与化解，和地方社会的传统、习俗都有着莫大关联。正如布罗代尔所言：“人的生活一大半淹没在日常琐事中。无数的行为都是自古继承下来的，无章无序积累的，无穷无尽重复的，直至我辈。它们帮助我们生活，同时禁锢着我们，在我们整整一生中为我们作出决定，指令我们做什么或不做什么。”④ 显而易见，习俗与惯例之间的界域是不确定的，这也是村落自治组织不断发生变异和功

---

① 耿波：《近现代中国城乡廊道变迁与民俗传统的嬗变》，载《民俗研究》2014年第3期。

② 王加华：《社会节奏与自然节律的契合——近代江南地区的农事活动与乡村娱乐》，载《史学月刊》2006年第3期。

③ 刁统菊：《女性与龙牌：汉族父系社会文化在民俗宗教上的一种实践》，载《民族艺术》2003年第4期。

④ ［法］费尔南·布罗代尔著，杨起译：《资本主义的动力》，生活·读书·新知三联书店1997年版，第5页。

能转化的内在动力。当然，一旦追溯的历史过程更加久远，便更加鲜明地看出：在更加广泛的领域，行为——特别是社会行为——全然是由固守习惯的趋势规约的。情况愈如此，任何背离传统所产生的后果便愈令人不安。在这种情况下，对传统的任何背离在一般人的心目中都无异于扰乱一个有机体的功能。这反过来似乎又强化了习俗①。实际上，在过去的人类学、民俗学有关乡村自治组织的研究中，前者特别注意宗族组织的结构、类型在地方与国家之间如何生效并发挥作用。因此人类学学者长期关注宗族能否成为民间社会组织建构的根本性基础，进而以此来理解中国传统社会的文化建构过程。尤其是在20世纪90年代以后，民俗学者持续对以村落为基础单元的民间庙会、乡民艺术活动等民间组织类型加以关注研究，这使得以往通过血缘、宗族关系建构的乡村自治组织逐渐向以地缘、业缘关系为主的乡村自治组织认知形式过渡②。这不仅是对传统乡村自治组织研究模式的拓展，其在此过程中所呈现出的最为显著的特征之一便是乡土生活的地方感。

（三）梅花拳本体研究

相对而言，梅花拳归属于一种与身体感受密切相关的武术门类。正如迈克·费瑟斯通所述："身体是一个人阶级品位的物化特征，即阶级品位嵌入在身体上……每个群体、阶级、阶级成员都有不同的习性，因此，他们的一系列差异，品位的卓越或庸俗之源，就可以在社会场域中被标示出来。"③ 乡村梅花拳具有明显的乡土性特征，同时深受地方文化传统的影

① ［德］马克斯·韦伯著，李强译：《经济、诸社会领域及权力》，生活·读书·新知三联书店1998年版，第15～16页。

② 相关研究参见赵世瑜：《国家正祀与民间信仰的互动——以明清京师的"顶"与东岳庙为个案》，载《北京师范大学学报（社会科学版）》1998年第6期；高丙中：《民间的仪式与国家的在场》，载《北京大学学报（哲学社会科学版）》2001年第1期；赵旭东：《中心的消解：一个华北乡村庙会中的平权与等级》，载《社会科学》2006年第6期；王学文、岳永逸：《嬗变的醮会：河北赵县豆腐庄皇醮会调查报告》，载《民俗研究》2009年第1期；岳永逸：《灵验·磕头·传说——民众信仰的阴面与阳面》，生活·读书·新知三联书店2010年版。

③ ［英］迈克·费瑟斯通著，刘精明译：《消费文化与后现代主义》，译林出版社2000年版，第132页。

响。它与其他常见的民间武术项目有所不同，一方面乡村梅花拳成员需要借助长时段地练习架子、套路、器械等武场领域强体健身、提升武艺水平；另一方面在文理知识等文场领域而与其他武术门类相区分。尤其是在社会力量的释放方面，梅花拳又呈现出不同的能量状态。例如，在清末义和团运动期间，梅花拳曾一度成为义和团反帝爱国运动的主力军和中坚力量，乡村梅花拳组织内含的社会性功能在近现代中国社会发展进程中也得以凸显。简而言之，自 20 世纪 50 年代以来，诸多海内外武术学、民俗学、历史学等交叉学科的学者对华北地区的乡村梅花拳文化进行了一系列持续且深入的研究，相关的著述较为丰富①。

总体来看，不同学科的梅花拳研究者主要集中于在各自研究领域并予以深度探讨。比如，历史学研究者侧重于讨论乡村梅花拳组织的历史起源、梅花拳与义和团运动、民间信仰活动的社会关联等多个方面。例如周锡瑞、佐藤公彦、路遥等学者对义和团运动与梅花拳关系的研究。大致说来，美国历史学者周锡瑞重点探讨了义和团起源问题。他以 19 世纪山东地区的社会、经济结构作为背景，采用文化人类学的研究方法对鲁西北地方

---

① 武术学领域的代表性研究成果有，燕子杰：《论梅花拳的文场与武场》，载《社会科学研究》1991 年第 3 期；周伟良：《梅花拳考略》，载《成都体育学院学报》1992 年第 4 期；韩建中：《冯克善原系梅花拳门派人》，载《中华武术》2005 年第 7 期；唐韶军：《梅花拳何以成为“义和拳运动”的主导力量》，载《民俗研究》2013 年第 6 期。涉及历史学代表性研究成果有，[美] 周锡瑞著，张俊义、王栋译：《义和团运动的起源》，江苏人民出版社 2005 年版；[日] 佐藤公彦著，宋军等译：《义和团的起源及其运动》，中国社会科学出版社 2007 年版；[德] 狄德满著，崔华杰译：《华北的暴力和恐慌——义和团运动前夕基督教传播和社会冲突》，江苏人民出版社 2011 年版；[美] 柯文著，杜继东译：《历史三调：作为事件、经历和神话的义和团》，江苏人民出版社 2005 年版。同时，国内历史学者代表性成果有，路遥：《义和拳运动起源探索》，山东大学出版社 1990 年版；戴玄之：《义和团研究》，北京大学出版社 2010 年版；李世瑜：《义和团源流试探》，载《历史教学》1979 年第 2 期；冯士钵：《梅花拳与义和团运动》，原载于中国义和团运动史研究会编：《义和团运动与近代中国社会》，四川社会科学院出版社 1987 年版。具体到民俗学领域的代表性研究成果有，张士闪：《从梅花桩拳派看义和拳运动中的民俗因素》，载《民俗研究》1994 年第 4 期；张士闪：《灵的皈依与身的证验——河北永年县故城村梅花拳调查》，载《民俗研究》2012 年第 2 期；张国栋等：《梅花拳的复兴与华北乡村的群体认同》，《民俗研究》2016 年第 5 期。

社会的民间文化进行深入调查，认为正是特定区域的社会结构与中西方的文化冲突等原因导致了义和团运动的爆发①。又如日本学者佐藤公彦的《义和团的起源及其运动》一书，可谓在历史学领域探讨梅花拳与义和团运动社会关联的代表性之作。他在路遥、周锡瑞等人的研究基础上，运用历史整体观的研究方法，辅之以田野调查资料，对华北农村社会构造、文化及清代政治、外交、民间信仰、民间运动等方面进行了综合考察。他认为梅花拳与民间信仰关系密切，并将梅花拳的文场组织归为民间结社②。武术学则偏向于分析梅花拳的拳理、步法、身法等武学奥妙，如燕子杰、周伟良等对乡村梅花拳拳理武功的分析；燕子杰早在20世纪90年代就对梅花拳这一传统武术的文场与武场进行探析③，周伟良则从传统武术的视角梳理了梅花拳的组织源流和拳理功法④。民俗学领域更关注对乡村梅花拳在村落社区乃至更宽领域的地方社会的传承、发展脉络等问题进行整体文化观察。如张士闪对河北省故城县和广宗县乡村梅花拳的田野考察，发现隐藏于民间的“礼治”传统与“神圣”运作背后的意蕴⑤。综上所观，学界过去关于梅花拳的相关研究成果，有的是把梅花拳视为义和团运动的社会历史背景来阐释分析，也有人把梅花拳作为研究本体来探讨民间武术自身的拳路理法。但是，学界对以梅花拳为典型的乡村自治组织与民众生活传统关系的田野个案研究则略显薄弱。

因此，从“民间自治组织”到“中国社会的乡村自治组织”的研究梳理，再到“梅花拳本体研究”的具体剖析，在逻辑层面渐次推进，最终都落实于梅花拳与乡村自治传统研究的综合性框架之内。实际上，居于乡土社会中的乡村梅花拳武术组织固然经历了时代政治的影响，但是由于其文

---

① ［美］周锡瑞著，张俊义、王栋译：《义和团运动的起源》，江苏人民出版社2005年版。

② ［日］佐藤公彦著，宋军等译：《义和团的起源及其运动》，中国社会科学出版社2007年版，第301～305页。

③ 燕子杰：《论梅花拳的文场与武场》，载《社会科学研究》1991年第3期。

④ 周伟良：《梅花拳考略》，载《成都体育学院学报》1992年第4期。

⑤ 张士闪：《民间武术的“礼治”传统及神圣运作》，载《民俗研究》2015年第6期。

场、武场的制度性存在，使得以梅花拳为象征的地域文化生态呈现出鲜明的乡村自治能力和自治空间，并显示出相当强大的乡土稳定性。此时需要关注的问题是，在中国传统社会，类似这种乡村自治组织的社会生活功能如何保持长期有效？乡民为什么在日常实践中需要这种自治生活和文化传统？其实，我们在后来的田野调查中也发现，乡村梅花拳组织主要通过运作“社区公益”和“隐秘团体”这两种特殊方式来维持组织内部的平衡关系。例如，梅花拳文场在当下村落公共信仰活动中就出现了信仰的道德泛化现象。乡民信仰何种神灵在很大程度上与个体的价值诉求有着紧密的关联，亦可被称为一种“价值观”的信仰。进而言之，此时还应注意到国家与官方的二元政治分析视角。因为此类乡村自治组织在参与地方社会生活的过程中，在某种程度上也有可能与官方形成制度性紧张，所以把握中国社会传统的内在演进特质及其在乡村自治组织中如何落实，是本书的逻辑关键点之一。例如，梅花拳与社区民众的特定历史记忆和生活伦理密切相关，它在乡村社会发展进程中持续产生影响。乡村梅花拳组织特殊的身份界定和认同机制，使其成为乡村社会“拟亲属”意义上的地域组织形式；虽然在日常生活中乡民善于借用“拟亲属”称谓，但在梅花拳内部又刻意让家族亲属关系弱化。纵观此类变化，其因由可能正是乡村梅花拳组织借助男性结社的特殊方式来重构乡村的生活文化传统，这无疑彰显了乡村自治传统所蕴含的内在文化张力。

三、研究方法与思路

必须承认，接下来有关北杨庄村梅花拳这一乡村自治传统研究的行文，笔者无法完全客观地呈现一个内部关系极为复杂的“乡村自治生活”场景，只能寄希望于对乡民日常生活中多横断面的场景式“深描”，去尽量阐释乡村梅花拳组织之于村落民众生活背后多元交织的功能和意义。事实上很有可能，笔者是一直被蒙在鼓里的。从这些淳朴老乡们的多重口述资料中，亦或许会误解或者歪曲他们的口头表述或背后事实。所以需要申明的是，由此可能带来的任何不良后果，当然由笔者本人承担。单从历时性视角看，本书主要描述的是一个乡村自治组织（乡村梅花拳组织）及其所在村庄近百年社会生活文化的发展变迁史。通过梅花拳这一乡村武术组织的底层视角切入，观察其对村落整体生活的影响和渗透方式，这包括村落经济、村落政治及村落艺术与文化传统等多个方面，并在此基础上讨论乡村自治组织对乡民艺术、乡村自治传统的意义呈现过程。这种乡民艺术的呈现方式，还糅合了国家政治、地方社会与乡村组织等多方力量。本书的研究兴趣还在于对乡土社会的不同乡村自治组织与民众生活"现在时"的复线描刻。正如戈夫曼所意指的舞台表演的前台区域和后台区域之分①，此时的前台是指对乡村日常生活的全景式民俗志爬梳，后台则是对乡民复杂生活心态史的"揣摩"、理解和阐释。一定意义上看，进行全景式民俗志描写的目的是更深入地理解民众背后复杂的心态历程，这主要依赖于文化持有者本身对其乡土文化的多元解释。吉尔兹认为，在不同的个案中，不应完全沉湎于文化持有者的心境和理解，最重要的是描述出他们自己是怎么想，怎么做的。② 这两条线索，一明一暗，主要通过乡村日常生活的人际交往、信仰仪式、婚丧礼俗及公共事务等方面予以落实，并在乡村整体生活的"景深"框架内加以透视。

再者，笔者会尽量用一种比较平实的叙事语言来描述乡民的乡村自治生活镜像。当然，乡村日常生活并不总是波澜不惊，邻里之间鸡毛蒜皮的各种琐事充斥着他们的日常生活。人们往往忽略这些细枝末节，认为它与研究主题关系不大，但正是这些碎片化的生活事件，恰好构成并丰富了乡村生活传统的基础性要素。这也使我们有了更充分的理由相信，当下乡村自治组织及生活民俗研究的关键在于"理解"乡民之碎片式的"理解"，"感受"乡民之碎片式的"感受"，从而得出一个综合、全面性的文化"解释"。实际上，对众多冀南乡村来说，乡民的日常生活本就不易，单纯依靠土地获得的经济收入极为有限。长期处在此种生活环境中，乡民形成

---

① 戈夫曼认为："表演后台是为准备表演常规程序的地方，而前台是呈现表现的地方。这些区域被加以控制，不能随便出入。"［美］欧文·戈夫曼著，黄爱华、冯刚译：《日常生活中的自我呈现》，浙江人民出版社 1989 年版，第 229 页。

② ［美］克利福德·吉尔兹著，王海龙、张家瑄译：《地方性知识：阐释人类学论文集》，中央编译出版社 2000 年版，第 73 ~ 74 页。

了比较固化的乡土思维观念，这使得他们一时也很难跳出乡土文化圈层。虽然暂时无法突破这种窠臼，但并不代表他们没有应对日常生活难题的智慧，也并不意味着他们没有面对现实生活的狡黠。正如詹姆斯·斯科特对东南亚乡村农民组织进行研究后得出的结论：农民组织是一种道义上的经济联合体，农民是社会阶层中的弱者，他们保护自己的最好武器是对现有可用资源的"物用其极"。① 总之，经由乡民生活感受出发，探究梅花拳这一乡村自治组织的内部结构关系与功能运作过程，成为理解当代乡民生活实践的意义"药引"。这种由梅花拳引发的"生活意义"，是以乡土社会中民众的朴素生活理念和价值观念为表征，它使得纷繁复杂的村落自治生活景象更加五彩斑斓，给予了传统乡民艺术更丰富的乡土自治的文化意义。

具体而言，本书主要采用民俗学惯常的田野作业方法，并将其作为关键的研究方法。自 2008 年以来，山东大学民俗学团队已对河北地区的乡村梅花拳文场开展了较为深入的田野调查，这为华北乡村梅花拳的学理研究打下了扎实的资料基础。笔者从 2015 年 4 月至 2018 年 1 月，多次对北杨庄村的村落概况、人生仪礼、岁时节日、家族生活、"菩萨会"信仰仪式及梅花拳传承等专题进行了比较细致的田野调查。鉴于梅花拳这一民间组织结构的特殊性，同时对周边的梅花拳村落（杜家庄、前魏村等）进行了延伸考察。在此背景下，通过对乡民的深入访谈和对民间仪式的现场参与式考察，逐渐积累了大量的录音、录像等田野调查资料，从而能够更贴切地把握梅花拳在乡村社会的实际发展状况。当然，在田野调查过程中，也曾不可避免地遇到一些棘手问题。例如，鉴于乡村梅花拳的内部运作传统，田野调查中需要下一番功夫与老百姓"打交道"，才能深入了解梅花拳内部的文场组织结构，循此路径获取的民间文献资料，也是阐释梅花拳文场"知识"的重要依据和参考。

其次，在本研究具体实施过程中，还注意将梅花拳置于地方社会生活的文化语境之中，并与中国近现代历史变迁进程、地方社会的发展脉络背

---

① 参阅［美］詹姆斯·斯科特著，郑广怀等译：《弱者的武器》，译林出版社 2007 年版。

景（如地方社会的政治事件、经济生活与信仰生态等方面）相结合。因此，文献研究法也是本研究十分倚重的方法，其中涉及文献的范围大致包括地方历史文献和民间文献两个部分。地方历史文献主要参照史籍、地方志、政府公文、报刊等资料；民间文献主要包括笔者从田野调查中搜集来的家谱、碑刻、地契、文书、佛经文本等资料。具体所涉的地方文献资料主要有明万历《广宗县志》、清康熙《广宗县志》、清嘉庆《广宗县志》、清同治《广宗县志》、民国《广宗县志》、《民国二十五年河北省广宗县地方实际情况调查报告书》、《广宗县地名志》、《广宗县文史资料集》等地方历史文献资料，还包括《北杨庄邢氏家簿》、《北杨庄邢氏生育簿》、《梅花拳·邹氏族谱》（前魏村李玉普藏）、清乾隆《习武序》、《根源经》，以及乡民保存的地契、分家文书、梅花拳拜师帖、梅花拳"立架"文、"菩萨会"佛歌唱词等民间文献资料。搜集以上文献资料，旨在参照已有的学术文献研究成果，细致遴选出地方历史文献与民间文献中的有效信息，以弥补田野调查之不足。借助文献研究法，透过历时性的观察视角对乡村梅花拳的传承发展脉络进行勾勒阐释。在此背景下，利用对比分析等研究方法，能够更深入地解读梅花拳与乡村自治传统的互动结构关系。具体研究思路则主要包括以下两个方面：

一是从以乡村梅花拳为代表的乡民艺术活动切入，讨论民俗学视角下乡村自治组织的运作方式。第一，梅花拳从性质上属于一个以练拳习武为典型表现方式的乡村拳班群体，也是有自身拳技特点和拳理功法并至今衍传在广大民间习武群落中的"一门艺业"①。梅花拳，又被称为"庄稼拳"。它既是一种武术身份的社会象征，也彰显了梅花拳在村落社会中的朴素特征，也意味着它已融入地方民众日常生活之中，并成为乡民闲暇生活的消遣、娱乐方式之一。第二，北杨庄村长期保存着比较完备的梅花拳文场和武场系统。在梅花拳组织内部至今仍传承着相对严苛的文教理念和组织规矩，这促使乡村梅花拳组织可以在村落日常生活凸显更多作用。纵

---

① 周伟良：《梅花拳拳理功法的历史寻绎》，载《体育文化导刊》2002 年第 5 期。

观近百年来尤其是20世纪70年代以来北杨庄乡村梅花拳发展历程，不难看出，乡民也擅长主动利用梅花拳这一乡土文化资源来调适村落生活。第三，乡村梅花拳推行的“文场领导武场”等传统规矩，以及乡村梅花拳的文场、武场修炼，已经奠定了梅花拳组织较为独特的运作机制。同时，乡村梅花拳所呈现给外部社会的“神秘”形态和“秘密化”色彩，也反映出这一民间组织还发挥着干预、影响乡村自治传统的关键角色。

二是以民俗文化整体观来统摄蕴含着乡村自治传统的村落日常生活，探讨其对乡村自治组织的层累建构与意义生成有何影响。例如，一般来说，武德修养是民众接触梅花拳拳术的基本前提，这通常约束着梅花拳成员在村落日常生活中展开实践，北杨庄村中也流传着诸多与武德修养相关的梅花拳故事。这不仅是乡民日常生活的真实感受，也是梅花拳内部贡献群体智慧、应对各类突发事件的合理磋商，还是村落梅花拳组织据此凝聚民意的特殊方式之一。因此，此类轶事的叠加必然为当地民众建构梅花拳的“神圣”格局提供丰富素材，我们亦可从中观察冀南乡土社会的多元信仰生态。同时以近现代地方社会的变动进程为背景，梳理与梅花拳相关的地方历史文献资料，结合田野调查中对村落民众日常生活的共时性呈现，能够展示出梅花拳与乡村自治传统的多元文化样貌。纵观北杨庄村梅花拳的历史传承进程，可以清晰地发现，当地民众在不断地迎合、疏解地方社会的实际局势与现实遭遇，从而促进乡村梅花拳与地方生活传统的自我调适，并在此基础上建构、完善富有文化张力的乡村自治组织，同时试图将地方社会的日常生活冲突、矛盾、阻滞等化解到最低限度。例如，从一般意义的公共道德来讲，梅花拳都无时不在强调“习武修德”的重要性。而对于村落公共秩序的维护层面而言，北杨庄村村民口中的“没有派性”“邢王不骂”等说法，则体现了当地民众已把与“天地君亲师”相关联的梅花拳信仰逻辑链接到乡村自治生活领域中去，这间接反映出中国社会礼俗传统下的乡村自治能量。又如近几十年来北杨庄村形成的梅花拳“架鼓送殡”习俗，这种超稳定的乡村梅花拳运作机制背后其实隐含着地方民众的集体智慧和乡村自治逻辑。

总之，本研究侧重于对乡土村落中的梅花拳文、武场组织系统予以深入考察，剖析其内部的组织结构和运作方式，探讨其对乡村自治传统的影响及社会关联。在华北民间社会，梅花拳作为一项土生土长的武术活动，既起到了强健体魄、修炼心性的重要作用，也是促进邻里关系和谐、化解村落纠纷的调和剂。梅花拳群体固然不能代表乡村自治组织的全部，但其中涉及的村落社区自治行为、观念、逻辑等，都贯穿于乡村自治生活的日常实践之中，这亦有助于优化村落社区乃至地方社会的道德伦理秩序。对于梅花拳在民间社会的具体功用，理应持辩证看待的文化态度。当然，所谓的梅花拳与乡村自治传统研究，本质上也是对梅花拳这种乡村自治组织的一种民俗学拓展研究。更进一步讲，梅花拳可被视为掌握在乡民手中的一种文化工具，它既居于乡民的自治生活领域之上，又融于民众的日常生活之中。仅就目前的调查而论，若从近百年来冀南广宗县北杨庄村梅花拳文、武两场的传承实践来看，它已深刻影响、塑造了地域社会的武术文化传统，并形成了层次分明、显隐兼具的乡村自治景观。

第一章　沙窝之地：北杨庄乡村生活景观

第一节　广宗县自然地理与历史概况

一、百里沙带：广宗的水土与气候

冀南完全是一片平坦的大原野，没有山也没有水，干燥得好似是一片沙漠，由于这简单的地形，养成了那里人们简单朴实刻苦耐劳的精神……

1937年，一位名叫姚烽的作者，在上海通俗文艺刊物《星华》上面发表了一篇不足七百字的短小精干的杂文。在这篇名为《冀南农村里的妇人》的文章中，姚烽简单描绘了20世纪30年代冀南乡村的地理风貌，讲述了当时冀南普通农村家庭妇女的工作、婚姻及信仰生活状态①。从广义上讲，冀南属于一种地理概念，它是华北平原的一部分，大致覆盖了包括河北省南部邯郸市和邢台市在内的地理实体区域②。而从姚烽平实的描述来看，受当地较为恶劣的气候生态与自然环境影响，冀南这片平坦

① 姚烽：《冀南农村里的妇人》，载《星华》1937年革新第6号，第40页。

② 华北平原是中国第二大平原，主要由黄河、海河、淮河、滦河冲积而成。在河北，其涵盖区域主要包括冀东、冀南两地，代表城市如石家庄、秦皇岛、唐山、廊坊、保定、沧州、衡水、邢台、邯郸等。

的“大原野”显然很难称得上是富庶之地。

广宗县是冀南地区典型的平原县之一，地处河北省东南部黑龙港河流域。它位于河北省邢台市东部，地跨北纬36°51′～37°18′、东经115°06′～115°17′。南北最大纵距约54公里，东西最大横距约17.3公里，幅员总面积约503平方公里。广宗县西与平乡县、巨鹿县接壤，南与邯郸市邱县交界，东面毗邻威县，北面紧依南宫市。总体而言，广宗县全境范围地势较为平坦，平均海拔32米左右。它全境南北狭长，有两条长达百余里的天然沙带绕县境而过，东西最宽处约15里。其中一条自广宗县东南部的东、西石井疃村始，北经北塘疃村、城关村、李怀村，一直延伸到大平台乡的乔柏社村，长约30余公里；另外一条沙带自城东北的槐窝村起，向北一直到北李庄。1933年《广宗县志·民生略》中曾记录了这条位于县东北部的沙带状况：“又县之东北，自槐窝北，至杨家庄、核桃园、毕家庄等村，长二十余里，宽数里……统计全县地亩，沙碱约居十之五六，而良田不过十之三四。”① 这两条蜿蜒广宗南北的百里沙带，占地总面积约82000余亩，如同两条浮动的沙地巨龙，逶迤广宗南北县境而行，形成了当地“沙带绕境”的独特地理景观。

广宗县地处古黄河和漳河的冲积平原流域，历史上古黄河、漳水多次泛滥、改道，使得其县境内部形成了许多缓岗沙丘和封闭洼地。沙土遍地是广宗乡村风貌中最为典型的自然地理景象之一，这在广宗地方历史文献中多有记述。如在明万历二十六年（1598）《广宗县志·封域志》中曾记载：“广宗在畿内为弹丸地，又沙卤，无流峙之胜、膏腴之沃也。……宗城环百里内，非直无培塿之山，畎浍之水，且多沙，不能厚植。又不可以井，旱则干枯，涝则淹没。人复棰，不能经营四方，此其穷困所由也。”② 在清康熙三十二年（1693）《广宗县志》序言中也有提及：“广宗古称沙碛，地贫而民朴。”③ 进一步而言，1933年《广宗县志》中的相关描述则

① 姜樾荣修，韩敏修等纂：《广宗县志》，台湾成文出版社1969年版。
② 《广宗县旧志校注》委员会编：《广宗县旧志校注》，2001年，第32页。
③ 《广宗县旧志校注》委员会编：《广宗县旧志校注》，2001年，第69页。

更加细致："广宗居河北南部，距海洋遥远。性近大陆，寒暑俱烈……春季，暴风飙起，沙尘横飞，咫尺莫辨，室中几案积土数分……其苦雨量偏短少，历年多患亢旱。"① 此外，广宗县境内还有盐碱地约92000余亩，主要分布在赵家寨村、冯家寨村以及东召村、北塘疃村等周边区域。当地土质以壤土为主，沙质、碱质居多，其成土母质为古黄河、古漳河冲积物，沙质土常年累积，堆而成丘。因此，广宗县自古以来便有"沙丘"的别称。可以说，黄土沙质一定程度上代表了广宗县乡土村落的自然底色。

广宗县全境没有一座山峰，境内主要有三条排沥河渠，分别是老漳河、西沙河和合义渠。全县河流总长约200.6公里，其中浅层地下水资源流量约为2432万立方米。老漳河是当地最重要的排沥河流之一，它在明朝时是漳水主流，境内长18.5公里，流域面积383平方公里。清康熙四十七年（1708），漳河水由馆陶导入卫河，后段河道逐渐断流。因过去洪水多次泛滥，导致泥沙不断淤积，水势减弱，故曾改称小漳河。因其原为漳河（漳水）故道，而后又改名老漳河。它流经广宗县西部边界线，从苏家庄村入县境，再经西板台村北出县境流入巨鹿县。新中国成立以前，老漳河河道年久失修，每逢汛期，洪水泛滥，给当地农民的日常生产生活造成了极大困扰。新中国成立以后，在地方政府领导下，曾多次组织大批本地村民，历经1965年、1971年、1978年三次大规模治理，逐渐疏通老漳河河道，起到了明显的排涝治碱效果②。西沙河属于广宗县、威县、巨鹿县、南宫市和新河县等五县市的排沥河道，因其位于威县老沙河西侧，且河道所经之处多被沙地覆盖，故得名西沙河。它属于一条季节性河流，在广宗县境内长约25.63平方公里，流域面积达122平方公里。西沙河主要从广宗县东部边境流过，分南、中、北三段，其中北段从槐窝村东入境，向西北经柏城至北李庄东北流入南宫市境内，它是广宗县东部地区唯一的排沥河道。合义渠则是一条跨越邢台、邯郸两地的排水渠道，其分为东、西支

---

① 《广宗县旧志校注》委员会编：《广宗县旧志校注》，2001年，第515页。

② 广宗县地名办公室编：《广宗县地名志》，邢台印刷厂1984年印制，第34～35页。

流，成东南、西北走向，在广宗县合义村西合并为一流，西入老漳河，得名合义渠①。这三条主要由人工挖修的排沥河渠，一直是广宗沿线乡村地区开展农业生产活动的重要基础设施保证。虽然在旱期时常断流无水，但每逢汛期，它们能够发挥一定的防洪、排沥作用。

广宗县属于暖温带大陆性半干旱季风气候区，四季特征分明。春、秋两季干燥少雨多风沙，夏季炎热，冬季严寒。广宗县年平均气温为 12.9 度，1 月份平均气温为零下 3.6 度，7 月份平均气温为 26.5 度。无霜期为 199 天，年正积温为 4930 余度，年平均日照约为 2501.9 小时，光照相对充足。广宗县年平均降水量为 489.7 毫米，降雨多集中在 7、8、9 三个月。广宗当地经常遭受的自然灾害类型主要包括旱灾、涝灾、洪灾、冰雹、地震、病虫害等，其中以旱灾最为严重，当地素有“十年九旱”之说②。在华北平原地区，旱灾与水患往往相依而生。广宗县地处古黄河、漳河泛滥地区，历史上洪涝灾害和旱灾呈现出交复出现的态势。另据《广宗县志》相关统计资料显示：从明宣德八年（1433）到 1943 年的 510 年间，广宗城乡地区总共发生旱、涝、洪灾害 71 次，平均每七年一遇，给当地乡民的生产生活造成了非常严重的影响。新中国成立以来，地方政府加大了防洪抗旱水利工程的治理力度，自然灾害影响程度相对减轻。在 1935 年发行的《国讯》报刊上面，一位化名致远的作者就曾描述过这一带乡村干旱少雨的自然生态环境③：

> 这里土质沙粒占三分之二，北方气候干燥，雨量很少，只在夏秋之间可见。所以路上往往积着二寸多厚的尘垢，他们席地而坐，小孩子们竟常赤裸裸地睡在地上，所以我们常说北方人的沐浴是别开生面的，能以沙尘代水洗浴。

---

① 萧玉雄主编：《邢台地区水利志》，河北科学技术出版社 1992 年版，第 253 页。

② 中华人民共和国民政部、中华人民共和国建设部主编：《中国县情大全·华北卷》，中国社会出版社 1992 年版，第 357 页。

③ 致远：《冀南农村状况》，载《国讯》1935 年第 114 期。

一年之中的多数时候，广宗地区都处于干旱少雨的气候环境状态。尤其是春旱在当地极为常见，在广宗乡村普遍流传着“春雨贵如油”的农谚。但在有些年份的夏季，广宗一带也时常会发生短暂的暴雨洪涝灾害，因沥涝灾害导致农作物减产甚至绝收的现象在当地并不稀奇。这种恶劣的气候生态与自然环境，间接导致了广宗地方经济、社会发展的长期滞后，“地瘠人贫”成为广宗乡土社会生活现状的代名词之一。

二、广宗的历史、人文与经济

（一）历史沿革

广宗县历史悠久，文化底蕴较为深厚。数千年来，历经多次官方改辖沿革，名称、治所屡有变化，最终形成了今日的行政区划格局。广宗县始建于东汉时期，历史上提倡胡服骑射的赵武灵王修建的沙丘宫即位于该县境内。据地方历史文献记载，商以前广宗为冀、兖二州交界之域。商时为王畿之地。周属邢。春秋时先属卫，后属晋。战国属赵。秦属巨鹿郡，秦始皇东巡时回崩于沙丘平台。西汉为堂阳县及广宗国地。东汉章帝分置广宗县，取“以广先帝基业”之意。三国、晋为广宗县、经县地。隋仁寿初广宗县改为宗城县。唐、五代、宋、金时期为宗城县、经城县、洛水县地。元代又改称广宗县。明代时，广宗县属于顺德府管辖。在明洪武十年（1377）六月复废广宗县，并入平乡、巨鹿两县。洪武十三年（1380）十一月复置广宗县，仍属顺德府。清代，康熙八年（1669），广宗县属直隶省顺德府，仍为顺德府九县之一。

进入民国时期，中国各地军阀混战，内忧外患不断，广宗县行政区划管辖权经历了“多方共辖”的混杂阶段。1913 年 3 月，撤销顺德府，直隶省下设冀南观察使（驻大名），6 月改为冀南道，次年 6 月改称冀南道为大名道，广宗县亦属其中。1928 年 6 月废道，改直隶省为河北省。1937 年，抗日战争全面爆发，分属南京国民政府河北省第十三督察区、日本占领军伪顺德道、中国共产党冀南区广宗县抗日民主政府。此时，中国共产党领导的抗日武装，积极开辟冀南抗日根据地，建立抗日政府，并于 1938 年 8 月 14 日成立冀南行政主任公署，建立冀南区，广宗县属冀南四专区。1940

年省政府撤离河北，侵华日军在邢台设立伪顺德道，广宗县成为沦陷区。由于日伪政权机关占据县城，为便于在农村开展游击战争，中共抗日民主政权把现在邢威路以南的村庄与曲周县的部分村庄合并为一个县，取名广曲县。同年 8 月 1 日中国共产党成立冀南、太行、太岳行政联合办事处（简称冀太联办），广宗县随冀南四专区归之。1941 年，广宗县属中共晋冀鲁豫边区冀南区十三专区。1945 年，抗日战争胜利，冀南行署和冀鲁豫行署合并，另置冀南行署，广宗县属冀南区四专区管辖①。

直至新中国成立以后，广宗县逐渐形成了相对稳定的行政区划格局。1948 年 9 月，在华北人民政府成立后，广宗县归属华北行政区冀南区四专区。1949 年 8 月 1 日，河北省人民政府成立，广宗县被划归河北省邢台专区。1949 年 10 月 1 日，中华人民共和国成立后，广宗县归属河北省邢台专区管辖。1958 年，广宗县、平乡县、南和县、任县、巨鹿县等五县合并为巨鹿县。1961 年 5 月，从巨鹿县分出，复置广宗县，与平乡县合称广宗县，其他各县亦归还。1962 年 1 月，将平乡县划出另置，广宗县属地复还。1970 年，邢台专区改为邢台地区，仍辖广宗。1993 年，邢台地区进行地市合并，广宗县归属邢台市管辖，新的行政区划一直沿用至今。目前，广宗县共辖 1 镇 7 乡 1 个开发区、213 个行政村，政府机关驻地为广宗镇，位于北纬 37°04′，东经 115°08′。广宗县总人口约 32 万人，主要有汉族、满族、回族、藏族、朝鲜族和黎族 6 个民族，其中汉族人口占比为 99%。

（二）地方人文

广宗县人文资源比较丰富。它既是中国知名的“民间艺术之乡”，也是著名的“梅花拳之乡”。广宗县现有国家级非物质文化遗产三项，分别是梅花拳、太平道乐和柳编。河北省省级非物质文化遗产包括黄巾鼓、传统纺织技艺等六项。其中，发源于东汉末年的广宗太平道乐被誉为中国音乐史的“活化石”。“自古燕赵多慷慨悲歌之士”，广宗就是《史记》中所载的“丈夫相聚游戏，悲歌慷慨”之地。广宗之名，最早起源于西汉时

① 参见广宗县地方志编纂委员会编：《广宗县志》，河北人民出版社 2015 年版。

期。据《汉书·诸侯王表》记载：元始二年（2）汉平帝封代孝王后裔刘如意为广宗王，盖取“推广宗子之意”为名，数年后国除[①]。历史上，秦始皇五次东巡曾路经此地，赵武灵王亦曾在此兴建沙丘宫。时至今日，广宗县仍保存着一批明清时期的古迹遗址，如明代县衙官署正堂、清代领导“扫清灭洋”义和团起义领袖景廷宾故居等。1902 年，在广宗东召村爆发的景廷宾农民起义运动，发展势力最终波及冀、鲁、豫三省，声势浩大，对地方社会的历史发展进程产生了深刻的影响。

不仅如此，广宗县作为冀南地区久负盛名的革命老区，在抗日战争期间，宋任穷、杨秀峰、陈再道等老一辈无产阶级革命家曾在此地领导、开展抗日救国斗争，发挥了不可替代的重要作用。尤其在广宗县杜家庄村、北杨庄村及槐窝村等村落，过去曾是冀南地区著名的抗日革命根据地，素有“西有太行，东有杜杨”之美誉。“一方水土孕育一方文化”，历经数千年社会历史变迁，广宗曾发生过黄巾起义、义和团运动、冀南暴动等深刻影响地方历史发展进程的社会运动，也塑造了广宗“慷慨尚武、重义轻利”这一典型的地域文化特征。

（三）经济生活

从直线距离看，广宗县向北至中国的政治、文化中心首都北京约 400 公里，西北到河北省省会石家庄市约 120 公里，向西至地级市邢台市约 52 公里。总体来说，由于广宗县工业基础薄弱，当地经济发展长期处于贫穷落后的状态。在 1945 年以前，全县没有一条柏油公路，后来陆续建成了邢台临西线、孙（家庄）大（南宫市大马林）线、任（县）广（宗）线三条柏油公路，并与周边县市陆续通达了公共汽车。目前县境内邢清线、邢临高速横跨东西县域，大牙线纵贯南北，邯邢黄铁路穿越县境南北而过，连接黄骅港，交通相对便捷。新中国成立以后，广宗县建有农机厂、磷肥厂、食品厂、印刷厂及棉织厂等骨干企业。近年来，当地政府大力发展自行车零件、五金配件加工业和小规模木材加工业，工业发展环境不断优化。与周边其他县市相比，广宗县作为国家扶贫开发重点县和民盟中央对

---

① 甘振波主编：《河北历史地名集》，中国文史出版社 2013 年版，第 169 页。

口帮扶县，在经济发展领域还有很大的提升空间。

长期以来，广宗地区的经济发展以农业为主。全县总耕地面积约为510400亩，水田、水浇地面积约为115500亩。近些年随着农田基本建设、河道治理以及农业生产设施的不断改善，农业生产水平也随之提高。从地形地貌上看，广宗县南部为平原，东部多沙岗。因此南部地区多种植棉花，东部和北部多种植果木。广宗农业生产以种植小麦、玉米等粮食作物为主，同时种植棉花、地瓜、花生、油葵等经济作物。当地的沙土特别适宜花生和地瓜的生长，种植方式也极为特殊。例如，种地瓜时不起垄，直接在平地挖坑种植；种花生时不覆膜，直接种在地里任其裸露生长。广宗处于“冀南棉海”腹地，是全国重要的优质细绒棉基地，当地还流传着诸如“有了田，多种棉”“好晴天，打花尖”“燕露脑瓜，棉花开花”等农谚。此外，广宗县除沙荒宜林地10万余亩外，现有林地面积25万亩，林木覆盖率达32%。果林主要种植苹果、鸭梨和红枣等。大规模牲畜饲养主要有猪、羊、鸡等动物。广宗地区以农为主的经济发展模式，意味着当地农民的日常收入来源基本上要“靠天吃饭”，所以普通乡民的生活水平曾长期在温饱线上下徘徊。1936年吕迪吉曾记录了冀南一带乡村农民的日常生活情形①：

> 冀南各县之农民，对于食品，不甚讲究。其主要食物，不外乎小米、高粱、大豆等农作物。夏日天长，每日三餐；冬日天短，每日两餐。在下等农户每日所餐者，不过红窝窝、稀米粥而已。普通农户以花窝窝杂面小米汤为主。而上等农户，间有以白面为食物。
>
> ……
>
> 农村房舍，大都以土砖泥灰为墙，上覆草簿，以土盖顶。间有以瓦盖屋者，可是很居少数。而各村所住之房，每多地位低下，屋中潮湿。若逢夏日淫雨，洪水爆发之时，易被淹没。墙上缺少帘洞，光线不易透入。此种房式，有碍卫生，甚至堆柴于屋，贫者养牲畜于室内

① 吕迪吉：《冀南农民生活》，载《县乡自治》1936年第2期，第77～81页。

者有之。冬日气味犹可，当盛夏之时，蚊蝇满屋，臭气触鼻，人居其中，每多发生疾病……

据上可知，在过去，普通冀南乡村农民的日常生活条件是极为艰苦的。除了饱受特殊的时局和社会境况影响，更主要的原因在于农民单纯依靠土地获取的微薄农业收入常常难以维系一个农村家庭的正常生活开支。值得注意的是，自改革开放以来，随着国家不断加大对农业、农村、农民领域的政策扶持力度，广宗县城乡百姓已经解决了基本的温饱问题，乡村地区的农民家庭生活水平也不断得到改善和提高。

第二节　村落空间、历史记忆与家族组织

一、乡村空间布局

北杨庄村，又名北杨庄、杨家庄，当地村民俗称“杨庄”。如果单从广宗县地图俯瞰，在其下辖的213个行政村中，北杨庄只是广宗东北部百里沙带上一个再普通不过的平原村落。依据最新的行政区划，北杨庄现由广宗县核桃园乡政府统一管辖①。核桃园乡成立于1953年，后改为公社，1984年复置乡制，目前下辖北杨庄、杜家庄等27个行政村。核桃园乡地处广宗县最北端，东临威县，南连件只乡，西依巨鹿县，北与南宫市接壤，距离县城约21.9公里。全乡总面积约为74平方公里，其中有耕地3万余亩，沙地2万余亩。广宗东北部属于沙壤土，土质贫瘠，西沙河流经

---

① 1953年5月，广宗县调整全县行政区划，分设3区，区下设1镇32乡204个行政村。核桃园乡隶属于广宗县第二区，共辖杨家庄（今北杨庄）、杜家庄等6村。1956年9月，核桃园乡改为核桃园人民公社，下辖行政村改称生产大队。1963年，核桃园公社下辖杨家庄等13个生产大队。1982年4月，核桃园公社杨家庄更名为北杨庄大队。1984年6月，取消“政社合一”的人民公社制，广宗县12个人民公社更名为同名乡，生产大队恢复为行政村，生产小队改称村民小组。1985年，核桃园乡下辖北杨庄、杜家庄、刘家庄等13个村庄。后来，将董里集乡下辖数村并入核桃园乡，遂形成了当前的行政区划。

西境①。从地形上看，该乡东南至西北为沙洼地，总体地势较为平坦，是广宗县花生主产区之一。农作物品种以种植小麦、玉米、棉花、油葵为主，而且林木众多，盛产苹果、梨等水果，是广宗水果的主产区。全乡范围内建有核桃园、董里集两处农贸市场，工业生产以制鞋业为主，是广宗县重要的鞋业生产基地。核桃园乡所在区域属于温带大陆性季风气候区，年平均气温在13度左右，年降水量约为500毫米，且多集中在夏季七八月份，冬夏温差大。干旱、沥涝灾害是影响当地农民生产生活的主要气候因素。

在过去，中国华北地区传统村落形态往往是以小范围家族聚居的形式而组织起来的。一般的村庄利用山、河及其他自然物进行区隔，所以在华北很少见到房屋散落的村庄。由于中间隔着耕地，各村庄之间保持着一定的距离②。北杨庄处于冀南平原沙洼地带，村庄外部拥有大量林地和耕地，使其与周边村庄天然隔离开来，成为一处较为独立的村落自治生活群体。北杨庄位于广宗县东北角，距离广宗县城约40华里，又距核桃园乡政府驻地东南偏南约4华里。村内土地共计5200余亩，其中可耕地约2460亩，沙林地约2740亩。北杨庄村落居住面积的增加经历了由南向北逐渐扩张的过程。最初立村时，北杨庄村民多数居住在临近杜家庄的区域，后期不断向村北拓展。大致看来，北杨庄村落地理空间格局为“田”字形结构，总占地面积约0.25平方公里（375亩），村庄总体布局较为紧凑。贯穿村庄南北的553乡道，是该村的主街之一，将北杨庄村分成了两块东北—西南走向面积约等的方形区域。由地方政府推行建设的“村村通”公路现已基本覆盖全村主要街道。两条东西走向的水泥街道和四条南北走向的乡道把整个北杨庄分隔成一个个小块，北杨庄人主要根据传统的家族关系远近聚集而居，建房的宅基地则由村委会统筹分配。从北杨庄村往东，约1公里处是隶属威县管辖的大刘庄村，村南紧挨着杜家庄村，往北2公里处是银

---

① 崔乃夫主编：《中华人民共和国地名大词典》（第1卷），商务印书馆1998年版，第335页。

② ［日］直江广治著，王建朗等译：《中国民俗文化》，上海古籍出版社1991年版，第123页。

边庄村，往西 1.9 公里处为柏城村。因此，从地理区位上判断，北杨庄除了与村南杜家庄比邻而居之外，应该算作一个相对独立的村落生活单元。

在北杨庄附近有两条乡村公路。其中，大牙线位于北杨庄西侧，是一条纵贯广宗南北的交通要道；杨官线位于村南，是一条勾连东西交通的乡村公路。由于受经济发展水平所限，该村至今没有开通直达的公交线路。北杨庄周边区域并没有大的河流经过，距其最近的老漳河也有 12 公里之遥。据村民回忆，过去在北杨庄西南角曾有一条小沙河，但因气候干旱，常年断流。又因其处于沙丘沙岗地带，土质以沙壤土居多，所以村落周边的土地开发类型以林地为主，栽植有成片的人工经济林和刺槐、杨柳、桑树、枣树等防护林。北杨庄村北有一部分土质较佳的可耕地，村民主要用来种植小麦、玉米等粮食作物。

二、村落历史与民众记忆

（一）村名起源及建村历史

一个村庄的社会发展变迁史，往往凝结着乡民的集体记忆及其对地方文化的特定认知观念。赵世瑜认为："人们对于自身历史的记忆不仅是一种社会的建构，而且是出于他们面临具体的生活境遇时的需求。当这种历史记忆成为一种社会记忆的时候，他们必须为此创造出可以共享的资源，获得形成社会记忆的契机。"① 至于北杨庄村名的起源问题，目前村内主要流传着一种较为通行的说法，即"明朝迁居说"，这成为北杨庄人建构村落集体记忆的重要表征。

据《广宗县志》记载，北杨庄村始建于明代正德初年。最初由一户杨氏人员从村南杜家庄迁此定居，取名杨家庄。这种易地迁居的说法得到了北杨庄人的普遍认同，其中也透露出杨家庄与杜家庄之间千丝万缕的村际关系②。

---

① 赵世瑜：《小历史与大历史：区域社会史的理念、方法与实践》，生活 · 读书 · 新知三联书店 2006 年版，第 124 页。

② "以前在杨庄的东南角，有一片面积不小的土丘，老百姓叫杨岗子，属于杨家坟。后来庄子面积不断扩大，岗子被平掉了，老百姓在上面盖了新房子。"被访谈人：王 SX，男，北杨庄村民；访谈人：蒋帅；访谈时间：2015 年 4 月 21 日；访谈地点：北杨庄。

另据杜家庄《杜氏族谱》的记述，也从侧面佐证了杨氏于明朝迁居的说法。明朝永乐二年（1404），杜公吕一家从山西洪洞县诏迁至此地，占地立庄，取名杜家庄。后来，杜氏家族的外甥杨氏随迁至杜家庄定居。到明正德年间时，因杜氏和杨氏关系不睦，后来杨氏举家搬迁至杜家庄村北，重新建造房屋，另外立村居住，取名杨家庄。若从村落发展形态上区分，杜家庄和杨家庄属于典型的对子村。杜家庄立村时间早于北杨庄，村中老槐树附近的几个家户最早来此定居。杜家庄位于西南角，北杨庄位于东北角，两村立村时间前后相差在100年左右。北杨庄和杜家庄之间并没有明显的地理边界，仅仅凭借一条东北—西南走向的弯曲乡道间隔开来。由于杜家庄与杨家庄近在咫尺，过去两村人口总数相对稀少，因此二村往往被外人视为同一个村子，并合称杜杨家庄，简称杜杨庄。

依据现有地方史志及村民记忆的口述资料推算，北杨庄建村时间相对久远，距今至少已有400余年历史。如在明万历年间《广宗县志》中已有相关记述，万历二十六年（1598）广宗县共辖15社、71村、28庄、16寨、4疃、4台、4屯、3店，其中就提到了杨家庄和杜家庄。在清代同治十三年（1874）《广宗县志》中，又再次提及杨家庄一村。民国时期《广宗县志》的相关记录则更加详细。据载：民国二十二年（1933），杨家庄隶属广宗县第二区管辖，时年该村有村民169户，人口867人。民国二十九年（1940），杨家庄划归广宗一区，治所位于董里集，属于其下辖的25个村庄之一。新中国成立以后，杨家庄长期被划归核桃园乡（公社）管辖。1953年，该村隶属于广宗县第二区核桃园公社。当地村民还编了一条“北李、楼斗、七斗店，陶辛、司马和北杨。柏城、核园、三杏村，还有毕、刘、邱、杜庄”的顺口溜，把核桃园公社所辖村庄串联起来。1956年，北杨庄改称杨家庄生产大队。1982年4月，广宗县政府重新划定行政管辖范围，为区别城南的杨家庄，遂将城北杨家庄更名为北杨庄。1984年人民公社制取消，北杨庄成为核桃园乡的行政村之一，村名沿用至今。但对北杨庄人而言，目前他们仍旧习惯于使用“杨家庄”这一较为通俗的称谓。

（二）红色记忆、名人叙事与村落传统

哈布瓦赫认为："社会信念，无论其起源如何，都具有双重性质。它们是集体的传统或回忆，但也是从对现在的理解中产生的观念或习俗。如果（在这个意义上）社会思想纯然是习俗性的，那么它也将纯然是逻辑性的。"① 换言之，哈布瓦赫强调的是某种社会信念或公共意识的建构过程离不开集体性和当代性两个分析维度。同样，对于乡土村落中的农民生活群体而言，农民在日常生活实践中所形成的集体记忆，很容易受到其惯常生活观念或习俗的影响。而这种历时性的影响过程，往往是通过交互渗透、群体塑造的逻辑演绎方式，最终推动乡民生产出一种比较稳定的集体记忆模块，并始终穿插于乡民的日常生活叙事之中。当然，这种集体记忆并非一成不变，而是在具体的生活情境中不断滋生新的表达形式。

早在20世纪50年代，美国人类学家罗伯特·芮德菲尔德在《农民社会与文化》一书中提出了文化领域的"大传统"与"小传统"概念，成为研究乡村社会文化结构的重要理论依据②。固然，具体到村落生活传统之"大"与"小"而言，它无疑是乡民集体记忆在地方历史的发展变动进程中形成的结果之一。当下北杨庄人乐于传扬的红色集体记忆，便呈现出鲜明的区域革命文化传统，也深刻滋养了北杨庄村民的日常精神生活。

1938年4月27日，冀南军区成立，其驻地设在邢台南宫，宋任穷出任司令员，下辖一、二、三、四、五军分区。1938年9月，为了应对抗日战争的复杂社会形势，冀南行署主任杨秀峰带领抗战队伍从南宫县转移至广宗县城北的北杨庄和杜家庄一带。凭借两村之间果林茂密、便于隐藏的天然地理优势，这支队伍依靠群众在北杨庄周边乡村不断发展抗战力量，使其成为当时冀南地区著名的抗日革命根据地之一，被人们赞誉为"西有太行，东有杜杨"。其实早在1935年时，北杨庄村就成立了党小组，并暗自在村中发展地下党员。据当地村民回忆，杨秀峰、宋任穷带领队伍进驻

---

① ［法］莫里斯·哈布瓦赫著，毕然、郭金华译：《论集体记忆》，上海人民出版社2002年版，第311页。

② 参见［美］芮德菲尔德著，王莹译：《农民社会与文化：人类学对文明的一种诠释》，中国社会科学出版社2013年版。

北杨庄和杜家庄期间，积极发展和培育地下抗战力量。杨秀峰还曾给杜家庄一户新生子起名卫国、卫民，以此激励百姓胸怀家国①。而且，在抗日战争期间，北杨庄已经形成了习练梅花拳的村落武术传统，不少村民在冬季农闲时节热衷于练拳自娱。杨秀峰则主动运用群众力量，吸收梅花拳弟子成为中共地下党的骨干成员，使得抗战队伍不断发展壮大。他们不仅吃住在梅花拳世家中，北杨庄村民还曾专门挖建地窖和地道，方便共产党人隐藏，有效躲避了日军的多轮"扫荡"。北杨庄村内成立了民兵队伍，还设有机枪排，负责日常警备工作，保护村民安全。当地的沙土下面多是胶泥，在胶泥下方即可开挖地道。村民挖设的地道和地窖深达数米，并沿着村庄的东西方向相互联通，形成了通达全村的地下交通网络。同时，冀南行署还在北杨庄油印、发行了第一期《冀南日报》，建立简易通讯电台，通过报纸、电台宣传抗日主张。据《广宗县革命烈士英名录》记载，在广宗县 1949 年以前的入伍军人名录中，仅核桃园乡北杨庄就有烈士 12 名之多，可见当时北杨庄人为华北地区抗日战争取得胜利做出了重要的贡献。

表 1　广宗县北杨庄村烈士名录表（1949 年前入伍）②

姓　名	村　庄	出生日期	入伍时间	牺牲时间、地　点	职　务
王　培	北杨庄	1919	1939	1943 前枣科	冀南四分区独立团战士
杜大灵（女）	北杨庄	1917	1940	1942 岐县	县妇救会干部
王尚勤	北杨庄	1922	1939	1942 巨鹿县王六村	县大队战士

① "杨秀峰当时在那个南屋里住过，还配着警卫员。那时候俺村里的一户老百姓，生了一对双胞胎，杨秀峰给起的名字，叫卫国和卫民。"被访谈人：张 XJ，男，杜家庄村民；访谈人：张兴宇、蒋帅；访谈时间：2016 年 4 月 7 日；访谈地点：杜家庄。

② 广宗县地方志编纂委员会编：《广宗县志》，河北人民出版社 2015 年版，第 868 ~ 869 页。

（续表）

姓　名	村　庄	出生日期	入伍时间	牺牲时间、地　点	职　务
王步同	北杨庄	1918	1939	1940 北杨庄	一二九师三八六旅战士
王旭（书）龙	北杨庄	1918	1938.9	1943 威县赵庄	冀南军区独立团战士
杨庆昌	北杨庄	1917	1938	不详	连长
邢之驹	北杨庄	1920	1938	不详	勤务员
王印堂	北杨庄	1919	1938	1949.5 湖北省	县委书记
邢士安	北杨庄	1917	1942.8	1942.12 广宗县城内	县政府司务长
王保明	北杨庄	1922	1939	1940.10 威县银边庄	一二九师三八五旅战士
王洪志	北杨庄	1914	1941	广宗县城内	地下工作者
王福茂	北杨庄	1917	1944.10	1944.10 巨鹿县下疃村	冀南四分区独立团战士

当然，新中国成立以后，国家和地方政府并没有忘记这一片革命老区曾经立下的汗马功劳。1949 年，河北省慰问革命老区工作团曾专门前往广宗县杜杨庄一带进行慰问演出。据村民回忆，1963 年广宗遭遇洪水灾害，大量田地被淹，北杨庄和杜家庄周边的果林毁坏严重。时任教育部部长的杨秀峰因公务出差路过邢台，询问杜杨庄果林一事。当得知杜、杨两村的果林由于洪水灾害尽数被毁坏时，他不禁伤心落泪，而后专门安排相关人员前往广宗县为老区人民送去一万八千棵苹果苗。他们帮助村民栽种新的果树，扶持村民脱贫，一时传为美谈①。当年 11 月中旬，河北农业大学王

① “那时候遭洪水，搞‘大跃进’，把树都砍了。杨秀峰当时是教育部部长，他在南边视察，回到邢台。他问知道杨家庄的情况吗？一听说树都毁了，掉了眼泪。后来派的林大的学生，重新无偿给树苗，种了果树。”被访谈人：刘 JY，男，北杨庄村民；访谈人：张兴宇、蒋帅；访谈时间：2016 年 4 月 4 日；访谈地点：北杨庄。

发武校长和杨文衡教授带领 12 名讲师来到广宗县，帮助村民改造沙荒，植树造林，并在杜杨庄一带首次栽种了苹果树。在此之前，村民多种植梨树、枣树、杏树、桃树等果木品种。后因经历“大炼钢铁”时期对果树林木的损坏，加上果木病虫害影响，到了 20 世纪 80 年代，北杨庄和杜家庄一带的果林再次被砍伐殆尽。但是有关军民同心抗战的红色叙事已经深深镌刻在当地民众的集体记忆之中。

不仅如此，至今仍被北杨庄村民津津乐道的诸多村落名人轶事，这些事例既是本村后代子孙的效仿学习榜样，也成为年长者日常教育子女的谈资和例证。广泛流传于村落之间的名人轶事不断被村民们加工、传播，这种建构村落集体记忆的特殊方式，无疑能够大大地提升普通乡民对本土村落的群体认同感。村落集体记忆的建构过程，也意味着乡民在无形中传承着村落社会的文化传统。例如晚清时期北杨庄邢氏族人邢良卿，他在年轻时曾力劝同乡景廷宾聚众抗捐，唯恐伤及无辜乡党，这一义举甚为村民所褒扬。而后他又游学日本，归国后将其短暂一生献身于地方教育事业。这在民国《广宗县志》中有着较为详细的记述①：

> 邢襄，字良卿，杨家庄人，十六岁补县学生员。光绪二十七年，景廷宾聚众抗捐。襄时游学保定，闻警奋然曰：景某，吾戚党，且有旧，吾不忍其死，并祸我乡闾。即日驰归，孤身说廷宾，不听。次年兵至，死者四五百人，襄痛乡人不明时局，弃科举而志教育。入保定师范学堂毕业，充柏乡县教员，旋里，合杜杨两村创立初等学堂。复游学日本，入弘文学院师范班，兼习警察、音乐。归国充本县高等小学校教习，苦校址隘，筹资购宅扩充之。后就聘河南省立师范学堂，充顺德师范学堂监督，兼劝学总董。以咳血卒，时年四十八。

县志中提及的杜杨两村合办的初等学堂，系邢良卿与杜家庄杜氏名人

---

① 姜榓荣修，韩敏修等纂：《广宗县志》卷一四《列传第六》，台湾成文出版社 1969 年版，第 411 ~ 412 页。

杜之堂共同操办。杜、邢二人本是同乡，自小关系甚笃。而杜之堂早年曾赴日本早稻田大学攻习政法学科，归国后与邢良卿一起在杜杨庄创办初级小学，倡导教育救国。邢良卿、杜之堂在杜、杨两村筹资组建了广宗县第一所初级小学，开设钢琴、口琴和新式体育课。时至今日，曾经在这所初级小学念过书的许多老年村民，每当提及杜杨庄的那段辉煌教育史，仍对当时先进的村落教育理念赞不绝口①。当年广宗县全县总共 130 处初级小学，学生 3000 余名，依据 1931 年区立初级小学校各村庄及其人数调查表显示②，杜杨家庄人数就达到 80 人之多，远高于周边其他村庄，可见其初级教育推行力度之大。二人在杨家庄、杜家庄提倡男女平等新式思想，不许女子缠足，并与男子一同接受教育。杜之堂还从日本买来全套小学教育用品，教授国文、算术、音乐等课程。最初，他把自家南院的三间南屋改为教室，自己出资购买木料制作课桌、板凳和黑板。后来入学人数越来越多，他又和邢良卿共同倡议筹资捐献建立了新的小学教室，这也是民国以来广宗县一带成立最早、设施最完备的乡村初级小学。校名最初采用杨家庄、杜家庄两村的“林”“杜”合用方式，曾命名“林场小学”，后又改名为“杜杨小学”，并由杜之堂撰写建校碑文，刻石立于校内。

表 2　1931 年广宗县初级小学人数表③

村　庄	人　数	村　庄	人　数
魏　村	45	槐窝村	48
大平台	20	件只镇	55
洗马村	35	核桃园村	78
杜杨家庄	80		

---

① “那时候口琴一般人都不会吹，我就吹口琴了。我可以吹个小曲，那时候卖这个东西的很少。一直到现在，只要我会唱的歌曲，就会吹。”被访谈人：张 XF，男，杜家庄村民；访谈人：张士闪、李海云；访谈时间：2015 年 4 月 7 日；访谈地点：杜家庄。

② 姜檍荣修，韩敏修等纂：《广宗县志》，台湾成文出版社 1969 年版，第 242 页。

③ 姜檍荣修，韩敏修等纂：《广宗县志》，台湾成文出版社 1969 年版，第 242 ~ 243 页。

在抗日战争期间，北杨庄和杜家庄共同成立的初级小学更是发挥了十分重要的教育先锋作用，它也一度成了当地的文化教育中心。到了1934年左右，杜、杨两村由原来的四个小学班级扩展为两个民立高小班级，每个班级招收学生40名。后来，冀南行署主任杨秀峰、军区司令员王光华曾主抓这所学校的教育建设工作，并定期给学生上课。平时，授课教师主要由接受过系统教育的村民兼任，成员包括北杨庄邢永高、杜家庄张丙华等10余名教师。在学校就读的学生后来大部分也被发展成为共产党员。当时学校还教授三民主义常识和地理知识等相关课程，师生每天都要向孙中山像鞠躬。只是后来受紧张的社会时局关系所迫，原本筹建的北杨庄大学堂没能按计划完工。据村民回忆，每当遇到日本侵略者下乡“扫荡”，学生们便把课本藏匿起来，等日本人走后继续上课。虽然形势愈发严峻，但村民在冀南行署的帮助下坚持办学。北杨庄和杜家庄村民还在村东田地开挖了一处大型地窖，将其作为学生的简陋学习教室。从这所学校毕业的学生，后来大部分走出村庄加入了革命行列。一小部分学生留在本村继续从事党的地下工作，为后期抗战胜利做出了巨大贡献①。

由此可见，在20世纪三四十年代，北杨庄曾经历过的这场轰轰烈烈的红色革命洗礼，成为乡民建构村落集体记忆的关键性素材。北杨庄作为冀南地区知名的抗日革命根据地之一，在村落内部流传着诸多有关抗日救国的红色记忆和民间叙事，它已广泛渗透到乡民的红色集体记忆框架之中。这段红色历史记忆，甚至还深刻影响着乡民对自身村落文化传统的诠释和理解。一方面村民对过去的辉煌“军民协同抗战史”深感自豪和骄傲，是向外人展示村落“标志性”红色抗战文化的重要依托；另一方面，这种不怕牺牲、勇于奉献的抗战集体记忆，是村民传承红色叙事的道德基础。

三、村落家族组织：“邢王不骂”

众所周知，家族组织是构成传统中国乡村聚落形态的重要方式。在中

---

① 广宗县政协文史资料委员会编：《广宗文史资料》（第1辑），广宗县政协文史资料委员会1990年印制，第138页。

国传统乡土社会，无论是弗里德曼、费孝通、科大卫等学者研究的南方宗族，还是杜赞奇、黄宗智等学者持续关注的北方家族，这种以传统小农劳作模式为主的村落成员集合体，家族组织无疑在乡民日常生活中承担着更为丰富多义的实用功能。依据王福明对近代冀鲁豫地区乡村的研究，他指出："华北平原之村落多为明初移民所创建或重建，由于历史较短，加之华北平原居民流动性较大，故这一地区缺乏南方那样历史悠久、结构严密的氏族组织。"① 对于当今华北村落家族组织而言，大多数村庄都已经历过集体化时段、改革开放时段及新型城镇化时段的多轮政策性影响。不容忽视的是，虽然这些传统的村落家族组织在有些学者看来已经从名义上"式微"，但它在当下村落公共生活的某些领域仍旧发挥着许多不可替代的作用，而且并未完全"失效"。

据1933年《广宗县志》统计，北杨庄隶属于广宗县第二区第二十三乡，时年人口共169户，计867人。而后北杨庄历经80余年的发展，目前该村共有村民约1800余人，流动人口200余人，主要包括邢、王、刘、杨、李、岳、高、董等姓氏，属于典型的杂姓村。北杨庄村作为核桃园乡下辖的27个行政村之一，村内又被划分为9个生产小组，过去规模最大时有14个，最小时有4个，基本延续了人民公社化时期的村落行政管理编制。邢、王、刘等几大姓氏在村中混杂而居，并无绝对的家族生活边界②。显而易见的是，虽然家族成员人数的多寡通常被视作衡量村落家族势力强弱的一个基本标准，但这绝非唯一的评判指标。实际上，人员占多数的家族组织，也并不意味着这一群体在参与村落政治、村落公共事务等方面就一定享有绝对的权威和话语权。

如前所述，北杨庄村最早的坐地户是杨氏家族，据传杨氏兄弟四人于明代从村南杜家庄迁居而来。然而历经数百年村落变迁，杨氏家族相较于北杨庄其他几大家族中的人数比例并未占据上风。现如今反倒是邢、王、

---

① 从翰香主编：《近代冀鲁豫乡村》，中国社会科学出版社1995年版，第115页。

② 被访谈人：王SX，男，北杨庄村民；访谈人：张兴宇、蒋帅；访谈时间：2016年7月9日；访谈地点：北杨庄。

刘三大家族后来者居上，转而成为北杨庄村的三大主要姓氏。其中，邢、王二姓村民分别占700余人，邢氏家族人员数量略高于王氏家族，刘氏家族村民有300余人，这三大家族占全村总人口比例约三分之二强。

麻国庆在研究华北家族内部结构关系的问题时曾指出，华北农村的分家通常是按“股”划分，而非按婚姻单位来分。这就反映出中国传统社会分家的“家”，并非因现代社会中婚姻的缔结就代表着一个家庭出现的观念。在分家时把财产分成若干“股”属于经济的概念。这一所分之“股”在未分家前，指各兄弟自己的家，股也就代表着一个大家庭内不同支系。他进而提出：“‘股’可能是认识中国汉族社会家族的核心所在……它与华南汉族的‘房’的概念相对应。”① 在北杨庄村，村民为了区分不同家族之间的远近关系，在日常生活中也采用了“股”的概念。意思是，随着家族规模的不断扩大，参照中国乡村传统的“五服制”，将村落内同一姓氏的家族成员分成不同的支系，一“支”则代表一“股”。从本质上看，这种“同族划股”的区分方式，实际上仍是过去乡村社会中以男性为主体的血亲关系的延续。

具体说来，邢氏家族成员在北杨庄人数最多，现有人口700余人，是该村家族组织的中坚力量。至于邢氏家族从何时迁移至北杨庄定居，具体年代已经无从考证，目前我们仅能从北杨庄邢氏族人所收藏的《广宗县邢氏宗谱世纪》中窥探一二。据载，邢氏家族一世祖邢万锡育有二子登科、登举，而后至七世祖的资料信息均记述较为简略，仅有名讳、配妻等条目。直到第八世族人邢九德，才开始出现了比较详细的生卒日期记录。

> 九德，礼支行二，字有言，生于乾隆二十四年正月十八日，卒于道光七年十月初二日。元配宋氏，威县邑任便庄讳克和之女，生卒未详。②

---

① 麻国庆：《家与中国社会结构》，文物出版社1999年版，第44页。

② 族谱资料由北杨庄村民邢YX提供。

邢氏家族目前是北杨庄人丁最为兴旺的一个家族，据《广宗县杨家庄邢氏生育簿》记载，邢氏家族至今已经传延至十七世。清朝乾隆二十四年为1759年，如果按照每二十年一代人的传衍方式粗略推算，邢氏家族在北杨庄的生活时间至少已有三百年之久，这一推断也得到了北杨庄邢氏族人的普遍认同。

从村落人口数量来看，王氏家族和刘氏家族成员排在邢氏家族之后。据北杨庄村民讲述，北杨庄王氏家族最早分成老三股，现有族人700余名。第一股族人没有后代接续，第二股族人成员始终数量较少，唯有第三股族人人丁较为兴旺。村民认为，王氏一族迁至北杨庄的时间应稍晚于邢氏家族。北杨庄刘氏家族现有族人300余口，大多居住在村庄的东南角。依据刘氏族人收藏的一部纂修于1923年的《刘氏族谱》记载，北杨庄刘氏一族皆是从山西洪洞县迁居而来。刘氏家族最初分为两股，其祖上曾出过两名秀才。与邢、王两姓氏相比，刘氏家族虽然人数相对较少，但在家族管理方面具有较高的权威性，并形成了一套契合村民日常生活诉求的民间规约，还间接影响着村落公共生活。例如，在20世纪50年代，刘氏族人规范了家族内部红白喜事管理制度，自发商议设立“红白喜事出赁盘碗规矩”，以便更好地为家族成员提供服务，此举在当时得到了刘氏家族成员的普遍认可。

北杨庄刘氏家族出赁盘碗规矩①

本族红白事：1. 大碗每十个一日，麦子二斤。2. 酒杯、酒壶、盘子每席一日，麦子二斤。

本族零用：1. 大碗十个每日，麦子半斤。2. 酒壶、酒杯、盘子每席一日，麦子半斤。

外赁：1. 大碗每十个一日，麦子一斤。2. 酒杯、酒壶、盘子每席一日，麦子一斤。

---

① 据北杨庄村民刘JY回忆，刘氏家族出赁盘碗规矩由本族族人共同商议设立，后因受到“文化大革命”影响，这一民间规矩被村民自行取消。

无论本族、外赁，如有失没：1. 大碗、盘子每一个赔麦子半斤。2. 酒壶每一个赔麦子十斤。3. 酒杯、筷子没一赔一。4. 条盘一个赔麦子十四斤。

公历一九五一年端月上浣

透过这份简单的盘碗租赁规矩可以看出，北杨庄刘氏家族非常重视维护本家本族成员的公共利益。而且，刘氏族人约定按照家户关系远近，账簿由每户负责管理一年，盘碗出租收入所得主要用于刘氏家族的公共事务开支。此外，因为刘氏家族祖上曾经出过秀才，刘氏后人也延续了重视家庭教育的良好传统①。

一般认为，宗谱起着通过认祖宗、认同宗来促使宗族群体趋于系统化的作用。所以，续谱活动是否盛行，一方面反映着宗族势力的大小，另一方面又折射着人们宗族认同感、宗族观念的强弱。② 北杨庄现存的家谱资料主要分为两种形式，一类是宗族谱书，另一类是生育谱书。前者记录了北杨庄同姓家族成员之间的谱系源流和迭代传承情况，年轻孩童满十二岁后即可入谱，不分男女、不论职位高低，体现了一定的平等观念；后者则记录了北杨庄所有村民的出生、死亡及婚配信息，如此便于疏通村落社会中的亲属关系网络，间接也起到了凝聚家族人心的作用。

长期以来，邢氏家族与王氏家族、刘氏家族之间保持了一种相对平衡且比较稳定的亲邻关系。例如过去北杨庄村干部任职安排有一条不成文的规定，如果邢氏家族成员担任村委一把手，那么王家则会做二把手，二者相互协作、监督处理村务，反之亦是如此③。据《邢氏家谱》记载，邢王二族属于姑表亲，王家是舅家，邢家是姑家，最早是由王家的女儿嫁到

---

① 被访谈人：刘 JY，男，北杨庄村民；访谈人：蒋帅；访谈时间：2016 年 4 月 4 日；访谈地点：北杨庄。

② 魏宏运主编：《二十世纪三四十年代冀东农村社会调查与研究》，天津人民出版社 1996 年版，第 370 页。

③ 被访谈人：王 SX，男，北杨庄村民；访谈人：张兴宇；访谈时间：2015 年 3 月 25 日；访谈地点：北杨庄。

邢家结成了亲戚关系，在村落内部有“邢王不骂”之说。此后，邢家和王家之间形成了一套约定俗成的交往惯例，即邢、王二族不可做亲家，主要原因是担心近亲结婚导致后代发育畸形。但是随着时代的发展，如今村民之间又出现邢王结亲的现象，以往的规矩被打破。一方面随着时间流逝，两大家族之间的亲戚关系已超出传统“五服制”范围，不再受制于“近亲结婚”的困扰；另一方面，当下农村青年面临的结婚难问题，村落内部不同姓氏互相通婚，有利于降低结婚成本。除了本村不同姓氏间互通婚姻，北杨庄邢氏家族成员和村南杜家庄也一直保持着较为稳固的姻亲关系。如在清末道光年间，北杨庄族人邢学明即与杜家庄杜勤业之女结成了亲家。

北杨庄家族亲属之间关系远近的划分，仍基本遵循着中国传统乡村惯行的“五服制”。这种以“己”为中心上推四代、下沿四代的亲属制度，对家族内部成员关系实现了较为有效的区分。在“文化大革命”以前，北杨庄村落公共事务主要由几大家族的族长商议主持，处理事务范围主要包括村民的婚丧嫁娶、信仰仪式及公共族产分配等方面，族长在村落中享有较高的权威。在村落日常生活中，村民尤其重视红白喜事的处理。红事一般由家族内成员自行置办，白事则需邀请外族村民参与帮忙。不仅如此，村落内部不同姓氏之间的亲戚关系，也使得村中一旦出现紧急性的公共危机，村民可以依靠这种特殊的人际关系去及时化解①。

第三节　乡村日常生活景观

总体而言，传统中国农民的日常生活方式多半是围绕着土地而延展开来的。实如哈布瓦赫所述：“在一个村庄中，不同家庭的土地相互毗邻，

① 如在“文化大革命”期间，广宗县各个村庄普遍流行贴大字报，村落中的人际关系出现了暂时性紧张，村落内部家族之间的关系发生了微妙的变化。邢家人给王家人贴了大字报，王家人暗地里找到邢家人说：“都是老亲戚关系，何必如此。”第二天大字报便被悄悄撤下。

依靠着这些土地过活。他们都利用一个好日子去播种或收获，他们观察天气，估测干旱是否会持续，或者是否要来冰雹，摧毁柔弱的庄稼。在这些时候，在这些家庭中间，就唤醒了一种公共生活。而且，双方家庭所关注的事务也都相似。农民的思想和记忆开始在它们中间活动。这种公共生活提供了通向他们的传统、传说和谚语这个宝藏的途径，并且要求他们按照对历法、节日习惯性的时间划分来规范他们的生活。这种公共生活也确定了定期的娱乐形式，让这些家庭审视过去那些糟糕的日子，从而教会农民顺从。”① 哈氏在此指出了村民日常生活方式中的几个重要方面，例如村落生计、年中行事、人生仪礼及信仰活动等不同范畴，这些活动的开展无疑都是基于村民赖以生存的土地资源而组织起来的。对中国这片土地上的诸多农民来说，基于特定区域内农民群体中所采纳的相似劳作模式和生活方式，为村落公共生活搭建了一个相对稳定的日常实践平台。群体协作的目的是更高效地应对现实生活中面临的各种难题，同时能够增进农民群体的村落公共意识和集体情感，进而形成一种动静互参的乡村日常生活景观。

一、村落生计：“农民要变着法儿找活路”

从广义上讲，生计泛指谋生的办法、生活的状况及谋划等三个方面。村落生计，则一般涉及乡村中的民众在应对日常生活时的具体对策和实际情境。细而言之，村落生计的涵盖范围应包括乡民的衣、食、住、行、用等诸多内容，其重点在于民众的生活收入来源和日常支出是否达成平衡等方面。在描述以北杨庄人为代表的华北平原村落的生计方式之前，还需注意到一个不容忽视的社会事实，即当代中国乡村社会的广大农民对土地的实际依赖程度问题。

实际上，农民忍耐力的强弱，很大程度上会受到现实村落生计状况的影响。土地、耕牛与农民，构成了传统中国农业社会中农事生产的基本要素。农民依赖土地而生存，耕牛和土地往往被农民视为家庭经济生活的

---

① ［法］莫里斯·哈布瓦赫著，毕然、郭金华译：《论集体记忆》，上海人民出版社 2002 年版，第 116 页。

“命根子”。这种依赖性，主要源于农民自身无法完全摆脱土地的束缚。近些年随着国家经济、社会的不断发展，自改革开放以来，一方面得益于农业生产效率的提高，规模化、机械化生产模式逐渐取代了农耕时代落后的生产方式；另一方面，城市化、城镇化进程的加速也为大量乡村的农民提供了更多的工作机会，这使得土地对新一代农民的约束力逐渐降低。而且，农民本身对于“挣钱”这件事情是保持极高敏感性的，这关乎一个农民家庭的整体生活质量和水平，所以大部分农民倾向于尽其所能地寻找谋生门路，也是村民口中常提及的“农民要变着法儿找活路”。进一步讲，他们通过辛勤劳作获取合理财富，这不仅能大幅改善整个家庭的生活状况，而且伴随着家庭整体经济能力的提升，农民自身及其家庭乃至家族在村落人际交往中的社会地位也会呈现出一种上升的态势。因此，借用北杨庄人自己的话语来说，过去北杨庄的总体村落生计状况都绕不开“贫穷”二字。前文已经大致分析过导致广宗县经济长期贫穷落后的原因，接下来所述及的北杨庄“贫穷”生计状态只是广宗县众多经济欠发达村庄中的一个缩影。

（一）种地之困：有限的土地，微薄的收入

在这个不足两千人的平原村庄中，北杨庄全体村民总共享有约5200余亩的耕地和沙地，其中耕地约有2460亩，沙地约有2740亩，人均土地不到3亩。由于当地春季干旱少雨，田地肥料不足，农作物产量十分有限。村中少量的土地村民主要用来种植玉米、小麦和谷子等粮食作物，沙地里村民主要种植棉花、花生、西瓜、地瓜、芝麻、绿豆和果木等经济作物。一般在每年3月份，村民开始忙碌各种农事劳动，常用的农具包括锄头、镐头、镰刀、耙子等。条件好一些的家户，通常自家还购置了耕地的拖拉机或运送粮食的机动三轮车。玉米和小麦等粮食作物，基本上北杨庄每家每户都会种植，这也是村民日常生活中重要的口粮来源。目前国家每年发放给北杨庄村民的小麦种植补贴数额为每亩地75元，夏季小麦收割费用为每亩地60元。种植玉米、小麦的年收入大概在3000元，除去成本支出1000元，不算人工投入，一亩地的实际收入在2000元

上下①。至于棉花、西瓜等经济作物，村民则会根据市场行情的变化酌情控制当年的种植品类。例如，前些年棉花市场行情不错，北杨庄每家都种植了十几亩棉花。但后来棉花销量转差，村民又在沙地上改种西瓜。又如，每年刚开春，北杨庄村民就要准备种绿豆。绿豆成熟周期在 90 天左右，正常情况下，绿豆亩产 300 斤，市场售价每斤 5 元，种植一季绿豆村民可获得收入 1500 元。

北杨庄村民种植西瓜的历史最为久远，而且在“集体化”时期和“家庭联产承包责任制”时期北杨庄也并未中断种植。目前北杨庄种植西瓜最多的家户约种有 200 亩，普通家庭最少也会种上一两亩。西瓜种植工序比较简单，每一米种一粒西瓜籽，后期每一根藤生长一个西瓜。夏季收获期，村民种植的西瓜一部分用来出售，剩余的一小部分供家庭成员食用。北杨庄所处地段属于沙土地，种植出来的西瓜口感较好，并且品种名目繁多，代表性品种如“黑鬼子”“龙卷风”“三连冠”等，一个品相好的西瓜净重可达二十斤。西瓜亩产在 6000 斤左右，按照每斤 0.6 元的市场价格估算，种一亩西瓜收入大概有 3600 元。除去成本投入，每亩利润约 2500 元。每到夏季，远道而来的外地商贩会前往北杨庄收购成熟的西瓜，一次最多可收上万斤。如遇阴雨天气，西瓜的价格也会随之浮动下降。但总体上看，种植西瓜的亩产收入要比种植小麦高一些。

最近五六年来，北杨庄开始流行种植一种叫作油葵的经济作物，它最初是从河北省巨鹿县传至广宗一带的乡村。以前村民平日里食用棉籽油居多，这是一种脱脂棉籽油，在河北农村甚为普遍。相较于棉籽，油葵产量更高。其成熟期在 110 天左右，一亩地大概可以产出五六百斤。使用油葵专用的榨油机器，每二斤油葵能够榨制出一斤油，口感也比村民过去食用的棉籽油要好很多。虽然村民认为花生油的营养成分更高，但价格相对高昂，所以在北杨庄普通家庭中食用者较少。

---

① “靠地里的这点活，老百姓能有些收入。这几年看人家种什么挣钱，就跟着种。种得多了，又卖不上价格了，然后再换别的种。现在种地不如打工挣钱多了，有点本事的，都出去打工，谁也不能光靠这个生活。”被访谈人：刘 JY，男，北杨庄村民；访谈人：张兴宇、蒋帅；访谈时间：2015 年 4 月 6 日；访谈地点：北杨庄。

此外，北杨庄还有几户村民种植了十几亩金银花，种植技术亦是从巨鹿县传入。金银花生命周期长，存活率高，一般可存活二三十年，适宜在沙地种植，将枝杈插入地中即可生长。虽然金银花种植过程中修剪枝杈和采集银花较为烦琐，但其花期成长时间较长，从每年农历三月底四月初开始采摘金银花，一直可以采收至秋后，收益相对较高。村民一般从早晨六点开始忙碌，连续工作摘至上午十一点，最多只能摘四五斤左右，需要耗费大量的人力和物力。北杨庄附近有固定的金银花收购点，目前湿制金银花的市场售卖价格大概在每斤 8 ~ 8. 5 元，行情好时曾高达 20 元一斤。每种一亩金银花，除去浇地、施肥费用，投入成本大概在 200 元左右。金银花亩产约 200 斤，村民每亩金银花收入在 1500 元上下。因此，通过有选择地交叉种植经济作物，村民既可以提高亩产收入和种植效率，也能够尽可能多地从有限的土地资源中获取更多经济收益①。

受到当地常年干旱少雨的气候环境所致，保证水源的及时供给自然成为村民在日常农业生产过程中最为重视的问题。目前北杨庄共有 3 口机井，基本可以满足村民农田用水所需。机井位于村北，系 20 世纪 80 年代北杨庄村民人工挖掘而成。机井深达两三百米，打井耗时近两年时间，村委会常年安排 15 人轮流在村北出工打井。当时全村按照村民居住片区划分成 9 个生产队，包括 6 个生产大队、3 个生产小队。其中每个大队派出两名村民，每个小队派出一名村民，作为打井出工的劳力。目前村民使用机井里的水源浇地，每亩地需要缴纳 60 元人工费，村民浇地仍采用大水漫灌的原始浇灌方式。

与此同时，村民在土地的具体使用、管理方面还要紧密配合并适应地方政府不断调整的农业政策。1981 年春季，广宗县响应国家政策号召，全县农村普遍实行联产到组责任制。政府将原来属于集体管理的牲口、农机具和树木等物品作价卖给村民，过去收归集体的土地也统一划分给个人管

① “金银花是从魏村那边传来的，从人家那里弄的苗。是魏村的大爷和二爷给的，大概得有七八年了吧。玉琢和玉璞，是从那边学过来的。这个可以在沙地种，也可以在玉米小麦地种；那个是种了采就行，就是麻烦点。”被访谈人：邢尚娥，男，北杨庄村民；访谈人：周连华；访谈时间：2016 年 7 月 9 日；访谈地点：北杨庄。

理。北杨庄拥有面积2000余亩的林地使用和管理权，林地位于村东和村西。由于林地承包的地方政策时有变化，村民只能被动应对。据村民回忆，在20世纪六七十年代，北杨庄果林众多，每年农历六月份正值各类鲜果上市，在村内关帝庙东面有一处小型的水果交易市场。附近村庄盛产的杏、梨、桃等水果都会被运送至北杨庄进行交易。直到80年代初期，这处临时性的水果交易市场行情仍旧非常红火，前后持续时间达一月之久。近几十年来，北杨庄村民曾在这片林地上种植过梨树、杏树、桃树、苹果树等多种林果作物。除去果木管理、施肥、浇水等杂项费用，村民最终获得的经济收益十分有限，这也直接导致村民种植林果作物的积极性并不太高①。而在1999年，地方政府为了鼓励村民种植杨树，不仅免费提供树苗，并且村民每种一亩林地又额外补助80元钱，当地村民开始大量种植杨树。直到2012年左右，地方政府又出台政策补贴西瓜苗，扶持村民大量种植西瓜。即便如此，这种以家庭为单位的种地产出仍旧是十分有限的。例如，村民如果种植一亩地棉花，季末收成约有500斤，在刨去肥料、农药和人工成本之后，一亩地的棉花收入最多在1500元左右。而北杨庄年轻村民外出打工的收入一年至少有3万~4万元，家中如果没有老人需要照顾，他们基本都会选择外出打工以增加家庭收入。一部分年纪稍大的村民到北京做绿化或安保工作，年轻的村民则选择在天津、北京做建筑工，或在其他电子厂、鞋业工厂做工。这种收入的剪刀差非常显著，因此越来越多的年轻人选择走出村庄谋生。

（二）衣食住行：从温饱到小康

如果再转换至村落日常生活视角，纵览北杨庄的整体街景，红砖墙、灰尘土搭配着灰蒙蒙的天空，砖红色、泥灰色与黄土色共同构成了这个平原村庄的底色。北杨庄目前设有一处乡村卫生室、一所乡村小学和四家村庄生活超市。村民的墙院内外，夹杂种植着梧桐树、枣树、楝树、杨树、

---

① “果树种得太多了，卖不上价格，除去投入，有时候一年都白忙活。那时候周边几个村子都到俺庄子来交易水果，大概是六月份吧。很热闹，不过是个临时的水果市场。”被访谈人：刘JL，男，北杨庄村民；访谈人：张兴宇；访谈时间：2016年7月10日；访谈地点：北杨庄。

槐树等北方常见树种。但凡有空闲地方，常能见到村民散养着的几只黄牛和山羊。北杨庄村中目前已经架设开通了乡村路灯，四处林立着用水泥钢筋做成的老式电线杆，街道空间布局紧凑，道路纵横。虽然北杨庄村中的主干道已经铺设了水泥，但许多小胡同仍旧是泥土路。夏天一到，大车一过，尘土四起。如逢雨天，因地势低洼，街道上到处都是积水。废弃的房屋和狭窄的土路旁，垃圾遍地，杂草丛生。北杨庄街道上到处张贴着“破除陈规陋习，倡导文明新风”“公共卫生，人人参与”的宣传标语。村里虽然设立了垃圾回收点，却没有形成固定的垃圾回收方式，村民将柴火堆随意堆砌的脏乱现象仍然存在。村落个体家庭收入的高低决定了村民日常生活的质量水平。如果从衣食住行四个方面加以简略判断，目前北杨庄村民的日常生活水平基本维持在温饱水平之上、小康水平之下的范围内。

总体来说，在北杨庄，无论是成年人还是孩童，村民的日常衣着打扮相对简朴。例如，春、秋季节，老年村民习惯于上身穿蓝黑色大褂，下身穿黑色长裤，头戴一条白色头巾或者解放帽，脚穿单步鞋。相比较中年村民和孩童，一些外出打工见了“世面”的年轻村民，他们格外注重穿衣风格，着装追求“时髦”。而且，年轻村民平时除了去周边集市和县城商场购买服装鞋帽等生活用品，现在许多村民还学会了网购，可以享受到更加便捷的“网络”服务。

北杨庄村民的日常饮食结构比较简单。早在十余年前，村民就已经吃上了干净卫生的自来水，如今水费从过去的每立方一元涨到了每立方两元。饮用水水源地位于北杨庄村北十几里之外，吃水的水龙头由各家各户自愿安装。村委统一组织的安装费用为150～200元，村民单独安装一次则要花费500元。平常他们食用的家常菜肴主要有白菜、萝卜、豆角和红薯粉皮等菜品。北杨庄村民家中没有自种菜园，村民零星地在田边地脚种植一些豆角、白菜等北方家常蔬菜，青菜相对匮乏。肉食主要吃猪肉和鸡肉，很少食用牛肉、羊肉。面食则主要有馒头、花卷、米饭和面条。据村民回忆，早在20年前，北杨庄村民还多半靠吃高粱面、玉米面和窝窝头等食物来维系生活。而在20世纪六七十年代，村民的主食则是地瓜（山药）面、高粱面。村民戏称他们居住的地方叫“沙土窝子”，沙土尤其适宜地瓜生长。1963 年北杨庄遭遇洪水灾害，1964 年又遇到农田内涝灾害，连续两年的自然灾害导致田地庄稼绝收。当时村民把地瓜切成条，晒成干，地瓜一度成为他们应急的主要食材①。进入 90 年代以后，农业生产技术以及化肥使用技术不断提高，村民种植的小麦、玉米等粮食产量也随之不断增加，白面馒头、米饭等主食才逐渐取代了过去的玉米窝头。

目前大多数北杨庄村民仍遵循着一日三餐的饮食习惯。不过在农闲时，一些家庭会将三餐缩减为两餐。日常做饭，多半都是家庭妇女们的工作。村民通常在院中搭建简易灶台，有的是用大块青砖配黄沙土垒成，有的家户直接用水缸掏空改制而成。厨房中的一口大锅用来蒸制馒头，另一口大锅则用来炒菜，村民平时做农活时积攒下来的树枝、麦秸可以作为炒菜做饭的燃料。当地村民饮食口味略重，喜食盐、醋。特别是每逢村落公共集体活动时，村民喜欢用这种大锅炒制以白菜、粉皮为主要食材的大锅菜，既经济实惠，又方便快捷，配上白面馒头，深受村民欢迎。条件好一些的家庭，则在室内厨房配备了液化气灶和油烟机，但平常的使用次数并不频繁。夏季气温炎热，北杨庄中年男性村民常习惯于在自家大门口进食午餐。他们一手端着小米稀饭，一手拿着白面馒头，再配上粗油调制的茄子、豆角咸菜，然后随处找到院落外的一片树荫，用方砖当作板凳，就地而食。男人们常常光着上身，露出黝黑的皮肤。他们一边吃饭，一边和邻居们唠嗑。而且，他们抽食的旱烟从不离手。这些从村庄集市上购买来的廉价烟丝，5 元一包，村民买一次足够抽半个月。由于长期经受农事劳作的锻炼，北杨庄村民虽然肤色黝黑，皱纹横生，骨子里却透着几分憨厚和刚毅。

乡村集市和村庄超市是北杨庄村民日常生活消费的主要场所。北杨庄村民平常赶集购买日常生活所需，通常会去位于村北三里地的核桃园集市。农历逢二、七是大集，遇五、十为小集。核桃园集市摊位沿着大牙线

---

① “我经历过，1963 年发洪水最厉害的时候，那时候村里老百姓的生活，那时候是苦啊，吃不上饭啊。都是凑合啊，一方水土一方人，那时候沙地，就是种的红薯，也就是地瓜。老百姓切成片，晒干了，维持生活。那时候地里也不收粮食。”被访谈人：刘 JY，男，北杨庄村民；访谈人：张兴宇；访谈时间：2016 年 3 月 25 日；访谈地点：北杨庄。

公路两旁摆开，小贩卖力吆喝售卖自家产品。而且，普通村民赶集时相遇，见面后总会加上一句客套话："赶集还要钱么?""不要，不要，带足了。"① 村民对于此类带有寒暄性质的简单对话已经习以为常，但外人初听起来可能觉得有些奇怪。这种客套话语并不意味着双方真的就必须付出物质代价，它本身只是一种村落人情往来的话语交流方式。集市上主要售卖肉、蛋、奶、蔬菜及衣帽鞋服各种日用货品，但集市的原有功能正逐渐被村庄开设的便民超市所替代。北杨庄目前有四家生活超市，各类商品一应俱全，价格并不比集市售卖的商品高出多少，如今更多村民乐于选择在本村超市购买生活必需品。

北杨庄村民日常居住的房屋建筑格局与冀南一带流行的乡村建筑风格没有太大区别，且多是土坯房和砖瓦房。该村房龄最长的老屋已有 130 年之久。一般村民主房坐北朝南而建，大门朝东或朝西向居多。除了主街的两家日用超市之外，整个村子很少见到大门朝南向的房屋。在北杨庄，目前仍能见到许多土坯房形制的房屋建筑。这种土坯房多是村民在新中国成立之前建造，村民先用方砖打地基，然后再用土坯垒建而成。土坯房三间开设，堂屋和东西两侧的侧房分别安装木质门窗，每一间屋开一扇窗。在家院门口村民常会种上一棵枣树，房屋冬暖夏凉。讲究些的家户，房屋门楼建造得十分气派，不仅门楼建筑结构考究，还会专门装饰吉祥花纹。现在村民多选用铁质大门，外墙用瓷砖装饰，门楣上书"家和万事兴""锦绣前程"等吉利话语。房屋大门前端是拱形门楼，内房正门侧栏上面张贴着诸如"新春福到鸿运开，人和家顺万事兴""不知不觉十二月，无是无非又一年""勤俭方为善，平安即是福"字样的春联。两扇门面一般还贴有神荼、郁垒的门神画像。家户院内多以青石铺就，大门下方专设排水口。生活条件较好的家户，在家中屋顶安装了太阳能等现代生活设备。院中影壁墙正对大门门楼，侧位供奉着南海观音神像。一般冲路口的家院，村民还会在自家院墙上刻"泰山石敢当"的字样，以求规避灾祸。

---

① 被访谈人：刘 JL，男，北杨庄村民；访谈人：张兴宇；访谈时间：2016 年 7 月 10 日；访谈地点：北杨庄。

对于村民新建的砖瓦房，大多是三间式或五间式。过去村委会靠卖宅基地赚取一部分集体收入，现在政府不允许随意卖地，村委会收入也随之相应减少①。一般四间式瓦房卖 1800 元，五间式瓦房卖 2800 元，长宽都是 20 米。村民盖房多用红砖垒砌，房屋门楼盖得十分高大。其坐北朝南而建，长约 25 米，宽约 15 米，整个房屋布局比较统一。红砖齐整整地暴露在外面，很少有家户用水泥涂抹外墙。三间式房屋，堂屋和东侧卧室共享一个大的空间，西屋主要用来放置粮食和杂物。五间式房屋，最西侧一般用来放置粮食、农具等杂物，中间为堂屋，屋中陈设着几件简易家具，平时接待客人都在堂屋内。东侧是卧室，东南角是厕所，配房一般用来做厨房。从土坯房到砖瓦房，村民的居住环境相比以前已经有了很大程度的改善，但“晴天一身土，雨天一身泥”的村落生态环境并未有实质性改观。

北杨庄村民的日常出行方式发生了较大变化。在 2000 年以前，村民外出主要靠步行和自行车，现在，电动自行车和电动三轮车成为当地最常见的交通工具。近几年，四轮电动汽车甚至是经济实惠型的小轿车在北杨庄也逐渐流行起来。如果村民需要进城办事，可以去核桃园乡政府驻地乘坐广宗至核桃园的往返公交车。全程约 40 里，票价 5.5 元。这趟公交车平常客源不多，只有在周末遇上去广宗县城读书的学生客流时，乘车会比较拥挤。由于客源不固定，一般下午四点半以后这趟公交车就要停运。从广宗到北京也有直达的公共汽车，恰好路过北杨庄，每天早上七点和下午两点半各有一趟班车。总体来看，村民出行方式有了更多便捷的选择，出行条件相比以前也有了很大程度的改善。

杨懋春认为：“土地是最重要的财富，因为它属于子孙后代，其内涵远远不止是一块耕种庄稼的泥地。土地是家庭的真正基础，没有土地，家庭无法定居，家庭成员也不会有安全感……土地是农民及其家庭生命的一部分，他们对它有很深的归属感，他们对土地的珍视程度不亚于对他们的

---

① “村里现在基本上没有什么公共收入，过去靠卖宅基地还能有些钱。现在是一穷二白的了，这附近也没有工厂什么的，老百姓除了种地，就是出去打工。”被访谈人：邢 SE，男，北杨庄村民；访谈人：张兴宇；访谈时间：2016 年 7 月 9 日；访谈地点：北杨庄。

孩子。"①时至今日，这种传统观念在中国乡村社会已经发生了比较深刻的变革。对于仍旧生活在穷困、落后村庄中的一些乡民而言，单纯依靠土地的有限产出来维持最基本的家庭物质生活，实在显得捉襟见肘。新一代青年农民早已紧跟社会发展变化的步伐，开始走出农村，向外寻找新的出路。基于现实经济收益的考量，他们或是将土地留给年迈但尚有一定劳动能力的父母耕种，或者以低价转租给同村其他村民耕种，村民传统的"土地观"由此发生了较为显著的变化。这对当下的北杨庄人来说，并不算什么稀奇事。土地虽然仍是村民获取口粮的主要来源，但它不再是村民唯一的收入来源。村民通过外出打工、经营小生意等方式获得的经济收益，已经远高于传统的种地所得。不仅如此，过去乡村里拥有房子和土地的多寡往往被视为衡量乡民在村落中财富和地位的重要指标，现在这种情况也发生了微妙的转变。例如，年轻一代村民一旦有了更强的经济实力，他们多半会选择到县城购买商品房定居，甚至有些村民在致富后直接选择搬离原来的村庄。而且，类似北杨庄这种乡村生活模式发生转变的村庄，在当今华北乡村社会绝非个例。

二、年中行事：节俗生活变迁

王加华认为，在传统中国乡村社会，村民主要参照农时节令安排日常生活节奏。一方面，村民仍需依据农时进行合理有序的农事劳作；另一方面，村民通过一年之中的节日制度获得暂时性心理安顿和自我调适。而"节日庆典及其相关仪式，有规则地穿插于民众日常生活之中，从而形成一种'非日常'与'日常'交替变换的节奏起伏"②。这一乡民生活时间体系的确立，可以使乡村固有的生活秩序变得弛缓有度，更具张力。北杨庄人的农事时间观念和节日体系的建立过程，主要围绕传统乡村社会中以"二十四节气"为标准的农事劳作制度和以传统节日为参照的娱乐休闲制

① 杨懋春著，张雄等译：《一个中国村庄：山东台头》，江苏人民出版社2001年版，第48页。

② 王加华：《被结构的时间：农事节律与传统中国乡村民众年度时间生活》，上海古籍出版社2015年版，第228页。

度而展开，这也构成了乡民年中行事活动的主体内容。尤其是中国传统节日在乡村社会的体系化运行，深刻影响着乡民的“日常”与“非日常”生活。具体来说，北杨庄村民在日常生活中基本遵循以春节、清明节、端午节、中秋节等为主要内容的中国传统节日体系。

一年之中，北杨庄村民除了忙于日常的农事劳作活动之外，每逢春节、清明节、端午节、中秋节、腊八节等民间传统节日，各家各户重视程度不同，并以大体相似的方式迎接节日的到来。而且，这一类民间节日主要根据农历计时方法，按照春、夏、秋、冬的四季轮转节律，形成了特征鲜明的村落节日习俗。

（一）春节

春节作为中国传统节日中的第一大节，它不仅节期跨度长，节俗形式丰富多样，也是乡民最为重视的民俗节庆活动。一进腊月，北杨庄村民就开始忙于筹备过春节的各种事情。如果从腊八日算起，一直到年后正月十五，整个春节庆祝活动才算正式结束。村民习惯将其称之为“过大年”“忙年”，在不同的时间节点有着各式各样的节俗活动安排。

1. 腊八日。农历十二月初八为腊八日，它是北杨庄村民进入冬季腊月之后的第一个重要节日，北杨庄流传着“过了腊八就是年”的民间谚语。岁终之月称为“腊”，腊八节属于中国佛教传统节日之一。当天清晨，北杨庄家家户户都要熬煮腊八粥以示过节，寓意祈求丰收和吉祥。腊八粥的制作方法比较简单，村民对煮粥用料并不特别讲究，一般使用江米、黏米、红枣、花生及红豆等日常食材，再加水熬制两三个小时即可供全家食用。在腊八日当天吃腊八粥，当地村民认为有寒冬来临“吃粥御寒”的含义。有的家庭还会在腊八节这一天腌制腊八蒜，制作工艺亦不烦琐。村民先把去皮的蒜瓣放入干净的瓶罐中，再倒入醋密封，而后在温度较低的室外放上几日，等蒜瓣完全变色后即可食用。一般过了腊八节，北杨庄村民就要开始着手准备过年的各种琐事。

2. 腊月二十三。农历腊月二十三为辞灶日，北杨庄村民俗称“送灶”。灶王爷爷和灶王奶奶是北杨庄普遍崇信的民间神灵之一。“民以食为天”，在过去，温饱问题始终是北杨庄村民心中的头等大事。特别是村落中的老年村民，他们大都经历过受灾挨饿的困苦生活年代。如在 1963 年北杨庄曾遭遇洪灾，1964 年遇到雨水沥涝灾害，1966 年遭遇地震灾害等，频发的自然灾害导致村民生活长期贫困。祈求神灵保佑，解决饮食之忧，灶王爷爷、灶王奶奶信仰成为北杨庄村民的心理寄托，腊月二十三辞灶的民间习俗也得以传延。到了岁末年尾，村民会提前准备好糖瓜、芝麻及香烟、果供等物品。一般在腊月二十三当天晚上，村民点上蜡烛、香支，摆上果供，先把供奉了一年的灶王爷爷、灶王奶奶虔诚祭拜一番，再揭下旧的灶王纸马，连同黄表纸一起烧掉，寓意送其返回天界，"上天言好事，下界保平安"。然后贴上新的灶王纸马，摆供焚香继续供奉，年年往复。辞灶时，村民还要念叨几句吉利话语，祈求灶王来年继续保佑家庭不愁吃喝。北杨庄村民一般把灶王纸马张贴在厨房灶台旁边，纸马神像包括灶王爷爷和灶王奶奶二位民间神灵。有些上了年纪的老年村民图省事，通常会推迟到腊月二十八，将灶王、全神纸马一同打发上天。

3. 腊月二十八。农历腊月二十八是北杨庄村民敬奉"全神"的日子。在当地，"全神"信仰普遍盛行于各个村落。所谓的"全神"，村民又将其称作"天地全神"，其实是一张油印的神灵纸马，上列中国传统道教中的诸多神灵。一般在腊月二十八中午，村民会换下旧的"全神"画像并烧掉，再张贴从周边集市上花钱"请"来的新"全神"纸马，因为纸马售价低廉，十分容易购置。有的村民将"全神"画像安置在家中堂屋八仙桌上供奉，也有村民把"全神"像直接贴在堂屋北墙上面。在此期间，北杨庄村民还要打扫庭院卫生，准备各式各样的过年食品和物品。家庭妇女们则负责蒸馒头、蒸枣山、焖鸡、焖肉，以备过年期间食用，村民称之为"蒸装"。

4. 除夕。农历腊月三十是一年之中的最后一日，这一天也是北杨庄村民最为忙碌的日子，主要节俗有祭祖、贴春联、包饺子等。一般在大年三十当天，村民一早起床后就开始准备摆供，挂"家谱帐"，供祖宗，请神。当地摆供敬祖的传统习俗讲究"清茶素供"，因为村民认为"神家不吃腥"，所以供品多是素供。村民准备的素供主要包括诸如菠菜、木耳、萝卜等家常食物，摆供前必须要用水煮或油炒的方法把生菜做成熟菜，此后方可上桌供奉。摆好供菜后，再依次摆放碗、筷、枣山、水果、花生、糖等供品。紧接着点上蜡烛和香支，还要定时浇供。浇供是用开水、姜末、香油等原料混合在一起，然后用勺子依次往供菜上浇洒，一天浇供三次，分早中晚三个时段进行。如果当年家庭中有个人许愿的情况发生，村民还可以摆猪头大供，祈求祖先、神灵的庇佑。春节期间，村民的日常饮食遵循着一定的节日禁忌。例如全家成员在吃饭前，要先把做好的饭菜端到敬奉的祖宗和神灵面前，让其先行享用，然后再端回饭桌供家庭成员食用。这种节日规范，虽然并无严格的规矩约束，却体现出北杨庄村民崇宗敬祖的传统观念。

北杨庄村民春节期间敬奉祖宗的方式主要有两种，一种是家家户户都会采用的“路口请家亲”方式，另一种是家族成员轮流供奉本族的“家谱帐”方式。前者一般是在年三十当天，由各家各户的男性村民分别到路口祭请已去世的祖宗回家过年，村民称之为“请家亲”①。请家亲时，村民要携带香支、黄表纸等物品。到了大路口，点香，烧纸，磕头，口中再念叨几句类似“老爷爷、老奶奶回家过年”的话语，然后直奔家中。回家路途中不能随便回头看，村民认为如果半路回头，可能惊吓到祖先，祖先就不会跟着回家过年。在北杨庄，过春节时村内同一家族成员还要轮流悬挂本族“家谱帐”予以供奉。家谱帐一般悬挂在堂屋北墙，上面写满了已经去世的祖先名讳，实际上也是一张家族世系图。北杨庄“家谱帐”的一般排序规则是“东为上，哥弟走”。过去北杨庄各个家族建有祠堂，“家谱帐”放在祠堂中供奉。“文革”期间祠堂被毁，村民便安排把“家谱帐”放在同族各股家户中轮流悬挂供奉，一直到年后正月初五再撤下，留置来年再用。敬奉祖宗的同时，村民还要焚香摆供祭祀全神、灶神等民间神灵。一般程序是先烧香，再添供，然后浇供，之后再磕头祭拜。

除了摆供敬祖，年三十当天村民还要贴春联，挂灯笼。村民从核桃园

---

① “过年过节的时候，都得把已经去世的老人请回家过年，这也表示咱对老人的尊重，俺这里也叫‘请家亲’。”被访谈人：邢 YC，男，北杨庄村民；访谈人：张兴宇；访谈时间：2015 年 8 月 12 日；访谈地点：北杨庄。

集市提前购置好春联和灯笼，按照堂屋、庭院、大门的顺序依次张贴，并在大门悬挂大红灯笼，上门沿张贴五彩纸。当地有张贴对联后不能再去家中索债的习俗，所以对欠债人有“大年三十吃平安饺子”的戏称。大年三十，在外打工的年轻人基本也都已返回家乡。到了晚上，全家人聚在一起包水饺，吃团圆饭，观看春节联欢晚会，一直熬到深夜才休息，是为“除夕守岁”。在此期间，整个村庄鞭炮声不断，春节的节日氛围也逐渐浓厚并达到高潮。过去新媳妇嫁过来前三年，在北杨庄、杜家庄一带还有除夕晚上“烤火”的习俗。当地有俗谚：“不守火，死婆婆。”村民在当晚把家中不穿的鞋子拿到大街上烧掉，小孩在火上烤馍馍吃，寓意有福气，祛病免灾。

5. 正月初一。大年初一第一天，北杨庄村民要“起五更”焚香敬拜祖宗和神灵。一般过了凌晨，鸡还未鸣叫时，村民就要起床准备祭拜事宜。首先给之前奉请来的祖宗、神灵点烛焚香，全家人一同向祖宗、神灵磕头拜年，紧接着再去给家中长辈、街坊邻居拜年。过去村民之间的拜年活动多半在夜间进行，时间一般从凌晨两三点钟开始，晚辈轮流给家族中的长辈磕头拜年。等把村中的长辈轮番磕头拜完年，天也就亮了。不过这种习俗也在不断发生变化，因为夜间拜年容易影响老人休息，现在年轻人也不愿意起得太早，所以拜年时间逐渐转变为大年初一清晨。拜年时，长辈的家中会提前备好烟、酒、糖块、瓜子、花生等日常食品供晚辈享用，相互寒暄。在街道上村民碰面，也多半会说上几句“大吉大利”“过年好”之类的祝福话语。到了初一中午，村民要把头一日准备的供品撤掉，改换成素馅饺子供，全家成员当天的主食也是素馅水饺。北杨庄村建有菩萨庙、全神庙等多处庙宇，老年村民们饭后闲来无事，就去庙上唱佛歌、扭秧歌、跳广场舞以自娱。年轻人则多聚在一起打打扑克、麻将等。

6. 正月初二。已经出嫁的女儿要在正月初二这一天回娘家探亲，新结婚的女婿则要带上烟、酒等厚礼到岳父母家拜年。

7. 正月初三、初四。村民一般要携带礼品去姑、舅、姨等亲戚家中探望拜年。初三下午各家各户要把之前请来的祖宗送走，即“送家亲”。村民普遍认为“请神容易送神难”，所以对此类仪式的祭拜流程不敢怠慢，甚为虔诚。

8. 正月初五。当地村民称为“破五”。如果家中前一年有老人去世，村民要去坟地给逝者点香烧纸摆供祭奠，供品一般为酒、茶、熟肉、饼干、香蕉、橘子等，同时燃放鞭炮。这一天村民还需把之前悬挂供奉的“家谱帐”取下，收藏起来。村民忌讳在正月初五当天走亲访友。

9. 正月初十。北杨庄村民在此日禁忌动剪刀，中午全家要包饺子吃，俗称“捏老鼠嘴儿”。村民认为把水饺包成老鼠嘴的样式，寓意捏住老鼠嘴，老鼠便无法再偷吃自家的粮食。

10. 元宵节。农历正月十五为元宵节，北杨庄人在当天吃水饺、元宵过节。有的家庭会蒸做面灯，在元宵节晚上点燃置于门口照明。当晚还要进行送“全神”仪式，一般在晚上十点以后操作。送走了“全神”纸马，也意味着北杨庄的整个春节活动全部结束。

（二）打囤日

农历正月二十五为打囤日。一般在华北其他村落，村民多是于二月二“龙抬头”时举行围仓打囤的民间仪式，但对北杨庄村民而言，他们则习惯于在正月二十五打囤，家家户户皆从习此俗。打囤具体分成两种形式，一种是打“粮囤”，另一种是打“钱囤”。二者的不同之处在于打囤地点的选择及使用原料的差异。打“粮囤”一般在主房门前的家院中进行，村民先用草木灰在院中围成三五个大小不一的圆圈，然后再往圆圈中放入一些麦子、谷子、高粱等粮食作物。打“钱囤”是在自家房屋内进行，村民同样要用草木灰在屋内的地面上围成五个圆圈，再往里面放入钱币，用砖头压盖。也有家户会在砖头上放置一盏面灯。围好了粮囤，村民还要在囤前插上一炷香，并燃放鞭炮，同时口中念叨几句“保佑五谷丰登、全家平安”的吉利话语。打囤的时间多安排在正月二十五清晨太阳未出时，北杨庄人以此祈求新的一年风调雨顺，招财进宝，颗粒满仓，粮食丰收。

（三）二月二

农历二月初二，民间相传为“龙抬头”的日子，北杨庄当天有给小孩子理发的习俗。在当地流传着“正月不剃头，剃头死舅舅”的说法，过了二月二，家人可以带着小孩子去理发店理发。而且这一天北杨庄村民还有吃甜糕过节的习惯。甜糕用黏面做成，制作方法简洁，一般先把豆子、麦子、黏米等谷物用推磨磨成糊状，再加入糖、枣等原料一并放在锅里蒸制。蒸好的甜糕口味甜黏，孩童尤其喜好食用。有的家户也会煎蒸糕，即把黏面加入糖、芝麻等原料，放在油锅里煎熟后食用。二月二这天，婆婆还要用黏面做面灯给新媳妇吃，俗称“新媳妇收灯”。婆婆做的面灯形状不一，多为龙形、鸡形，里面放入食用油和棉芯，称作棉花捻子灯。等傍晚时把面灯放在大门口，一边一个，待油燃尽拿给新媳妇食用，寓意平安多福。在过去，北杨庄新过门的媳妇需连收三年灯，躲三年灯。躲灯是指新媳妇在二月二当天回娘家过节，现在多改成躲一年，收一年，第一年在婆婆家过节，第二年则转到娘家过节，再往后就按正常日子过节，因为当地传有“不收灯，死公公”的说法。实际上这是借助民间规约来疏通婆媳关系的一种特殊方式。费孝通认为：“使神道高兴或是不去触怒神道的愿望是一种对人们日常行为很重要的控制。标准就看是遵奉还是违犯传统的禁忌。”① 面对乡村社会诸多不可预测的之事，北杨庄村民逐渐形成了一套约定俗成的规避禁忌方法，而最精明和简单的应对策略则是遵循共同的过节习俗和民间规约。在他们看来，遵循习俗是为了尽量保证家庭平安不出祸事，追求更高的生活质量和水平。如今，这种习俗已经大大简化，二月二村民擅长制作的棉花捻子灯也被两根蜡烛所取代。大多数北杨庄村民在当天中午蒸煮饺子食用，以示过节。

（四）清明节

四月五日为清明节是北杨庄村民上坟祭祖的日子。当地一般把清明节、七月十五和十月初一统称为“三冥节”。北杨庄村民习惯将清明节与寒食节混称，有“清明三日不走亲戚”的习俗。村民上坟祭祖时，如果家中头一年有老人去世，家人需在清明前一天带上供品、蜡烛、香支和黄表纸等到自家墓地祭奠逝者。对于去世超过一年的老坟，村民可在清明当日去上坟敬拜。如遇给旧坟头添土、立碑的情形，村民也多半选择在清明节进行。

---

①　费孝通：《江村经济——中国农民的生活》，商务印书馆 2001 年版，第 97 页。

（五）端午节

农历五月初五是端午节，北杨庄大多数村民都知道此日为纪念爱国诗人屈原的节日。过去村民过端午节，传有当天清晨在自家大门口插艾辟邪消灾的习俗。现在村民过端午节时的主要食品是粽子，可从附近集市上购得。而在以前，村民更习惯于过端午吃饺子。

（六）半年节

农历六月初一为半年节，寓意一年过半。北杨庄家家户户包水饺，以庆贺过节。

（七）六月初六

过去北杨庄村民有“六月六，晒衣服”的民间习俗，现已不过此节。

（八）乞巧节

农历七月初七为“乞巧节”，民间传说是牛郎织女相会的日子。村中曾流传着年轻女孩向织女摆供乞巧的习俗，但如今已不过此节。

（九）中元节

农历七月十五为中元节，当地俗称“鬼节”，是北杨庄村民上坟祭祖的日子。村中家庭无论穷富，在这一天村民都要准备水果、香烟、纸钱等供品到自家墓地给逝去的亲人上坟祭奠。而且民间禁忌当天晚上家中孩童随便出门，担心遭遇“恶鬼”侵袭，给家人带来不测。如若前一年家中有老人去世，七月十五时，村民要去新立的坟头前给逝者焚香并燃放鞭炮，以示祭奠。离北杨庄不远的威县地界有七月十五赶“鬼会”的习俗，该村村民当天也会过去赶会。虽然村民对七月十五祭奠祖先的说法不一，但基本目的不外乎两个方面：其一，生者祭奠逝者是村民崇宗敬祖观念的体现，是家族力量的延续。其二，祈求逝者保佑生者能够过上更好的生活，尽量规避日常生活中可能发生的各种问题和不测。

（十）中秋节

农历八月十五为中秋节，这是北杨庄村民除春节外最为重视的民间节日。走亲访友、举家团圆是这个节日的主题，当地村民俗称“圆月”。老人会给孩童讲述嫦娥奔月、玉兔捣药的民间故事。一般中秋节正逢秋收完毕，村民过节也有庆贺丰收之意。在中秋节之前，北杨庄村民有互带礼物走亲戚的习俗，礼物多为牛奶、鸡蛋、酒等物品。新女婿中秋到岳父母家探亲时携带的礼物最重。当晚村民还要摆供敬奉月亮，多是以月饼、西瓜供奉。村民将西瓜剜成月牙形状，或者剜成一朵花的形状，再摆上月饼、苹果、石榴、点心等供品，等到晚上焚香祭拜月亮。一般祭拜月亮时村民常常会念叨几句“八月十五月亮圆，月饼西瓜敬老天。敬得老天心欢喜，一年四季保平安”的吉利话语①。因为是举家团圆的日子，大部分在外打工的村民会在八月十五前回家与亲人团聚。村民过中秋节时的吃食也更加丰富多样。过去生活条件差，村民习惯在八月十五当晚喝鸡蛋汤、吃大米；如今生活条件转好，过中秋节时吃饺子、吃月饼的家户居多。

（十一）重阳节

农历九月九日为重阳节，九为阳数之极，双九相遇，故称“重阳”。它是一个爱老敬老的节日，当地人也称之为“老人节”，但北杨庄大多数村民对此节并不太重视。条件较好的家户，晚辈会在重阳节时给长辈添置新衣服作为礼物。当地乡政府一般会组织相关人员到农村探望孤寡老人，以示关怀。

（十二）寒衣节

农历十月初一为寒衣节，是北杨庄村民为逝去的亲人上坟送寒衣的日子。特别是对去世三年之内的亲人，村民格外重视“送寒衣”。按照村民的说法，农历十月初始，天气转冷，生者需要添置厚衣服以御寒，逝者亦是如此。所以村民在当天到墓地上坟烧纸，尤其是要准备用彩纸剪做的衣服，一并在祖先坟前烧掉，称之为“送御寒衣”②。如果逝去的亲人葬在外地，则可以在大路口处把提前准备好的纸钱、纸衣烧掉，以表心意。

以上按照历时性的发展脉络简要描述了北杨庄传统节日的节俗内容与形式，不难发现，当地村民对待当下乡村社会中的传统节日的心态已经发

---

① 被访谈人：王 FL，女，北杨庄村民；访谈人：赵京伟；访谈时间：2016 年 7 月 9 日；访谈地点：北杨庄。

② “年下十月份的时候一般天也变冷了，活着的人得添厚衣服，这些老人们也得穿厚衣服御寒啊，就是这么个风俗。”被访谈人：邢 YG，男，北杨庄村民；访谈人：张兴宇、蒋帅；访谈时间：2015 年 8 月 12 日；访谈地点：北杨庄。

生了微妙变化。而且，随着乡村现代生活方式的转变，村民对于传统节日的文化记忆和存续形式也产生了新的认知，并呈现出以下三个较为典型的特征：

第一，当下乡村传统节日的部分节俗表现形式出现仪式性式微。任何一个传统节日，都有其特定的仪式和仪式符号，这些仪式是前人在漫长岁月中创造并以活态形式传承至今的。每个人对传统节日的记忆都是通过集共性和个性于一体的符号或者仪式来达成，个体如此，群体也如此①。借助民间节日及其仪式性运作，在村落内部久而生成一部分约定俗成的节日规制，它表现在节俗形式上，便是每一个传统节日中蕴含的核心节俗内容。例如，在北杨庄村民所信仰的节日神灵体系中，全神和灶王爷是该村村民的普遍信仰对象。村民把每年轮番更换的"全神像"和"灶王像"称为"换花衣裳"，从外表形制看，神像本身只是一张花花绿绿的印刷品，售价相对低廉。但揭下旧像，换上新像，意味着辞旧迎新，祭灶王和全神也就有了普遍性的节日文化意义。如今，随着乡村社会整体经济形势的不断变化，村落传统节日的部分节俗表现形式出现了仪式性式微。比如过去北杨庄村民流行的除夕夜"烤火"、二月二"躲灯收灯"等习俗，现在大部分村民已不再重视。由于乡土村落在约定俗成的节日仪式方面具有一定强制性，从某种程度上说，这些习俗可以起到对婆媳关系、邻里关系的舆论层面的强化和保护作用，但当下这种所谓的"仪式性"约束机制已经大大减弱。

第二，乡民的节俗观念或意识深受村落生计状况影响。一般来说，村民生活水平的高低直接影响着村民过节的隆重程度，村民由此形成的传统节日观念和意识也与村落生计紧密相关。在当下农村生活水平普遍有所提升的情形之下，一个农村家庭的贫富程度在某种意义上决定了它在过节时的丰俭水平。经济水平的高低无疑占了非常大的比重，也是影响传统节日氛围的重要因素之一。例如在北杨庄，村民对于传统节日的饮食记忆主要以"饺子"为主。举凡重要节日，当问及村民过节吃什么时，村民的回答

---

① 仲富兰：《中国民俗学通论》，复旦大学出版社 2015 年版，第 144 页。

多半是吃饺子。端午节、半年节、中秋节、春节等都离不开吃水饺，过节走亲戚，家庭中待客最正式的饭食也是水饺。夏季村民吃韭菜鸡蛋素馅水饺，冬季村民吃白菜素馅水饺。实际上，这与过去北杨庄村民较为艰苦的生活条件有着密切关系。近十几年来，北杨庄村民生计状况相对转好，一般家庭都能吃上水饺和白面馒头，这直接影响着村民的节日记忆和节俗观念。不仅如此，乡民的节俗观念或意识变化还与国家施行的传统节日政策有着紧密关联。

第三，民众将传统节日融入日常农事生活节律的基本理念并未完全消退。中国传统节日植根于农业社会的土壤中，是农业文明的伴生物，即节日日期的选择与设定是古人依据天候、物候和气候的周期性转换而约定俗成的，都对应着特定的节气和农时①。传统节日以年度为周期的正常运转与乡民日常农事生活的节奏十分契合，同时也是乡民张弛有度的农业生产生活方式的重要体现。例如，对北杨庄村民而言，一年之中，春、夏、秋三季是农事劳作较为繁重的时段，冬季相对有更多空闲时间。村民在过二月二、清明节、端午节、半年节等民间节日时，常以不妨碍正常的农事活动为主要原则，传统节日与民众日常农事生活节律实现了较好的融合。

三、人生仪礼：乡村礼俗生活

生老病死，是每一个人在一生之中都必须要经历的几个生活阶段，并由此形成了不同类型的人生仪礼。人生仪礼的全过程是按人年龄的增长过程显示的，一般以“岁”为单位计算，几乎每岁都有一定的仪礼②。大体说来，在中国传统乡村社会，民众通常将日常生活中的人生礼仪习俗分成五个方面，即诞生礼、成年礼、婚礼、寿诞礼及丧礼，且尤以婚礼、丧礼为重。对北杨庄人而言，人生仪礼不仅是村民参与乡村公共生活的重要组

① 王文章主编：《弘扬传统节日文化现状与对策：中国传统节日文化调研实录》，文化艺术出版社 2012 年版，第 36 页。

② 乌丙安：《中国民俗学》，长春出版社 2014 年版，第 183 页。

成部分，也是维系不同家庭、家族及跨村落之间人际关系的纽带。而且，讲面子、要面子往往是乡土村落中的民众制定人生仪礼规范的必要性准则之一。下文简要描述目前北杨庄村民的日常人生仪礼生活。

（一）诞生礼

1. “过天”。添丁进口是北杨庄每个家庭都要面对且极为重视的一件大事，它也是维持一个家族绵延不衰的根本保证。所谓“过天”，是指在孩童降生后第九天或第十二天时，由孩童的外婆、舅舅、姨、姑等亲戚携带礼物到场庆贺孩童出生。亲戚携带的礼物主要有新衣服、童车、挂面、红糖等物品，还要按照亲戚的远近程度给孩童数十元、几百元乃至上千元不等的礼金。当天，主家负责在家中或者附近饭店请客招待亲戚，举办庆贺孩童出生的聚会仪式，开销在数千元左右。亲戚下午回家时，主家还要准备回赠礼品以表谢意。

2. “做生日”。在北杨庄，村民为孩童过庆贺两周岁的生日，俗称“做生日”。此时主要由孩童的外婆准备礼物。一般提前准备三个篮子，篮子里面分别装入豆芽、勺子、碗、米、馍馍等物品。豆芽寓意孩童“生根发芽”，勺子、碗、米寓意不愁吃穿，篮子有“拦住”之意，期待孩童未来能够健康茁壮成长。而且，孩童的姨和姑要为其准备合身的衣服，妗子要为其准备童鞋。当地流传有“姑姑的袄，姨家的裤，妗子的小鞋迷了路”的说法①。

3. “上锁子”。在北杨庄，村民之间流传着为幼童上锁子的民间习俗。这种仪式，村民一般在自己家中即可完成。所谓的“锁子”，是指给幼童佩戴蓝色的绳带。平时把绳带安放在贴有灶王爷像的灶台旁，孩童每成长一岁，就随之增加一根绳带。等到孩童长到八至十二岁时，家长将绳带放在一起，给灶王爷磕头、祭拜之后将它们烧掉，以祈求孩童健康成长。

（二）婚姻礼

结婚生子是一个普通村民从少年走向成年的重要标志。在北杨庄，村

① 被访谈人：王 FL，女，北杨庄村民；访谈人：张兴宇；访谈时间：2015 年 8 月 12 日；访谈地点：北杨庄。

民普遍认为只有结了婚才算真正的成人。受当地较为落后的教育条件局限，北杨庄年轻村民接受高等教育的普及率并不高，大多数年轻人不得不选择在读完初中、高中以后外出打工谋生。一旦工作稳定下来，家中父母就要着手准备解决年轻人的婚姻问题，俗称"办红事""办喜事"。"文化大革命"以前，北杨庄村民的婚姻之事还要听从父母之命，由父母统一安排。总体来看，目前北杨庄年轻村民的适婚年龄一般在25岁之前，22~23岁结婚者居多，结婚时间相对较早。超过25岁以后，如果家中的孩子还没有结婚，那么他们的父母在村落中会遭受各种人情舆论压力。虽然父母收入来源有限，但他们仍会在孩子结婚问题上倾其所有，主要帮助孩子解决彩礼、房子和车子三大难题。归结到一起，最终都要用金钱来给婚姻做物质保证。如村民所言，现在农村结婚，"花一分钱都是男方出！"乡村婚姻生态的失衡导致各种问题显现。男女双方结成亲家之后，如果男方一时无法给女方在广宗县城购买商品房，就必须给女方买一辆新车。北杨庄曾发生过类似情况，女方在男方的陪同下买了新车，但价格偏低，后来女方又向男方家里要了十万元了事。虽然男方出了钱，但女方在村中落下了"不通情理"的名声①。至于购买陪送嫁妆、彩礼等费用支出，基本也都由男方承担。到了适婚年龄，男孩娶媳妇就成了一个家庭的大问题，如果本身家庭经济条件不好，更加剧了"娶媳妇难"的问题。当然，家庭经济条件的好坏是决定一门婚事能否成功的重要条件，但这并非唯一的标准。

北杨庄村民把处理孩子的婚事也称为"做亲家"，且十分讲究门当户对。1950年5月1日我国颁行《中华人民共和国婚姻法》，"家法"从此变成了"国法"。新式婚姻法主张婚姻自由、一夫一妻、男女平等的婚姻制度，婚姻中传统的家族长作用逐渐弱化。如过去在北杨庄，年轻村民结婚之前，需进行"换号"仪式，俗称换帖，双方以婚约的形式确定婚姻关系。因为过去村民结婚多是遵照父母之命，经过"换号"程序，在婚帖落

① "现在农村的女孩少，男孩子多，娶不上媳妇也正常。还是重男轻女的观念重啊，都想要小小子。到了孩子结婚的时候又开始犯愁了，没办法，这过日子不还是过的人啊。"被访谈人：王FL，女，北杨庄村民；访谈人：雷明月；访谈时间：2015年4月7日；访谈地点：北杨庄。

款写上“家族长×××鞠躬”，就表示这门婚事已确定下来。通过这种方式，双方父母还可以知道对方家族长是谁，但如今家族长的权威已经大大弱化。现在村民“做亲家”主要有两种形式：一是自由恋爱，二是请媒人说亲。随着更多的年轻村民外出打工，年轻村民自由恋爱的情形也逐渐增多，村民娶外地媳妇或嫁给外地女婿的现象屡见不鲜。而通过媒人介绍对象，媒人可以从中谋取一定的经济利益。男女双方如若属于在外地打工自由恋爱的情形，那么结婚仪式也会相对简化。一般先由男方父母安排家中人员到女方家中说合，双方商议具体结婚程序。自由恋爱的情侣，婚前女方向男方家索要楼房的情况较少。若经媒人介绍成亲，主家大多都要提前准备好楼房、汽车、“三金”等物品。稍有积蓄的年轻村民，也不愿意在农村继续生活，多半会在父母的帮助下去附近的广宗县城、南宫县城购买商品房居住①。不可否认的是，目前北杨庄大部分适婚男性都面临着“娶媳妇难”的问题。

1. 定亲。在北杨庄，无论是个人恋爱，还是经媒人介绍，新人在准备结婚前都要先定亲，这也是双方家庭缔结婚姻的第一道程序。过去举行定亲仪式时，村民一般在自家院中摆下桌席庆贺，现在多是去北杨庄附近的核桃园或杜家庄饭店集体用餐，省去不少麻烦。定亲当天，女方家来两位近亲商议定亲事宜，男方负责招待。定亲时双方需要“过礼”，也就是男方把一万元左右的彩礼送给女方。例如，北杨庄村民邢尚娥的本家侄子2016年农历九月结婚。家族商议定亲程序时，安排他到女方家协商处理定亲事宜。婚期前三个月，邢尚娥组织家族人员带了些烟酒礼物，去女方家商议双方定亲一事，并确定了男方给女方一万元的彩礼。

2. 认门。双方定亲以后，女方要择日到男方家认门，即女方去男方家中吃一顿饺子，然后男方父母给女方一千元至两千元的见面礼。此时男方还要根据女方的生辰八字，查看与男方的生辰八字是否相合，然后再挑选

---

① “现在有钱的户都去广宗或者南宫县城买楼房住了，盖房子的人家对象都不一定愿意啊。结婚主要就是钱的事。”被访谈人：赵 YM，女，北杨庄村民；访谈人：赵京伟；访谈时间：2016 年 7 月 10 日；访谈地点：北杨庄。

出合适的结婚日子备用。

3. 订婚。订婚是双方确定结婚日期的仪式。在订婚时男方要给女方购买嫁妆、衣服、家电、项链等各种婚前物品。购买时，需要女方亲自前往挑选中意的物品。如果不购置嫁妆，男方需额外再给女方准备十万元礼金。男方在订婚时要准备“六铺六盖”或“八铺八盖”，女方负责买两双鞋。一般在正式结婚前一个月左右，男女双方要去民政局登记注册领取结婚证。

4. 追节。一旦男女双方订下婚事，男方在每年八月十五和春节期间要去女方家送节礼表示孝心，俗称“追节”。准女婿需给对方父母买一刀肉，还有鱼、烟、酒、牛奶等日常礼品。外出打工的年轻村民过年回家，也要在年前或年后邀请准媳妇去男方家中吃饺子，一年需请新媳妇入门两次。过年时女方父母会给准女婿一些礼钱，数额为 110 ~ 160 元不等。

5. 迎亲。到了结婚的日子，村民在当天早晨三点钟就要起床，准备去女方家迎亲。迎亲时间多定在四点钟，由婚礼主事者安排精明能干的中青年村民带着新郎本家的嫂子、婶子或大娘等几位妇女，一块前往迎亲。接亲人员的属相需与新娘相合。迎亲时由男方提前安排好迎亲车辆，新郎本人无须陪同，一般在上午七点至九点钟把女方迎接到男方家门口。

6. 进门、拜堂。众人将新娘接到新郎家大门口，新娘家送亲人员主要是女方本家的兄弟姐妹，她的父母和姑舅姨不陪同送亲。新娘进门前，要和新郎一起朝天地鞠三或六个躬。进门之后，新郎新娘一同吃饺子，村民俗称“咬饺子尖儿”。新娘吃水饺时先把饺子的尖儿咬下来，然后把剩下的水饺给新郎吃，寓意有福气。紧接着要举行新人拜堂仪式，由家中长辈主持。拜堂前方安排一张八仙桌，摆供焚香，上置一个用红布盖起来的织布梭子。新人按照主持人的指引，依次向亲朋好友磕头行礼，亲戚要给新人结婚红包，数额几百元至上千元不等。一般到早上十点钟左右，拜堂仪式结束。

随后，亲戚朋友一同在新郎家坐席吃饭，庆贺礼成。亲朋吃饭的席桌由新郎家操办，也称“吃大锅饭”。新郎家邀请本村擅长做饭的厨子帮忙，婚宴席桌的规模，主要根据家族成员和亲戚人数决定，一般至少要摆四五桌。席桌上的菜肴比村民日常中的饮食要丰富得多，且以荤菜为主。按照当地的规矩，第一道先上杂八汤，里面是用黄瓜、金针菜、木耳、肉等食材混在一起烧做的浓汤。然后再呈上大菜，整个席桌共十一道或十三道菜，包括炒菜、炖菜等多种样式，牛肉、猪肉、鸡肉、鱼肉等肉菜居多。席间，新郎及其家中长辈要依次向新娘家送亲的客人敬酒，以示尊重①。一般在十一点钟左右宴席结束，再由男方安排车辆送女方的亲人回家。等送走了女方亲戚后，主家再摆宴招待男方亲戚。

7. 闹洞房。婚礼当天举办完婚宴之后，到了晚上，北杨庄有闹洞房的习俗，俗称“闹媳妇”。当地有“结婚头三天无大小”的说法，一般参与闹媳妇活动的都是青年村民。比如，刁难新娘，让新娘点烟、倒水等。晚上主事者还要安排家族内的嫂子或婶子给新人铺放被褥，一边铺床，一边念叨“先撑里，生个女儿。再撑表，生个小儿。里表一起撑，生对双生儿（双胞胎），拍拍窗户台，闺女小子一起来”的吉利话，祝福新婚夫妇早日生儿育女②。

8. 回门。新媳妇过门后第二天要回娘家，俗称“回门”。新娘回娘家时需带上瓜子、糖球等礼物，一般中午十二点之前再由新郎接回婆家。此后，整个婚礼流程告一段落。

和华北地区的其他乡村一样，普通村民一般用在婚礼仪式上的花销不菲。据村民粗略统计，整场婚礼下来，北杨庄一个普通家庭的开销在20万元左右③。这对大部分“面朝黄土背朝天”、收入十分有限的农民来说，

---

① “俺们这边的红事还算是简单的。老百姓的日子过得也不是多富裕，什么也都还是以简朴为主，但是该有的礼数还是得要，摆个席桌表示一下。”被访谈人：刘JY，男，北杨庄村民；访谈人：张兴宇、蒋帅；访谈时间：2015年4月4日；访谈地点：北杨庄。

② 被访谈人：赵YM，女，北杨庄村民；访谈人：赵京伟；访谈时间：2016年7月10日；访谈地点：北杨庄。

③ “最近（2016年）俺村里有一户村民请媒人说亲。盖房花了十五万元，定亲花了八千元，彩礼给了六万六千元，买汽车花了八万元，买家电花了三万元，总共开销达三十万元。如果在本村盖房，如果是五间房宅基地的话，长二十米，宽二十二米，材料费加人工费总计开支最少在十二万元。”被访谈人：邢SE，男，北杨庄村民；访谈人：张兴宇；访谈时间：2016年7月9日；访谈地点：北杨庄。

无疑是个天文数字。普通村民以打零工、种地为主业，家庭收入并不多。而种地和打工只能保证村民在日常收入方面保持在温饱线以上，加上繁重的礼金和日常人际交往费用，使得多数家庭不堪重负。如村民所述，二十年前，女方出嫁还会陪送柜子等简易家具，现在无论什么情况，都是由男方来承担相关开支。如前文所述，个体家庭经济条件的好坏是决定双方婚事能否成功的重要衡量标准，目前在北杨庄，因婚返贫、因婚致贫的现象比较常见。相比较而言，特别是最近五六年来，北杨庄村的婚姻“市场”发生了明显的变化。用北杨庄村民自己的话来形容，那就是“孩子结个婚，父母扒层皮”。而且农村彩礼的攀比之风不可小觑，村民虽然对此种现象痛恨不已，一时却没有理想的应对之策：“现在都是比家啊，比如那一家给得多，你给少了，不好看。”① 目前年轻村民的“结婚难”问题并不仅仅存在于广宗地区的乡村社会，在华北地区的其他村落也有所体现。具体而言，北杨庄婚姻礼俗的变化特征主要表现在以下两个方面：

首先，需要注意的是，一方面乡村中普遍面临着年轻村民“结婚难”的困境，另一方面村民传统的“重男轻女”观念却依旧浓厚。虽然在北杨庄的墙壁上四处张贴着像“生男生女都一样”“女儿也是传后人”之类的宣传标语，但对大多数北杨庄村民而言，“重男轻女”的意识观念深刻影响着他们的日常生活。尽管村民身上背负着沉重的婚姻债务，他们仍旧希望儿子结婚后早日让他们实现“抱孙子”的愿望，并为生育男孩想尽办法。根据2003年河北省出台的《河北省人口与计划生育管理条例》，当地农村家庭如果第一胎生育女孩，那么在政策范围内允许再生一个孩子。如果第一胎生育男孩，则不允许再生。到了2016年，《河北省人口与计划生育管理条例》再次修订，规定“提倡一对夫妻生育两个子女”。如果二胎还是女孩，这个家庭还想生男孩，那就必须缴纳罚款，因为这属于超生范畴。当地的处罚标准是二胎超生罚两万元，三胎超生罚四万元。因此，一

---

① 被访谈人：邢SE，男，北杨庄村民；访谈人：张兴宇；访谈时间：2016年7月9日；访谈地点：北杨庄。

些村民陷入“婚姻”和“生育”的纠结状况中。女方家庭在抚养孩子成长直到嫁人这个阶段，前期有所付出，自然希望女儿出嫁时能够获得一定回报。村民期盼生育男孩，延续家庭香火，同时又为未来男孩婚姻的高额开销感到担忧和无奈。女性资源的稀缺，促使乡村婚姻生态转换为“女方市场”。

其次，乡村内部的通婚圈“内缩”现象愈来愈显著，村民的婚姻选择更加趋向“经济”理性。赵旭东在分析华北乡村的婚姻问题时，曾指出河北李村的通婚圈“内缩”现象①，这种通婚圈“内缩化”倾向在北杨庄也表现得极为明显。例如过去在北杨庄，邢氏家族和王氏家族属于姑表亲关系，本来两大家族之前定下规矩不可通婚，但后来邢、王、刘三大家族相继出现了互相通婚的情况。其主要原因在于，同村村民之间互通婚姻，可以最大限度地降低结婚成本。此外，过去国家计划生育管理严格，一个家庭只允许生育一个孩子，农村女孩数量相对较少。村民也明白，结婚是一辈子的事情，女方父母当然不愿意自己的女儿嫁入穷人家庭过苦日子。过去如果第一胎是女孩，村民还可以选择再生一个。现在国家虽然放开了二胎政策，但村民的生育积极性并不是很高，主要还是担心孩子出生后的抚养成本问题。家里孩子多，等到孩子结婚时拿不出足够的彩礼，又会形成一个新的不良循环。这些观念的转化实际上都是村民在乡村现实婚姻生态下“经济”理性的选择。

（三）丧葬礼

北杨庄设有专门的红白理事会，其成立时间已有20年之久。理事会成员长期维持在3人至5人，主要由村内各大家族年长且富有处事经验的老人担任②。村中成立红白理事会，便于不同家族之间商议出一套村内约定

① 赵旭东：《权力与公正——乡土社会的纠纷解决与权威多元》，天津古籍出版社2003年版，第48页。

② “目前北杨庄红白理事会成员还有3人，年龄都在65岁以上。邢尚平是会计，负责记账，其余两人，一个负责总理事务，一个掌管现金。一开始只负责本家族的红白喜事，后来年轻人不断外出打工，遇到红白喜事找不到人，我们的任务也就更加繁重了。”被访谈人：刘JH，男，北杨庄村民；访谈人：周连华；访谈时间：2016年7月10日；访谈地点：北杨庄。

俗成的红白喜事规矩，这种规矩也得到北杨庄村民的普遍遵循。特别是在组织丧葬仪式的过程中，有了红白理事会的参与指导，村中家富者不过于铺张浪费，家穷者也不至于太寒酸。每当村落中遇到红白喜事，主家会及时邀请红白理事会中的几位负责人前往帮忙。通常情况下，北杨庄逢婚嫁红事时，多是由同姓家族内的长辈负责操持，较少牵扯外姓族人。一旦遇到丧葬白事，村民才会在全村范围内广泛约请亲邻，请他们帮忙组织丧礼。常年主持红白喜事的老年人对此也有担忧，因为现在的年轻村民多数外出打工，熟悉这一套红白喜事程序的年轻村民越来越少，白事的礼俗传承也就成了问题。按照北杨庄红白理事会负责人的说法，一般情况下，老年村民随着年龄的增长，身体抵抗力变弱，容易患各种疾病，该村在每年春夏之交和寒冬季节两个时段碰到的白事较多。当地人又称白事为“丧事”，北杨庄村民坚持着“丧事尽量从简，不允许大操大办”的基本原则①。相较而言，整个丧礼仪式流程烦琐，牵扯人员众多，北杨庄村民认为丧礼是他们的日常礼仪生活中最为耗时费力的一件事情。一般高寿年长者去世，在当地又被称为“喜丧”，丧礼前后总共要操办三天，大体流程如下。

1. 穿寿衣、设灵床。通常情况下，在家中老人去世前，需安排本家族有经验的妇女给处于弥留之际的老人穿寿衣。现在北杨庄流行的习俗一般是在老人刚咽气时，趁身体尚有余温，安排人员给逝者净面，穿衣。而且，逝者不论男女，都需穿棉衣棉裤，脚穿棉鞋。男性头戴黑帽，女性头戴莲花帽，口中放铜钱，脸上放盖脸纸，还要用麻绳缠足、束袖，全身盖上被单，再将逝者安置于灵床之上。夏季天热，如有村民去世，尸体还需安放在冰棺中。逝者儿子与儿媳披麻戴孝，手执哭丧棒，在灵前日夜为逝者守灵。一般情况下，逝者的儿子在屋外守灵，闺女和儿媳在屋内守灵。

---

① “白事咱们这边也都办得挺简单的，村里有个红白理事会可以给协调一下，不能说富的太张扬，穷的办不起来，那就太不好了。”被访谈人：刘 JY，男，北杨庄村民；访谈人：周连华；访谈时间：2016 年 7 月 9 日；访谈地点：北杨庄。

2. 报丧、吊丧。老人一旦去世，北杨庄红白理事会负责人需立刻安排家族里的年轻村民去给逝者的至亲（舅、姑、姨等）通报丧事信息。过去下通知主要靠骑车和步行，近些年随着手机等通信工具的普及，只需打电话告知即可。亲属们得到通知后，要携带纸钱、鞭炮、花圈等物品前往逝者家中吊丧。吊丧时，逝者儿女在丧屋门口两侧跪着给前来吊丧的亲属行礼。妇女吊丧可去屋内探望孝眷，男性吊丧多在屋外安慰孝子。吊丧人员祭拜逝者时会哭上一阵，然后由逝者儿女给吊丧者磕一个头，拜四拜，以示还礼。

3. 搭灵棚。老人去世后，村民要在院中搭设灵棚祭奠逝者。灵棚的搭设方位需冲向逝者的堂屋门口，正对屋内灵床。同时在灵棚前供奉灵牌，八仙桌上摆放四盘点心等供品，讲究双数。灵棚内需悬挂吊挂和挽联，它们一般由红白理事会中擅长书法的老人负责书写。大门口影壁墙上需悬挂“门席”，即把一张草席挂在影壁墙上，然后用白纸写上逝者信息。同时在大门口处摆放一杆门幡，按照男左女右的规矩放置。大门门扇贴白条，以便告知村民家中有白事发生，亲戚邻居此时可以前来吊丧①。

4. 报庙。北杨庄村民举办丧礼期间要组织“报庙”仪式，如今此俗已经大大简化。过去北杨庄建有土地庙，村中有白事时，要分早、中、晚三次到土地庙“报庙”。20 世纪 50 年代前后该村土地庙被毁，后来一直未能重建。于是村民又把丧礼“报庙”的地点改在了村中大路口位置。“报庙”时，孝子孝眷一同前往，烧纸磕头祭奠。

5. 做斋、求经、转供。第三天一大早，“皇经会”人员会赶到逝者家中准备做斋念经，超度亡灵。所谓“皇经会”，是指在附近寺庙修行的和尚们所组成的念经组织。“皇经会”中设有专门负责吹曲的人员，其使用乐器主要包括笛子、笙、管子、弦子等②。同时，从核桃园乡和巨鹿等外地花钱请来的吹手班人员也会再次来到逝者家中，当天主要在

---

① 被访谈人：刘 JH，男，北杨庄村民；访谈人：周连华；访谈时间：2016 年 7 月 10 日；访谈地点：北杨庄。

② “皇经会”是当地村民的俗称。在村民看来，这一由信仰佛教的人员组成的念经组织可以为逝者超度灵魂。

门口进行乐器吹奏、表演地方戏等活动，以此活跃丧礼现场的气氛。转供是指“皇经会”人员把逝者儿女近亲的供品转给亡灵，表示敬重之心意。

6. 送路。俗称“送牌位”，吃过午饭以后，村民要举行送路仪式，凡是戴孝的人员都要参加。孝子孝眷排成长队，每人手中拿着一根香火。按照当地的习俗，直系亲属戴孝用白布，旁系亲属多用青、蓝花布，挂在肩上。送路仪式多选在本村的主街上进行。此时由唢呐乐班吹奏送路乐曲，“皇经会”人员负责念经，然后把灵牌牌位和纸扎车马放在一起，连同黄表纸在大路口一起烧掉①。

7. 入殓。送路之后，在下午三点钟左右，村民要准备把逝者放到棺材中钉棺入殓。给逝者准备的“送老”衣服一般是从寿衣店购置，里面是一件小布衫，外边穿一件大衣，头戴帽子，脚穿一双新鞋。棺材里面要铺上冥钱，并放七个洋铜钱，俗称“垫背钱”。

8. 出殡。入殓之后，准备起灵出殡。出殡当天早晨，红白理事会主事者首先安排年轻人员到逝者坟地提前挖好坟坑。过去北杨庄有用灌醉的活公鸡测方位刨坑的习俗。在北杨庄，起灵前还有“架鼓送殡”的表演活动②。当地任何一户家庭遇到丧礼，本村梅花拳武术队都会组织人员义务到逝者灵前进行武术表演。

9. 圆坟。出殡后的第二天上午九点至十点钟，孝子孝眷还要去逝者的新坟圆坟。圆坟时需携带冥钱、黄表纸、酒、水、果供等物品，同时准备四个茶杯和酒盅，在逝者坟前焚纸摆供祭奠。圆坟后，孝子孝眷可以暂时脱掉孝服。一般从逝者去世之日算起，每七天为一个祭日。在三七、五七、尽七（两个月）、百日和周年等日子，逝者的家人都需组织亲属带上供品、黄表纸等去坟地祭奠。

总体来看，北杨庄白事流程烦琐冗长，整场丧礼的开支约在 1 万元

---

① 被访谈人：刘 JY，男，北杨庄村民；访谈人：周连华；访谈时间：2016 年 7 月 9 日；访谈地点：北杨庄。

② 北杨庄梅花拳武术队会专门组织人员到逝者灵前“参灵”，而后敲锣打鼓，表演梅花拳，村民称其为“架鼓送殡”，寓意是送逝者最后一程。

至 1.5 万元。红白理事会专门安排一人负责管理丧礼期间的各种支出和亲朋随礼收入的账目。礼金和账簿由红白理事会负责人共同掌管。礼金来源有两种，一是主家外村的亲戚，包括舅、姑、姨等亲戚；二是本村有人情往来的邻居和族人。白事开支主要包括安排席桌、购置棺材、孝布、准备坟地等方面。丧礼宴席较之婚礼简单，由红白理事会安排厨师为众人准备白菜粉条大锅菜即可。鲍辛格说："民间习俗总是受历史因素和社会因素的制约。对自然生长的依赖容易导致无批判地和无限制地委身于传统。"① 现在在北杨庄村民之间仍旧遵循着一定的民间礼俗规矩。比如过去村里遇到白事，村民会邀请戏班子在街道口唱戏助兴。现在除了请"皇经会"念经，吹手队演奏，又新添了洋鼓、洋号表演活动，丧礼排场也越来越热闹。又如亲属之间白事的礼金数额通常会顾及不同家户的经济条件。面子当然不仅仅体现在礼金数额上，礼金一旦超出村民日常所能承受的接受程度，可能会被其他村民耻笑为"打肿脸充胖子"。

一般认为，丧礼的礼仪安排反映社会中的秩序，而且具有各种现实的社会功能②。而且，一场丧礼隆重与否，一方面要看主家的经济实力，另一方面北杨庄红白理事会在其中也发挥着重要的协调作用。红白理事会根据本村不同家族和家庭的实际经济情况，通过家族内部商议的形式，确定各项丧礼程序及礼金数额。一般北杨庄每家每户都会存有一个红白喜事账本，上面记录着村民与同族、邻居和亲戚之间的人情往来费用。目前村民之间随礼的金额在 20 ~ 100 元③。对于礼金，村民普遍遵循着"就高不就低"的原则，即最少要与对方之前已经随过的礼金相持平。这几年随着村民收入的不断增加，礼金数额也呈现出水涨船高的趋势。

---

① ［德］赫尔曼·鲍辛格著，户晓辉译：《技术世界中的民间文化》，广西师范大学出版社 2014 年版，第 160 页。

② 李霞：《娘家与婆家：华北农村妇女的生活空间和后台权力》，社会科学文献出版社 2010 年版，第 205 页。

③ 被访谈人：邢 SE，男，北杨庄村民；访谈人：张兴宇；访谈时间：2016 年 7 月 10 日；访谈地点：北杨庄。

在北杨庄，村民至今还遵守着一系列与丧葬礼俗相关的村落禁忌。比如家中有老人去世，村民忌讳说“死”字，而是用“老了”“过世了”“走了”代替。孩童早亡，则用“丢了”“扔了”代替。又如家中有人去世，当年春节需闭门；逝者棺材不能使用榆木作为原料等。这些民间禁忌体现出村民在日常生活中祈求规避灾祸的朴素信仰心态。此外，北杨庄村民目前仍遵循着较为严格的丧礼规矩。如果儿子或儿媳早于家中父母离世，不可先入自家祖坟；妻子如果早亡，需等丈夫去世后与丈夫合葬。

（四）寿诞礼

一般情况下，北杨庄稍微富裕一些的家户，在家中长辈六十岁或八十岁的时候，老人的儿女会组织亲戚朋友给老人过生日庆贺，俗称“祝寿”“过大寿”。也有家户提前一年给老人祝寿，有“过九不过十”之说。在老人生日当天，亲朋好友送来“寿糕”“寿桃”等礼物，全家老少聚在一起摆宴就餐，其乐融融。此后每逢十年整寿，家人都要给过寿者庆贺一番，祝福老人“长命百岁”。

（五）其他礼俗

不仅如此，除了诞生礼、婚嫁礼、丧葬礼、寿诞礼这四种主要的人生仪礼形式之外，过去在北杨庄还流传着“过继”“拜盟兄弟”“贺号”等风格各异的礼俗交往形式①。

“过继”，又称“过嗣”，主要针对农村中已超过生育年龄却没有子嗣的家户，将同胞兄弟的儿子认做其子的一种继承制度。过去村民传宗接代观念浓厚，如果家中一直生不出儿子，他们在村落日常人际交往中时常会背负着较重的精神压力。村民通过这种同胞兄弟过继的方式，可以使得无子家庭在名义上拥有子嗣。过继时，双方家庭需邀请同族长辈、亲友一同立下字据，俗称“过继单”，单据上要写清楚过继人与被过继人之间的财产继承和赡养关系。此后，在本族家谱中即可将过继人姓名写入被过继人

---

① “‘贺号’过去在广宗各个村庄都很普遍，上了年纪的村民，都有自己的号。那时候都是一伙人在一块组织，找几个村里有文化的老人，根据你的名字帮你起号。不过有的人的号能叫起来，有的叫不起来。”被访谈人：王 SX，男，北杨庄村民；访谈人：张兴宇；访谈时间：2015 年 3 月 25 日；访谈地点：北杨庄。

名下。

“拜盟兄弟”是同村不同姓氏家庭之间缔结义亲的一种亲属形式，也叫“拜干弟兄”。一般在幼童时期，由双方父母互结义亲，孩童皆以兄弟相待，互称对方父母为干爹、干娘。结亲之后，双方家庭之间经常相互走动，关系亲密。等对方父母年老去世时，盟兄弟要和孝子一起为逝者守孝。

“贺号”，俗称“采号”，是广宗乡村地区普遍流行的一种民间习俗。贺号的时间并不确定，一般村落每隔数年举行一次，由本村德高望重且有文化的村民负责组织。在北杨庄，孩童出生后，家中长辈先按照家族辈分给孩子起名，此时并无字号之分。等到孩童成人结婚后，村中上了年纪的老人会聚在一起商议集体采号之事，并确定本村的采号规矩。村民需要采号者，先由个人自愿口头申请，再通过“碰钱”“碰粮食”的资金筹集方式，邀请村落中的文化人根据家谱名字推敲采号。采号面向全村男性村民，采号者年龄一般在20周岁以上。一旦确定名号，村民还要置办宴席举行贺号大会。贺号先生现场宣读采号者名号，并在村落的显要位置张榜公布。名号形式为“×××，号老×”，中间加上一个老字。例如北杨庄村民王尚信，号王老诚。过去村中传有“号响名不响”的说法，如村民王尚信的爷爷名字叫王仁杰，许多村民都知道他的号叫王老超，却不知其真名。过去北杨庄参加贺号的村民不仅集体凑钱聚餐，还会邀请戏班表演河南坠子、大鼓书等民间曲艺节目，现场热闹非凡。“有名有号”对北杨庄人而言，是一种约定俗成的礼仪规矩。但据村民回忆，北杨庄已有四十余年没再举行过贺号仪式。其主要原因在于，贺号原本具有的功能性意义正随着村落社会的礼俗关系变迁而逐渐丧失。

总体而言，生老病死婚丧嫁娶，是北杨庄村民在日常经济生活诉求之外最为重视的事情，它属于乡村社会中人生仪礼生活不可分割的一部分。耿波认为，村落礼俗传统的形成源于约定俗成的机制，并在群体自觉中得到维护①。这些民间礼俗，在乡村社会发展变迁的过程中难免会发生结构

① 耿波：《乡规民约治下的社区传统与城镇化调适》，载《中国政法大学学报》2015年第3期。

形式的变动。但对普通村民来说，其根本目的在于借助不同形式的礼俗内容去填充和丰富他们的日常社会生活。进而言之，人生仪礼作为社会民俗的礼仪，在实践中往往与信仰民俗发生极大关联，全部仪式所包含的社会特征与信仰特征交织在一起，形成复杂、多样、多重的民俗结构①。而且，此类乡村礼俗形式，如诞生礼、婚礼、丧礼、寿诞礼，以及"过继""拜盟兄弟""贺号"等，也反映出乡村的日常礼俗观念与人际交往规矩，构建了乡村内部成员自组织的社会关系交往圈。

四、信仰生活："日常的精神寄托"

在传统中国乡土社会，民众的信仰生活一般贯穿于整个年中行事活动，而且与乡民日常的人生仪礼习俗相呼应。这种信仰生活方式，在日复一日、年复一年的村落传统节日、婚丧礼俗及公共信仰活动等多重维度予以落实，成为乡民日常精神生活领域的重要支撑。葛兰言认为："人们从各种事情当中获得这些习俗并将之应用于生活，其效力具有无限性和宗教属性……由于强烈而又困惑的情感，象征手段成为所有信仰和崇拜的核心。"②换言之，葛氏所谓的情感象征手段与信仰崇拜属性，是理解传统中国农民信仰生活的关键所在。崇宗敬祖、神鬼禁忌等乡民个体信仰意识的形成过程，通常肇始于孩童时期，并深受家庭日常信仰行为的影响。最为重要的是，对村落内部不同年龄层次的信仰群体来说，他们的信仰意识无法彻底摆脱乡土现实生活境遇的束缚。通常，中老年妇女是村落信仰生活实践的"主力军"。在1937年姚烽发表的《冀南农村里的妇人》一文中，作者对河北南部乡村妇女们的信仰生活境遇做过生动的描写和评述：

她们全都是非常迷信的。虽然平日不肯花一个零钱，可是为了一个神像，却尽力地把自己积蓄下的钱用来花费，有病也多半不找医

---

① 乌丙安：《中国民俗学》，长春出版社2014年版，第184页。

② ［法］葛兰言著，程门译：《中国人的宗教信仰》，贵州人民出版社2010年版，第14～15页。

生，叫一个巫婆来给下神，贴符咒，或是吃香灰，一直吃死，她们还说这是命运，并不去埋怨自己愚蠢的举动①。

实际上，在战乱频仍、社会衰败的民国时期，冀南乡村妇女的信仰活动更多是出于现实功利性的选择。时至今日，类似“吃香灰”这种迷信式的信仰行为在当代科学文化思想的影响下已大大减弱，但乡民功利性的信仰心理诉求仍普遍存在。例如，民众在日常信仰生活中所崇信的各种地方神灵和村落庙宇，往往很难表述清楚它们的来历和崇信缘由，但神灵的祭拜日期从未忘记。而且，求平安、求子、求财、求学及求健康等朴素的民间信仰诉求，成为他们操持、举办各类信仰活动的基础性动力。李亦园认为，中国民间信仰的重要特质之一就是教义、仪式、组织等常会与世俗社会生活、制度混为一体，并与制度化宗教有所区分。②“因事生信”既是乡民信仰生活的外在标志，同时也具有特殊的文化象征意义。例如，在北杨庄的主要街道路口，随处可见村民于自家房屋墙上放置的“泰山石敢当”镇宅石。这种镇宅石虽然形状不一，大小各异，但在村中极为常见，主要起到镇宅驱邪的功能。

比如房子冲墙角啦，或者怎么着了，总体都是去灾避邪的。墙上弄的都是冲着墙角、街道，或者房头啦，都是镇宅避邪的意思。③

也有村民直接将镌刻着“泰山石敢当”字样的长方形石片镶嵌在院房的墙壁上，正对着街道路口或房檐。这些都属于村民针对家中房屋冲路口、房檐时的一种规避之法，祈求以此避免日常生活中可能发生的隐形伤害，表现出典型的“物化”的信仰特征。需要注意的是，乡民的日常信仰行为与他们口中常提的“迷信”活动有着密不可分的关系，这实际上还与

---

① 姚烽：《冀南农村里的妇人》，载《星华》1937 年革新第 6 号，第 40 页。

② 李亦园：《宗教与神话论集》，立绪文化事业公司 1998 年版，第 126 ~ 127 页。

③ 被访谈人：邢 YC，男，北杨庄村民；访谈人：张兴宇、蒋帅；访谈时间：2015 年 4 月 4 日；访谈地点：北杨庄。

中国乡土社会的民间信仰传统有关。民众在日常生活中难免会遭遇各种困境，他们寄希望于借助信仰行为试图规避那些可能并不具体却更实际的生活难题。这一系列日用而不自知的琐碎信仰行为，使得人们可以在日常生活中找到对应解释，也构成了一种“神圣”与世俗生活相称的村落信仰空间和格局。具体到当下北杨庄人的信仰生活而言，当地村民的日常信仰生活实践主要围绕家内个体信仰、村落公共信仰和跨村落信仰活动等三个方面而展开。

大致说来，目前北杨庄民间信仰之风颇盛，村民的崇宗敬祖和神灵崇拜观念较为浓厚。杨庆堃曾从功能主义的视角分析过中国传统的祖先崇拜观念。他指出：“祖先崇拜是一种生存策略，用以对付家庭群体中由于近亲死亡而带来的情感崩溃和社群瓦解状况的发生。……从技术上讲，祖先崇拜由两部分组成，即人死后随即进行的埋葬仪式和使生者与死者之间保持长久关系的供奉仪式。”① 北杨庄村民祖先观念的延续，主要通过丧葬礼俗和年节祭拜两种方式来进行。丧葬礼俗与民众祖先观念的关系在前文已述及，年节祭拜活动则是村民长期维持生者与死者之间关系的沟通媒介。一年之中，村民摆供上坟祭祖的时段主要包括清明节、农历七月十五、农历十月初一和春节，且以春节最为隆重。村民在家中平时主要供奉全神、财神、菩萨、关公等民间神灵，每月农历大年初一、十五定期给诸神烧香敬拜。有更虔诚者，则每天早、中、晚各烧香一次。北杨庄村民每年还定期组织举办“菩萨会”（农历二月十九）、麦王奶奶会（农历五月二十七）、全神会（农历六月初六）、关爷会（农历六月二十四）和地母娘娘会（农历十月十八）等村落公共信仰仪式活动。

（一）家内信仰：各式各样的民间神灵

在北杨庄，一般村民家中都常年供奉着各式各样的民间神灵。例如，全神、财神、关公、灶神、宅神及南海观音菩萨等民间神灵，村民认为这些神灵各自具有不同的神职功能。其中，村民多把全神、财神、关公和灶

① ［美］杨庆堃著，范丽珠等译：《中国社会中的宗教：宗教的现代社会功能与其历史因素之研究》，上海人民出版社 2007 年版，第 42～43 页。

神安置在屋内进行供奉，南海观音菩萨和宅神则是在村民家院的影壁墙侧面加以供奉。此外，在年节期间，当地村民还有在自家堂屋请家先、敬祖宗的信仰习俗。

1. 全神。全神是北杨庄村民家中普遍祭祀的神灵之一，村内除几户家庭之外，几乎家家都会供奉全神。所谓全神，是一种纸质的神像，它由村民在春节之前从集市上购得，价格低廉。这种神祇纸马上面印有道教数十位神灵，且以玉皇大帝为主神，中间写有“天地三界十方真宰”的字样。村民认为，全神纸马代表了天地三界间的所有神灵，供奉全神具有普遍性的信仰意义①。与灶神纸马相比，全神纸马的尺寸明显要大一些，而且村民对全神纸马的装裱也更加精致和讲究。春节期间，村民用剪纸做成牌楼，再将纸质元宝糊上佛家万字纹，分别张贴在全神纸马两侧，下方专门设置一张供桌，摆供焚香供奉全神。

2. 灶神。北杨庄村民家家户户都会祭祀灶神。在村民眼中，灶神为一家之主，其主要功能是保佑一家平安无事，消灾除难。北杨庄村民在厨房中供奉的灶王，是一张油印的薄薄的灶王爷爷和灶王奶奶神像纸马，村民将其张贴于家中厨房的墙壁上，并加以剪纸、元宝、纸花等装饰。一般神像上面写有“灶王府”“上天言好事，下界保平安”等字样。灶王爷爷和灶王奶奶的图像被勾勒得慈眉善目，线条简易却不失生动。每年农历腊月二十三，是北杨庄村民用糖瓜祭灶的日子。祭祀灶神一般在腊月二十三晚上，村民提前准备好从集市上买来的糖瓜，点上蜡烛和香支，同时嘴里还要念叨几句吉利话语。旧的灶神纸马随后被村民烧掉，等大年三十那天再换上崭新的灶神纸马。村中一些信仰虔诚的村民，还会在灶王纸马下方设置一尊香炉，常年焚香进行供奉。

3. 财神、观音与关公。在北杨庄，村民除了供奉上述两种神祇纸马样式的民间神灵之外，一般在家中堂屋内还供奉着财神、观音菩萨和关公等

---

① “天地三界，全神都保佑着，农民要吃饭，就要靠老天和土地。全神纸马代表着天和地，咱们都要尊重。”被访谈人：戴 SE，女，北杨庄村民；访谈人：张兴宇；访谈时间：2015 年 4 月 7 日；访谈地点：北杨庄。

民间神灵塑像，但总体不如全神、灶神普遍。近几年北杨庄供奉财神、观音和关公的家户逐渐增多，主要是因为村中在外打工、做生意的人数不断增加，民众以此祈求财神、关公保佑生意兴隆、家庭平安。而且村民普遍认为，观音菩萨的主要功能是能够保佑家庭子嗣绵延，所以北杨庄老年村民信奉者甚众。此外，北杨庄还有在自家院落的影壁墙侧位供奉南海观音神像的习俗①。因当地房屋多坐北朝南而建，影壁墙一般建在家院的南面，而影壁侧面正冲主房。村民认为南海观世音菩萨执掌南方，在此供奉观音菩萨有镇宅、避灾、驱邪的作用。也有家户在大门口位置供奉宅神神像，祈求宅神保佑家庭安康无事。

4. 家先。北杨庄人有着浓厚的祖先观念。所谓家先，是指村民本家族内已去世的祖宗和长辈。从亲缘关系上看，在村民信仰生活体系中的神、鬼、祖先观念，祖先是与生者关系最为贴近的一类，也是当地村民十分重视的祭祀对象之一。在北杨庄，村民把这种摆供祭祖的信仰仪式活动称为请家先。例如在每年年三十之前，北杨庄村民都要去自家祖坟请祖先回家过年，还需在家中轮流供奉写有本家族成员传承谱系的家堂轴子，祈求祖先保佑家庭和睦平安。每年农历二月十九北杨庄“菩萨会”，请家先也是其中重要程序之一。再者，北杨庄村民在清明节、七月十五、十月初一和春节时，家中的男性要携带黄表纸、点心、烟、酒、水果等物品，到自家坟地给逝去的老人上坟。而且，在北杨庄梅花拳文场传承体系中，也尤其强调对祖宗先辈的尊敬和崇拜。如梅花拳文场所倡导的“天地君亲师”观念，其中“亲”在村民看来，既有对父母双亲的孝顺、感恩之情，也包含对逝去祖先、长辈的敬重之意：

咱们供享的就是天地君亲师。敬天风调雨顺，敬地五谷丰登，敬君是国泰民安，敬亲是父母生养之恩，敬师是教育之恩。咱们中国历

① “家院里的各个地方都有供奉的神灵啊。门口有宅神，家院里有观音，屋里还有全神、财神什么的，很多，基本家家都供奉。我自己在家里还供奉着齐天大圣孙悟空。”被访谈人：王FL，女，北杨庄村民；访谈人：赵京伟；访谈时间：2015年4月7日；访谈地点：北杨庄。

史上，你干什么离开天和地，都不中！师，你上学得有老师，听老师的话；你种地不会种，听老人的也为师。执掌饭恩，都是老师教给你的。君，像哪个朝代都有君，哪一朝哪一代都是得听君的。亲，是亲人父母。尤其咱们这个出去练武的时候，开场的时候，也就是求个平安。咱们在屋里都学呢，刚刚说的时候，不论老的小的，第一要孝敬父母。如果这几个字你不听，我的武术就不教给你①。

另外，北杨庄村民在组织操办“菩萨会”、麦王奶奶会、全神会、关爷会和地母娘娘会等信仰仪式活动时，也少不了“请家先”前往“过会”的程序。祖先崇拜的信仰体现的是一种道德价值的象征，也是使这些价值作为一种稳定的民间传统永远存续下去的必要途径。② 可以说，北杨庄村民对传统祖先崇拜的重视，既是祈求祖先保佑后辈子孙平安的心理诉求表达，也是凝聚和维系村落家族内部之间关系的重要纽带。

（二）村落公共信仰：群体认同的标志

北杨庄村落公共信仰活动主要基于村庙而展开，它超越了家内个体信仰的狭小范围，强调村落内部各个家庭乃至家族之间的群体参与。马克斯·韦伯认为，在中国传统乡土社会，“通过村庙，全村从法律上和实际上具有了地方自治体的能力”③。村庙作为整个村落中重要的信仰空间载体，它不仅承担着信仰功能，也担负着一定的社会自治功能，而这在北杨庄村庙的复建、复修过程中均有所体现。旧时北杨庄曾建有菩萨庙、关公庙及土地庙等庙宇，“文化大革命”期间受“破四旧”影响均被拆除。自改革开放以来，以重建庙宇为表征的民间信仰活动在中国乡村各地呈现出

---

① 被访谈人：邢 YC，男，北杨庄村民；访谈人：张兴宇、蒋帅；访谈时间：2015 年 4 月 4 日；访谈地点：北杨庄。

② ［美］杨庆堃著，范丽珠等译：《中国社会中的宗教：宗教的现代社会功能与其历史因素之研究》，上海人民出版社 2006 年版，第 61 页。

③ 韦伯进一步指出，这种职能正是“城市”没有的。乡村而非城市，是村民利益范围内的一个有实际防御能力的联合体，这一点十分重要。［德］马克斯·韦伯著，王容芬译：《世界宗教的经济伦理·儒教与道教》，广西师范大学出版社 2008 年版，第 138 页。

复兴态势。北杨庄村民目前已经复建菩萨庙、关公庙、地母娘娘庙等多处村落庙宇，并增建了全神庙和真武庙。在此过程中，村庙的“建”与“修”一度成为村民公共信仰活动关注的焦点。这些庙宇凝结着村民的信仰意识和话语权威，具有象征性的信仰力量。

1. 全神庙。全神庙位于北杨庄村西北角，坐北朝南而建，长约 3 米，宽约 2 米，高约 2.5 米。该庙建成于 2001 年农历四月初一，庙宇整体布局简易。大门顶端上刻“全神大殿”四个大字，铁质庙门的门扇张贴着一副“祈四时风调雨顺，保八方国泰民安”的对联。在全神庙内部，村民设有供桌一张，供桌上摆放着一尊瓷制的香火盆，两侧各有一支通电蜡烛，正面墙壁悬挂着一张全神图像，画满了村民供奉的诸神。可以看出，它融合了佛家、道家诸神，其实大多数村民对于神像中的神灵都说不上具体的名字，只知道敬神需虔诚，是神都要敬。据村民回忆，北杨庄此前并没有全神庙，系后期村民集资增建①。2001 年初，为给全村百姓提供一处祈求富

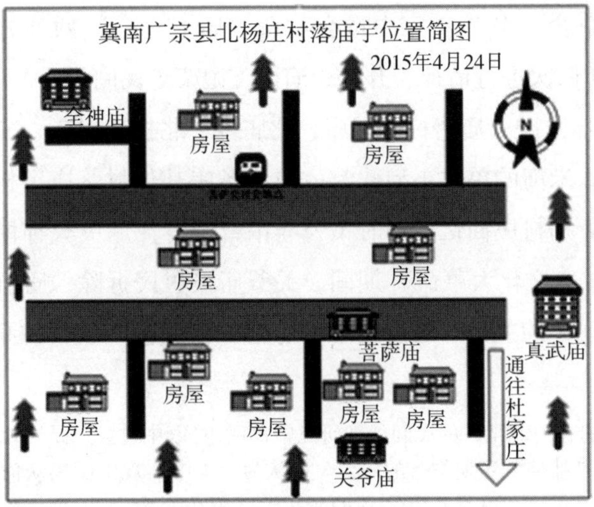

图 4　北杨庄村落庙宇位置简图

① “这个菩萨庙修的时候可费劲了啊，当时村里人出力，希望给大家伙修个能行好的地方啊。以前是个小小庙，这样修了新的庙以后，过‘菩萨会’也好操办啊，最起码有地方了。”被访谈人：王 FL，女，北杨庄村民；访谈人：崔丛聪；访谈时间：2015 年 4 月 7 日；访谈地点：北杨庄。

贵平安的场所，北杨庄“菩萨会”组织商议利用村民平时办会筹集积攒的善款，在该村西北角新建了一座全神庙。此后，北杨庄村民每年农历六月初六定期在庙中举办全神会的庆贺仪式。

2. 菩萨庙。菩萨庙位于北杨庄村主街中央偏东处，是一间长约 1.8 米、宽约 1.5 米、高约 2 米的小庙。菩萨庙坐南朝北，是北杨庄现存五处庙宇中修建时间最早的一座村庙，系村民用青砖、石灰和水泥等材料垒建而成。菩萨庙正面张贴着一副“杨柳枝净水瓶洒遍乾坤，出南海驾祥云霞光万道”的对联，横幅为“有求必应”。菩萨庙内供奉一尊高约 20 厘米的瓷制小型菩萨塑像，菩萨身披黄袍，手持玉净瓶，背后墙壁上挂满了北杨庄村民手工制作的各种“功活”。菩萨塑像前摆放着一对蜡烛和一尊香炉，两侧插有两束塑料花朵，供桌前摆满了点心、水果等各类供品。据村民介绍，北杨庄菩萨庙供奉的神灵为南海观音菩萨。村民认为修建菩萨庙的主要功能是可以保佑全村百姓平安无灾，兼具求子、治病等作用。每年农历二月十九，北杨庄村民都会隆重举办“菩萨会”信仰仪式活动，庆祝菩萨生日。“菩萨会”分为“家中过会”和“庙上过会”两种方式，村民在“过会”期间依次进行请神、升供、演街、抛架等民间仪式①。

3. 关公庙。关公庙俗称关爷庙，此庙位于北杨庄村南，坐北朝南，也是一座不到 2 米高的单体小型建筑。与北杨庄其他村落庙宇相比，关公庙的规模最小。据村民回忆，旧时关公庙中曾塑有泥胎关公神像，并立有一块石碑②。在“文化大革命”期间，关爷庙被村民拆除，庙前所立石碑亦不知所踪。现存的关爷庙是前些年北杨庄“菩萨会”成员在原址重修，建

---

① 岳永逸在河北梨区的民间信仰研究中发现，“家中过会”是当地村民在家居空间中围绕特定“神神”定期举行的庙会。他认为，集中体现中国民众信仰的乡村庙会不仅是非常态的狂欢，更是日常生活的延续，“家中过会”也成为梨区庙会的“息壤”。岳永逸：《家中过会：中国民众信仰的生活化特质》，载《开放时代》2008 年第 1 期。

② “我现在快七十了，我那小时候就有关爷庙。那时候是高的，用泥做的胎。在‘文革’‘破四旧’的时候把庙给拆了，把关爷碑扔了。过了‘破四旧’以后，后来俺们又按照原先的形式盖的，问的上岁数的老人重盖的。”被访谈人：邢 SJ，男，北杨庄村民；访谈人：张兴宇；访谈时间：2015 年 4 月 5 日；访谈地点：北杨庄。

庙时间稍晚于全神庙和菩萨庙。关公庙的门楣上书“诚则灵”三个大字，中间门扇张贴着一副“志在春秋功在汉，心同日月义同天”的对联。每年农历六月二十四是关公会，北杨庄的老年村民在这一天要去关爷庙焚香摆供给关公“过会”。等其他庙宇“过会”时，村民也会去关公庙进行请神仪式。

4. 真武庙。真武庙位于北杨庄村主街东约 150 米处，系该村村民于 2013 年春季新建的一座庙宇。和菩萨庙、关爷庙相比，真武庙的建筑风格明显气派许多。北杨庄真武庙坐北朝南而建，庙内塑有一米多高的真武大帝神像，它右手持一把宝剑，端坐于真武殿中。神像两侧各立有童子童女，塑像面前摆放着两根通电蜡烛，下设一功德箱，功德箱上面摆放着一尊大型瓷质香炉，上书“有求必应”四个大字。庙内墙壁上还专门描画了祥云形状的彩绘图案，并悬挂着北杨庄村民制作的纸旗、纸幡等“功活”。在真武庙西侧，立有一通“平安永驻”碑刻，记录了建庙缘由，碑文正面内容如下：

> 真武帝神通广名扬万里，为黎民排忧难造福千秋。
>
> 为保北杨庄全村人丁平安，财源兴旺，经大家商定，于今春特建“真武大帝”庙宇一座。据查“真武”本人因当年武艺非凡，德高望重，曾受宋、元两代皇帝封赏，相传为华夏“北方最大之神”。为建此庙，全村百姓中增砖添瓦，无私奉献者甚多，不可一一列举。只好选十位倡首人为代表，连同所有自愿捐献者，镌石留念并永传后人。
>
> 建庙倡首人：邢玉锁　刘金存　邢玉建　刘步欣　邢尚文　刘金永　邢玉增　刘金全　刘朝雪　邢尚娥
>
> 二零一三年三月六日

石碑背面统计了当年北杨庄参与修建真武庙的捐款、捐地人员名单。通过名单可以发现，建庙捐款数额最多的是村民邢 SX，捐款金额为 1000 元。其他村民的捐资数额多为 3 元、5 元、10 元、15 元、20 ~ 100 元、200 元及 500 元不等，且以 10 元、20 元最多。从捐献成员的家族来看，邢姓和王姓仍旧占了大多数，但人数排第三位的刘姓捐款数额明显要高于其他姓氏。对于村民增建真武庙的具体原因，在北杨庄普遍流传着一种“规避灾气”的说法。有村民指出，因为前几年在北杨庄村东头的住户中发生了年轻人无故早亡的怪异现象，所以村东住户倡议修建一座真武庙驱灾辟邪。这些村民四处筹集资金，并选地建庙立碑，祈求真武大帝保佑整个村庄的安宁①。在农历二月十九“菩萨会”期间，村民要组织人员到真武庙举行念佛歌请神赴会的信仰仪式。

5. 地母娘娘庙。地母娘娘庙位于村北路口处，坐北朝南，是一座长约1.8米、宽约1.5米、高约2米的小庙。地母娘娘庙内悬挂着一幅简易神轴，上画地母娘娘神像，两侧以北杨庄村民手工制作的“功活”装饰。神像下方摆放着一尊香炉和三盘村民给神灵上供的点心，庙前还张贴着一副“心诚修得功成归，众生普度平安来”的对联，横幅为“功德无量”。该庙于2016年农历正月二十九建成，前后耗费5天时间，加上砖、瓦等基建材料，村民总共花费4000多元②。地母娘娘神像是村民从距离北杨庄10余里之外的三杏村购置而来。建庙期间妇女出面筹集建庙资金，男性村民自愿出工。集资建庙时，北杨庄村委会帮助提供了建庙的土地。随着村庄人口不断增加，村民居住范围由南向北逐渐扩展，地母娘娘庙原址附近也有不少村民居住。村民最初打算在原址复建地母娘娘庙，但临近的住户担心建庙会给自家造成不可预测的影响，所以并未同意原址修建。后来村民重新寻找新庙址，最终选定在原址东面靠近村北坑窝的位置建设新庙。

据村民回忆，过去这座地母娘娘庙位于北杨庄村北一入村口处，庙宇建筑十分简易，仅用几块方砖垒砌而成。该庙在“文化大革命”期间被毁，直到2016年才得以重建。但是在北杨庄村至今还流传着有关地母娘娘

---

① 被访谈人：王FL，女，北杨庄村民；访谈人：崔丛聪；访谈时间：2015年4月7日；访谈地点：北杨庄。

② “这个庙前后没几天就修起来了。男的出工出力，女的出去敛钱。村里面各家各户自愿捐一些，一分不嫌少，一百不嫌多。村里边给批的地，就在村北的那个位置，也不妨碍谁。”被访谈人：赵YM，女，北杨庄村民；访谈人：赵京伟；访谈时间：2016年7月9日；访谈地点：北杨庄。

庙保佑全村平安的民间故事。据传在抗日战争期间，侵华日军经常在北杨庄周边村子烧杀抢掠，唯独不敢轻易闯进果林茂密的北杨庄。当时日本人在北杨庄村北开挖了一条壕沟，引发了村中年轻人早亡的奇异现象。村民偷偷填埋壕沟，并在上面修建了一座地母娘娘庙，祈求保佑全村平安。①显然，村民把复建村庙的“神圣”叙事上升到维护村落公共利益的维度，借助民间传说的口头转述，彰显庙宇的灵验特性。而这种灵验信仰，也融会于民众的日常生活记忆之中。

6. 土地庙。与菩萨庙、关公庙类似，土地庙过去在广宗乡村都属于极为常见的民间庙宇。北杨庄土地庙原址位于菩萨庙西侧，目前尚未重建。据村民回忆，过去土地庙中供奉着一尊土地爷爷塑像、两尊土地奶奶塑像，其中一位土地奶奶，村民传说是土地爷在外地打赌赢来的。以前北杨庄村民遇到白事，有去土地庙“报庙”的习俗。1957 年，当地曾经广泛开展砸神像、拆庙宇等破除封建迷信的乡村运动。北杨庄土地庙在此期间被村民拆除，所以北杨庄丧葬礼俗中的“报庙”习俗也随之发生了变化。

> 俺村里老了人（去世）不“报庙”。为什么呢？1957 年左右的时候把庙拆了，俺村里没人信了。没有了那个（土地）庙，就都不信了，都不“报庙”了。后来中午的时候为了纪念老人，吃饭的时候，找个大路口，把黄纸一点，在家里一哭，就完事了。②

现在北杨庄村中如有老人去世，已经不再前往土地庙旧址“报庙”，村民多是选择在逝者主家的路口附近烧纸祭奠。据村民讲述，他们一度有重修土地庙的计划，但因资金筹措等问题不得不被长期搁置。

大致说来，在乡村日常生活领域中，乡民往往会借助各类公共信仰仪式活动赋予村庙以不同的信仰功能及文化意义。一方面，作为物质实体的

---

① 被访谈人：刘 JY，男，北杨庄村民；访谈人：张兴宇、周连华；访谈时间：2016 年 7 月 10 日；访谈地点：北杨庄。

② 被访谈人：邢 SJ，男，北杨庄村民；访谈人：张兴宇；访谈时间：2015 年 4 月 5 日；访谈地点：北杨庄。

村庙接纳和承担着村民的日常精神信仰诉求；另一方面，村庙不断复建、复修，凝结着村民的集体意志和乡村信仰传统。虽然一些村落庙宇被拆除，景观也不复存在，但有关村庙的集体记忆被村民以地方性节日、民间传说、故事等多种形式存留下来。当然，村庙不仅仅是景观，它是作为一个地域单位、一种群体认同、一个信仰组织、一幅心灵图景和一个语汇而存在的，也是村落内不同群体政治争斗并最终获得妥协的结果；不仅影射了村落历史，村庙本身也参与到村落社会的建构过程中①。当下北杨庄菩萨庙、关公庙、真武庙、全神庙及地母娘娘庙等村落庙宇的建修，实际上重新绘制了该村的村落公共信仰空间版图。其背后，既是北杨庄各大家族之间精神诉求平衡的结果，村庙的具体布局形式和建设数量也蕴含着北杨庄人对村落公共信仰的群体认知观念。

而且，目前北杨庄村落信仰主体的老龄化特征十分明显。在北杨庄，无论是以个体、家庭为基本单位的信仰行为，还是在村落内部甚至跨村落之间的公共信仰活动，其实施、操作的主体人员基本以中老年村民为主。其年龄大多在50岁以上，且以女性居多。当然，村落信仰主体的老龄化趋势，并不意味着年轻男性、女性村民在村落公共信仰生活中发挥的作用不显著。这些老年村民，她们既是“菩萨会”、麦王奶奶会等过会的虔诚信众，又是这些信仰仪式活动的主要操持者。如今村落中大量年轻人外出造成的村庄空心化窘境，以中老年人为主体的群体信仰仪式成为村民日常精神生活中寄托情感的一种重要方式。相比较而言，这种以中老年村民为主体的信仰仪式活动在乡村内部还出现了信仰泛化的现象。如北杨庄菩萨庙、地母娘娘庙等新建庙宇既可以满足村民的求子诉求，也能为香客舍药治病，这种泛化的乡村“灵验”信仰，在当地村民的日常信仰生活中占据着越来越重要的位置②。

---

① 岳永逸：《行好：乡土的逻辑与庙会》，浙江大学出版社2014年版，第186页。

② 被访谈人：邢SE，男，北杨庄村民；访谈人：张兴宇、周连华；访谈时间：2016年7月10日；访谈地点：北杨庄。

（三）跨村落信仰活动

1. 庙会。岳永逸曾根据庙会发生的地点、规模大小及其对乡村生活的影响等要素，将乡村庙会分成家中过会、村落型庙会和跨村落庙会三类①。对北杨庄村民而言，他们在日常生活中除积极参加村落内部组织的公共信仰仪式外，平时还热衷参与以物资交流为基础的跨村落庙会和以信仰互动为特征的打醮仪式。在北杨庄所属的核桃园乡，每年有两次大规模庙会。一是农历二月十七的柏城庙会，二是农历五月十三的核桃园庙会。庙会日期定于春夏季节，主要是为了方便附近村民进行牲口、果木等物资交易，这一类庙会承担着乡村商贸交流的重要作用。例如距离北杨庄不远的柏城庙会，村民除了在庙会当天要去庙上烧香敬神祈福，还会趁此机会购买时令树苗、进行牲口交易等活动。过去北杨庄村民去赶庙会，如果发现携带资金不足以购买所需商品，还有临时“碰砖”交易的习惯。所谓“碰砖”，是指村民在进行庙会物资交易时，如果相中了某件物品，而自身临时资金不足，卖家和买家之间无须通过中间人，使用砖头即可作为“信用”抵押物的民间交易方式。买卖双方可就地寻找一块砖头分成两半，由买家和卖家各执一半。等到下次二者相见，以砖头为信物，两砖合为一物，确认交易内容，村民随后补足欠款数额，并对卖家表示感谢。如费孝通所言，中国传统乡村社会是熟人社会，村民长期生活于一个相对熟悉的人际交往圈子中，这既能满足日常生活之应急需要，也有相应的民间信用惩罚机制。村民在跨村落庙会期间进行的类似“道义”经济交易的活动，主要依靠熟人社会和民间信用的道德约束力量而达成。反观之，如果某村民欠钱不还，或者索性不承认这次交易活动，他可能会一时得利，但由此引发的后果也显而易见，即这个村民在以熟人社会为基础的村落交往圈中，他的名声很可能会急转直下，甚至名誉扫地，其在之后的村落日常生活中必然也会面临着一定的社会舆论压力。需要注意的是，普通村民热衷参与跨村落庙会活动，除了强调信仰诉求之外，更多的则是基于经济交流和娱乐休闲的目的。

---

① 岳永逸：《行好：乡土的逻辑与庙会》，浙江大学出版社 2014 年版，第 53 页。

2. 打醮。北杨庄村民每年也会定期参与由外村组织的各种“打醮”信仰仪式活动。打醮是广宗地区的一种民间用语，在道教科仪中一般称“建醮”或“修醮”，它是指道士设坛做法事、祈福禳灾的一种信仰活动。冀南打醮常以村落或联村为单位举行，时间集中在每年农历十月至次年二月，其他月份若逢庙宇落成、神像开光等日子也可举行①。北杨庄虽然没有独立的打醮仪式活动，但村民在近些年经常参加周边村落举办的打醮仪式活动。一般外村先派人到北杨庄送去邀请参与打醮活动的请帖，通知打醮时间、地点等信息，北杨庄村民到时便组织人员赴会。因为北杨庄中老年文艺表演队在周边村落小有名气，他们曾多次前往金塔寨村、前魏村等村落参加打醮祝会活动。至于为何北杨庄没有组织独立的打醮活动，村民解释这与当地经济发展水平有关。由于北杨庄地处广宗城北沙土地带，经济落后，人们组织打醮活动的积极性并不高。而在经济条件较好的城南村落，村民则更热衷组织打醮仪式。

> 咱这边不沾嫌。因为咱这边人比较穷，做生意的村民不多。原因是（广宗）南边打醮能发财。他们那边村子有造自行车零件的，有做生意的。咱这里没工厂，没有大企业。打醮靠这个挣钱收入多，必须有工厂大企业，厂子富，一拿就是好几百。而咱们村民这都是本家本户的，上个十块八块的，没几个钱，主要咱们这里没企业，经济不行。②

当然，村民通过参与周边村落的庙会和打醮活动，成为北杨庄建构、维系跨村落人际交往关系的重要方式。这也是不同村落之间在姻亲联合方式之外凝聚地缘乡土关系的重要纽带。这一类跨村落信仰活动，能够进一步延伸和拓展民众个体信仰生活的辐射网络和圈子。

---

① 李生柱：《冀南醮仪中“功”的逻辑与实践——兼论民俗语汇作为民俗学研究的一种可能路径》，载《民俗研究》2016年第6期。

② 被访谈人：刘JY，男，北杨庄村民；访谈人：张兴宇、蒋帅；访谈时间：2015年4月5日；访谈地点：北杨庄。

小　结

综合看来，北杨庄所处的地理生态环境和社会文化基因塑造了北杨庄人独特的乡村生活传统。而且，这也是乡村梅花拳得以孕育、产生的根本性基础。如爱德华·希尔斯所述："一种知识传统的许多实质内容只是部分地或不完善地为个别拥护者甚或拥护者群体所认识，然而在传统的知识传播者、接受者和发展者那里，一种传统才可能被理解得最为准确。正是在传播者和接受者阶层中，意见分歧和有意的修改才最有可能出现；在传统的传播、接受和继承过程中，不同的着重点和个体化的'偏向'是诸种知识传统的共同命运。"① 换言之，乡民作为乡村日常生活的主体，他们是认识、接受、修订或传承乡村生活传统的决定性力量，表现出鲜明的自治特性。这种乡村生活传统，常常以乡村日常生活景观的透视方式予以展现。对大多数普通村民而言，这片被外人戏称为"沙窝之地"的贫瘠土地，正是他们赖以生存的物质生活基础。这里还孕育了丰富多姿的民间节日、人生礼俗、信仰观念等乡村精神生活要素，也是构建北杨庄乡村日常生活景观的重要部件。目前的问题在于，土壤的贫瘠和水源的极度匮乏，使得当地民众并不能单纯依靠土地获取安稳生活，他们还要想方设法不断寻找新的生计和经济来源。因此，伴随着社会和时代的发展变迁，乡村日常生活景观又会出现新的展示形式。

其一，村民生计方式是形塑乡村日常生活景观的根本性基础。本尼迪克特认为："在个体组成的任何群体里，我们都可以识别出和这些对挫折和悲痛的不同反应情趣相投的人：或对之置若罔闻，或以一种无拘无束的表达沉迷于其间，或求平衡，或惩罚无辜，或求恢复原来的情景。"② 通常在以农事劳作为主的乡村日常生活中，村民个体基于共同或相似的物质生

---

① ［美］爱德华·希尔斯著，傅铿、吕乐译：《论传统》，上海人民出版社 2014 年版，第 285 页。

② ［美］露丝·本尼迪克特著，王炜等译：《文化模式》，生活·读书·新知三联书店 1988 年版，第 236 页。

活诉求集结在一起，围绕着土地展开农事劳作，形成了地域特征明显的乡村群体生计方式。这种多元的生活观念，实际上夹杂着一定的偶然性与必然性，也是建构乡村集体记忆的重要素材来源。例如北杨庄村民口中乐于提及的遍布村落周边的大片果树林，它既是北杨庄村民建构乡村历史记忆、生成红色叙事话语的重要资源，又是村民对这片生于斯、长于斯的沙土地的真实情感积淀。

其二，民间节日与人生仪礼是搭建乡村日常生活景观平台的重要媒介。在北杨庄，村民在日常生活中通常遵循着三大民间节日体系，一是以传统岁时节日为基础的年中行事体系，二是以在地化民间信仰活动为基础的节日信仰体系，三是以乡村梅花拳武术组织为主体的节日信仰体系。赵旭东曾指出："（乡村文化）在呈现农民特有的人际交往模式的同时，也为乡民现实生活中的思维逻辑与行为选择提供了内在基础。"① 在当地乡村生成的传统节日文化体系，无疑也是乡民在日常人际交往中群体生活逻辑的展示。而且这三大乡村节日体系相互交织，互相影响，并穿插于北杨庄村民的人生仪礼生活之中，与诞生礼、婚丧礼、寿诞礼等人际交往习俗共同构成了乡村社会生活的主要内容。例如，传统节日观念和意识与村落生计状况紧密相关。举凡重要的节日，当我们询问村民要吃些什么食物的时候，村民多半都会答复"吃饺子"。村民夏天常吃韭菜鸡蛋素馅水饺，冬天爱吃白菜素馅水饺。在村民诸多生活记忆之中，白面饺子常常是北杨庄村民庆贺各种民间节日的重要食品。亲戚往来，村民也习惯于用饺子作为待客的主食。这表明，饺子记忆是北杨庄乡村社会生活景观中不可或缺的一部分。而且，随着北杨庄外出打工的年轻村民逐年增多，一般来说，春节是年轻村民的集体返乡期。年末岁初是整个村庄最为热闹的时候，春节成为呈现乡村娱乐生活景观的主要时段。因此，民间节日和人生仪礼为搭建乡村日常生活景观平台发挥着重要的媒介作用。

其三，村民的信仰观念也深刻影响着乡村日常生活。哈布瓦赫认为：

---

① 赵旭东、孙笑非：《中国乡村文化的再生产——基于一种文化转型观念的再思考》，载《南京农业大学学报（社会科学版）》2017 年第 1 期。

“宗教群体记忆的特殊之处在于，其他群体的记忆彼此相互渗透，而且倾向一致，但宗教群体的记忆却自称一成不变。”① 换言之，宗教记忆与其他集体记忆一样，遵循着同样的法则：它不是在保存过去，而是重构过去。在北杨庄，乡民的信仰观念和群体信仰记忆并非一成不变，而是在发展过程中不断丰富和充实。例如，北杨庄至今仍传承着以“菩萨会”为代表的村落共同信仰仪式活动。当地村民除了普遍信仰菩萨、全神、关公、玉皇及财神等中国民间诸神，还会在一年之中定期举办“菩萨会”、玉皇会、全神会、麦王奶奶会、关公会和地母娘娘会等民间仪式。北杨庄村民信奉神灵众多，村落神灵的功能也具备了多重功能和意义。村民在组织、操持村落公共庙宇重建、信仰仪式活动时，间接划分了乡村公共信仰资源。组织这种仪式活动需要村民进行分工协作，它是维持乡村内部相对稳定的信仰体系的重要方式。虽然基督教、天主教的少量存在影响了北杨庄的乡村信仰格局，但这种外来宗教信仰目前还不足以撼动乡村传统信仰对象的优势地位。

总之，在冀南广宗这片“飞沙弥漫、土瘠人贫”的乡村大地上，当地民众共同塑造了北杨庄独特的乡村生活和文化传统。也正是在此基础上，梅花拳这一传统乡民艺术活动才能在乡村社会中得以长期平稳地传承下去，并深刻影响着当地民众的日常生活方式。接下来的几章，笔者将进一步探讨以梅花拳为代表的乡村自治组织在乡土社会的生成、传播、发展、运作的逻辑与机制问题。

---

① 哈布瓦赫进一步阐释道：“宗教群体的记忆用自身的永恒持久性与其他记忆的不稳定性相比照，从而把后者贬到一个较低级的层次上。在一成不变的事物与转瞬即逝的事物之间，存在一个本质上的而非程度上的差别。”［法］莫里斯·哈布瓦赫著，毕然、郭金华译：《论集体记忆》，上海人民出版社 2002 年版，第 157 页。

第二章 拳在乡村：梅花拳的溯源、传播与武功文教

中华武术源远流长，历史积淀深厚。尤其是在中国传统乡土社会，民间武术作为普通民众日常生活之中强身健体、御敌自卫的重要方式之一，呈现出鲜明的乡土文化特色。武术，通常又被称为“武艺”“国术”①。它主要是由踢、打、摔、拿、跌、劈、击、刺等攻防格斗动作按照一定运动规律编组而成，包括套路和对抗两种形式。其中套路又可分为拳术和兵器术两类，对抗则分为散手、推手等形式。现代武术学研究认为：“武术是以技击动作为主要内容，以功法、套路、格斗为运动形式，注重内外兼修的中国传统体育项目。”② 具体说来，其研究范围主要涵盖武德、武技和武道三个方面③。传统武术在中国民间社会具有十分广泛的群众基础，它原本植根于乡土，不仅有益于增强民众自身体质，磨炼个体意志品质，而且内含着丰富的社会教化功能，并在不同历史阶段深刻影响着地方社会的发展进程。可以说，传统武术是我国民众在长期社会发展实践过程中不断累

---

① “武术”一词，最早见于南北朝时期。梁昭明太子萧统所编《文选》第二十卷《皇太子释奠会作诗一首》云：“偃闭武术，阐扬文令。”此处泛指军事之意。民国时期，武术曾被定名为“国术”。新中国成立以后，“武术”一词作为一项传统体育项目被广泛沿用。

② 秦清俊：《传统武术文化传承与发展研究》，吉林人民出版社 2012 年版，第 1 页。

③ “武德即道德修养与行为准则；武技即技术和方法；武道即理论和实践能力。三者有区别又有联系，既自成体系，又相互交融。”见李宁、江百龙主编：《中国武术史略》，人民体育出版社 1996 年版，第 3 页。

积、孕育而成的一项优秀传统文化遗产。梅花拳，又称梅花桩拳，古称干支五势梅花桩拳，简称梅拳。它既属于中国传统武术项目之一，又是华北地区一种风格独特的民间拳派，过去曾广泛流行于河北、河南和山东一带的乡间村落。时至今日，以梅花拳为代表的乡村武术组织在华北村落社区生活中仍旧发挥着较为重要的文化和社会功能。前文已对北杨庄乡村生活景观初步进行了全景式"浅描"，本章主要从民俗现象发生学的视角，结合梅花拳在乡村社会的历史变迁，针对北杨庄梅花拳的传入、传播及武功文教等问题展开述论。

第一节　北杨庄梅花拳的传入

一、广宗县梅花拳历史溯源

我国拳术派别之众百有余门矣，但溯其源泉则一也。盖学拳者侧重于身体之一部，而展其所长，另创一家，于是门派生焉。迄今尤能保持原有状态者，仅梅拳耳。……其内容基本则五势四门架子八方成拳拧拳梅花桩等。五势为大顺拗小败五势是也。势如梅树之花叶也，而架子如树之根干河之源泉，惟其变化又惟其特长矣，兹分志之。①

上文中这一小段关于梅花拳拳术门派形貌的简要文字介绍，据传出自一份流传于河北省广宗县乡村的清乾隆年间手抄本拳书——《梅拳秘谱》。长期以来，作为中国民间传统拳术门类之一，梅花拳在华北乡村地区曾广泛流传，民间百姓习练此拳者甚众。值得注意的是，与其他单纯讲究武功技法的民间拳术不同，梅花拳练习过程中一般采用文场、武场相结合的训

① 燕子杰：《中国梅花桩文武大法——中华武术之魂》，青岛出版社 1998 年版，第 237 页。

练方式。尤其是梅花拳的文场修炼，通常以“秘不示人”的神秘形象展示给外界，因而显异于中国其他民间拳派门类。在近现代华北乡村社会，梅花拳这一植根于民众日常生活传统之中的民间拳术，又以其独特的健体、修心、娱乐和教化等多重功用，持续影响着冀、鲁、豫一带乡民的日常生活方式和文化认知观念。

至于梅花拳的名称来历，学界主流观点认为这与其独特的训练技法有关。一般而言，过去梅花拳的武场演练多是单人、双人或集体站在梅花桩上进行练习。演练者站桩习练期间，五势桩功忽开忽合，身法状如梅花，以此提高身体的协调性和灵活性，所以梅花拳也被称为“梅花桩拳”。最近20余年来，历史学、武术学等学科对此已有诸多讨论，目前学界大致提出了三种代表性观点①：一是“梅花”形意说。在中国传统文化意象中，梅花通常象征着高洁傲雪的品格，而梅花拳基本桩功技法中有桩步五势之说，恰好契合了梅花形状之五瓣。传说早年间梅花拳祖师爷云磐下山传拳时，目之所及，见遍地梅花开放，故将其拳术命名为梅花拳。二是政治隐喻说。民间传说梅花拳初兴于明末清初，当时的梅花拳组织尚具一定的秘密教门性质。“梅”与“煤”同音，而明朝崇祯皇帝自缢于煤山，以“梅”之谐音代“煤”而称，内含“反清复明”的政治隐喻。三是梅开“亮拳”说。梅花拳相较于其他门类的民间拳种而言，其独特之处便在于梅花拳内部拥有一个相对稳定的秘密拳会组织群体。而拳民之间定期聚众表演拳术、交流拳技，俗称“亮拳”。他们将“亮拳”日期一般定于梅花初开之季，因此得名梅花拳。综而观之，梅花拳本身只是一种乡村拳术的象征符号和文化标志，单纯从武术起源学角度考证梅花拳名称的来源问题，受历史长时段和文献资料缺乏等因素所限，目前很难对此问题下一定论。但依据现有民间文献资料至少可以推定，梅花拳之名在明末清初已经定型。

再者，关于梅花拳这一民间拳术的发源问题，学界亦是众说纷纭。据

---

① 关于梅花拳名称的由来的相关考据，参见路遥、周伟良、唐韶军等人的研究成果。路遥：《义和拳运动起源探索》，山东大学出版社1990年版；周伟良：《梅花拳拳理功法的历史寻绎》，载《体育文化导刊》2002年第5期；唐韶军：《对梅花拳名称来源的考证》，载《山东体育学院学报》2014年第6期。

河北省广宗县、平乡县一带梅花拳弟子所收藏的《梅拳秘谱 · 梅拳概论》记载："梅拳之始因年代久远而不可知，传云汉时已有之，至今已有百廿余世矣。"① 可见追溯梅花拳的历史起源问题并不容易。学界已有梅花拳研究成果认为，梅花拳的拳种起源主要涉及"西周说""春秋战国说""明末清初说"三种典型说法。其中，"西周说"是指在西周周昭王时期，"古佛"东方离（化名云磐）居于西域天磐云程孝县清静宫玄金殿（昆仑山一带），修炼期间创立了"八卦"和"梅花"两种拳术。云磐祖师后定八卦拳为行路拳，梅花拳为看家拳，民间流传有"出门合八卦，回家踏梅花""东昆仑八卦神掌，西昆仑梅花神拳"等俗语。"春秋战国说"则是指在公元前 479 年（周敬王时期），由王秋白、齐建文、楚庄明、宋定国、吴龙军、秦穆和等 6 人共同创立了"梅花五虎拳"。后又于公元前 223 年将梅花拳正式立谱，分为四大谱和四小谱两类，写成拳谱传于后人。"明末清初说"是指在公元 1628 年（明崇祯元年）时，梅花拳四大谱被定为祖谱，改称"梅花令"，以"正忠令"为祖，具体又细分为十二支三大派（龙门派、青龙派、金龙派），并把梅花精拳改为梅花拳。在周伟良看来，"明末清初，激荡的社会矛盾加剧了下层民众对宗教的皈依心理，而接连不断的兵祸匪患使得那些光靠诵经祈福来自我慰藉的教门难以自保，梅花拳就是在这种情况下形成的既具教门气息、又以'学习拳棒'为特色的拳会组织"②。

以上三种关于梅花拳起源的说法在冀、鲁、豫乡村梅花拳弟子收藏的民间文献资料中均有呈现，但具体传承信息则语焉不详，故其可信度仍待商榷。另据梅花拳弟子之间的口传资料来看，在乡村梅花拳组织内部还传有"前百代"和"后百代"之说③。加之年代久远，学界对梅花拳名称及

---

① 燕子杰：《中国梅花桩文武大法——中华武术之魂》，青岛出版社 1998 年版，第 237 页。

② 周伟良：《历史与现代交汇中的中华武术》，逸文武术文化有限公司 2011 年版，第 126 页。

③ 其中前百代梅花拳始创于西周初年，属昆仑派；后百代从明末张三省开始算起，统称"后百代"，归龙门派。燕子杰、李云豪、翁正茂主编：《梅花拳文理武功传承保护广宗论坛文集》（文史资料特辑 · 6），中国文史出版社 2009 年版，第 12 页。

拳术起源的相关考证，大多是基于现存民间文献和乡民口述资料的综合性推断。实际上，对生活在乡土社会中的诸多民众而言，无论是梅花拳名称的来源，还是梅花拳拳术的起源问题，他们的认知情形大多停留于口头传承叙事层面，而且更具模糊性。但可以确定的是，梅花拳是一门“土生土长”的乡村拳术。这种拳术之所以能够长期在村落社会传播发展，是因为难以摆脱其本原的乡土属性。

河北省广宗县是中国著名的梅花拳之乡。众所周知，清末民初，在我国华北地区曾发生过一场以“扶清灭洋”为宣传口号的农民武装运动——义和团运动。根据历史学者的研究，在这场轰轰烈烈的反帝爱国运动中，乡村梅花拳领袖赵三多曾发挥过重要的领导核心作用①。而在义和团运动失败之后，同是梅花拳弟子的河北广宗县东召村村民景廷宾，又于1902年4月发动了一场以“抗交洋捐”“扫清灭洋”为口号的景廷宾起义，一时震惊晚清朝野。虽然数月之后，赵三多、景廷宾等梅花拳弟子因势不敌众，英勇牺牲，起义以失败告终，但是华北地区这场声势浩大的农民抗争运动，在中国近现代发展史上留下了辉煌的一笔，并间接加剧了腐朽清政府的衰亡②。而且历经这两次农民运动，一度以相对“秘密”的状态潜默运行于冀、鲁、豫乡村地区的梅花拳武术群体也因此声名远扬，又因其在特定历史发展阶段呈现出巨大的社会能量，被后人赞誉为“爱国拳”。不仅如此，纵观近百余年广宗地方社会变迁史，乡村梅花拳在不同时段展现出了此消彼长的传承发展态势。而且，梅花拳自有清一代传入广宗县各乡村伊始，就与当地乡民的日常生活建立了密不可分的关系。可以说，梅花拳既是一个以习拳练武为主要活动方式的拳会组织，也是有着自己拳技特点和拳理功法并至今衍传在广大民间习武群落中的“一门艺业”③。如在民国《广宗县志》中就曾记载：“冬令农事已毕，各村延请技师，练习拳棒

① 参见路遥编：《义和团运动》，巴蜀书社1985年版。

② 参见广宗县政协委员会编：《广宗文史资料专集》（第5辑），中国文史出版社2007年版。

③ 周伟良：《梅花拳拳理功法的历史寻绎》，载《体育文化导刊》2002年第5期。

刀枪艺术。既可锻炼身体，亦足以自卫身家，固为有益。”可知广宗诸多民间村落在那时已经习武成风。依据现存地方史料和民间文献资料溯源广宗县梅花拳的传承历史过程，大致可分成三个阶段。

（一）起始发展期：邹祖魏村初传拳

乡村梅花拳是一个非常讲究辈分传承的民间拳班，这与其创始之初由梅花拳祖师爷设置的文场、武场管理方式密切相关。据流传于广宗县乡村梅花拳组织内部的梅花拳经书《根源经》记载，相传梅花拳第一代祖师为“收元老祖”①。清朝康熙壬辰年间武探花、梅花拳第五代弟子杨炳在其所著《习武序》一文中，将“收元老祖”注解为天地②：

> 历来相传武祖要言，如文子敬孔子，使人有过庙生肃、过墓生哀之意。真性本于天生，教道成于师传。上拜收元老祖。收元老祖即天地也。言一元之气，化生万物，成始成终，故为收元老祖。

实际上，这种把第一代创拳祖师神话化的情形在我国各类武术拳派中并不鲜见，而“收元老祖”所代指的“天地”一说也与梅花拳文场敬拜的“天地君亲师”信仰串联起来。目前历史学界通过综合考证各类文献资料后指出，“收元老祖”应为一位虚拟人物，他是被梅花拳拳民神秘化、赋予了神圣性象征的一种标志性符号。真正将梅花拳这一民间拳术发扬光大的则是其第二代祖师张三省，这在《根源经》中被称为“小张山立文武大法流通”。小张山本是明朝崇祯年间徐州人氏，又名张三省，字登，他创立了梅花拳文武之法，而后将梅花拳拳术传授给第三代祖师邹宏义。邹宏义为清康熙年间徐州府铜山县城里北街人氏，他在习得梅花拳技之后，从徐州府前往河北省广宗县前魏村、平乡后马庄等地传拳③。邹宏义在前魏村收王西贞、李科法为徒，广开拳场。清乾隆九年（1744），梅花拳第四

---

① 该经书由广宗县前魏村梅花拳文场师傅李玉普收藏。

② 杨炳：《习武序》，著于清乾隆七年（1742）。

③ 据《根源经》记载：“头站南和三关店，二站广宗是魏村。魏村无有存佛地，平乡马庄把身存。”

代宗师邹宏义之子邹文聚从徐州北上寻父，再次来到前魏村。据《邹氏家谱》记载：

> 今者余年七十有二矣，邹姓，讳文聚，字会庵，居住江南徐州府铜山县。自乾隆九年间迁居于北直顺德府广宗县前魏村，继而南和县，至乙卯年又东迁于平乡县北十里许，曰马庄桥人。

由此可见，邹文聚是广宗县梅花拳传承发展史上的重要人物之一。据村民讲述，邹文聚与前魏村王西贞、李科法等人首开广宗梅花拳文、武两场，继续收徒传拳①。邹氏在前魏村传拳授艺期间，也成为广宗梅花拳发展传播的关键阶段。此后梅花拳在广宗周边各乡村不断发展开来，前魏村、谷常相村、后平台村、西召东屯村、马鲁湾村和杜杨庄村等村落先后成立了梅花拳班。杜赞奇曾提出权力的文化网络概念，他认为文化网络由乡村社会中多种组织体系以及塑造权力运作的各种规范构成，主要包括在宗族、市场等方面形成的等级组织或巢状组织类型。② 在乡村梅花拳的初始发展阶段，乡民其实也采用了这种相类似的组织联结方式。当地逐渐形成了一个乡村梅花拳组织网络，并涌现出一批乡村梅花拳名师，这在广宗县梅花拳内部流传的秘谱资料中均有记述③。至清道光年间，广宗县约三分之一的村落都有梅花拳拳班传承，前魏村也转而成为广宗乡村梅花拳的传播圣地。

（二）兴盛—式微期：“秘密社会”的“秘密”

清末民初，华北乡村社会动荡不安，灾荒频仍，民众生活潦倒不堪。梅花拳这一民间拳术在冀南广宗一带的乡村地区发展迅速，势力逐渐兴盛。正如李怀印所言：“对农民行为的理解，不能离开这样一个社会情境，即惯行、共有观念和权力关系总是交织在一起，激发并制约着村民追求自

---

① 被访谈人：李 YP，男，前魏村村民；访谈人：张兴宇、蒋帅；访谈时间：2015 年 4 月 5 日；访谈地点：北杨庄。

② ［美］杜赞奇著，王福明译：《文化、权力与国家——1900—1942 年的华北农村》，江苏人民出版社 1996 年版，第 13 页。

③ 此文本由前魏村梅花拳文场师傅李玉普收藏。

身利益和集体目标的活动。”① 实际上，村民平日里组织练拳，一方面可以强身健体，另一方面也能够在世道相对混乱的社会环境之下防身自卫，关键时刻甚至可以联合组织起来共同御敌。一直以来，乡村梅花拳具有秘密传承的典型特征，对外人而言，普通乡民大多只闻梅花拳武场舞拳弄棒之勇，至于文场烧香磕头敬拜祖师之事，则知晓不多。中国明清时期的秘密会社一般由两大系统组成，一是各色教门组织，二是诸种会党团体②。他们发源于下层社会，活跃于大江南北，在中国近现代社会变迁史上扮演了重要角色，产生了深远影响。乡村梅花拳作为清代诸多民间秘密结社方式之一，其传承发展有着深厚的民众基础。这在清末义和团运动期间山东巡抚张汝梅呈报的一份政府公函中亦有所体现：

> 盖梅花拳本名义和拳，直东交界各州县地处边疆，民强好武。平居多习为拳技，各保身家，守望相助。传习既众，流播遂远，豫、晋、江苏等省亦即转相传授，声气广通。历年春二三月，民间立有买卖会场。习拳之辈亦每趁会期传单聚众，比较技勇，名曰亮拳，乡间遂目为梅拳会。③

毋庸讳言，乡村梅花拳自传入广宗地区伊始，就被赋予了一层神秘的民间结社面纱。其所蕴含的巨大社会性力量，在晚清时期由广宗县梅花拳弟子景廷宾领导的“扫清灭洋”起义运动中表现得尤为明显。这场农民起义运动的起因源于一场“教民冲突”。正如路遥所述，近现代西方教会与中国本土民众信仰之矛盾，从其一入中国大门就注定难以化解。中国本土的民间信仰活动，与民众日常生活紧密联系，反映着他们的特定心理结构和信仰意识。对教会而言，“无论其在民间传播或使教民皈依，都莫不以精神征服为指

① ［美］李怀印著，岁有生、王士皓译：《华北村治：晚清和民国时期的国家与乡村》，中华书局2008年版，第3~4页。

② 刘平：《中国秘密宗教史研究》，北京大学出版社2010年版，第8页。

③ 张汝梅致总理衙门函，光绪二十四年四月二十九日（1898年6月17日），载《教务教案档》第六辑（1），第265件。

引，其遭到乡土文化抵制与民间信仰对抗乃势所必然”①。广宗天主教最初是在清朝光绪初年从威县赵家庄传入广宗周边乡村，当时这一外来宗教依靠清政府的保护享有各种传教便利条件，平日里侵占普通乡民利益，积累了不少隐性社会矛盾。

在清光绪二十六年（1900），广宗县油堡村梅花拳师王四、郑宗元、郑兴泗等人集结周边村落数千名拳民攻打、焚烧了广宗县城南新立村天主教堂，没收了教民的部分财产。与此同时，广宗县城关、平台一带的梅花拳民也随后攻打了附近的天主教堂。教民冲突事件发生后不久，广宗知县与新立村教堂法国神甫强迫县民照数赔偿教民损失，并强令乡民按亩摊派“赔款”，引发广宗各村百姓的极大不满。1902 年 4 月 23 日，广宗县东召村武举、梅花拳第十一代弟子景廷宾组织联络当地梅花拳拳民数万人，打起“扫清灭洋”大旗，在冀南地区组织了一场声势浩大的农民反抗运动。随后，河北、河南、山东三省交界地带的梅花拳弟子纷纷举旗响应起义。当时直隶总督袁世凯闻讯奏报清廷，调集清兵两万余人前往广宗镇压起义军。起义队伍势单力薄，在历经“东召保卫战”“厦头寺大捷”“件只战役”等数场惨烈战役之后，起义以失败告终②。在这场“扫清灭洋”的农民起义运动结束之后，梅花拳在广宗县各乡村的力量也暂时性蛰伏起来，呈现出式微态势，但梅花拳文、武两场在村落之间的谱系传承并没有因此中断。也正是由于义和团运动期间梅花拳拳民打起“扶清灭洋”大旗却被清廷出卖的惨痛历史教训，此后梅花拳文场师傅向其弟子一度立下“不保朝”的门内规矩，并深刻烙印在梅花拳拳民的集体记忆之中。虽然教派运动常常导致暴力行动，但是许多民间教派还是和平地、默默无闻地在相当长的时期中持续存在着。③ 其实对广宗乡村梅花拳组织来说，他们大多数

① 路遥主编：《义和团运动文献资料汇编 · 日译文卷 · 日本外交文书》，山东大学出版社 2012 年版，第 3 页。

② 广宗县文史资料委员会主编：《广宗文史资料》（第 1 辑），广宗县政协委员会 1990 年版，第 115 ~ 122 页。

③ ［美］欧大年著，刘心勇等译：《中国民间宗教教派研究》，上海古籍出版社 1993 年版，第 5 页。

时间在村落社会都处于秘密发展状态。

概言之，乡村梅花拳交替出现的“显隐”传承状态，始终无法脱离乡土民众的社会生活语境。至少从民国初期到20世纪二三十年代，梅花拳在广宗县得到进一步发展，全县约三分之二的村庄设立了梅花拳班，梅花拳成为名副其实的“庄稼拳”。实际上，梅花拳弟子的“家国”情怀也并没有因为义和团运动的失利而完全消逝。及至抗日战争期间，在中国共产党的领导下，广宗县一部分乡村梅花拳弟子积极参与抗日武装斗争。例如在广宗县北杨庄，该村梅花拳弟子曾暗中配合时任冀南行署主任杨秀峰等人开展地下抗战工作。他们引导村民开挖地道，建立电台，刊印报纸，发展基层抗战力量，为华北地区的抗战胜利做出了不可磨灭的重要贡献。

及至抗日战争取得胜利以后，由于国家适时调整了对地方社会的民间信仰管理政策，广宗梅花拳再度陷入沉寂发展阶段。早在1942年3月，晋冀鲁豫边区政府鉴于各地秘密会门渐为日伪军汉奸利用，于是在当时颁布了取缔会道门的布告。布告宣布对一切受敌利用之秘密结社严加取缔①。1949年1月，华北人民政府发布《严厉取缔反动会道门》的布告。同年7月26日，邢台市政府又发布了《解散会道门组织并限期登记》的布告，规定所有会道门首要分子及一般道徒须于8月15日前到市公安机关进行登记。在这次取缔反动会道门运动中，有82名道首、1849名道徒登记并声明退道，有严重罪恶的反动道首5名被杀，被逮捕者27名。布告还规定：

> 首要分子若拒不登记，继续活动，一经查明定予严惩，所有被胁迫或被诱骗参加会道门的一般道徒，只要向派出所声明退道，一经脱离组织，停止活动，一律不予追究。②

---

① 张桂华：《会道门组织在冀鲁豫抗日根据地的演变述略》，载《抗日战争研究》2003年第3期。

② 邢台市地方志编纂委员会编：《邢台市志》，中国对外翻译出版公司2001年版，第860页。

在此背景之下，受国家临时性宗教管控政策影响，广宗县乡村梅花拳逐渐进入隐秘不发的状态。这主要是因为梅花拳文场涉及烧香敬拜等宗教性仪式活动，尚难摆脱民间秘密结社的教门群体属性。而且，梅花拳文场弟子因涉足“烧香磕头”等活动被抓进监狱的情形时有发生，这无形加剧了当地村民习练梅花拳的恐惧心理，所以广宗县乡村梅花拳组织一时不敢再公开进行“亮拳”表演活动。

新中国成立以后，在20世纪50年代至60年代，国家和地方政府对各种封建会道门等不良秘密社会组织持续施加高压管控态势，梅花拳也被河北省地方政府列入了封建会道门名录。此时普通村民的日常信仰活动基本被压制甚至取消，梅花拳的文场活动在广宗乡村继续以隐秘状态缓慢发展，武场传承也受到了较大的冲击和约束。至1958年3月中旬，广宗县公安局曾协助各乡对巫婆、神汉、会道门、流氓、小偷、赌棍等不良分子进行分批集训、批判教育。1966年，国家普遍推行“破四旧、立四新”的社会运动，梅花拳文场信仰活动自然又被纳入“四旧”之列。例如当时广宗县前魏村一户王姓梅花拳弟子，曾因习练梅花拳文场被广宗县监狱收监并进行思想改造①。在中国乡村民众的普通认知观念中，被官方“抓进监狱”注定不是一件光彩的事情。它不仅使个人和家庭蒙羞，甚至连整个村庄也会觉得没面子。因此，在那个特殊的时代背景下，“自保”成为梅花拳文场和武场弟子的自然选择。此时对大部分村民而言，不去参与梅花拳的相关活动才是最安全的应对之策。所以，梅花拳在广宗乡村的武场传承进一步式微，而文场信仰活动也变得更加秘密化。

（三）缓步复苏期：从“武术”到“艺术”

直至20世纪70年代末期，国家推行改革开放政策，同时重新调整了对传统文化和民间艺术的管理指导方针，人们的思想观念随之进一步解

---

① “当时‘破四旧’，我嫁过来不到一年的时候，俺公公为了练拳，被人举报，被广宗县的监狱抓走了。后来俺就不烧香了，烧香这些也不能保佑俺公公平安。烧香也没用啊，所以现在都不烧香了，但我还是梅花拳弟子。”被访谈人：王氏，女，前魏村村民；访谈人：雷明月；访谈时间：2016年4月6日；访谈地点：广宗县前魏村。

放，乡村梅花拳这一民间传统体育活动方才进入缓步复苏期①。蛰伏于村落中的广宗梅花拳武术群体开始积极响应政府号召，组织拳民参加各种乡艺表演活动，梅花拳在广宗乡村地区呈现复兴态势。此时梅花拳是作为一种民间传统乡民艺术而存在，并被当地政府、民众所接纳，但梅花拳文场仍处于相对隐秘的状态。此前梅花拳被官方禁止的重要原因正是文场的"烧香""占卜""符咒"等诸多活动，多有"封建迷信"嫌疑。

实际上，张士闪在20世纪90年代进行的田野调查中就已注意到：一直到20世纪80年代中期，全国各地梅花拳的组织仍然处于保密状态。梅花拳弟子对门外人绝口不谈梅花拳之事，至于梅花拳的经书、拳谱等文字资料，更是不能外传，以致路遥教授等国内外学者，通过政府体育部门或武协组织也无法了解梅花拳的实际情况。后来，河北广宗、平乡两县先后成立梅花拳协会，冀、鲁、豫各县乡村梅花拳的公开活动逐渐多了起来，社会各界也开始逐步了解梅花拳。而梅花拳内部的许多老前辈，在客观形势下解放思想，敢于向外界介绍梅花拳的事情，并陆续向外界拿出自己珍藏多年的梅花拳资料。② 仅在1988年，广宗县已有22个村庄恢复了梅花拳武术训练组织。次年9月份，在地方政府的帮扶和支持下，广宗县梅花拳研究会在该县谷常相村正式成立，这也意味着梅花拳民间武术组织被正式纳入国家合法管理轨道。广宗县各梅花拳村在地方政府的鼓励指导下，去其糟粕，取其精华。广宗县梅花拳研究会相继制定了乡村梅花拳保护和传承计划，并积极争取上级政策、资金扶持。

中国武术是中华民族祖先在社会生产生活中创造出的实践产物，它以独特的人文内涵、多样的表现形式，遵循着家族血缘和师徒传承方式，经历了千百年的发展仍散发出独特的魅力③。一定意义上而言，梅花拳

① 广宗县政协委员会编：《广宗文史资料》（第3辑），广宗县政协委员会1996年版，第121～122页。

② 张士闪、杜圣昌、赵秋唐编：《真文大武——燕子杰先生与梅花拳》，山东画报出版社2009年版，第144～145页。

③ 张长念等：《中国武术的内在价值与人类发展理论的契合》，载《北京体育大学学报》2017年第1期。

之所以能够在广宗乡土村落扎根发展，其中一个非常关键的原因是近些年来地方政府对梅花拳的政策性扶持，这也与国家不断重视中国传统武术文化的大背景息息相关。及至 1994 年，经过多方共同努力，广宗县正式成立了梅花拳协会。新成立的广宗梅花拳协会组织、协调全县 90 多个有梅花拳武术训练基础的村庄，在其中 56 个村庄组建了梅花拳武术培训班，向村民广泛传授梅花拳拳术①。1995 年，广宗县举办了 3 期广宗各村落梅花拳骨干培训班，在全县范围内普及梅花拳体育知识。广宗县梅花拳协会统归广宗县体委、文化局管理，并于 2012 年 9 月办理了广宗县社会团体法人登记证书（第 15 号），目前法定代表人为广宗县梅花拳第十三代弟子李玉普，注册资金 3 万元，办公地点位于广宗县前魏村；其业务范围包括参加各项艺术表演，活动地域主要在广宗县内及周边区域。广宗县梅花拳协会武术队统一制作了队旗，旗面上绣梅花图形和“梅”字，红底黄边，异常醒目。《根源经》《五护纲领》《万法归宗》等梅花拳典籍资料也相继被当地的文场师傅贡献出来供学者研究。后来广宗县梅花拳协会又成功复原了由 108 件稀有兵器组成的梅花拳独门兵器——梅花独轮车。

1996 年，广宗县荣获“邢台市梅花拳之乡”称号。1997 年，广宗县被河北省体育运动委员会和省体育总会授予“河北省梅花拳之乡”称号。1999 年 9 月，广宗县梅花拳获河北省民间艺术节武术大赛组一等奖。王尚信、孙瑞周等乡村梅花拳武场弟子在山东省梁山县全国武术大赛中斩获四枚银牌和一枚铜牌。2000 年，广宗县被文化部授予“中国民间艺术之乡”称号。在此期间，广宗县政府还多次组织梅花拳专题学术研讨会，邀请体育学、武术学、历史学、民俗学等跨学科学者，研讨广宗县乡村梅花拳的传承历史、文化内涵及拳理功法等多方面内容，同时还在春节、民间文化艺术节等特殊时段，组织村民进行梅花拳武术公开展演活动。总体而言，在此发展阶段，广宗县乡村梅花拳得到了地方政府前所未有的重视和

---

① 被访谈人：李 YH，广宗县地方文化研究会会长；访谈人：张兴宇；访谈时间：2016 年 7 月 10 日；访谈地点：广宗县地方文化研究会办公室。

扶持。

不仅如此，随着当前国家文化管理政策的不断调整、优化，广宗县乡村梅花拳的社会地位得到进一步提升。而梅花拳被纳入国家级非物质文化遗产保护名录则是这一长期蛰伏民间的传统武术项目得到正名的标志性节点事件，这也成为当下乡民习拳、传拳的一把“尚方宝剑”。2006年6月，广宗县梅花拳成功入选第一批国家级非物质文化遗产保护名录，并被归入杂技与竞技类非物质文化遗产门类。广宗县前魏村村民梅花拳第十三代传人李玉琢同时被评为第一批国家级非物质文化遗产代表性传承人①。在当地政府和乡村梅花拳民众的共同努力下，历经十年之久，广宗县乡村梅花拳终于实现了市级、省级、国家级文化遗产的“三级跳”。广宗县梅花拳因此声名远扬，成为当地一张著名的标志性文化名片。

同年，广宗县政府授予邢银超、王孟强、李玉琢、谷恒通等“武术世家”荣誉称号，授予邢玉栋、代西贵为“梅拳名师”荣誉称号。此时，在地方政府的统一指导下，广宗县已有136个村庄建立了武术训练队或武校，并依据村庄规模大小酌情设立梅花拳武术体育辅导站，形成了比较完善的乡村梅花拳体育健身组织，广宗乡村梅花拳演练者达6万余人之众。而且，广宗梅花拳在国际上知名度也不断提高，来自加拿大、美国、比利时、意大利等国的梅花拳练习者分别于2002年、2005年、2007年三次组团到广宗县进行武术寻根考察。2009年7月，应欧洲梅花拳协会的邀请，广宗县政协原主席李云豪曾带领梅花拳拳师王尚信、李济民、李聚行等人远赴法国、瑞士进行了为期15天的访问，积极宣传、弘扬广宗梅花拳武术文化。2014年，广宗县梅花拳协会参加邯郸市梅花拳传统武术第三届运动会，曾获得一等奖。广宗梅花拳成为国家级“非遗”，给予了当地政府和村落民众极大的精神提振，梅花拳在广宗乡村地区的复苏发展势头更加强劲。

---

① 冯骥才总主编：《中国非物质文化遗产百科全书：代表性项目卷》（上），中国文联出版社2015年版，第575页。

二、北杨庄梅花拳传承脉络：“九世始玩拳”

（一）“九世始玩拳”

北杨庄是广宗县梅花拳传承谱系中的重要一支，有着较为深厚的村落习武传统，该村也是广宗当地著名的“梅花拳村”。至于北杨庄梅花拳的传入时间，村民推断大致应在清朝中晚期左右，距今至少已有200余年历史。按照梅花拳内部师徒传承辈分划分，第九世弟子邢九成是北杨庄梅花拳的最初引入者和传承人①。据说练拳场地最早设在北杨庄村民王英武家的祖屋中，这就是村民口中所谓的“九世始玩拳”。邢九成，又名邢老现，依据北杨庄梅花拳老拳师第十五世弟子王栈的统计资料推算，邢九成应出生于乾隆二十一年（1756），村中至今还流传着数则与他有关的民间故事。② 虽然如此，但在前魏村梅花拳弟子李玉普收藏的《广宗梅花拳名师谱系》中并没有出现邢老现的名号。而据北杨庄《邢氏家簿》所载：

> 邢九成，礼支行一，字现，生卒未详；原配韩氏，继配李氏，又继配苗氏，生卒俱未详。四子，连用，连科，连捷，连位。

这份家簿甚至连邢九成的生卒日期都没记录。更奇怪的是，邢九成的弟弟邢九德在《邢氏家簿》中却有明确的生卒记载：“邢九德，礼支行二，字有言，生于乾隆二十四年（1759）正月十八日吉时，卒于道光七年十月初二日，辰时。”北杨庄最早习练梅花拳的这位重要人物，缘何没能进入

---

① “你是不是梅花拳的人，光说自己是玩拳的还不行。必须要经过一番盘问，属于多少辈，占着哪个字，才能确认身份。”被访谈人：王Z，男，北杨庄村民；访谈人：张兴宇、蒋帅；访谈时间：2015年4月6日；访谈地点：北杨庄。

② 据说邢老现曾有幸向师太陈氏（邹魁元之妻，河南归德府人）学习丈二长枪，练就一身奇功，号称“盖直隶”。此外还有一说：邢九成从河南学艺成功后回家，但路程遥远，仅靠步行颇费时间精力。别人牵了一头驴，说你如果能把这头驴提起来，就让你牵走。邢九成果真把驴提了起来，骑驴回了老家，并把梅花拳传授给乡人。见广宗县文史资料委员会编：《广宗文史资料》（第1辑），广宗县文史资料委员会1990年，第167页。

广宗梅花拳谱系表和北杨庄邢氏家族谱书？北杨庄村民邢银昌点注的《广宗县杨家庄邢氏生育簿》对此作了这样的猜测和推断（文字上略有改动）：

> 邢老现，梅花拳中的高手，老师是广宗城里的陈福水，其徒弟有赵家湾头赵书童，据说□家庄魏三愣也是其门生。传说老现经常去河南访友，或贩运粮食、做生意。所去地方大概是安阳以东，如内黄一带。据传他在梅花拳巨子中是文武全才。因当时和清统治者政见不一，不能立足。后来，他在家族谱上也未能占一应有的席位。不这样分析，为何其晚弟九德生卒又即详□□呢，值得痛惜呀。

由于间隔年代相对久远，北杨庄村民对邢九成的历史记忆早已模糊不清，而且又缺少地方历史文献辅证，其中原因很难再进行深入考究。但值得注意的是，北杨庄村民口中曾传拳授艺于邢九成的师太陈氏“盖河南”，如今被村民以陈氏奶奶的名义纳入到梅花拳文场信仰的敬拜体系之中。而且，北杨庄人对于邢九成这段初始传拳的“村落历史记忆”深信不疑，并将其凝结于梅花拳日常叙事之中。

北杨庄梅花拳的早期发展阶段主要在家族内部传播。据村民讲述，最早与邢九成一同练拳的还有他的弟弟邢九德。继邢九成之后，北杨庄习练梅花拳的村民逐渐增多，并相继涌现出不少广宗县梅花拳名师，如第十一世弟子邢鹤禄（生于咸丰五年，师从靳凤林）、第十二世弟子邢彦臣（生于光绪十八年，师从王贵朝，号老忠，有“盖三省”之称）、第十三世弟子邢生奎（师从谷太峰），上述三位北杨庄梅花拳弟子均被列入广宗县梅花拳名师传承谱系表。及至20世纪30年代至40年代，梅花拳在北杨庄颇为兴盛，当时村中设立了两处拳场，几乎年轻村民都曾跟随该村的老拳师们习练过这一民间拳术。当然，在“文化大革命”期间，乡村梅花拳因其文场“烧香磕头”的秘密性质，一度被认定为“黑拳”。此时北杨庄梅花拳的传承也陷入了停滞期，除少许村民仍偷偷坚持练武健体外，大部分村民已不敢再练。这种秘而不发的状态一直持续到1978年，北杨庄梅花拳武术队代表该村参加乡艺表演比赛扬名，村委会开始鼓励村民学拳。① 而且，伴随着 20 世纪 80 年代的全国武术热潮，北杨庄梅花拳又逐渐恢复了以往的热闹习练场景。进入 21 世纪以后，北杨庄梅花拳武术队经常代表广宗县到平乡、邢台等地进行梅花拳武艺交流活动②，外地也不时有梅花拳弟子和媒体记者慕名前来北杨庄学习考察，北杨庄梅花拳名望渐增。

（二）“老门口”

从初开北杨庄梅花拳拳场的第九世弟子邢九成开始，梅花拳在北杨庄目前已经传承到第七代。邢氏家族是北杨庄梅花拳文场传承的“老门口”③，如今北杨庄梅花拳弟子中辈分最高的是十四辈，主要包括邢银超、邢银皋、邢银须和王尚信等村民。十五辈梅花拳弟子主要有王占、邢尚宝、王英武、刘金永和邢胜军等村民。北杨庄梅花拳起初只是在邢、王两大家族之间传播，且以邢氏家族为主，该村大部分村民都曾跟随邢家的武场师傅习练过梅花拳。乡村梅花拳的日常演练主要分为文、武两场，武场练拳习武，文场烧香敬祖，而在北杨庄村落内部的拳派传承方面则采取了“文武兼行”的方式。普通村民平时接触较多的当属梅花拳的武场拳术，例如基本功拉架子、“打成拳”、兵器演练等。过去冬季农闲时节，“玩拳”是该村村民重要的娱乐休闲方式之一。梅花拳文场则与其门内流行的“天

---

① “当时核桃园公社组织各村进行乡艺表演活动，北杨庄往上报的项目就是梅花拳。没想到参加表演比赛后，北杨庄梅花拳取得了全乡第一名的好成绩。后来，村里开始逐渐给梅花拳配备铜器，鼓励村民练习梅花拳，扶持梅花拳的发展。当时北杨庄梅花拳的领导人是邢生奎，再之后是邢生印，主要负责带领梅花拳组织到各地表演。武场则由我、王占等人负责教拳，北杨庄村民习拳人数达到一百余口。”被访谈人：王 SX，男，北杨庄村民；访谈人：张兴宇；访谈时间：2015 年 8 月 13 日；访谈地点：北杨庄。

② 如在 2007 年，美国、加拿大等六国梅花拳协会成员曾专门到北杨庄考察梅花拳，进行武术交流活动；2009 年，北杨庄武场拳师王尚信在广宗二中教授学生练习梅花拳，徒弟遍布广宗、平乡一带，影响颇大。2009 年 7 月，应欧洲梅花拳协会的邀请，广宗县政协原主席李云豪带领王尚信等三名农民拳师参加该协会在瑞士举办的年度培训班，传授梅花拳技艺，弘扬中国传统文化。李云豪：《欧洲梅花拳协会瑞士训练班见闻》，见《广宗文史概览》，广宗县政协委员会 2011 年，第 480 页。

③ “老门口”是当地一种民间俗语称谓，这里代指北杨庄最早传入梅花拳的家户。

地君亲师”信仰密切相关，而这需经文场师傅同意“立架”之后才能在家中供奉，普通村民较少接触。目前在北杨庄大约有30余户村民设立了梅花拳文场“架桌子”①。因为梅花拳内部讲究“文场领导武场”的管理规矩，文场师傅是整个拳派组织的“当家人”。他们平日除了和武场师傅一同组织村民练拳，也会主动参与跨村落之间的各种社会交往活动，因此在村落公共生活中享有着一定的话语影响力。也正是由于梅花拳文场在村落中的长期存在、运行，才使得北杨庄梅花拳始终保持着相对稳固的传承谱系，并在此基础上持续影响着村落自治生活领域。

第二节　北杨庄梅花拳的传播机制

一、“庄稼拳”：沙土地里名师辈出

北杨庄人习惯将他们日常习练的梅花拳称为“庄稼拳”，这体现出鲜明的乡土特征。用村民自己的话来说，即“梅花拳，父子道，庄稼拳”②。其中，“父子道”是形容梅花拳师徒之间的关系像父子一样亲密，“庄稼拳”则是指此拳是种地农民所练之拳，北杨庄梅花拳弟子之间通常以“爷们”相称。张士闪认为，一向讲究传统的梅花拳，其传承并不是自上而下的“标准化”推广模式，而是以生活化的横向散播为特征，并在与地方社会生活的调适中表现出相当的灵活性③。从练拳群体看，早年学练拳术的多是本村年轻村民，年龄一般在7岁至30岁之间，且以男性居多，北杨庄开设梅花拳拳场的人数亦曾多达上百人之众。从练拳时间看，村民集中练拳多是在冬季农闲的晚上进行。过去村落整体经济发展水平相对落

① “架桌子”指当地进入梅花拳文场的村民在家院中供奉的“天地君亲师”神祖牌位。

② 被访谈人：王SX，男，北杨庄村民；访谈人：张兴宇；访谈时间：2015年8月13日；访谈地点：北杨庄。

③ 张士闪：《民间武术的“礼治”传统及神圣运作——冀南广宗乡村地区梅花拳文场考察》，载《民俗研究》2015年第6期。

后，村民在冬季农闲时段可选择的娱乐休闲项目并不多。对北杨庄人而言，习练梅花拳不仅可以消磨空余时光，还能起到强身健体、防身自卫的作用。

当然，至少在20世纪90年代以前，对绝大多数北杨庄村民来说，习练梅花拳只是他们冬季打发农闲时光的一种自然选择。北杨庄村民大概从每年10月份开始练起，拳场可以一直坚持开到来年3月份。是否每日定时参与练拳活动并无强制性要求，但村民如果想把梅花拳拳术练精学透也绝非易事。“冬练三九，夏练三暑”是北杨庄梅花拳武场师傅经常挂在嘴边的一句话。这意味着梅花拳在习练过程中本身是一门苦差事，更多的是考验习武者的耐心与毅力。在北杨庄梅花拳武场流传有“三年架子两年锤”的说法①。村民初学梅花拳时，一般都要在武场师傅的指导下先行练习梅花拳基本桩功——拉架子。这是梅花拳最基础的入门功夫，同时也最能考验村民的学拳耐性。在村民王尚信看来，民国期间北杨庄梅花拳武场十分兴盛，当时该村曾设有两处拳场，其中村东拳场由邢尚彬的父亲邢中道和邢银超的爷爷邢老忠两人管理，村西拳场则由邢银须的爷爷邢彦士和王尚信的爷爷王仁杰两人负责。每当晚上村民集体练拳时，他们先相互招呼一番，然后在村中找一处空闲场地聚众演练。一旦天气转冷，他们便将习武地点转移至村中农户空置的房屋内进行，通常是在梅花拳武场师傅的指导下就地“玩拳”。此外，夏季天气炎热，由于过去北杨庄周边果林绕村，整个林场树木茂密，既可遮阴避暑，也是村民在平日里习拳练武的绝佳场所。虽然北杨庄梅花拳的传入时间晚于前魏村、谷常相村等村落，但村民们的习武热情丝毫不逊色②。

至于梅花拳的文功修炼，则多是在北杨庄文场师傅内部之间以秘密

---

① “梅花拳也叫架子拳，这是基本功。必须得拉架子练上几年才能出师，不然的话你后边再学东西的时候功夫不扎实。”被访谈人：王 SX，男，北杨庄村民；访谈人：张兴宇、蒋帅；访谈时间：2016 年 7 月 10 日；访谈地点：北杨庄。

② “冬天没事的时候，找一间闲屋。招呼招呼愿意玩拳的人，一般都是满满当当的一屋子人啊。还有不少看热闹的。”被访谈人：刘 JL，男，北杨庄村民；访谈人：蒋帅；访谈时间：2015 年 4 月 6 日；访谈地点：北杨庄。

交流的方式进行，并不轻易展示给外人。一旦该村村民在平时生活中遇及“虚病”“疑难杂症”等问题找到文场师傅帮忙时，他们也十分乐意通过梅花拳文场的“占卜”“医病”等知识提供力所能及的帮助。作为一项植根于乡土的民间拳术，北杨庄已经培养出数名梅花拳武场和文场名师，成为广宗一带名副其实的“梅花拳村”。在广宗县秘密流传的梅花拳名师传承世系谱中，北杨庄梅花拳第十一辈弟子邢鹤禄、第十二辈弟子邢彦臣和第十三辈弟子邢生奎都名列其中。其中邢彦臣擅长长枪和手把等梅花拳传统兵器，他的师弟邢中鹿擅长单刀，在当地名望很高。前些年北杨庄梅花拳弟子还曾召集门内成员在清明节期间分别为邢彦臣、邢生奎二人修坟立碑。据村民回忆，当天众人一边敲锣打鼓、鸣放鞭炮，一边表演梅花拳武术，热热闹闹地为先师修坟添土，以彰显其传拳功绩①。

源远流长碑

先师爷邢公讳彦臣，字忠信。师爷生于1892年6月4日，卒于1976年。师奶生于1890年9月，卒于1976年。邢师爷系广宗县北杨庄村人，梅拳十二代弟子。幼年爱武爱家，族亲传十二岁进门，后又得到真传。中年修文习武，文武兼备，出神入化，气脉相通，有未到先知之功。为群众超灾了苦，治病救人，大显神威。赐教二子生印、生奎，广收门徒，传于四面八方，在东北路号称神手。众徒孙感恩不忘，立碑为念，以启后人。师奶杜氏一生勤俭，敬老爱幼，和睦乡邻。

邢师梅花拳十三世传人。自七岁开始习武，到成年开通气脉，内功深厚，达到炉火纯青，内外合一。善于阴阳运行，五行生克，八卦易理。精通推拿按摩，普度众生。家内贫寒，不忘真传。学成其能，传于八方。一生稳重，谨法守古，深受尊重，众徒孙立碑为念。王氏

---

①　被访谈人：邢 SE，男，北杨庄村民；访谈人：张兴宇、周连华；访谈时间：2016年7月9日；访谈地点：北杨庄。

奶奶一生慈惠，教子有方。

就目前来看，北杨庄梅花拳武场师傅王尚信、王占、王英武及文场师傅邢银超、邢尚宝、王奇亮等人，他们在当地村落均享有一定的名望。并且每当北杨庄村民谈及该村梅花拳过往的辉煌历史时，脸庞上便会自然而然地流露出一股自豪之表情。相比较北杨庄梅花拳传承实况而言，邻村杜家庄则明显处于衰落之势。约在20世纪90年代，杜家庄还曾出过一位梅花拳名师张炳霞。他字彩云，号老彩，是梅花拳第十五辈弟子。因其武场功夫高强，平时在杜家庄梅花拳圈子内部具有较高的威望。张炳霞与北杨庄梅花拳弟子邢老忠属于同辈，擅长使用梅花拳双刀和长枪。据说张炳霞年八十余仍能在广宗县城表演梅花拳长枪，被众人赞称“广宗城北第一枪”。然而张炳霞于2001年去世之后，其子张锡峰并没有继承父亲的武术“家业”。张锡峰除在年幼时跟随父亲练习过一段时间的梅花拳基本功之外，此后并未专门习拳练武，也没有拜师入门。因此杜家庄在碰到外出参加梅花拳“亮拳”表演任务时，虽然张锡峰仍担任名义上的领班，但杜家庄梅花拳的实际影响力已经大大降低。据杜家庄村民回忆，该村梅花拳弟子在20世纪七八十年代也曾专门组织过村民复练梅花拳，但因村民习武兴趣不高，坚持了五六年之后便又逐渐放弃①。与之相异的情形是，北杨庄一直以来则延续着习练梅花拳武术的村落文化传统，这一土生土长的“庄稼拳”也塑造了当地村民果敢担当的豪爽性格，并逐渐渗透到乡土民众的日常生活观念之中。

例如，在抗日战争时期，隐运于乡村的北杨庄梅花拳组织曾暗中配合中国共产党开展地下抗战工作，作出了重要贡献；新中国成立以后，这些乡村梅花拳民们无论是在“缴纳公粮”方面，还是在国家推行“计划生

① “当时组织人员复练过一阵子，但是没有传下来。练了几年就停了，主要还是文场没人接。时间久了光靠练拳也不当饭吃，老百姓还是得忙着挣钱糊口才行啊。”被访谈人：张XJ，男，杜家庄村民；访谈人：张兴宇、蒋帅；访谈时间：2015年4月7日；访谈地点：杜家庄。

育”政策方面，均积极响应政府号召，总会先于其他村民作出表率①。而在村落公共信仰层面，过去北杨庄梅花拳文场弟子“烧香磕头”式的民间信仰行为常会被赋予“封建”色彩和“迷信”身份。在赵旭东看来：“如果你简单地以‘迷信’这两个字来概括祈求者的行为，那也可能是对的，因为祈求者自己有时也说这是‘迷信’，但是他们也会经常补充说，这只是‘图个吉利’。在这里，迷信的功能实际就是让迷信者免受风险认知的煎熬，替代性地使压力得到缓解。”② 如今他们习惯于在国家管理的政策红线之内，不仅热心帮助村民重建过去被毁掉的村庙，还热衷参与各种村落公共信仰仪式活动，并将其统称为“行好”。当然，其所凸显的精神价值并不完全在于庙宇的重建，而是在一定程度上能够起到安顿、稳定村落社区秩序的积极作用。而在村落公益事业的推行层面，北杨庄人以乡村梅花拳为载体，尤其注重“善行”“孝顺”等中国传统道德观念在家庭、家族之间的推广。这使得当地村民在面临生活中的各种难题时，能找到应对之策，从而调适、平衡日常繁复的生活节奏和韵律。

实际上，这还与村民在学练梅花拳期间所受到的“德行”意识教育密切相关。梅花拳武场师傅在教授拳技前，总是会先向村民讲述“习武之要，德行为先”的习拳理念。比如武场师傅常说的“要把对方放在高位，将自己放在低位”“练拳是为健体防身，不是为作恶打人”“不欺大压小”“不讲派性”等道德教化观念，也有益于培养村民“识大局、懂大体”的集体行为意识。此处所谓梅花拳的师徒关系，就是杨美惠提及的非亲属上下级关系，而且上下级之间存在着感情因素③。他们充分参与到村落公共生活的各个领域，梅花拳组织也与家族关系、邻里关系等村落传统人际交

① “俺村的梅花拳弟子，无论做什么事情，都是起带头作用。过去打鬼子，抗日战争的时候，出了不少烈士。后来梅花拳内的人交公粮比普通老百姓也积极。七八十年代搞计划生育的时候，咱们也是积极配合。”被访谈人：邢 YC、刘 JY，男，北杨庄村民；访谈人：蒋帅；访谈时间：2015 年 3 月 25 日；访谈地点：北杨庄。

② 赵旭东：《从交流到认同——华北村落庙会的文化社会学考察》，载《文化艺术研究》2011 年第 4 期。

③ ［美］杨美惠著，赵旭东、孙珉译：《礼物、关系学与国家：中国人际关系与主体性建构》，江苏人民出版社 2009 年版，第 107 页。

往方式并行不悖，形成了一套特殊的管理运行机制，这无疑有助于凝聚和强化村落民众的集体感和向心力。进一步说来，虽然北杨庄梅花拳的传承以邢氏家族为主，而且该家族成员人数在村中所占比例最高，但他们与王、刘、杨、李等村落其他姓氏长期维持着相对和谐、稳固的家族关系。因此，在外人眼中，北杨庄虽然整体经济水平并不发达，但村民的公共意识和团结度明显要高于周边各村，这与乡村梅花拳武术组织的存在、运行有着密不可分的关系。

二、拳之秘密：从“黑拳”到展演扬名

如前所述，以北杨庄为代表的乡村梅花拳至少在20世纪70年代末之前，还曾长期处于隐秘运行的生存状态。表面看来，梅花拳只是中国民间武术拳派的诸多种类之一，除拳术技巧不同于其他武术形式之外，并无什么特殊隐秘之处。但该拳派以“祖师敬拜”为典型特征的文场秘密修炼模式，以及相对严格的师承架构关系，无形中强化了梅花拳的秘密属性。而且，从乡村梅花拳前辈起初参与义和团运动留下的惨痛历史教训，再到1942年和1950年地方政府颁布的“扫除封建会道门”严厉政策，紧接着又是20世纪六七十年代“文化大革命”期间的破除封建迷信，北杨庄梅花拳经历了不断走向“秘密化”的过程。而这种拳派的秘密属性，一方面深受社会时局的政策性影响，拳民们为求自保不得不隐秘运行；另一方面，他们自身也有将梅花拳“神秘化”的传承需求。在不同历史发展时段，对梅花拳弟子自身而言，拳派秘密属性的不断强化，实属一种自然而然的应对防护机制。值得注意的是，即便北杨庄梅花拳一度被认定为村民口中的“黑拳”，但它在村落中的文场、武场传承体系并没有因此中断，反而表现出极其坚韧的拳派特性。

所谓“黑拳”，是北杨庄村民的一种俗化称谓，它体现了村民朴素的“法制”观念。瞿同祖认为，儒家“以礼为维持社会秩序之行为规范”，“以德教为维持礼之力量”①。儒家思想也深刻影响着乡土社会中民

---

① 瞿同祖：《中国法律与中国社会》，中华书局2003年版，第304～305页。

众的思维方式和文化观念。在中国传统乡土社会，遵纪守法是乡民追求安稳生活的基础保证。大部分村民的一般处世原则是既要符合法律规则，又要遵循民间规矩。当时，“黑拳”意味着不符合国家和地方政府的相关法律规定，属于禁止和规避之列。而且，在“打击封建会道门”“破四旧”以及“文化大革命”那个特殊的年代，梅花拳文场信仰中的“烧香磕头”等行为被认定为封建迷信，公开练拳、传拳不被允许，参与梅花拳相关活动也不可避免地有违法之嫌。梅花拳在当时成为村落社会的一种“禁忌”。如道格拉斯所言，“禁忌随之带来的是规则和压制性”①。但梅花拳“黑拳”之身份并未完全禁绝村民习拳练武的风气。村委会遵循上级指令，不允许梅花拳武场师傅组织村民集体练拳，村民就将练拳地点改在自家院中进行，或者转移到村西大片果林里偷练；不允许梅花拳文场烧香磕头，文场师傅就在烧香敬拜祖师时紧闭家中大门，禁止外人闯入。

正是由于北杨庄梅花拳持续未断的武术传承传统，才使得它能够在1978年的乡艺表演活动中从“黑拳”身份华丽转身，一举扬名。此次乡艺汇演的成功，极大鼓舞了北杨庄梅花拳弟子的传拳信心和热情。这一难得的发展机遇主要与当时国家加强对传统武术的弘扬、保护政策紧密相关。在20世纪70年代末，国家体委为了弘扬武术，弥补“十年动乱”给传统武术造成的损害，趁身怀绝技的老拳师尚在之时，及时发出了“关于发掘、整理武术遗产的通知”，要求“各地体委一定要对武术的继承、发掘、研究、整理工作给予足够重视”。1983年至1986年，开展了我国武术发展史上空前的“普查家底，抢救遗产”工作②。正是在此宏观背景之下，1978年春季，北杨庄所在的核桃园公社组织下辖各村进行乡艺表演竞赛活动。北杨庄村委会经慎重商议，最终决定申报梅花拳代表该村参加表演。

值得注意的是，虽然这是北杨庄梅花拳武术队在蛰伏多年之后的首次

① ［英］道格拉斯著，黄剑波、卢忱、柳博赟译：《洁净与危险》，民族出版社2008年版，第4页。

② 李宁、江百龙主编：《中国武术史略》，人民体育出版社1997年版，第65页。

公开展演活动，但梅花拳弟子们对过往的梅花拳“黑拳”历史仍心有余悸。他们在去核桃园公社参加节目汇演之前，担心身背“黑拳”名分影响表演效果，所以偷偷打着邻村杜家庄的“洪拳”名义上台表演①。过去村民在组织梅花拳武术公共演练活动时，一般还需同时配合敲打锣鼓铜器，烘托现场气氛。但当时北杨庄早就没有了这些表演助阵设备，于是村民又私下托关系提前从件只村借来了锣鼓铜器，以备表演助兴之用。令人意想不到的结果是，最后北杨庄梅花拳武术队的功夫表演获得全乡第一名，周边村落通过此次文艺汇演活动真正认识了北杨庄梅花拳的实力。后来，北杨庄梅花拳武术队成员被邀请代表广宗县前往邢台市参加正月十五元宵节文艺表演活动，开演时他们先使用梢子、流星等器械开场，然后依次演练梅花拳的套路、兵器等独家绝技，因武术功底扎实，取得了不俗的成绩，又扬名邢台。自此以后，北杨庄梅花拳武术队经常受邀参与广宗县政府及广宗县梅花拳协会在年节期间组织的各类武术表演或竞赛活动。

其实，乡村梅花拳在某种意义上也可被视为一种以男性结社、互助自治为典型特征的民间组织群体。拉德克利夫·布朗认为：“结构是关于人的配置，而组织则是关于活动的配置。”② 与此同时，北杨庄梅花拳弟子通常还会以普通村民的身份涉足村落公共生活领域。例如，该村梅花拳弟子在最近几十年来曾多次担任过村主任、村支书等职务，热心参与村庄政治生活领域的治理。这些村民，在年轻时或多或少地都曾跟随村内梅花拳武场师傅学习过梅花拳基本功。20 世纪六七十年代，村民刘金永曾在村中担任民兵队长；20 世纪 90 年代，村民王步良担任村主任一职，并主持北杨

① “当时没办法，心里还是害怕啊！所以一开始报名的时候，打着洪拳的名义去的，还向件只村借的锣鼓铜器。如果处理不好的话，老百姓都跟着受牵连。好在一下子表演扬名了，慢慢地杨庄梅花拳的名气也就打出去了。十里八村没有不知道这个庄有梅花拳功夫的。”被访谈人：王 SX，男，北杨庄村民；访谈人：张兴宇、蒋帅；访谈时间：2015 年 4 月 6 日；访谈地点：北杨庄。

② ［英］拉德克利夫·布朗著，夏建中译：《社会人类学方法》，华夏出版社 2002 年版，第 160 页。

庄村委事务。他们两人都是北杨庄梅花拳武场师傅王尚信的弟子。乡村梅花拳在村落中形成了一种隐性的影响空间，它存在于每个人的日常生活和交往关系中，而其自身也是文化建构的产物。每次北杨庄武术队外出参加梅花拳武术表演活动，皆是在梅花拳文场师傅的统一组织和带领下集体活动。长此以往，在梅花拳弟子之间形成了较强的集体观念和认同意识。

不仅如此，北杨庄梅花拳弟子与外部社会长期保持着较为频繁的交流渠道。他们固然希望多与外界进行沟通交流，以此拓展乡村梅花拳的社会交往圈，而且通过与外部社会交流梅花拳拳技功法和文理知识，村民既能够增长见识，也可以相互促进。例如，在20世纪80年代期间，北杨庄梅花拳文场名师邢尚斌曾将自己珍藏的《习武序》《万法归宗》等梅花拳民间文献资料经村民邢银昌之手，转交给山东大学历史系路遥教授和数学系燕子杰教授进行学术研究。而邢银昌本人有着深厚的历史学功底，他也曾对北杨庄梅花拳的历史溯源和派系传承等做过比较细致的梳理。早年间邢银昌为山东大学燕子杰教授提供了许多梅花拳民间文献资料，此后外部社会才逐渐认识了乡村梅花拳内部的传承运作机制。而以王尚信为代表的梅花拳武场师傅，凭借其多年来练就的精湛高超的武艺，在广宗县也享有盛名。最近20余年来，不断有梅花拳爱好者、相关领域的研究人员与地方媒体前往北杨庄考察乡村梅花拳传承情况，这使得北杨庄梅花拳更加声名远扬。乡村梅花拳从“黑拳”到“文化拳”的历史性身份转换，为其在村落社会的稳定传承注入了长期持久的内生动力。

三、传播动力：“拟亲属”关系与家族传承

一直以来，学界对汉族乡土社会的亲属关系和亲属制度等问题持续保持关注，相关探讨以亲属称谓体系研究和“宗族范式”研究为主。其中宗族研究又以20世纪60年代期间英国人类学家弗里德曼在中国东南地区的宗族研究为典型。在他的影响下，后来许多学者偏重于对中国东南地区（福建、广东、香港及台湾等地）具有较大规模的宗族组织进行研究，试

图解释中国乡村之公共领域甚或乡村政治等相关问题①。在华北地区，也有部分学者对汉族村落的亲属称谓和亲属群体关系进行人类学研究②。此类研究多数是通过血缘和姻缘关系来展开讨论，乡村梅花拳组织则与之有所差异。正如马克斯·韦伯所指出：在中国传统乡村社会，所有凌驾于个体经济范围之上的经济实体组织，其形成几乎都是以真实或模拟的宗族关系为基础建立起来的。他把宗族视作一个家庭式的共同体，具有合作生产的性质，并扩充了对财富的积累。③ 但相对于乡村梅花拳这种非经济实体的民间武术组织而言，乡民之间的社会交往框架联结主要借助拟制的亲属关系模式来实现。具体而言，北杨庄梅花拳在乡村之间的传播流布方式主要包括构建“拟亲属”关系与家族内部传承两种。它除了依靠传统依托“家族”组织向外传播之外，还有另外一种依靠地缘关系建立的“拟亲属”组织方式。这两者共同推动了乡村梅花拳在村落社会的不断发展。

（一）“拟亲属”传承：编织交际网络

其中“拟亲属”关系是指村民在学练梅花拳之后通过参加拜师收徒仪式而建立的拟制亲属关系形式。在北杨庄，梅花拳弟子之间通常以“爷们”相称。如果他们在村落中偶然碰面，梅花拳弟子也习惯于互相问候一句类似“爷们，上哪去”的客套话语。当然，这种“拟亲属”关系从本质上而言还是属于一种熟人关系。而从乡村梅花拳内部师徒传承的惯用组织方式来看，村民在习练一段时间的梅花拳拳术之后，如想继续学习更为高深的武技，则多采用“三师调教”的传统规矩拜师入门。所谓“三师调教”，是指梅花拳弟子在正式拜师入门时，需寻找引师、送师和恩师等三位梅花拳师傅作为见证人方可拜师。其中引师为介绍人，送师属于拜师仪

① 周星：《实践的亲属关系——关于“娘家”与“婆家”的人类学研究》，载《西北民族研究》2015年第4期。

② 张帆：《血浓于水——华北高村汉族的亲属制度》，云南人民出版社2009年版，第30页。

③ ［德］马克斯·韦伯著，富强译：《儒教与道教》，安徽人民出版社2012年版，第177页。

式的主持者；恩师，又称授业恩师，他才是梅花拳弟子真正的拜师对象。一般引师和送师是由本村梅花拳文、武场师傅来担任，而恩师的人员对象选择既可为本村梅花拳师傅，也可以由外村的梅花拳名师担任①。但这些梅花拳弟子们的真正拜师对象并不是由其本人决定，而是由本村梅花拳文场、武场师傅来统筹安排。黄涛认为："作为内部世代传承的社交礼仪，村落拟亲属称谓的社会功能主要有两个方面：凝聚功能与分层功能。"② 而在乡村梅花拳组织拜师仪式之后，按照梅花拳内部辈分划分，同辈弟子之间多以师兄弟相称，晚辈则需称呼长辈为"师爷"。如前所述，乡村梅花拳组织内部的辈分传承有"前百代"和"后百代"之分。梅花拳承前启后的开创性人物张三省曾出家归宗龙门派，因此后百代辈分按全真教龙门派的辈分表占字排列③。这些乡村梅花拳弟子之间的辈分排位明了清晰，每一辈人各占一字。乡民将龙门道长丘处机的一首五言诗作为辈次排列依据，也就是所谓的梅花拳"后百辈"。辈分总共一百字，诗曰：

道德通玄静，真常守太清。一阳来复本，合教永圆明。
至理宗诚信，崇高嗣法兴。世景荣维懋，希微衍自宁。
未修正仁义，超升云会登。大妙中黄贵，圣体全用功。
虚空乾坤秀，金木性相逢。山海龙虎交，莲开现宝新。
行满丹书诏，月盈祥光生。万古续仙号，三界都是亲。

前已述及，梅花拳又被称为"父子拳"，形容师徒之间的关系如同父

① "梅花拳这个'三师调教'，是过去拜师的规矩。现在也必须遵守这个规定。你想学拳或者进入文场，都得经过文场师傅安排好了之后才能进门。不然你就不算是梅花拳的弟子。"被访谈人：王 Z，男，北杨庄村民；访谈人：张兴宇；访谈时间：2015 年 8 月 12 日；访谈地点：北杨庄。

② 黄涛：《村落拟亲属称谓制的社会功能》，载《社会科学研究》2003 年第 6 期。

③ 张士闪：《从梅花桩拳派看义和拳运动中的民俗因素》，载《民俗研究》1994 年第 4 期。

子一般亲密，这无疑也是在强调梅花拳弟子之间的一种“拟亲属”关系。戴国斌曾从武术社会学的角度分析了“门户”观念对中国传统武术门派的影响。他认为：“门户成员之间的社会关系，以一种准家族的方式进行互动。”① 这种准家族方式，其实间接明确了师傅与徒弟之间的日常交往身份，即拟制的亲属关系，围绕着师傅这一亲属核心，师傅与众多徒弟之间形成了一个小范围的社会关系网络。这些学有所成的徒弟未来也有可能成为师傅可以调用的社会资源。在乡村梅花拳内部流传着“天下梅拳是一家”的说法。梅花拳弟子平常出门在外，如遇困难，互帮互助自然不在话下。这实际上也受到了拜师入门后梅花拳弟子之间所形成的“拟亲属”关系结构影响，并深刻融入到民众日常生活领域。例如，北杨庄梅花拳弟子邢尚彬曾在广宗县城收过几个徒弟，后来他的孩子去县城念书求学，平日都是在徒弟家吃住②。又如邻村杜家庄村民张锡峰，有一年骑自行车去邢台卖粉条，回来路上正巧碰到另外一名卖粉条的商贩，于是两人搭伙回家。一番简单寒暄后互问对方名号，对方立刻停下车子“扑通”一声跪在地上给他磕头行礼。后来这位村民解释，只因张锡峰的父亲张炳霞武艺高强，且辈长德高，在当地乡村梅花拳组织内部享有着很高的名望③。过去每到过年时，已经拜师的梅花拳弟子还要专门前往授业恩师家中探望，同时组织同辈弟子联络聚会，切磋武艺，交流感情。因此，“拟亲属”关系可被视为乡村梅花拳组织编织交际网络的关键手段。

（二）家族传承：核心动力

此外，北杨庄梅花拳的另外一种传播流布方式则是通过家族内部“秘密”传承的形式得以实现。刘平认为，明清时期“秘密宗教”传播的一个

---

① 戴国斌：《中国武术的文化生产》，上海人民出版社 2015 年版，第 105 页。

② “徒弟和师傅就和一家人似的，关系好啊。有什么事情啦，能帮忙的就互相帮忙，从来也没人说会躲避。主要还在于平时关系的相处。得多走动才行，徒弟找师傅学知识，也得虚心多跑动。”被访谈人：刘 JL，男，北杨庄村民；访谈人：张兴宇；访谈时间：2016 年 7 月 9 日；访谈地点：北杨庄。

③ 被访谈人：张 XF，男，杜家庄村民；访谈人：蒋帅；访谈时间：2015 年 4 月 7 日；访谈地点：杜家庄。

重要特点就是家族传播[①]。长期以来，北杨庄梅花拳文场在村落社会的传承也借助了这种家族秘密传播的方式。如前节所提，广宗县北杨庄乡村梅花拳最早是由村民邢九成从第九世开始传入。后来又在村内相继发展成为村民口中的梅花拳文场“老三桌”，俗称“老三股”。这三条脉络主要是按照邢氏家族辈分排列，其中邢银超、邢尚彬、邢尚宝三家各为一股，他们都是该村梅花拳的“老门口”[②]。而北杨庄梅花拳的文场和武场传承，最早都是从邢银超家中传出。邢氏家族作为北杨庄人口数量最多的家族，一直是村落梅花拳得以有序传承的主力军。村民供奉梅花拳文场“架桌子”时所使用的炉盆是确认“老门口”的重要标志物。

我们知道，每个家庭在村落生产、生活中逐渐形成了一定的家庭祭祀、家庭信仰等方式，并出现了一些特有的或比较固定的宗教心理、宗教意识[③]。例如，该村梅花拳文场师傅邢尚宝，他的文场知识的习得主要受到家庭传承的影响。而且，他在家中使用的烧香炉盆也是由他老爷爷传续下来，这成为梅花拳在家族内部传承的关键标志。当然，此类信仰意识和信仰心理也深刻影响着家庭日常生活方式。据邢尚宝回忆，因为他父亲常年在外工作，祖辈传下来的梅花拳“架桌子”由他母亲在家中代为供奉。等邢尚宝成家以后，他又接续了母亲供奉的“架桌子”。这种“炉盆接班”的家族传延方式，使得北杨庄梅花拳文场得以代代传承，虽然它在北杨庄近百年村落社会发展过程中多经磨难，但是并没有完全中断。另据《广宗县杨家庄邢氏生育簿》等民间文献资料记载，能够梳理出北杨庄梅花拳在邢氏家族内部传承的大致脉络。该簿中主要记录了邢氏家族成员的出生年月资料，目前这一家族已经传延至第

① 刘平：《中国秘密宗教史研究》，北京大学出版社2010年版，第308页。

② “梅花拳都是从人家银超家那边传出来的，那是‘老门口’。有什么事情都得找人家解决才行。梅花拳不是说‘文场领导武场’吗？武的必须听文的管。”被访谈人：刘JY，男，北杨庄村民；访谈人：张兴宇；访谈时间：2015年8月12日；访谈地点：北杨庄。

③ 侯杰、范丽珠：《世俗与神圣：中国民众宗教意识》，天津人民出版社2001年版，第26页。

十七世①。通过下文列出的北杨庄邢氏家族所涉梅花拳文场的传承世系信息，能够初步了解其发展脉络，从而进一步阐释梅花拳在村落传承过程中的核心动力机制。

北杨庄梅花拳第一代：邢九成，为邢氏家族第八世族人。邢九成之弟名为邢九德，总共生育六子。其中第六子名为邢连英，邢连英之子为邢鹤禄，系广宗县梅花拳第十一辈名师。

“老三桌”之一

1. 邢鹤秀，邢连英之子，礼支行二，字洁清。生于道光二十七年（1847）八月，卒于民国九年（1920）十二月二十七日。元配陶氏宗邑陶辛庄讳陶法龙之女，继配威县李家庄李氏，又继配高公庄王门。

2. 邢彦士（十二辈）②，邢鹤秀之子，礼支行一，生于光绪十三年（1887）三月十三日寅时，配柏城张连成之女。

3. 邢生福（十三辈），邢彦士之子。

4. 邢银须（十四辈），邢生福之子，礼支行一。生于民国三十年（1941）十一月二十六日，配张家庄杨立存之女。

5. 邢尚宝（十五辈），邢银须之子，礼支行三，生于1969年古历十二月十九日，子时，属鸡。他有两个哥哥和一个弟弟，分别名为邢尚铎、邢尚东和邢尚虎。邢世森，邢尚宝之子，礼支行一，生于2002年古历八月初三日。

“老三桌”之二

1. 邢鹤鸣，邢连英之子，礼支行三，字九皋，生于咸丰二年（1852）正月，卒于民国十七年（1928）十一月。配威县韩家庄韩得永之妹，一子彦臣。

---

① “作为梅花拳的‘老门口’，文场基本都是从俺们邢家传下来的。这些年也出了不少梅花拳名师，有些人在魏村的梅花拳家谱留下了名字。按照宗谱辈分排的话，俺们邢家现在大概到第十七世了。”被访谈人：邢YX，男，北杨庄村民；访谈人：张兴宇；访谈时间：2015年8月13日；访谈地点：北杨庄。

② 括号中的内容为梅花拳辈分。

2. 邢彦臣（十二辈），邢鹤鸣之子，礼支行一，字忠信。生于光绪十八年（1892）六月初四日，卒于1976年。配杜家庄杜门之女。

3.1 邢生印（十三辈），邢彦臣之子，礼支行一，字达三。生于民国四年（1915）十月初三日，卒于1993年农历八月初三日。配韩家庄奚氏之女，继配杜家庄韩氏。前妻生一子银臯，后妻生一女。

3.2 邢生奎（十三辈），邢彦臣之子，礼支行二，字星楼。生于民国十三年（1924）二月二十九日，卒于1979年正月十一日，属鼠，时年55岁。配宗邑本村王玉同之三女，生于民国二十五年（1936）十一月二十七日，生育二子，长子银超，次子银峰，长女配杜庄；次女配本村王氏，死于心肌梗塞。爱好梅花拳大刀和长枪，擅长擒拿术，徒弟王占。

4.1 邢银臯（十四辈），邢生印之子，礼支行一，生于民国二十五年（1936）八月二十一日酉时，配威县刘家营刘立书。

4.2 邢银超（十四辈）①，邢生奎之子，礼支行一，生于1954年六月初六日。

4.3 邢银峰（十四辈），邢生奎之子，礼支行二，生于1957年六月二十二日。

5.1 邢尚娥（十五辈），邢银臯之子，礼支行三，生于1972年，古历五月二十五日辰时，属鼠，配威县高公庄乡后苏庄村于九会之女于瑞锋，生于公元1969年四月十五日。兄弟四人，大哥邢尚斗，二哥邢尚岭，皆娶本村王姓之女为妻。邢世翔，邢尚娥之子，礼支行一，生于2003年古历二月初五日。

5.2 邢尚奇（十五辈），其父邢银超，礼支行一，生于1983年农历正月二十三日子时。他有两个弟弟，二弟邢尚国，生于1985年农历八月十一日未时；三弟邢尚权，生于1987年农历十一月二十三日亥时。

5.3 邢尚雷（十五辈），其父邢银峰，礼支长子，生于1984年农

① 村民邢银超目前为北杨庄梅花拳文场组织的实际“当家人”。

历四月二十九日卯时，属鼠。

“老三桌”之三

1. 邢戌泰，邢彦奇之子，礼支行一，字柱。生于同治十年（1871）六月，卒于民国二十七年（1938）九月。配威县刘家庄郭氏，生二子三女，长子中道，次子中贵。

2. 邢中道（十四辈），邢戌泰之子，字引民。礼支行一，生于光绪二十七年（1901）九月三十日，卒于民国二十九年（1940）十月二十一日；配宗邑杜家庄杜凤调之女，继配威县苏庄郭老祥次女，生三子，长子尚志，次子尚彬，三字尚春，次子出支。邢中贵，邢戌泰次子，礼支行二，生于光绪三十年（1904）一月十五日；配威县银边庄宋庭之女，继子尚彬。

3. 邢尚彬（十五辈），邢中道之子，礼支行二。生于民国十五年（1926）九月二十一日，卒于2004年农历腊月二十六日，享年七十九岁。配西刘庄刘洛宗之女，生于民国十一年（1922），卒于二十九年（1940）正月二十八日；配威县银边庄宋泽普之女，生于民国十二年（1933）农历十月八日，卒于2006年正月初十。

4. 邢世成（十六辈）①，邢尚彬之子，礼支行一，生于1951年古历五月三十日卯时，太阳发红之前。

综合以上材料信息进一步分析，显而易见的是，北杨庄梅花拳组织的辈分传承与邢氏家族内部的辈分传承之间呈现出一种平行结构关系。目前来看，北杨庄邢氏家族中的梅花拳“老三桌”成员，其中以村民邢银皋、邢银超、邢银峰与邢银须等人辈分最高，他们均为梅花拳十四辈弟子；村民邢尚宝、邢尚娥、邢尚奇与邢尚雷等人辈分次之，他们为梅花拳第十五辈弟子；村民邢世成辈分最小，他是梅花拳第十六辈弟子。如果从邢鹤秀

---

① 邢世成是北杨庄年龄最长的梅花拳第十六辈弟子，他的父亲邢尚彬生前精通梅花拳文武两场。但邢世成早年未专门习武，并没有进入梅花拳文场，中年以后由于个人因故生病，才逐渐开始接触梅花拳文场。

所处的清朝道光年间开始算起，北杨庄邢氏家族梅花拳历经六辈传承，其在村落中的存续时间已达 170 余年之久。而从其家族内部传承关系来看，这“老三桌”实际上也正是邢氏家族体系中的“老三股”，其中邢鹤鸣、邢鹤禄、邢鹤秀均为邢连英之子，他们都属于邢氏家族的第十代族人。此后又历经彦字辈、生字辈、银字辈、尚字辈等四代人，至第十五代世字辈时，则已经超出了传统家族结构的“五服”关系。

在高丙中看来，中国人生活的社会性，首先是由血缘来体现的。作为血缘性的社会群体或社会组织，家族既长期在中国传统社会作为一个有机的部分发挥核心组织的作用，也在 20 世纪后期再次成为中国社会构造的重要组成部分。① 具体到北杨庄而言，家族组织是乡村梅花拳在村落中得以稳定传承的核心关键要素。值得注意的是，北杨庄邢氏家族的成员年龄、辈次与梅花拳的代际辈次之间虽有交叉，但并不矛盾。它呈现出一种相对平行的传承关系，这与梅花拳文场师傅在收徒排辈前同时考虑村民的家族辈分密切相关。例如该村已经去世的村民邢尚彬，他是梅花拳第十四辈弟子邢银须的本家侄子。虽然他的实际岁数要比邢银须年长很多，但按照梅花拳辈分和家族辈分划分，他只能被归为梅花拳第十五世弟子②。尽管如此，北杨庄村民在梅花拳弟子的辈分传承问题上并没能完全避免差错。据村民回忆，该村梅花拳武场师傅王尚信的父亲与大伯之间就曾出现过差辈的特殊情况③，以致后来梅花拳文场师傅在安排拜师入门事项时会特别注意这个问题，以尽量避免家族辈分方面发生错乱。目前北杨庄约有 30 余户村民在家中设立了“架桌子”专门供奉梅花拳文场祖师爷，这也是邢氏家

---

① 高丙中、夏循祥：《作为当代社团的家族组织——公民社会的视角》，载《北京大学学报（哲学社会科学版）》2012 年第 4 期。

② “尚斌是十五辈，他是老党员，觉悟很高。年龄比我大不少，但他得称呼我叔叔。他文化好，写字漂亮，有什么事的时候都是找他来处理。但是因为文场烧香磕头的事，再加上党员身份，他自己很矛盾。”被访谈人：邢 YX，男，北杨庄村民；访谈人：张兴宇；访谈时间：2015 年 8 月 13 日；访谈地点：北杨庄。

③ “老百姓这个没有绝对的事，什么都得活学活用，灵活着掌握才行。不然的话你根本没法往下传。”被访谈人：王 SX，男，北杨庄村民；访谈人：张兴宇；访谈时间：2015 年 4 月 6 日；访谈地点：北杨庄。

族梅花拳“老三桌”长期以来在村中坚持“传道”的成果之一。

按照北杨庄人的说法，乡村梅花拳在过去主要分为三道：文道、武道和医道。其中文道烧香敬祖，武道传拳授艺，医道负责治病救人。三者之间，各司其责，相互补充。过去北杨庄梅花拳名师邢鹤禄、邢彦臣、邢生奎等人，他们都属于精通梅花拳文场和武场知识的行家。平时这些文场和武场师傅还能帮助村民医治疾病，因此在村落中享有着较高的声望。比如北杨庄梅花拳第十四辈弟子邢玉栋，他曾是一名医术高超的老中医，平日擅长用针灸方式为村民治疗疾病。据说邻村有位村民练气功时穴道出了问题，四处治疗无方，后来找到邢玉栋。邢玉栋信手对那人点了两下，手到病除。遗憾的是，由于后继无人，邢玉栋的梅花拳医道功夫并没能传承下来。目前北杨庄梅花拳的“当家人”邢银超，由于其祖辈是该村梅花拳“老门口”，他在年轻时曾跟随家中老人习得了一些梅花拳文场知识，所以他的文场功夫在村落梅花拳内部得到了普遍认可。由此可见，这种家族内部传承的特殊方式是北杨庄梅花拳得以长期传延的核心动力所在。

在乡村社会中，姻亲关系作为人们社会关系网络的一部分，其重要性体现在生活的方方面面①。当然，除了依靠以血缘关系建立的家族内部方式传播梅花拳之外，北杨庄梅花拳组织还会借助姻亲关系纽带进行“传道”②。例如该村梅花拳第十五辈弟子邢尚彬，他生前在梅花拳门内属于文、武皆通型的人物。邢尚彬不仅擅长大刀、流星等梅花拳传统兵器，平时也在家中坚持文场信仰活动。他与杜家庄村民张某属于姑表亲关系，张母是邢尚彬的姑姑。而张某当年接触梅花拳文场的主要原因是为家庭求取平安。但在前些年，因为张某二儿子的小孩患了重病，家人带着孩子四处求医治疗无果。后来家中有人提议让他去北杨庄找表哥邢尚彬帮忙医治。

直到近几年张某从单位退休之后，才开始参与恢复杜家庄梅花拳武术

---

① 刁统菊：《华北乡村社会姻亲关系研究》，中国社会科学出版社 2016 年版，第 114 页。

② 所谓“传道”，是指梅花拳文场师傅通过传播梅花拳的文理知识，吸引更多的村民加入梅花拳。但是这种“传道”机制又是有限度的，村民借助群体磋商的方式来控制“架桌子”的数量和规模。

队一事。由于杜家庄村中练拳村民人数太少，这支梅花拳武术队最终也没有完全恢复起来。不过张某充分运用自身积累的文化知识优势，在退休后搜集整理了不少村落梅花拳轶事，在村民眼中也就顺理成章地成为通晓杜家庄村落梅花拳历史的“文化能人”。实际上，这种通过姻亲关系传播梅花拳的情形在当地村落社会中也被视为一种生活互助扶持方式，它能够起到一定的心理“安慰剂”效果。

因此，从某种意义上说，正是基于乡村梅花拳内部“拟亲属”关系构建与家族内部传承的双线复合作用，北杨庄梅花拳才得以呈现出相对坚韧的民间传播力量。一般认为，民俗生活是生活文化的基本表现，是社会成员按既定方式对生活文化的参与①。乡村梅花拳在村落社会的传播过程中，不断参与并影响着村民日常生活方式。而从目前实际发展情形来看，在北杨庄梅花拳“老三桌”中，以邢银超、邢尚宝等村民为代表的梅花拳文场师傅掌控着村落梅花拳的传承发展大局。

（三）传拳“困惑”：动力的“失灵”

必须要承认的是，乡民对乡村梅花拳的传播现状并非没有任何担忧，并且在当前市场经济大潮的冲击中产生了明显的“困惑”。年轻一代练拳人员的骤减成了北杨庄乃至整个广宗县乡村梅花拳传承发展的时代难题。在北杨庄人看来，过去习练梅花拳属于“卖方市场”，北杨庄村民的练拳积极性普遍较高。以前村民学拳时梅花拳武场师傅教授徒弟拳技时常说：“叫你学，你不学，再想学时摸不着。”如今这种练拳情形则完全发生了颠倒，转而成为“买方市场”②。例如，2013 年暑假，北杨庄村中曾有十多名小孩跟着梅花拳武场师傅邢尚娥学练了一阵子的梅花拳拉架子基本功。可等到第二年暑假时，这支练拳队伍便无法再组织起来。即便是邢尚娥自己的儿子，也没能将家族习练梅花拳的武术传统坚持下来。虽然他在幼时

① 高丙中：《民俗文化与民俗生活》，中国社会科学出版社 1984 年版，第 145 页。

② “原来学梅花拳的东西，磕头找礼，规矩很多。现在反过来，你倒过来给他磕头，他都不一定学。”被访谈人：邢 SE，男，北杨庄村民；访谈人：张兴宇；访谈时间：2016 年 7 月 10 日；访谈地点：北杨庄。

曾跟随父亲学习过一些梅花拳基本功，但自从读了初中之后，他便对学拳一事逐渐失去了兴趣。这一情况也凸显出当下乡村梅花拳传承所面临的实际遭遇。

细而究之，当地乡民所产生的这种“困惑”其实有其内在的社会因由。仅对北杨庄邢氏家族第十六辈族人而言，他们大多出生于2000年以后，目前基本上都处于与北杨庄梅花拳习武传统渐行渐远的状态。概而言之，这种问题的产生主要受到两方面的影响：一是村落中的新一代年轻村民平时忙于上学，日常学业繁重；他们即便有了空闲时间，精力多数又放在玩手机、电脑游戏等新型娱乐方式上。二是受到各类假期辅导班的影响，大多数孩童平时也没空学练梅花拳。而对于那些文化水平不高的年轻村民来说，他们一般在初中、高中毕业后就外出打工谋生，所以练拳兴趣也不高。因此，无论从村民生活现实的任何一个角度考量，当下练拳都不再是北杨庄年轻人的理性选择。

不仅如此，虽然每次外出参与梅花拳武术交流活动时，北杨庄到场的人数并不算少，但真正能够表演梅花拳武术的村民并不多。目前来看，北杨庄村中大概还有20余位村民具有外出参加梅花拳武术表演活动的实力。而20世纪90年代以前，每到年末春节，北杨庄村中还会组织梅花拳弟子集体“玩拳”，现在则很少组织此类村落公共娱乐活动。当然，村中有些居住距离较近的家户，他们还是会在业余时间交流拳技，互通有无。当乡村梅花拳这种“以师带徒”的传统模式不再适应目前的村落生活方式时，广宗县地方政府与梅花拳协会曾尝试推广梅花拳进校园的新型传承方式，并收到了一定的效果①。北杨庄梅花拳武场师傅刘金亮在本村小学负责教练梅花拳，他同时还在附近的核桃园小学教三个班级学习梅花拳。而成为国家级非物质文化遗产之后的乡村梅花拳，也逐渐转化为一种乡民艺术形式。在刘铁梁看来，“乡民艺术是民俗文化的一种形式，而民俗文化是伴

---

① 2009年4月，在广宗县地方政府的支持下，广宗县梅花拳协会邀请北杨庄梅花拳武场师傅王尚信前往广宗二中教授梅花拳。后来广宗县其他中小学陆续开设了梅花拳体育课程。

随民众实际生活的文化”①。当梅花拳成为国家级非物质文化遗产之后，无论是“乡民艺术”的身份定位，还是“民俗文化”的艺术化升华，都不意味着梅花拳这一民间武术拳种的乡村传承没有任何难题。实际上，乡村梅花拳习练“市场”的火热，抑或是短暂性的传承动力“失灵”，都是特定社会时代发展的产物。这些问题，也是未来很长一段时间内北杨庄梅花拳弟子们所困惑的“焦点”。

第三节 梅花拳的武功与文教

一、“师缘”结构：“三师调教”与门内规矩

（一）“师缘”关系的建立：“三师调教”

师徒传承是中国传统武术传承的基本方法。师徒制传承方式促进了民间各类拳种的独立发展，形成了众多的武术流派②。可以说，师傅与徒弟之间构成了“师缘”关系的基本要素。众所周知，对于“师”的有关内涵阐释，以唐代文学家韩愈最为典型，如其在《师说》一文中所言：“古之学者必有师。师者，所以传道授业解惑也。”③ 点明了为师者的师道与职责所在，即传道、授业、解惑。一般来说，在日常生活范畴，人们通常采纳师傅和师父两种用法。如果从词源学角度来辨析，师傅一般包括两层含义，一是代指传授技艺的人，二是对有技艺的人的尊称。在儒家经典《谷梁传·昭公十九年》中曾记载：“羁贯成童，不就师傅，父之罪也。”④ 此处的师傅即指老师之意。而在中国古代传统社会，也通常将帝者之师统称为师傅，如将太师、太傅合称为师傅；并且在民间社会则普遍流传着“师

① 刘铁梁：《村落生活与文化体系中的乡民艺术》，载《民族艺术》2006 年第 1 期。

② 凌静园：《武术师徒传承模式的文化分析》，载《中华武术》2013 年第 4 期。

③ 罗斌主编：《唐宋八大家散文鉴赏》（第 1 卷），吉林出版集团有限责任公司 2015 年版，第 28 页。

④ 陈戍国点校：《四书五经·下》，岳麓书社 2014 年版，第 1603 页。

傅领进门，修行在个人”“教会徒弟，饿死师傅”等俗语。同时，师傅也曾专指对僧尼、道士及衙门吏役的敬称。尤其是在工匠商贾、梨园曲艺、武术等传统行业中，师傅与徒弟之间的关系十分微妙。

具体到“师父”一词，从广义上来看，其与师傅同义。二者皆泛指从事教学工作的老师，但师父一词则更强调师徒之间情若父子的伦理关系。在中国传统社会普遍流传着“一日为师，终身为父”的俗语，虽然为师者多是男性，但师父之称呼并不局限于男性。过去在工匠、梨园、武术等传统技艺领域，一般由师父负责收养徒弟，直至最后技艺学成，二者关系十分密切。“师父”一词曾被使用于僧道领域。例如明代贤臣王恕在《王端毅公奏议》（卷十三）中描述过师父与弟子之间的结构关系。他提出：“且道士之称受业师，则曰师父；于师前自称，则曰弟子，此理之正也。”为师者应当讲究师德，为徒者则应讲究“徒”道。围绕着“师”的概念，形成了师生关系、师门组织和师道规矩等多重社会交际网络。一方面，师父与徒弟之间有着比较严明的等级关系，并且师的身份要明显高于徒弟。例如在民间社会亦流传着“三年徒弟，三年奴隶”的说法。尤其是在传统工匠行业，一旦徒弟拜师之后，虽然享有“家人”的身份和名号，但其实际地位相对低下。另一方面，徒弟在从师学艺时，往往要先经受极为艰苦、苛刻的生活考验，以此磨炼徒弟的精神意志。再者师父在传授技艺时，也并非完全和盘托出，往往会自留一手，以防“教会徒弟，饿死师傅”。庄士敦认为：“虽然师生关系没有列于‘五伦’——‘五种人伦关系’之列，但却与其中‘两伦’密切相关，即父母与子女之间的关系和朋友之间的关系。”① 因此，“中国人的规范要求学生要像尊重父亲那样尊重老师”。由此可见，师父与徒弟之间的有机互动模式交相呼应，基于拜师收徒所建立的“师缘”结构关系尤其值得关注②。

---

① ［英］庄士敦著，潘崇、崔萌译：《儒学与近代中国》，天津人民出版社 2010 年版，第 35 页。

② 在以往民俗学研究中，主要强调因血缘、地缘、业缘等要素而建构形成的人际交往模式。我们注意到，“师缘”关系也是中国乡土社会的民众拓展日常社会交往路径的重要方式之一。

综而观之，在北杨庄，乡村梅花拳这一传统武术门派的拜师收徒方式主要分为两种类型，一是村民单纯为学习梅花拳拳法技艺的武场拜师方式，另一种则是以烧香敬祖为典型特征的文场拜师方式。通常说来，拜师收徒仪式主要是由梅花拳文场师傅来统一组织安排，北杨庄村民一般将其称为“当家人”，这也意味着他们在村落内部处理涉及梅花拳公共事务时要比旁人付出更多的精力和物力。在该村梅花拳文场师傅邢 YC 看来，“谁当家谁操心，谁管事谁操心，冲谁来的谁操心”①。梅花拳的文场是该拳派的领导核心②。过去乡村梅花拳组织拜师仪式，一般先按照拜师人数情况拟定三至五位参与拜师仪式的梅花拳文场师傅，然后由他们统一商议安排具体的拜师程序。正式拜师前需根据个人的兴趣爱好，由拜师者自愿选择进入梅花拳文场或武场。再由梅花拳文场师傅依据现有的拳班辈分排序，经引师、送师、恩师等“三师调教”，依次分配拜师。当地流传着“送师大、引师小”的说法，恩师则是指拜师入门后的指导老师。收徒又具体分为两类，一种徒弟是授业门生，他们多是继承了家中上一代习练梅花拳的传统，所找引师、送师也皆为村中熟人；另一种则是创业门生，他们属于本家庭中接触梅花拳的第一代弟子，引师、送师、恩师都需由梅花拳文场师傅商议后才能确定。

梅花拳武术技艺的习得是“师缘”关系建立的根本基础。实际上，村民如果只是为了学习拳法技艺而举行的梅花拳武场拜师流程相对简单。在村落社会生活中，文与武构成了乡村梅花拳“开道度人”价值诉求的基本内容③。按照乡村梅花拳的民间礼数，村民学拳拜师入门时主要遵循着“三师调教”的仪式化程序。村民们最初的学拳阶段多是在青少年时期进行，当他们的梅花拳拳术功底达到一定水平之后，如果个人仍有意向继续钻研学习，梅花拳文场、武场师傅会为其组织集体拜师收徒的仪式。例

---

① 被访谈人：邢 YC，男，北杨庄村民；访谈人：张兴宇；访谈时间：2015 年 4 月 6 日；访谈地点：北杨庄。

② 燕子杰：《论梅花拳的文场与武场》，载《社会科学研究》1991 年第 3 期。

③ 周伟良：《梅花拳信仰研究——兼论梅花拳的组织源流》，载《北京体育大学学报》2006 年第 6 期。

如，北杨庄梅花拳武场师傅王英武，自幼习练梅花拳，尤其擅长梅花拳腿功，在二十七八岁左右正式拜师入门。当时梅花拳文场师傅给他安排的引师为本村老拳师王占，送师是他的二奶奶，也是当时梅花拳文场“当家人”的母亲，授业恩师则为谷常相村梅花拳名师谷景华。据说谷景华一生共收徒弟108名，在北杨庄有王英武等8位村民拜谷景华为师。其中村民王英武从34岁起开始正式收徒，目前总共收了4名徒弟，他的开山弟子也已在山东临沂一带收徒传拳。由于王英武拜师后没多久授业恩师因病去世，他的“香礼”知识主要跟随村内梅花拳文场师傅邢银超学习而来。开始他只是知道一些简单的梅花拳磕头、烧香规矩，并不懂得里面的门道，后来经过不断学习才逐渐深入了解。有意思的现象是，对于习拳者将要拜师的具体对象，他们本人事前并不知晓。“拜谁为师”需由梅花拳文场、武场师傅商议后再做安排。大多数情况下，他们主要根据拜师者习练梅花拳基本功的功底水平酌情分配，且多是拜本村不同姓氏或外村梅花拳武场师傅为师。例如北杨庄武场师傅邢银皋现为梅花拳第十四辈弟子，他的父亲邢生印和爷爷邢彦臣分别为梅花拳第十三辈和十二辈弟子，而邢银皋在年轻时被指定拜广宗县前魏村陈文超为师。就该村梅花拳武场的拜师规矩而言，所谓“三师调教”中的引师、送师和恩师，主要起到了见证人的象征性作用，它同时也是梅花拳内部“师缘”关系建立的一种身份确认和认同机制。

（二）“师缘”关系的维持：拜师帖与日常交往

在乡村梅花拳组织内部，普通村民一旦经过“三师调教”程序确立了梅花拳弟子身份之后，即可被这一群体成员所接纳。至于“师缘”关系的维持，主要通过拜师帖和日常交往习惯来实现。在北杨庄，至今仍流传着梅花拳拜师时互存拜师帖为证的民间习俗。这种拜师帖一般是用红纸黑字书写，引师、送师、恩师及拜师人员姓名信息一并写明。拜师帖需经具有一定文字功底的梅花拳弟子执笔书写，例如，北杨庄村民邢尚斌文武功力深厚，且擅长书法，所以以前村中书写拜师帖的工作基本都由他来完成。拜师时徒弟辈次要参照师傅的辈次往下自然顺延一辈，并在落款处标明拜师时间。等举行完简单的敬茶、敬酒、鞠躬或磕头等拜师礼仪式后，师徒各自收存一份拜师帖作为日后保持联系的凭据。以北杨庄梅花拳武场师傅王尚信和邢尚娥近年来收存的部分拜师贴为例：

1. 梅花拳武场师傅王尚信所藏拜师帖

（拜帖）引师李玉普，送师邢尚宝，拜广宗县北杨庄村十四辈孙王尚信师傅大人台下，门生本县件只乡西宋村徒韩子润叩拜，二零一五年古二月二日吉时。

（拜帖）引师霍德庆，送师王奇亮，拜广宗县北杨庄村十四辈孙王尚信大人台下，本村十五辈孙刘金亮晚生叩拜，公元二零一四年七月二十六日。

（拜帖）引师师东平，送师王志彬，拜广宗县杨庄村十四辈孙王尚信大人台下，柏乡县小里村十五辈孙王敬晚生叩拜，二零零九年九月一日。

（拜帖）引师李玉普，送师张文同，拜广宗县杨庄村十四辈孙王尚信大人台下，威县东平村十五辈孙赵振群晚生叩拜，公元二零零六年五月初八日。

（拜帖）引师李玉普，送师贾德庆，拜广宗县北杨庄村十四辈孙王尚信大人台下，永清县北固村十五辈孙刘博远晚生叩拜，二零零二年十月一日。

2. 梅花拳武场师傅邢尚娥所藏拜师帖

（拜）引师王奇亮，送师邢银峰，本县本村邢尚娥之妻刘氏台下门生，徒本县本村邢东亚之妻刘氏叩，二零一三年古四月十六日。

（拜）引师王奇亮，送师邢银峰，本县本村邢尚娥师傅台下门生，徒本县本村邢东亚叩，二零一三年古四月十六日。

（拜）引师孟令杰，送师谷景周，河北省广宗县（杜）杨庄邢尚娥师傅大人台下，广宗县谷常相村创业门生孟德科叩，二零零九年二月二十二日。

（拜）引师谷景周、张净柱，送师谷景周，广宗县杜杨庄邢尚娥师傅大人台下，广宗县小辛庄受业门生张玉成叩拜，二零零六年四月十九①。

（拜）引师邢尚宝，送师邢银超，本县本村邢尚娥大人台下门生，徒邢东博本县本村叩，二零零五年二月二十五日。

（拜）引师王增会，送师邢尚彬，邢尚娥大人台下门生，徒邢世宁本村，公元二零零三年古十二月十三日。

（拜）本村引师邢银皋，送师邢尚彬，邢尚娥大人台下门生，徒弟邢东权叩，公元二零零二年十二月初六日。

（拜）引师邢尚彬，送师邢银须，本村邢尚娥师傅大人台下，本村受业门生王良川拜，一九九五年二月初六日。

拜师帖既是确认梅花拳师徒关系的重要标志，也是维持“师缘”关系的关键凭证。通过以上几份拜师帖可以看出，北杨庄梅花拳武场师傅王尚信平时教拳所收的徒弟，所涉地域范围既包括本县本村的乡民，也不乏外县外村的梅花拳习练者。村民邢尚娥虽然从年龄上比王尚信小了近三十岁，但他作为目前北杨庄梅花拳武场的中年骨干力量，传拳收徒人数也在逐年增加。而且在邢尚娥的影响下，他的妻子刘氏近几年也开始收徒传播梅花拳文场知识。王尚信与邢尚娥等武场师傅身为拜师人员的“授业恩师”，平时主要承担着指导拳理、传授拳技的职责。梅花拳弟子们在拜师后，每逢年节还要到武场师傅家中探望以示尊敬。由于村民日常生活圈子的远近距离差异，梅花拳武场弟子之间的交往频度并不一致。当然，在北杨庄人看来，梅花拳拜师与传师是两个不同性质的概念。所谓拜师一般要拜辈分比自己大的为师，但传师则不拘泥于此范畴。例如，在梅花拳内部普遍流传着“梅花拳珍珠倒卷帘，徒弟倒把师傅传”的说法。梅花拳武场师傅王 YW 就承认自己的文场功夫不如自己徒弟的水平高，有时还会向徒

① 北杨庄又被当地村民俗称为杨庄、杨家庄或杜杨庄，故所书村名有所差异。

弟学习文场知识①。而且村民们认为，在沟通梅花拳拳术功法时无须顾忌年龄大小之分，只有技艺高低之别。通过拜师帖和师徒之间的日常交往，也使乡村梅花拳内部的“师缘”关系不断得到巩固。

（三）“师缘”关系的强化：梅花拳“规矩大”

既处于乡村社会之中，且成为一种组织传统，意味着梅花拳必然是乡村社会文化体系的一部分②。作为乡土村落中村民自愿结社的组织形式之一，在乡村梅花拳内部传承着一系列较为“严苛”的民间规矩，梅花拳的“规矩大”即源出此说。一方面梅花拳文场师傅在其组织内部享有着一定的权威，另一方面梅花拳文场烧香敬拜祖师爷的内部规矩繁多，组织活动较为严密。当然，其本质都是在强化乡村梅花拳组织的“师缘”关系。

首先，涉及村落梅花拳内外的大事小情，一般皆需听从梅花拳文场师傅的统一管理，也就是村民所谓的“文场领导武场”。文场领导武场，主要指乡村梅花拳组织遇到集体性公共事务时，需由文场师傅负责安排，武术队外出参加表演活动前也应先咨询文场师傅的意见。但在具体梅花拳武术训练方面，武场师傅相对更具发言权。目前来看，修炼梅花拳文场的村民，并不一定精通梅花拳武术。村民认为，练拳只是普通乡民日常娱乐生活中的一部分，因为个体练拳的精力毕竟有限，所以很少有人可以兼顾修习梅花拳文场和武场。但在过去，北杨庄梅花拳祖师爷们则讲究文武双修。他们一般在幼时先行习武，后来等武艺逐渐精深之后，再慢慢地接触文场知识，这是一个促进、提升梅花拳文理功法的双向互动过程。而且，北杨庄梅花拳武场弟子至今仍然严格地遵循着“遇事请示文场师傅查看”的民间规矩，并逐渐衍化为村民日常的生活惯习。例如，有一年广宗县组织民间文艺汇演活动，县里准备邀请梅花拳武场师傅王尚信参加表演。他

---

① “我从小练武，要说梅花拳武场的事情，我还有些经验。但是文场咱不沾嫌，我徒弟钻研得都比我深，有时候我还得向他学习。俺这里有个说法，梅花拳珍珠倒卷帘，徒弟倒把师傅传。”被访谈人：王 YW，男，北杨庄村民；访谈人：张兴宇；访谈时间：2015 年 8 月 13 日；访谈地点：北杨庄。

② 张士闪：《民间武术的“礼治”传统及神圣运作——冀南广宗乡村地区梅花拳文场考察》，载《民俗研究》2015 年第 6 期。

在出行前先向本村梅花拳文场师傅汇报相关情况，经文场师傅请示祖师爷“批准”之后，他才安心地外出参加表演活动。前魏村梅花拳文场师傅李玉普与王尚信关系不错，人称“魏村二爷”。王尚信当年在自家院中种了几棵白蜡树，李玉普曾用手指在白蜡树苗的枝干上面刻写了“前卫（魏）村用”四字。等一年以后，他刻写的字体也已与树干融为一体，痕迹明显。有外人也相中了这棵白蜡树，但王尚信说此树是给前魏村文场师傅李玉普所用，此人便不再打这棵树苗的主意。这些事例都表明了乡村梅花拳文场师傅的民间权威和影响力所在。

又如在2006年，广宗县地方政府曾邀请来自六个国家的梅花拳爱好者到北杨庄交流拳法技艺。当时安排由北杨庄梅花拳武术队负责接待，并在村内组织了一场规模宏大的“亮拳”表演活动，慕名前往观看的周边村民达上万人之众。为确保接待活动的顺利举办，在“亮拳”活动开始的前一天，北杨庄梅花拳文场师傅邢银超、王英武等人在家中“架桌子”前跪香请愿。第二天，王英武赶去现场帮忙，邢银超则从早上八点一直跪香直至活动结束。据村民讲述，梅花拳文场师傅在多次焚香获取祖师爷“香礼”启示后，认为当天的活动可能会遇到不利“小事”，但并不知所犯何事①。因此村中几位梅花拳文场师傅在“亮拳”活动开始前特别嘱咐、提醒表演的梅花拳弟子们：“玩武的时候要特别注意附近的小孩和妇女，以免伤及无辜。”当天北杨庄梅花拳弟子在用梢子、流星开场时，为确保表演安全，相比平常特意往外多开了七八米的距离。其实，在村民们看来，梅花拳“亮拳”表演本身并不是什么问题，但表演时的安全状况则相对更加重要。尤其是在外国友人面前，他们不远万里前来访问一个看起来与之毫无瓜葛的普通村庄，北杨庄人认为决不能因为“玩砸了场子”而丢了面子。后来“亮拳”表演活动顺利举办，北杨庄梅花拳被《邢台日报》等地方媒体加以宣传报道，北杨庄一时声名鹊起。该村梅花拳弟子则把这次活动顺利举

① “那时候几个文场师傅在一块看了看香，都说有点事，但是不知道是什么事。反正就是多注意着些吧，万一出了事情都不好办。”被访谈人：邢SB，男，北杨庄村民；访谈人：蒋帅；访谈时间：2015年4月6日；访谈地点：北杨庄。

办的原因归结为文场师傅们“跪香请愿”的虔诚回报。由此可见，在村落日常生活体系之内，梅花拳文场师傅不仅占据着梅花拳信仰权威中心的地位，同时也是日常强化“师缘”关系的核心成员。

其次，梅花拳文场弟子在拜师入门后，需遵循“焚香敬拜”的门内信仰规矩。这一被日常化的信仰行为是强化梅花拳弟子“师缘”关系的重要支撑。梅花拳文场信仰活动讲究敬拜以“天地君亲师”为象征的“架桌子”。在广宗县前魏村梅花拳文场师傅李玉普收藏的《梅花拳·邹祖家谱》中，也曾解释了梅花拳弟子敬拜“天地君亲师”的说法[①]：

> ……庭训数载，惜乎未能文成，但文事固重，武备亦不可不习。武艺独称高强，如固国名将，能周游四方千余里，一时之从学门徒者，不下数百人。我先君先语，以作善事，敬“天地君亲师”。

尽管如此，在日常信仰生活实践中，乡民对于“天地君亲师”的概念认知有多种解释，而且北杨庄梅花拳文场师傅平时教授给村民们的祭拜方法更加简单易学。至于具体敬拜方式，则主要依据神灵的位置有所区分。其中村民供奉的陈氏奶奶是梅花拳祖师爷邹魁元的妻子陈氏，河南归德府人，村民传说当年陈氏奶奶曾传拳至北杨庄。为纪念陈氏奶奶的传拳功绩，梅花拳弟子们在佛坛中加以供奉。设立了“架桌子”的梅花拳文场弟子，需每天早、晚两次焚香磕头敬拜。不仅如此，过去在北杨庄梅花拳文场内部，有着十分严明的性别区分，女性一般居于从属地位。例如，梅花拳文场弟子邢 YZ 小时候在娘家生活时，关于梅花拳的事情从来不敢多嘴。按照梅花拳严密的门内规矩，如有梅花拳弟子到她家商量事情，她们只负责烧水做饭，从不多言语[②]。等到敬拜祖师爷时，全家人都要去跟着磕头

---

① 有关“天地君亲师”的具体论述，详见下一章解读。

② “我记得我很小的时候，家里一来就是不少人，都是梅花拳的，和一家人似的。但是俺们从来不问梅花拳里面的事，我跟着俺娘生火做饭。梅花拳那是爷们的事，娘们不管。”被访谈人：邢 YZ，女，北杨庄村民；访谈人：张兴宇；访谈时间：2015 年 8 月 13 日；访谈地点：北杨庄。

行礼。此外，过去在梅花拳弟子之间还流传着一些“行话”，用来确认对方的身份，例如：

（主人问）金檩金梁金庙台，红门落锁无人来。你说你是佛家真弟子，为啥不带钥匙来。

（客人答）莲为钥匙性为簧，无字真经法内藏。真性打开三簧锁，一条明路到家乡。

（主人问）家乡在哪里？

（客人答）西城①。

类似上文这种对话规矩，以前曾在乡村梅花拳内部秘密流传。如果来访客人能够熟练应答，主人则会将客人视为一家人，并热情以礼相待。如果不能正确作答，主人则会以相对谨慎的态度处之。当然，梅花拳之所以“秘密流传”，是由当时的历史和社会条件决定的②。久而久之，这些禁忌和规矩已经渗透至北杨庄村民的日常生活领域。例如，北杨庄梅花拳弟子在食用饺子等过去不常吃到的食物时，通常要先端上两碗供奉给祖师爷，随后全家人员才可享用。正是这些朴素的民间信仰规矩，潜移默化地影响着村民们的日常生活方式。经由“三师调教”“拜师帖与日常交往”“门内规矩”等多重组织运作机制，乡村梅花拳组织的“师缘”关系最终得以确立、维持和强化。

二、梅花拳的伦理观与文理武功

（一）父子道：梅花拳的伦理观

乡村梅花拳在当地又被称为“父子拳”，即师徒之间可以称父子，但父子之间不能互称师徒。透过这样一种特殊的师徒传承关系，实际上也体

---

① 被访谈人：王Z，男，北杨庄村民；访谈人：张兴宇；访谈时间：2016年4月7日；访谈地点：北杨庄。

② 燕子杰：《中国梅花桩文武大法——中华武术之魂》，青岛出版社1998年版，第39页。

现出村民在练拳过程中的亲情伦理观念。北杨庄村民认为，因为父子之间毕竟存在着血浓于水的血缘关系，如果父亲收儿子为徒，在日后传拳时便会心有所忍，恐怕技艺习练不精[①]。尤其是梅花拳的武场，练武期间不动真格便学不成真功夫，习练者必须要经得起摔打。而父子之间的血缘关系使得父亲往往没有那般狠心训练儿子，并且还可能会使两人产生隔阂，因此梅花拳内部沿袭着“子不拜父为师”的民间规矩。但村民在幼时初练梅花拳基本功时，往往又会受到父辈的家学影响。例如北杨庄梅花拳拉架子的基本功最早就是在父子之间相传，一旦进入更深层次的梅花拳技法套路学习时，父子之间的师徒关系就要划清界限。

其实，对于拜师后师徒之间的关系维系，则主要在于营造、培养一种“情同父子”的亲密关系。乡村梅花拳内部流传着“梅花拳，父子道”“天下梅拳是一家”等说法，梅花拳师徒之间可以互称“父子爷们”。如果从“师”的角度来讲，师徒之间具有“义”的职责[②]。这种师徒关系表面上看起来与上述“子不拜父为师”的规矩有所矛盾，但它更强调梅花拳师徒间的伦理亲情观念，这实际上也是一种乡村梅花拳增强内部凝聚力和认同感的“抱团式”组织运作方式。

（二）文理武功：化解日常“难题”

杜赞奇认为，在儒家思想占统治地位的古代中国，参与民间信仰活动（如敬神、修补庙宇等），曾是地方乡绅们“义不容辞”的“责任”。[③] 相比较乡村梅花拳组织而言，文场师傅在村落信仰领域主要承担着类似地方乡绅的“领导责任”。对梅花拳文场师傅来说，他们的重要职能之一是帮助村民解决日常生活中碰到的各种“阴事”和“虚病”。通过自身习得的

---

① “父子有血缘关系，吃苦受累的，在地上摔打，当爹的可能会心疼。你一心疼就不舍得打，不打就学不到真功夫。所以梅花拳里面讲究师徒可以称父子，但是父子不能称师徒。”被访谈人：王 SX，男，北杨庄村民；访谈人：张兴宇；访谈时间：2016 年 3 月 25 日；访谈地点：北杨庄。

② 唐韶军：《生存·生活·生命：论武术教化三境界》，上海体育学院 2015 年博士学位论文，第 66 页。

③ ［美］杜赞奇著，王福明译：《文化、权力与国家——1900—1942 年的华北农村》，江苏人民出版社 1996 年版，第 122 页。

梅花拳文理武功，帮助村民化解日常“难题”。对于家中已经供奉了梅花拳“架桌子”的村民而言，如果在生活中遇到小小不然的问题，可以在家中自行焚香敬拜祖师爷寻求解决问题的办法。一旦碰到自己无法解决的问题，则需邀请村中功力更为深厚的文场师傅从“香礼”上帮忙。例如，该村梅花拳文场师傅邢银超的爷爷在生前曾借助“香礼”功夫帮助村民医病。当时有村民身上长了怪疙瘩，去核桃园医院治疗后仍不见好转，于是找到邢银超的爷爷帮忙。① 在北杨庄，目前通晓梅花拳“香礼”的文场师傅主要有邢银超、邢尚宝和王奇亮三人。当然，除了本村村民之外，有时周边村落的村民也会找这些文场师傅帮忙“解事”。他们一般是由于家庭遇到困难之事无法解决时，才会请他们帮忙“医治”。梅花拳文场师傅要从香谱中寻找引发困难之事的原因和对策。等问题解决后，村民还要再到文场师傅家中“还愿”以示谢意。

实际上，就梅花拳武场功夫的传承而言，它看得见，摸得着，属于实打实的拳脚功夫，相对容易学习。文场敬祖师，研究拳理，有文化典籍世代相传。它集佛、道、儒三家学说和周易之理为一体，修心养性，称为文功②。梅花拳文场知识与武场拳法有所不同，它本身属于一种精神意识层面的观念认知，且与人们的身体感受紧密有关，因此文场的功夫修炼更加不易。北杨庄梅花拳文场师傅邢尚彬生前曾对其弟子邢尚娥说：“学‘香礼’难，到老还得捞个难。”③ 而类似这种文场知识的师徒传承主要靠口耳相传来完成。在村民看来，梅花拳内部的‘香礼’知识讲究活学活用，文场知识的修炼也不仅仅只是一层表面功夫。其中请一炉香就有上千种‘香礼’说法，综合梅花拳弟子所请的六炉香，它所显示的‘香礼’则更加复

① “俺爷爷那时候能给人看病，主要是懂文场的化解之法。再就是梅花拳医道的知识，多少都懂一些。其实也和过去的赤脚医生很像。”被访谈人：邢 YC，男，北杨庄村民；访谈人：蒋帅；访谈时间：2015 年 4 月 4 日；访谈地点：北杨庄。

② 陈恳：《梅花拳“文场与武场”考辨》，载《体育文化导刊》2005 年第 8 期。

③ “‘香礼’不好学啊，里面的道道太多了，不下功夫不行！你天天烧香磕头，不一定能懂这些东西。”被访谈人：邢 SE，男，北杨庄村民；访谈人：张兴宇、周连华；访谈时间：2016 年 7 月 9 日；访谈地点：北杨庄。

杂多变。例如，处置肚子疼和胃疼的‘香礼’显示方法就大不相同，文场师傅则主要根据‘香礼’中的提示找出具体的处置方案。由此可见，乡村梅花拳的文理武功既考验着文场师傅的个体耐性与知识储备，也是一种满足乡民日常信仰诉求的文化工具。

小　结

从某种意义上看，类似梅花拳这种乡村武术结社组织，它是超越村落宗族而存在的。梅花拳也可被视为一种以男性互助为主体的乡村武术组织。它与乡村社会中传统的宗族组织之间构成了一种比照关系，拓展了村民日常人际交往的社会关系渠道，并形成了一个相互交织的乡村梅花拳拳派网络。涂尔干认为，人们对事物进行分类，是要把它们安排在各个群体中，这些群体相互有别，彼此之间有一条明确的界限把它们清清楚楚地区分开来。① 乡村梅花拳组织内部与外部界限划分的主要标志为是否“拜师”，这一乡村武术组织的运作机制主要围绕“师缘”关系来实现自治行为，并沿着血缘关系和“拟亲属”关系建构两条乡土传播途径，该组织内部的师徒辈分达成了清晰有界的传承状态。同时，梅花拳组织还在乡村日常生活中制定了相对严格的门内规矩和禁忌规约，以此加强组织内部的成员管理，增强群体认同观念。

例如，梅花拳弟子的辈分排序需请示文场师傅确定，并借助“香礼”确定拜谁为师；还要经过文场师傅安排写拜师帖、行拜师礼等复杂程序后才算正式入门。当然，如果单纯按照乡村梅花拳组织内部的辈分排序，北杨庄梅花拳辈次可能出现家族中晚辈比长辈辈分还要大的特殊情形。但这种情况并不多见，村民通常是会依照家族辈分做出隔代区分，以此划定清晰的界限。村民在学拳之后拜师入门时，既遵循着自愿性原则，同时也具有较强的规矩性特征。例如，村民一旦加入梅花拳文场之后，不可轻易退

① ［法］涂尔干、［法］莫斯著，汲喆译：《原始分类》，上海人民出版社 2000 年版，第 3 页。

出。仅从道义上来看，这种乡村组织的约束性并不绝对。久而久之，村民对这一民间武术组织也会产生一定程度的心理依赖。目前乡村梅花拳的公开性和组织性特征比较明显，源于国家近些年对民间武术管理的政策性转变，乡村梅花拳同样经历了一个从“秘密化”到“合法化”的身份更新过程。

不仅如此，对于乡村梅花拳的文理功法传播，尤其是梅花拳文场知识，乡民更倾向于将其与中国传统文化的宏大叙事结合起来，这是当地村民从文化层面对乡村梅花拳文场做出的自我判断和界定。乡民为何会生成这种民间传统文化上的自信？其主要原因可能在于近年来国家在政策层面对地域传统文化的价值性指认。具体来说，广宗县乡村梅花拳在2006年被评为国家级非物质文化遗产，这一民间武术项目不仅以传统武术之名获得了合法性身份，而且其文武兼修的习练方式也被特别提及和关注。虽然目前乡村梅花拳文场以“烧香磕头”为代表的敬拜规制性约束已被暂时解除，但大部分村民其实依旧存续着一种情绪化担忧①。实如克利福德·格尔兹所言，“我们需要在多样的现象中寻求系统的关系，而不是在类似的现象中寻求实质的认同”②。在乡村日常生活领域中，经由民众对乡村梅花拳的口头叙事和个体生活记忆，以及民众自发建构的乡村梅花拳网络系统，我们能够从这种多重话语解释中探寻其对民众自治生活的功能和意义所在。这种框架式分析方法有助于更深入地走进并理解乡民自治生活图景的内部视界，条分缕析的结构化阐释理路也可以更直观地展示出乡村梅花拳的地方性特征。因此，下一章节将进一步分析乡村梅花拳文场与武场之间的结构性互动关系。

---

① “现在虽然国家政策开放了，允许老百姓信仰自由，烧香磕头也不禁止了。但是有些人还是担心，不知道什么时候还会被干涉。老百姓都有这个心理，以前毕竟是属于黑拳啊。”被访谈人：邢YX，男，北杨庄村民；访谈人：张兴宇；访谈时间：2015年8月12日；访谈地点：北杨庄。

② ［美］克利福德·格尔兹著，纳日碧力戈等译：《文化的解释》，上海人民出版社1999年版，第51页。

第三章　文武大道：梅花拳的乡土自治逻辑

乡村梅花拳作为北杨庄民众日常生活领域的重要组成部分，不仅深刻影响着当地民众的群体信仰心态，而且充分渗透至乡村公共生活的各个方面。表面上看来，这一民间武术组织的成员与其他普通乡民并无二致，实际上他们却在日常生活中善于借助文场“立架”、武场传艺等多种方式参与乡村公共生活，也由此塑造了梅花拳较为独特的乡土自治逻辑。纵观中国从传统社会到现代社会的转型过程，国家、民间人才与民众角色及其关系直接导致不同时期乡村社会经济、秩序的不同呈现①。如果将视野缩小至村落社会，不难看出，其实乡村梅花拳的文场和武场之间原本属于一种相辅相成的互构关系，这也是乡民进行自治生活实践的逻辑基础。值得注意的是，梅花拳“文场领导武场”的传统自治框架在当下乡村社会却悄然发生着些许“位移”，并难免导致梅花拳文场和武场之间发生了部分嫌隙。尽管如此，由北杨庄村落内部孕生的“架鼓送殡”习俗与潜默推行的社区公益观念，已成为乡村梅花拳组织在乡村社会长期保持自治运转的关键支撑。

---

①　参见权丽华：《国家治理能力现代化背景下的乡村治理研究》，光明日报出版社2016年版，第35页。

第一节 文场“立架”：自治权威与象征

一、自治权威：文场的“架桌子”

具体到乡村梅花拳组织的文场信仰习俗而言，家中设立“架桌子”是评判普通村民进入梅花拳文场与否的重要标志。所谓“架桌子”，北杨庄村民又俗称为“佛桌子”“佛坛”，是指村民在家中供奉写有“天地君亲师”字样的神祖牌位。如今北杨庄村民供奉的多是印有“天地君亲师”图像的神轴，村民也将其称作“佛头”。近些年来凭借梅花拳文场、武场师傅在村落内部的组织发展，目前北杨庄村中已经有三十多户村民设立了文场“架桌子”。这种“架桌子”一般被村民安置在所居房屋的西侧房内，且多是用来存放粮食杂物的闲屋。他们习惯于将其供奉的神祖对象统称为“老爷爷”①，并认为坚持敬拜“老爷爷”能够给个人、家庭增加福气，带来平安。通过设立文场的“架桌子”，乡村梅花拳组织的自治权威得以确认和实现。

（一）自治权威的获得：“天地君亲师”

在中国传统乡村社会，民间敬拜“天地君亲师”的习俗由来已久。对乡村梅花拳组织而言，敬拜“天地君亲师”是该群体成员获得自治权威和内部合法性的重要标志。根据余英时的考证，“天地君亲师”观念最初从民间逐渐发展而来，他曾引用清廖燕（1644—1705）《二十七松堂集》卷十一《续师说》一文解释道：“宇宙有五大，师其一也。一曰天；二曰地；三曰君；四曰亲；五曰师。”文末亦有魏礼（字和公，1629—1695）的评语云：天、地、君、亲、师五字为里巷常谈，一经妙笔拈出，遂成千古至文。张履祥（1611—1674）《丧祭杂说》曾云：“家礼祠堂之制则贵贱通得用之……其稍知礼者，则立一主曰：家堂香火之神，或曰：天地君亲师，

---

① “老爷爷”是北杨庄村民对梅花拳文场信仰对象的一种通俗称谓。对于村民口中提及的“老爷爷”，有村民认为他是梅花拳祖师爷邹宏义，也有村民认为是“天地君亲师”的统称。

而以神主置其两旁。”不仅如此，陈独秀在《旧思想与国体问题》一文中，也曾描述过民国时期中国乡村百姓供奉“天地君亲师”的民间习俗：“乡里人家厅堂上，照例贴一张‘天地君亲师’的红纸条，讲究的还有一座‘天地君亲师’的牌位。”① 鲁迅亦曾在其所著杂文《我的第一个师傅》中提及“天地君亲师”的说法：“我家的正屋的中央，供着一块牌位，用金字写着必须绝对尊敬和服从的五位：‘天地君亲师’。”② 另外依据车锡伦的考证，明清时期的民间秘密团体罗教、天地门教等都曾供奉主神牌位“天地君亲师”。他推测：“‘天地君亲师’的概念很可能由明代民间秘密教团首先提出，后来逐渐为乡土社会普遍接受。”③ 费孝通也曾指出，中国社会基本联系是亲属关系，它从血缘上决定了人与人之间的关系。而师生关系由亲属关系延伸而来，“天地君亲师”中的“亲师”就是从亲属关系到师生关系的典型表现。④ 由此可见，“天地君亲师”的信仰观念在中国乡村社会有着较为久远的传承历史和深厚的民间根基。

至于乡村梅花拳文场弟子平时在家中敬拜的“天地君亲师”牌位，北杨庄村民则对此有着不同的看法和解释。总体而言，梅花拳文场“架桌子”供奉的神祖在北杨庄传有“主炉、副炉”“主架、陪架”“上位、下位”等多种说法。有村民认为，乡村梅花拳内部虽然有大架和小架之分，大架供奉六炉香，小架供奉五炉香，但“大架小架是一花，五炉六炉是一家”，他们都讲究敬奉“天地君亲师”。其中天代表风调雨顺，地代表五谷丰登，君代表国泰民安，亲代表父母亲人，师代表授业传道⑤。对于五炉香和六炉香的差异，在北杨庄还流传着一种说法，即凡烧六炉香的梅花拳弟子，东西南北都是一家人。而五炉香的梅花拳弟子则只能往东西方向发

---

① 原载于《新青年》3 卷 3 号，1917 年 5 月 1 日，第 3 页。

② 鲁迅：《且介亭杂文末编》，人民文学出版社 1973 年版，第 89 页。

③ 车锡伦：《“天地君亲师”牌位的出处》，载《民俗研究》1999 年第 3 期。

④ 参见王庆仁等主编：《吴文藻纪念文集》，中央民族大学出版社 1997 年版，第 1 页。

⑤ 被访谈人：邢 YC，男，北杨庄村民；访谈人：张兴宇、蒋帅；访谈时间：2015 年 4 月 7 日；访谈地点：北杨庄。

展，不能往南北发展。村民传说，早年间梅花拳大架和小架之间起了一些纷争，因此定下了不同的烧香规矩①。另据北杨庄村民收藏的梅花拳祖师爷、清武探花杨炳所著《习武序》一文记载，传统梅花拳拳堂的神位设置早已将“天地君亲师”置于非常显要的地位。此外，杨炳对“天地君亲师”也有对应的解释。他将收元老祖视为天地，把均天教主视为君，又把东都护法视为亲师。具体内容如下：

立教条目

（拳堂中间立“天地君亲师”神位）

左书：振三纲须赖真武，论纲常要恃文友讲。

右书：整五常全凭大文，定太平还让武将能。

上书：一贯之道。

设炉次第：上三炉，左一炉，右一炉。

上香定则：五炉上香不必拘定，一握十数炷。上三炉或一握六炷，东炉三炷，西炉五炷。亦可为其贫富不等，只要诚敬为主，且简可行。

拜师祖仪注：每逢朔望日期，定行三跪九叩首之礼，平常日期只行一跪三叩首之礼，亦诚敬为主。

拳堂中徒拜师仪注：拜师时只可先一揖，次叩两头，再一揖。若在别处见师，只用一揖。若久久不见，即叩首亦无不可。

历来相传武祖要言，如文子敬孔子，使人有过庙生肃、过墓生哀之意。真性本于天生，教道成于师传。

上拜收元老祖。收元老祖即天地也。言一元之气，化生万物，成始成终，故为收元老祖。

次拜均天教主。均天教主即帝王也。言一人立教，居中治外，六合一家，故为均天教主。

---

① “五炉、六炉就是在烧香规矩上不一样，一个是只能东西行，另一个可以东西南北都能行。据说和当年张从富师爷有关系。”被访谈人：王 Z，男，北杨庄村民；访谈人：张兴宇；访谈时间：2015 年 8 月 12 日；访谈地点：北杨庄。

终拜东都护法。东都护法即亲师也。言一生气肇东，生我成我，恪遵王法，故曰东都护法。不可退前落后，切忌忘师背祖。然后再一愿，不可犯上作乱，连累父兄。如孔子曰：如所否者，天厌之，天厌之。师立于左边，学徒望上叩首，如前述拜法①。

实际上，北杨庄村民平时习练的为大架梅花拳，因此他们日常供奉“天地君亲师”的模式是以六炉香为主。小架梅花拳所供奉的五炉香是指在主炉供奉五位神灵，而六炉香则是在五炉之外附加一位护法神灵。村民除了在主炉供奉“天地君亲师”神位之外，副炉还要供奉幽冥教主、陈氏奶奶和众先师等神位。在北杨庄人看来，这六炉香象征着天、地、君、亲、师、家等六大部分，并且每一位神灵都承担着不同的神职。但是六炉香中的每一炉分别对应代表哪位神灵，北杨庄村内许多梅花拳文场弟子并不能流利地答出。梅花拳武场师傅邢尚娥收藏的一本梅花拳文场资料中记录了每一炉香所代表的神灵，但多数北杨庄梅花拳弟子只是粗略地知道“天地君亲师”的简单提法，但对其内部具体含义了解不多。

传统民间信仰的最大特点是它消融在生活之中②。北杨庄梅花拳文场师傅在乡村“传道”的过程中，通常会向村民强调他们所信奉的对象为“天地君亲师”，并不会去刻意提及“佛神仙鬼”之说。而且梅花拳文场、武场师傅在给弟子们传授文理功法知识时，也会特别注意到这一点。有意思的是，北杨庄人在日常生活中尤其强调“尊师”的重要性。虽然“天地君亲师”中把“师”的位置放置于最低的层次，但它是最容易被梅花拳弟子所借助和遵循的。不仅如此，由于当地村民仍然保存着过去梅花拳弟子参与义和团运动的地方历史记忆，他们自身对于乡村梅花拳的定位认知也较为透彻。实如北杨庄梅花拳文场师傅邢 YC 所言：“无论你跟着别人学哪

① 〔清〕杨炳：《习武序》，清乾隆七年作。

② 袁松：《民间信仰的情感维度与村落公共生活的整合》，载《广西民族研究》2009 年第 3 期。

一门东西，都必须得跟着社会形势走。”① 参照以往的经验教训，当地村民深知如何紧随乡土社会的历史变动进程努力做到“明哲保身”，这一特征在乡村梅花拳的不同传承发展阶段均有所体现。在此背景下，“天地君亲师”自然成了乡村梅花拳组织获得村落自治权威的一种标志性符号。

（二）自治权威的落实：“架桌子”的设置与布局

一定意义上看，乡村梅花拳组织自治权威的生成过程，并非只停留在虚拟的象征空间之中，它还借助被物化的文场“架桌子”来彰显其力量所在。在北杨庄，梅花拳文场的“架桌子”具体说来又有“花架”和“素架”之分。其中“花架”的布置较为考究，多遵循古礼装饰；而“素架”一般只供奉写有“天地君亲师”字样的神祖牌位。对村民而言，决定他们选择某种宗教或信仰的首要条件就是能否满足他们的现实需要和欲求，他们绝少会出于某种纯理念的追求而轻易放弃或牺牲现实生活的利益。② 过去当地村民生活水平普遍较低，家中供奉的“佛头”都是用毛笔书写“天地君亲师”字样的简易牌位代替。进入 2000 年以后，村民生活条件逐渐转好，北杨庄文场师傅又给村民陆续置换了新的“天地君亲师”神轴。在村民看来，北杨庄梅花拳弟子供奉的“架桌子”都属于“素架”范畴。除了供奉“天地君亲师”、幽冥教主和众先师牌位之外，他们还额外增加了陈氏奶奶的牌位。村民对此的解释是，因为陈氏奶奶过去曾传拳至北杨庄，并广开文武大道，为纪念其功绩，所以在梅花拳文场中加以供奉。目前来说，北杨庄村民在家中供奉的“架桌子”设置方式大同小异。下面仅列举几例，以作进一步比较分析。

---

① “亲就是父母抚养之恩，师现在的意思是谁教你，谁就是你的老师。但是在梅花拳中，你跟着学的梅花拳的那个也不是你的师傅，只是个代替师傅。得按你的辈分再给你找师傅，辈分不乱。”被访谈人：邢 YC，男，北杨庄村民；访谈人：张士闪、李海云；访谈时间：2015 年 4 月 7 日；访谈地点：北杨庄。

② 梁景之：《清代民间宗教与乡土社会》，社会科学文献出版社 2004 年版，第 286 页。

1. 村民邢银皋（男）的架桌设置

架桌位于房屋西侧，烧香炉盆一主一副，一大一小，炉盆中盛放着满满的香灰。北面墙上仅挂着一幅财神爷画像，架桌前摆放着一张磕头用的跪垫。另有一把百余年历史的梅花拳大刀放置于桌子旁边。

2. 村民邢尚娥（男）的架桌设置

架桌位于房屋西侧，其中主炉神位安置在中间位置，剩余陪架安排在侧位，总共敬奉着 14 位神灵。北墙上悬挂了一幅“天地君亲师”神轴，上面插满了开光所用的针线。中间悬挂着五色图像，有黑、黄、蓝、白、红五种颜色，分别代表金、木、水、火、土五行。主炉盆和副炉盆各有一个，蜡烛一对。

3. 村民邢胜君（男）的架桌设置

架桌位于西侧房的东北角处，设有一张简易桌子。其中写有“天地君亲师”字样的“佛头”张贴在北墙上，上书“振三纲须赖真武，整五常全凭大文”“乾坤正气”等字样。桌子上摆放着一对蜡烛、一个主炉盆和一个用木盒做的副炉盆，还有一个用来存放香支的纸盒子。东面侧墙敬奉“幽冥教主”“陈氏奶奶”“众先师”神位，用红纸书写，黄袍铺底。在“架桌子”西侧，分别供奉有福禄寿、观音菩萨和全神等民间神灵。屋子西南角则供奉灶王爷、灶王奶奶神位。东侧墙角处则放置着双刀、长枪、流星等梅花拳常用兵器。

4. 村民邢玉珍（女）的架桌设置

位于西屋的东侧。主炉供奉着用红纸书写的“供奉天地君亲师之位”牌位，侧位分别为“供奉幽冥教主之位”“供奉陈氏奶奶之位”“供奉众先师之位”等牌位。桌上摆有两个烧香的炉盆，一为主炉盆，另一个是副炉盆。两侧摆有一对蜡烛和零散的香支。

5. 村民杜春芳（女）的架桌设置

位于房屋的西侧房，屋子的西墙角摆放有一张桌子。北面墙壁上悬挂着“天地君亲师”的“佛头”，开光时所用的针线仍旧插在上面。桌子上摆着一对蜡烛和一大一小两个炉盆。西墙供奉着“幽冥教主”“陈氏奶奶”“众先师”牌位。

家是迎宾待客之地，也是家人聚首娱乐之地。这种看似与家居空间的“圣化”完全相反的取向，从另一个层面说明了中国民众信仰“神圣”与世俗浑融的本质①。其实，这也体现出民间信仰的生活化特质，民众在家居范围内将信仰中的“神圣”与世俗充分融合。从北杨庄梅花拳文场信仰的“架桌子”设置来看，村民依据各自家庭生活条件实况进行“架桌子”的具体布置。以上五户村民家中供奉的“架桌子”，既包括北杨庄梅花拳文场的“老门口”家户，也涵盖了近几年新加入的女性梅花拳文场弟子。不难发现，北杨庄梅花拳文场弟子统一供奉的“架桌子”，架桌方位均位于西侧房。在北杨庄人看来，如此设置的主要原因在于西侧房多用来日常存放粮食、杂物，位置相对隐蔽，外人轻易不会进入打扰。实际上这也与北杨庄传统的房屋建筑格局有关。过去村民居住的房屋多是三间瓦房，而东侧名义上为两间房，实为一间。至于这些梅花拳弟子敬奉的神祖对象，主要包括“天地君亲师”“幽冥教主”“陈氏奶奶”“众先师”等神位。实如乌丙安所言，中国的民间信仰具有多样性、多功利性、多神秘性等特征。② 当然，也有部分北杨庄梅花拳弟子依据家庭的传统信仰习惯，适当增加了财神、观音等民间信仰对象加以供奉。例如，梅花拳武场师傅邢尚娥，其作为该村梅花拳文场的“老门口”，他在家中总共供奉着 14 位民间神灵，而日常敬拜的神灵对象则更加丰富多元。

（三）自治权威的流动：日常敬拜规矩

乡民一旦进入梅花拳文场组织以后，他们不仅要在日常生活中坚持敬奉“架桌子”，也需定期参与梅花拳内部组织的公共活动。在村落日常生活中，进入了梅花拳文场的村民需遵循一定的敬拜规矩。借助日常敬拜规矩，乡村梅花拳组织实现了自治权威的流动。这种敬拜规矩又具体细分为烧香规矩和磕头规矩两类。敬拜日期除了坚持每日供奉之外，还要在“四

---

① 岳永逸：《灵验 · 磕头 · 传说：民众信仰的阴面与阳面》，生活 · 读书 · 新知三联书店 2010 年版，第 186 页。

② 参见乌丙安：《中国民间信仰》，上海人民出版社 1998 年版，第 12 页。

节气”时摆供敬奉神祖①。恰如王斯福所言：通过烧香以及把烧香当做媒介，一种社会的单位获得认同，其自身同时也获得了认同。② 乡村梅花拳文场，即通过烧香行为来实现村落身份的认同。北杨庄梅花拳文场师傅在其组织内部的重要职责之一，就是管理文场弟子日常香支的使用问题。文场师傅掌握着梅花拳组织的自治权威，也担负着日常巡查监督之责。普通村民进入梅花拳文场后，如无其他特殊情况，他们需坚持遵守每日早、晚两次烧香磕头敬拜祖师爷的传统规矩。如遇工作繁忙时，当然也可自行随机增减。村民平日烧香自然会消耗大量的香支，而这些香支需由梅花拳文场师傅负责统一供应。在距离北杨庄数十里之遥的平乡县一带有许多专门制作香支的村庄，北杨庄使用的香支多从那里购置。目前北杨庄管理香支的人员为梅花拳文场师傅邢尚宝，外村售卖香支的摊贩每年都会定期到他家中送香。然后邢尚宝再打电话通知村中各个梅花拳文场家户，等他们有了空闲时间即可随时去找他领取香支。在邢尚宝之前，售卖香支的摊贩都是往邢尚斌家中送香。邢尚斌之前则是由邢银超的爷爷邢老忠负责管理香支。梅花拳文场师傅按照送香摊贩的原始售价向村民收取费用，并不从中牟利。梅花拳文场弟子所烧的香支分为元炉香（红条香）、线香（问事香，细短、燃烧快）等多种类型，平时常用的则是约 100 根一把的元炉香。这些香支单把价格多在 10 元以下，普通家庭均可负担，一般购买一次足够使用半年以上。

葛兰言认为，在村落中每个人都感到人的生存要与万物秩序保持一致，并在时空中找到合适的定位。③ 在乡村梅花拳内部传承的按照农历节气定期祭拜的民间传统，也遵循着中国传统农时节令秩序。每年农历

① “‘四节气’指的是春、夏、秋、冬四季敬拜‘老爷爷’，比如三月三的桃花大节，六月六的荷花大节，九月九的菊花大节，腊月初八的梅花大节。这时候要‘动香火’，得摆供享，比平时隆重些。”被访谈人：刘 JY，男，北杨庄村民；访谈人：蒋帅；访谈时间：2015 年 4 月 6 日；访谈地点：北杨庄。

② ［英］王斯福著，赵旭东译：《帝国的隐喻：中国民间宗教》，江苏人民出版社 2008 年版，第 151 页。

③ ［法］葛兰言著，程门译：《中国人的宗教信仰》，贵州人民出版社 2010 年版，第 158 页。

三月初三、六月初六、九月初九和腊月初八为乡村梅花拳内部传统的四大节气，村民需焚香摆供敬奉“老爷爷”。除此之外，村民还要在春节期间大摆供品“辞架”和“接架”，意为与供奉的神祖们共同过节。与平常时段的烧香、磕头等仪式化行为有所不同，村民们在“四节气”期间会专门为神祖们多祭烧一些金银纸（又称银箔纸），以强化村民敬奉“老爷爷”的群体信仰意识。在中国人的传统观念中，烧香是对神灵表示敬意，香烛散发的香气是为了取悦神灵①。村民平常烧香敬神使用的香支为元炉香，也叫做红条香。每年给梅花拳祖师爷过“四节气”或者请其帮助“解事”时，一般要在文场师傅的指导下完成。在这些特殊时段，主炉敬奉六炉香的烧香规矩不变，但下面陪架的香支数量可以随时增加。村民认为这样有利于“请神”，并能够顺利获得神祖的灵验启示。如果需要问事占卜，村民会使用线香请求“老爷爷”批香礼。而且，北杨庄梅花拳弟子在烧香之后磕头敬拜祖师爷时，也遵循着固定的磕头规矩。如果按照北杨庄过去的梅花拳文场敬拜习俗，村民在磕头后还要行拜礼，有三拜九叩之说。现在则直接简化为用点头的形式磕头，俗称“懒头”②。至于“陪架”中敬奉的神位，如果村民不通晓内部磕头规矩，统一磕 4 个头即可。文场师傅还会特别提醒新入门的梅花拳弟子们，在焚香敬拜时点燃的蜡烛不可用嘴吹灭，而需用手掌将其扇灭，以表达对神祖的尊重。

此外，村民在立架之前，还需遵守向梅花拳文场师傅“当家人”申请考评的传统规矩。一般梅花拳文场师傅首先会用“信了梅花拳，后悔十多年；磕的是冤枉头，花的是冤枉钱”等话语来考察新入门弟子是否虔诚。显而易见的是，村民进入梅花拳文场以后需每日坚持焚香敬拜，遇到“四

① 宗树人等主编，吴正选译：《中国人的宗教生活》，香港大学出版社 2014 年版，第 75 页。

② “现在都简化多了，表面是磕头，实际上只是点头，咱们也叫‘懒头’。以前的时候还得行拜礼，麻烦着呢。”被访谈人：邢 SB，男，北杨庄村民；访谈人：张兴宇；访谈时间：2015 年 8 月 12 日；访谈地点：北杨庄。

节气”时还要摆供敬奉，这些日常消耗品所费不低①。既然如此，为什么村民还会在此方面耗费财力和精力呢？在韩书瑞看来，中国乡土的民众信奉某神而不信别的神灵，只是因为它们的功能不同，或是求方便，而与教义无关。② 很明显，在村民看来信仰梅花拳能够带来一些不可言说的功能性“好处”。他们固然要追求日常信仰行为的实际回报，只不过有些村民希望眼前受益，有些人则看长远利益。而且在乡村日常信仰生活的长期身体实践中，村民也能实现“久而生信”的效果。这种世代传承的信仰系统，经由习俗仪式的文化书写，成为一种集体性的文化记忆与生存共识③。如梅花拳文场师傅所言：“伺候不长你就不信它。”在“文化大革命”期间，梅花拳文场弟子的烧香磕头敬拜行为一度被认定为“封建迷信”，他们不得不在家中偷偷地焚香敬拜，唯恐被外人发现带来不测。可以说，这种“久而生信”的信仰习惯，已经成为村落梅花拳弟子日常生活中不可分离的一部分。当然，村民“立架”后每天坚持跪在“架桌子”前敬拜的信仰行为并不意味着他们能达成生活富足的美好愿望，它只是起到一种精神辅助作用，村民还必须兼顾日常生活④。而且，乡村梅花拳组织由此树立起来的自治权威并不是固定不变的，它也会跟随乡民日常敬拜的信仰群体发生流动或异化。

（四）自治权威的实践：申请“立架”

乡村梅花拳组织所获取的自治权威依托民众申请“立架”的日常实践行为来凸显。普通村民申请设立“架桌子”的原因主要包括两种：一类是

---

① “为什么说是冤枉头？你人这么精，非得跪那跟墙说啥话哎。要是三个人的话还能商量商量，你说你一个人睁着眼对着墙，那墙能跟你说啥啊。”被访谈人：邢 YC，男，北杨庄村民；访谈人：张士闪、李海云；访谈时间：2015 年 4 月 7 日；访谈地点：北杨庄。

② ［美］韩书瑞、［美］罗友枝著，陈仲丹译：《十八世纪中国社会》，江苏人民出版社 2009 年版，第 38 页。

③ 郑志明：《台湾民间的宗教现象》，中华大道文化事业有限公司 1996 年版，第 3 页。

④ “该进行农事劳动的就正常进行，该打工的就打工，挣钱养家糊口。天上不会掉馅饼啊，你整天光磕头却啥事也不干，那是没有用的。”被访谈人：邢 YG，男，北杨庄村民；访谈人：蒋帅；访谈时间：2015 年 4 月 7 日；访谈地点：北杨庄。

在年幼时先接触梅花拳武场，然后拜师入门；等武场习练到一定程度后，再申请“立架”进入梅花拳文场。这一类村民的梅花拳武场和文场知识都相对丰富。另一种则是普通村民纯粹为了“解事许愿”而“立架”，这些村民原本并不懂得梅花拳文场的内部知识。对于前一种情况而言，文场设立“架桌子”是梅花拳武场习练者的更高追求。人往高处走，水往低处流。村民认为，能够“立架”意味着真正进入了乡村梅花拳的核心组织内部，而不能“立架”者则与普通百姓无异。武艺高强的梅花拳武场师傅通常希望以“立架”的正式方式进入梅花拳文场组织管理体系。但对普通村民而言，因病“立架”者最多，祛灾“立架”者次之，而为求子、求财“立架”者几乎没有。村民申请进入梅花拳文场的主要目的是解决家庭各种琐事问题，体现出民间信仰鲜明的功利性。一般民众从事仪式信仰活动，个人往往对神灵和其他超人的力量寄托一定的愿望。① 比如北杨庄村民患上各类疑难疾病后，如果四处求医仍旧无效，但在梅花拳文场师傅的治疗下身体状况有所恢复，他们则有可能改信梅花拳。正如梅花拳文场师傅所言：“村民能从中得到好处，它才会相信这种信仰。”② 下举北杨庄梅花拳文场“立架”的具体事例予以详细分析：

例如，村民邢SJ是北杨庄梅花拳第十五辈弟子，其在2014年10月份正式“立架”。申请“立架”的原因，则是为了给老伴医病。据邢SJ讲述，前几年他的老伴总感觉身体不舒服，去医院检查医治多次也不见转好。③ 因为本村梅花拳武场师傅王尚信与前魏村文场师傅李玉普私交不错，于是他就托请王尚信帮忙找李玉普寻求治病良方。后来他带着老伴去李玉普家中诊疗，得到了“身体没什么大问题，心情要放宽”的答复。当

---

① 王铭铭：《神灵、象征与仪式：民间宗教的文化理解》，载王铭铭、潘忠党主编：《象征与社会：中国民间文化的探讨》，天津人民出版社1997年版，第103页。

② 被访谈人：王QL，男，北杨庄村民；访谈人：张兴宇；访谈时间：2016年4月7日；访谈地点：北杨庄。

③ “去医院看了好几回，到处也查了，就是不见好。后来没办法了，就去找的魏村二爷给看的。”被访谈人：邢SJ，男，北杨庄村民；访谈人：张兴宇；访谈时间：2015年4月6日；访谈地点：北杨庄。

时李玉普如实告知，说他的老伴身上既有实病，也有虚病，并嘱咐必须坚持服用正规医院开具的治疗药品，以免耽误病情。后来他们又陆续去了几次，每次李玉普都会给他分发一些从“老爷爷”那里求来的“良药”。结果他老伴的身体状况果然逐渐好转。正是在此情形下，邢SJ决定向本村梅花拳文场师傅申请“立架”，后经文场师傅批准，便在家中设立了“架桌子”常年供奉。“立架”日期由李玉普选定。当天，李玉普组织了七八个梅花拳文场师傅到邢SJ家帮忙。在这些人的操持下，他们按照摆供、焚香、敬茶、敬酒、烧金银纸等仪式程序，设立了“架桌子”。立架以后，邢SJ基本上每天早晚都会去“架桌子”前焚香敬拜。至于具体的敬拜规矩，则是从本村文场师傅邢尚宝处学得。

由此看来，北杨庄村民因病、因事申请设立梅花拳文场“架桌子”的情形最为普遍。这一类民间信仰行为不仅包含着广大民众的道德价值观、生活逻辑，还深深地蕴含着他们对人生幸福的追求、对社会秩序的期待以及可以使他们感到安心的乡土的宇宙观①。当然，梅花拳文场师傅也会对申请者进行一定的考察，通过群体磋商的方式商议能否给对方设立“架桌子”。一般而言，北杨庄梅花拳文场师傅的医病范围主要是“虚病”。通常在看病过程中，求助者往往还会在“老爷爷”的炉底放上一定数额的“许愿”钱，作为医病报酬。实际上，对于梅花拳文场师傅查验“香礼”功能的真实性，有些村民也保持着一种谨慎信之的心态。在他们看来，文场师傅并不完全有能力医治任何“虚症”顽疾。而且梅花拳文场师傅从“香礼”上获取的指示也并非总是准确无误的，他们会依据“香礼”做出一个模糊性的预测、判断。其实梅花拳文场功力的深浅，与其自身的钻研及名师指点有着密不可分的关系。当然，对于此类民间信仰活动，也有村民表示“信则有，不信则无”②。村民深知，如果一旦患上不可挽回的重病，即便找到他们求助可能也无济于事。

---

① 周星：《民俗宗教与国家的宗教政策》，载《开放时代》2006年第4期。

② “不可不信，也不能全信。就是老百姓的一种心理。整天光信这个啥也不干的话，那也不行。”被访谈人：邢SB，男，北杨庄村民；访谈人：张兴宇；访谈时间：2016年3月25日；访谈地点：北杨庄。

李亦园认为，人类在求生存的过程中，经常因技术的欠缺、经验的不足而产生种种困难与挫折，在面临这种苦难与挫折之时，宗教信仰能适时地给予人类某种助力，使人类有信心奋斗得以生存下去。① 对普通信仰梅花拳文场的村民来说，他们主要是为了求取个人与家庭日常生活平安无事。村民“立架”是为求“老爷爷”解决事情，希望借助“老爷爷”神力为日常生活中不可预知的各种事情指点迷津。此时“立架”的权威性也就得到凸显。中国传统家族社会的差序格局，也是神人信仰的实践关系基础。它不仅奠定了个人在社会中的角色，同时也界定了个人在信仰关系中的角色②，而且它深刻影响着普通乡民的日常家庭生活。类似案例在北杨庄信仰梅花拳文场的家户中并不鲜见，村民通常习惯于将此类灵验的事例融入村落家庭日常生活之中，并把已达成的愿望归结为虔诚敬拜“老爷爷”的结果。这些申请“立架”的日常行为也是乡村梅花拳组织进行自治权威实践的重要平台。

二、自治象征：“立架”标准与仪程

（一）自治象征的来源：“立架”标准

在乡村社会生活领域，乡民借助设置“立架”标准来强化梅花拳的自治象征。北杨庄目前设有 30 余户梅花拳文场“架桌子”，涉及邢、王、刘等家族村民。这些“架桌子”多数是由该村梅花拳文场师傅在“文化大革命”以后逐渐发展起来的。至 1998 年左右，北杨庄村中大概有十余户“架桌子”。总体来看，村民的“立架”时间长短不一，长的约在 20 年以上，短的也有三四年。虽然北杨庄梅花拳文场“架桌子”的绝对数量并不算多，但每年村中都会有零星增加的家户。例如在 2014 年，北杨庄村中就有两户村民新立了“架桌子”。梅花拳文场师傅常说：“北杨庄百分之八十以上的老百姓都是咱家人。”③ 村民申请“立架”时，遵循自愿原则，梅

① 李亦园：《宗教与神话论集》，立绪文化事业有限公司 1987 年版，第 28 页。

② 李向平：《中国信仰的实践逻辑》，载《学术月刊》2010 年第 6 期。

③ 被访谈人：邢 YC，男，北杨庄村民；访谈人：蒋帅；访谈时间：2015 年 4 月 5 日；访谈地点：北杨庄。

花拳文场师傅并不强求“立架”。文场师傅首先通过“老爷爷”查看“香礼”，上报上名号：“××县××乡××村×××，是否批准‘立架’。”如果“香礼”显示允许，则进行下一步程序。如果不被批准，那就让申请者继续等待。通常情况下，梅花拳文场师傅会先了解一下申请者的“立架”原因和实际需求。当然，近些年北杨庄也出现了十余户村民中途因故放弃供奉“架桌子”的情形，主要原因在于他们在城里买了新房定居，供奉“架桌子”并不方便，因此选择放弃。目前村民申请设立“架桌子”的规矩也在不断变化，过去梅花拳文场男女有别，讲究传男不传女，如今北杨庄村中的女性家户也可以申请“立架”。

大致看来，对于生活在乡村中的梅花拳文场师傅而言，他们在掌握了一定的文场知识之后，通常有着更高的个体信仰追求。村民把这种追求称为“超苦了灾”，并将推行新立“架桌子”的信仰活动称之为替“老爷爷”开道，其主要目的在于劝人行善，造福众生。而文场师傅对自身也有着比较严格的要求，他们知道，生活村落中的民众受制于现实生活所困，人心很难聚齐，村民各顾各家的现象较为普遍。因此，想要通过乡村梅花拳文场建立集体感和凝聚力，就需要借助仪式、信仰的特殊功用。当普通村民有了“立架”需求时，并不意味着他一定能够被批准“立架”。北杨庄梅花拳文场师傅遵循着一套民间“立架”标准。

“立架”又被北杨庄村民称为“进门口”，它本身就意味着乡村梅花拳组织的一种自治象征。而梅花拳文场师傅对村民“进门口”的基本要求是“心意不到位不行，功夫不到位也不行”①。过去进梅花拳门之后，这些梅花拳弟子需要遵守的规矩很多。如果梅花拳门内有事，一旦得到文场师傅通知，他们要积极配合工作。当有村民申请“立架”时，梅花拳文场师傅要焚香查看“老爷爷”的批示。他们以此判断申请“立架”者对梅花拳是否忠诚，能否经得住信仰考验；并会告知一旦“立架”后，不可随便放

① “这个不是说谁想立就能立，你得看‘老爷爷’批不批。再一个，有些人的性格不行，他‘立架’之后，光给你找事，那也不行啊。这样的情况，咱们还不如不立。谁也不能给自己往身上找麻烦啊。”被访谈人：邢 YG，男，北杨庄村民；访谈人：张兴宇；访谈时间：2016 年 7 月 9 日；访谈地点：北杨庄。

弃。例如梅花拳弟子王英武，他和该村文场师傅邢银超是盟兄弟关系，邢银超为兄，王英武为弟，两人属于换帖弟兄。邢银超的父亲精通梅花拳文场、武场知识，王英武年幼时曾跟随他学拳。时间长了，邢父见他人品忠实可靠，认为他能“伺候”梅花拳，后来就帮王英武找了文场师傅，并通过多次“香礼”考验最终被批准“立架”。当时北杨庄与他一起学拳的八个师兄弟中只有他一人被批准“立架”。“伺候”一词，实际上村民把自己放在了一个较低的位置。也就是说村民应该像关心照顾自家老人一样，敬奉梅花拳祖师爷。不过受当时严厉的管控政策影响，民间的“烧香敬神”等活动多被视为“封建迷信”，梅花拳文场在乡村地区处于秘密状态。类似王英武这一类新“立架”的梅花拳文场弟子多来自家族内部关系可靠的家户。[①] 由此可见，与其说村民对地方社会与国家政策有着较为敏锐的察觉力，倒不如将其视为村民对乡村现实生活境遇的自我调适。

与之相异的情形是，北杨庄梅花拳武场老拳师王占却始终没能“立架”。按照村民的说法，王占家族早年间属于外来户，他的父辈从外地来到北杨庄投靠姥娘家。一开始王占还跟着姥娘家姓宋，后来才恢复了原来的姓氏。他从小跟着邢银超的爷爷学习梅花拳，习得一身武场功夫。但王占后来只是接续了其父生前供奉的关公神位，家中一直没能设立梅花拳文场的“架桌子”。至于未能“立架”的原因，村民传有多种说法。有村民认为，当时北杨庄梅花拳“老三桌”在村中占据着绝对主导位置，但那时人们思想相对保守，不敢轻易给外人“立架”，唯恐带来祸端。也有村民提出，王占本身是一名老党员，所以没有“立架”。第三种说法则是王占家族在村落中属于边缘人身份，家族力量相对弱小，没能“立架”自在情理之中。尽管如此，未能设立“架桌子”并没有影响王占在村落梅花拳组织中的地位。由于他的资历老、武艺和威望较高，每次北杨庄梅花拳内部有事，村民都会邀请他参加。虽然这些年来有不

① “那个是不像现在，都不敢啊。现在开放了，那时候在家偷烧香、偷磕头，都是用个碗，点煤油灯。”被访谈人：王 YW，男，北杨庄村民；访谈人：张兴宇；访谈时间：2015 年 8 月 15 日；访谈地点：北杨庄。

少本村和外村的村民跟王占学武，但因没能“立架”，他并没有真正拜师入门的弟子。在村民看来，“立架”与否的明显区别就是对个体的约束有所不同。如果不“立架”，普通村民可以根据个人意愿选择练拳；一旦“立架”之后，梅花拳内部如遇事情，必须随叫随到，不能轻易逃避。这种民间规矩和“立架”标准，也是区分梅花拳弟子身份的重要符号。

当然，大多数村民对于乡村梅花拳秉持着一种模糊性的民间信仰心态，如村民所言：“梅花拳这个东西，也就是看个人的心情。你说真管事啊，这个又看不见摸不着的，是吧?”① 而梅花拳文场“立架”标准中的“神判”，其实也是“人判”的过程。村民信与不信涉及梅花拳弟子身份的边界问题，而信深信浅则是程度问题。当我们把这种民间信仰行为置于乡土日常生活的现实语境中去理解时，可以明显地感受到它的功能性远大于意义性。乡民对此有着鲜明认知，认为信仰梅花拳文场主要是为了解决生活中的某些困难问题。正如王铭铭所言：“人们并非完全把身心交给神灵，他们也在世俗社会中通过世俗的实践来创造自己的人生，对神只是‘半信半疑’”，“神与人的关系有点像权威与附从者之间的关系”②。虽然普通乡民心中也意识到进入梅花拳文场并不能完全真正地解决各种“疑难杂症”，但人们在某种程度上可以从中获得心理层面的安慰与认同。

（二）自治象征的呈现：“立架”仪程

梅花拳“立架”仪程是乡民自治象征的重要呈现方式。相比过去，如今北杨庄梅花拳文场“立架”的程序简化了许多，发生这种变化的主要原因是为了适应乡村梅花拳当下传承发展的现实需要。如前所述，一般情况下普通村民家中有人遇到生病等疑难问题时，才会愿意供奉“架桌子”以求家庭平安。在北杨庄，梅花拳文场师傅邢尚宝、邢银超、王奇亮等人的身份并不固定，他们之间通常可以互做引师和送师。其中引师属于介绍

---

① 被访谈人：刘 JY，男，北杨庄村民；访谈人：张兴宇、周连华；访谈时间：2016 年 7 月 9 日；访谈地点：北杨庄。

② 王铭铭：《村落视野中的文化与权力：闽台三村五论》，生活·读书·新知三联书店 1997 年版，第 325 页。

人，也是引路人；进门时由送师报送，请香并向神祖报到，寓意又新收一位梅花拳弟子。有“立架”需求的村民首先要向本村梅花拳文场师傅提出申请。等“老爷爷”的“香礼”批准之后，村中几个相熟的文场师傅再一同商议确定“立架”时间和参与人员。

对于“立架”日期的选择，村民遵循着村落中正常的农事劳作生活节律。通常情况下，梅花拳文场师傅在确定“立架”日期时主要考虑两个方面因素：一要保证所有参与“立架”人员均有充足时间，二要考虑具体天气情况。梅花拳文场师傅组织村民“立架”的日子一般选在冬季农闲时进行，“立架”前还需根据“香礼”挑选一个吉日。村中有人申请“立架”时，如果当时村民田地里的农活较多，梅花拳文场师傅会适当地将“立架”日期往后推迟；如果时间合适，则会尽快安排“立架”相关事宜。“立架”仪式时一般只需一个上午的时间就能完成。

“立架”前，村民还要提前准备好各种设立“架桌子”的所需物品，主要包括桌子、炉盆、摆供盘碗、筷子、香支、蜡烛、金银纸等。其中炉盆、金银纸多是由梅花拳武场师傅王尚信带领村民从县城购买。等一切物品准备妥当，之前通知的梅花拳文场师傅会在约定日期当天赶往“立架”村民家中。此时梅花拳文场的“当家人”会带来一副新的“佛头”（“天地君亲师”神轴），然后按照摆供、焚香、开光、上表、敬拜等立架程序依次进行。文场师傅要在上午十二点之前把各种“立架”事宜处理完毕。他们认为，一旦过了十二点的时辰，会直接影响到“立架”效果①。前来帮工的梅花拳文场师傅每人负责一项工作，整个“立架”程序在梅花拳文场“当家人”的指导下有条不紊地进行。在“立架”期间还需两份手写文书，分别为“进门文”和“立架文”。这种文书用红纸写就，文本虽然采用文言格式，但文字都是白话，一般由具有一定文字功底的梅花拳文场师傅按照自上往下、自左往右的顺序书写完成。

---

① “这个‘立架’一般都是在上午十二点之前完成，前后也得个把小时吧。过了十二点的时辰显得咱们不虔诚啊。都是按照过去的老规矩来的，十二点的时候忙活完了正好吃饭。”被访谈人：邢 SB，男，北杨庄村民；访谈人：张兴宇、赵京伟；访谈时间：2016 年 7 月 10 日；访谈地点：北杨庄。

其中“进门文”表达的主要内容是申请“立架”者个人对于梅花拳文武大道的仰慕。在北杨庄村民看来，如果不慕此道，则无需进门，因此也就用不着安设神位。“立架文”同样是由梅花拳文场师傅书写而成，内容格式比较固定。“立架”期间，主持仪式的梅花拳文场师傅口中不停默念“立架”口诀，先给供奉的神祖牌位开光，并请其赴位，而后禀报弟子入门，申请“立架”者需一直双手合十跪在“架桌子”前等候“批准”。

梅花拳文场师傅在进行完一系列口头上的程序之后，紧接着要把“进门文”和“立架文”点燃烧掉。此时，众人一同跟随文场师傅向新立“架桌子”的诸位神灵行三拜九叩之礼，然后再去院中把之前准备好的金银纸钱焚烧掉。与此同时，梅花拳文场师傅还会给新“立架”的家户传授一些简单的文场知识，譬如在日常生活中如何给“架桌子”上香、磕头、敬拜等礼数，并交代梅花拳文场的管理规矩，叮嘱其不许轻易触犯①。全部仪式结束之后，参与“立架”的所有人员聚在一起吃饭，庆贺村民成功“立架”。在伊利亚德看来，“每一种创造物都是一种神圣的产品，因此也是神圣的一次切入，它同时也代表着一种创造力向世界的切入”②。新设立的“架桌子”可被视为一种被创造的“神圣的产品”，它是普通村民走向“神圣世界”的切入点。对这些新“立架”村民而言，不管他（她）以前在村落中的行为、作风如何，“立架”都意味着一个崭新的开始。

（三）自治象征的拓展：女性“立架”

如果按照传统的乡村梅花拳立架规矩，“立架”者只能为男性。在北杨庄流传着梅花拳“传男不传女”的说法，但目前这一传统的“立架”规

---

① “进了梅花拳就相信梅花拳，不能这山看着那山高，这道看着那道好。你磕头不给你吃，不给你穿，不给你钱花，是吧？也就是说，咱们管着老人，老人一个火柴棍都拿不了，你也得管。冤枉头，是什么，当时看不到好处，积善之家有余庆，积不善之家有祸灾。”被访谈人：邢 SB，男，北杨庄村民；访谈人：张兴宇；访谈时间：2015 年 8 月 15 日；访谈地点：北杨庄。

② ［罗马尼亚］米尔恰·伊利亚德著，王建光译：《神圣与世俗》，华夏出版社 2002 年版，第 50 页。

矩已经发生较大变化。北杨庄人认为，在村落中能被称得上“梅拳世家”的家户，至少三代人以上都得有梅花拳功夫，而且无论文场还是武场都必须有所精通才行。村民邢YZ作为北杨庄少有的女性梅花拳“立架”家户，她“立架”的主要原因是为家庭求取平安。时年53岁的邢YZ，娘家有四个兄弟和两个妹妹，她是家中长女①。邢YZ 25岁嫁到本村，幼时曾跟她老爷爷学过梅花拳架子的基本功。邢YZ的父亲接续了从老辈传下来的“架桌子”，她从小就跟着磕头，但并不明白梅花拳门内的具体事情。她的婆家叔叔王步航也是梅花拳武场弟子，以前王步航在北杨庄小学教练梅花拳时，她的孩子也跟着学过一阵梅花拳基本功。据她讲述，在她小时候，梅花拳“传男不传女”的规矩十分严格，所以后来家人不再允许她学练梅花拳。邢YZ家中有四个闺女，这些年已经相继出嫁。因为梅花拳是祖传技艺，她本人也愿意供养梅花拳神位。在丈夫去世以后，她找到本村梅花拳文场师傅邢尚宝帮忙新立了“架桌子”。“立架”时间大约在2014年冬季12月份，当时邢银超、邢银峰、邢尚宝、邢尚娥都前往帮忙。“架桌子”安排在她房子的西屋。邢YZ家中供奉着“天地君亲师”等牌位。她每天坚持早晚各烧一次香，并清楚地记着磕头个数。

总体而言，“立架”意味着担负责任，它本身是一种自治权威和象征，也是乡村梅花拳群体公信力的标志性符号。梅花拳文场批复“立架”的本初目的是促使乡村梅花拳更为平稳地传承下去，但它同时也是一种约束机制，有助于加强梅花拳文场、武场之间的组织和控制②。“立架”过程具有一定的神秘性，并为村民创造一种“神圣感受”。这种“神秘性”不仅是

---

① “俺娘家家里兄弟姊妹多，我是老大。后来又嫁到本村了，小时候了解一些梅花拳的事。俺公公这边也有在梅花拳的。我是后来等孩子都出嫁了之后，没什么事，就供养着了。”被访谈人：邢YZ，女，北杨庄村民；访谈人：张兴宇；访谈时间：2015年8月13日；访谈地点：北杨庄。

② “‘立架’，发展新人不能只从表面上看起来红火，实际上却危机四伏。因为‘立架’的责任都在文场师傅身上，没起事还好，起事了你跑不了。咱们欢迎村民加入，平常发展还发展不起来呢，但是人品不可靠不行啊。如果光为夺权怎么办？就像家庭过日子，得考虑你的孩子长远发展啊。”被访谈人：邢YG，男，北杨庄村民；访谈时间，2015年4月7日；访谈人：张兴宇、蒋帅；访谈地点：北杨庄。

令人们感到惊愕的东西，也是进入内心的过程，可能令人们困惑和惊慌失措，[1] 由此会产生一种敬畏心理和民间禁忌。长期以来，北杨庄梅花拳文场师傅不断总结形成了内部较为统一并认同的“立架”规矩，即脾气不匀者、欺大压小者、人品不可靠者均不能“立架”。为了避免未来发生不可控制之事，可能影响到乡村梅花拳的稳定传承情况，他们对村民申请“立架”一事通常是慎之又慎。因此，群体磋商机制是梅花拳文场师傅决定村民是否可以“立架”的重要方式。北杨庄上了年纪的梅花拳文场师傅时常感叹，如今的乡村社会情形和过去大不一样，许多梅花拳传统都已丢失[2]。实际上，与“文化大革命”期间被制约的发展状态截然不同，现在梅花拳已经成为受“保护”的国家级非物质文化遗产。

第二节　武场传艺：自治的根基与策略

一、自治根基：拳法与兵器

梅花拳武场，主要涉及与梅花拳拳技功法相关的武术套路、兵器演练等多方面内容。一定程度上看，梅花拳本身是一种民间武术形式，拳法与兵器也是乡村梅花拳组织进行自治生活实践的根基所在。“梅花拳”在北杨庄也被称为“架子拳”，村民接触梅花拳武场，一般要从练习基本功——拉架子开始起步，在北杨庄还流传着“三年架子两年锤”的说法。梅花拳武场的拉架子基本功又被称为“八方架子”，包括大八方、中八方和小八方三类。根据个人练拳兴趣爱好与能力水平，北杨庄村民跟随梅花拳武场师傅主要学习梅花拳架子、“成拳”和器械三方面。其中架子属于

---

① ［德］鲁道夫·奥托著，成穷、周邦宪译：《论“神圣”》，四川人民出版社1995年版，第36～37页。

② “现在这个社会变化太快，而且人心也复杂多了，不好聚拢人心啊。过去别管是练拳，还是文场活动什么的，都必须听当家人的。但是现在再组织个什么活动的，各人有各人的想法。有些老的传统都给丢掉了。”被访谈人：邢YX，男，北杨庄村民；访谈时间，2015年4月7日；访谈人：张兴宇；访谈地点：北杨庄。

梅花拳的基本功训练，包括大、顺、拗、小、败五个基本姿势，如“桩步五势”练静功，“行步三法”练动功。“桩步五势”和“行步”的练习要在拳场中走遍东西南北各个方向，也称“四门八方”①。在梅花拳基本功训练过程中，武场师傅主要运用歌诀、俗语等方式传授武场功夫。例如，在北杨庄就传有梅花拳基本功大势变化的歌诀：“气敛丹田站当中，留神细看来人形。南来顺他向北往，东来顺他向西行。见劲使劲借他劲，不可争力逆进行。”北杨庄梅花拳武场师傅曾专门整理过该村梅花拳武场五势头练功技法②。

北杨庄梅花拳五势头十九势

1. 中势。
2. 角势。
3. 小过势。
4. 小转轴连梅花心。
5. 七星落地回中势。
6. 大转轴连大过势。
7. 群势。
8. 卸架子。
9. 就地十八滚。
10. 前滚翻，后滚翻。
11. 左扫堂（腿），右扫堂（腿）。
12. 左抢背（身体向前斜扑，就势翻滚，以左肩背着地），右抢背。
13. 前趴（肚子向下卧倒），后趴，仄趴（侧趴）。
14. 乌龙绞柱。

---

① 燕子杰：《论梅花拳的文场与武场》，载《社会科学研究》1991 年第 3 期。

② 北杨庄梅花拳五势头十九势由该村已故梅花拳拳师邢玉栋整理，后经鲁东大学体育学院唐韶军博士校对，特此致谢。

15. 鲤鱼打挺。

16. 左盖势，右盖势。

17. 左翻身剪（剪是一种腿法，两条腿像剪刀一样，交叉用力，一般是剪对方的膝关节），右翻身剪。

18. 积（击）步后扫堂（击步是一种步法：开始时两腿是分开的，把全身向左上腾空，拉起右腿离地。接下来左腿离地，全身在空中时，两腿垂直，右腿并向左腿。合并时，右脚轻击左脚。两腿分开，右脚先落地）。

19. 鹞子翻身，也叫底势。

共十九势，溜腿四趟，悠（摆、晃）腿、飞脚、腾空飞脚、扣腿、捕（仆）腿、扣腿各角（在各个角落处做扣腿），外摆回中。

梅花拳成拳则是在架子练习的基础上，进行两人或多人对练。梅花拳门内的日常训练器械主要有春秋大刀、丈二长枪、刀、剑、戟、斧、钺、钩、叉、棍、三节棍等兵器。其中大刀又分春秋大刀、象鼻刀和关公刀三种；枪包括长枪、花枪、落子枪；刀分单刀、双刀；剑分单剑、双剑；戟分提戟、画戟、长短戟等多种样式。不仅如此，梅花拳器械还包括若干种稀有兵器，如一锛三枪、五虎锛、梅花鞭、文棒、武棒、拐子、流星、护身披、风火轮等①。而且梅花拳的每一件兵器都对应着一套武术套路，只有勤加练习才能体悟到其中的奥妙。以北杨庄武场师傅整理的量天尺与落子枪套路为例：

量天尺套路

将腿扑腿，抓量天尺。大架后次步棍量天尺，往后打量天尺。点步前走，海鸭浮水势。回来扑腿，扫棍。大架亮尺，上角扛棍势。云顶背花，上角打尺回来，成扑腿背尺势。边戏前捎，后推腰势，挂虎

① 被访谈人：王 SX，男，北杨庄村民；访谈人：张兴宇、蒋帅；访谈时间：2015 年 4 月 4 日；访谈地点：北杨庄。

势前推。后推背尺，指东。

第二个角，云顶背花回来，败势架回头望月势。回中进小，转轴连梅花拳心，七里落地，打六下鞋底。小圈步一下鞋底，扑步扣腿。

落子枪套路

五势头左右各一劈，成大顶势。往前走，大三步。回头做一，再回头成大顶势，继续大三步往前扎。抽步大败势架，大转身，回原处。第一个角，次步双扎两回，单扎一次，成败势架。大三步回来，腰戏，抽步次腿，后背花。第二个角，旋风花挂虎势，双亮落子枪。单扎枪，抽步成败势架，滚步回去。回中戏，成小扑腿势。缠岁子花成海鸭浮水势，大挂虎亮枪。第三个角，双扑腿，双亮枪，双扎枪成败势架。扫枪回来，腰戏，抽步，次腿后背花。第四个角，双枪前扎，仰身后扎，跳步，双枪扎。左腿前踢，在右单枪扎回来①。

北杨庄梅花拳武场弟子习惯于将他们日常使用的兵器俗称为“把子”。“把子”是传统戏曲演出时所用兵器道具的统称。梅花拳武场弟子在学拳之后多数都会接触到“把子”兵器。据村民回忆，在北杨庄梅花拳武场师傅王尚信的父辈那一代，每一位梅花拳弟子只能选取一种兵器学习。王父擅长大刀，邢老名、邢老忠擅长大枪，邢中道擅长双刀等。他们各有所长，每一位武场师傅都能独当一面②。又如武场师傅邢银皋年轻时尤其擅长使用长枪、大刀、梢子、流星、文棒等传统器械，王英武则主要擅长梅花拳传统武术套路，并没有专门学习特长兵器。梅花拳武场还讲究“内五行”和“外五行”的说法，融合了中国传统道家思想。当地武场师傅认为，金木水火土五行分别对应着人体的五处部位，五行配五脏，即肝属木，心属火，脾属土，肺属金，肾属水。五行配五体，即筋属木，肠属火，肌肉属土，皮毛属金，骨属水。五行配五官，即目属木，舌属火，口

① 梅花拳量天尺和落子枪武术套路由该村梅花拳拳师邢尚娥收藏。

② “那时候的老拳师，每人精通一样兵器，都很厉害。而且不光武场厉害，文场功夫也不错。”被访谈人：王 Z，男，北杨庄村民；访谈人：张兴宇；访谈时间：2015 年 8 月 12 日；访谈地点：北杨庄。

属土，鼻属金，耳属水①。不同拳术之间有着不同的习武技巧，这些技巧都是村民从日常生活中积淀而来。过去在北杨庄周边村落还传承着习练洪拳的武术传统，梅花拳和洪拳属于两种性质不同的武术门类，当地传有“梅拳怕倒，洪拳怕跑”的民间说法。北杨庄梅花拳武场师傅认为，“倒”不是输，是为了稳战；“跑”是回马枪，也不是真退，是为了预防②。由此可见，这两种拳术的武功技法虽然有着明显的区别，但都属于村民在日常习武过程中总结出的民间经验。

在广宗县各乡村，目前有北杨庄、前魏村、油坊、刘全寨村、西召、后平台、赵伏城和枣科村等村落的梅花拳武场传承情况相对不错。每年农历正月初九，这些梅花拳弟子都会组织人员前往前魏村参加梅花拳“亮拳”武术表演活动。但就周边村落的武术训练实力和套路保持完整度而言，则明显不如北杨庄。据村民讲述，由于“文化大革命”期间禁止村民练拳，村中许多梅花拳稀有兵器都被人为破坏，村民之前学过的梅花拳武术套路也逐渐被忘记。而在此之前，北杨庄梅花拳武场的兵器种类相对齐全。此外，在乡村梅花拳内部还传有一种梅花拳独门器械。它是一辆稀有兵器小推车，村民也叫“小法车”。据说车上共有一百零八件兵器，是由各类梅花拳稀有兵器组合而成。其中拉流星锤做车绳、风火轮做车轮、九节鞭做车襻、文棒做车上木、牛角拐做车立柱、护身披做护车脚等，同时车上还有量天尺、春秋大刀、提戟、一锛三枪等兵器，摘下即可使用。村民传说在清朝时梅花拳祖师爷邹宏义曾推着一辆小推车前往广宗传拳授艺③。前几年，广宗县后平台村梅花拳弟子于献民曾在广宗县梅花拳武术协会的资助下，从周边村庄收集各种稀有兵器成功复原了一辆梅花拳小推车。

---

① “拳术分为内家拳和外家拳，所以也有内五行和外五行的说法，每一个身体部位都有对应的五行关系。必须内外结合起来，才能把拳练好。”被访谈人：王 SX，男，北杨庄村民；访谈人：张兴宇；访谈时间：2016 年 3 月 25 日；访谈地点：北杨庄。

② 被访谈人：王 Z，男，北杨庄村民；访谈人：张兴宇；访谈时间：2015 年 8 月 12 日；访谈地点：北杨庄。

③ “小法车，也就是梅花拳的小推车，是俺们的稀有兵器，只有梅花拳有这个东西。车上的任何一件零件拆下来都能当兵器用。”被访谈人：邢 SE，男，北杨庄村民；访谈人：张兴宇、周连华；访谈时间：2016 年 7 月 10 日；访谈地点：北杨庄。

在北杨庄梅花拳老拳师看来，练习梅花拳讲究“武教武之力，文教文之才”“拳打三分，脚踢七分”“不打师傅，不得妙着”。它的武功技法以脚功、腿功为主。例如，梅花拳进行室内对练时，最忌讳在门口停留。而且村民练拳期间，必须要经过武场师傅的潜心指导才能学得真功夫。据村民说，早年间邢银超的父亲邢生奎都是在小腿上捆绑铁环来练习扫腿功夫。有一次他外出到村西边的县乡买桃子，路上遇到打劫人员，他用随身携带的扁担把那人打得一下子趴在地上求饶。可以说，闲时练拳已经成为北杨庄村民的一种日常生活习惯。他们平常去田地里劳动遇到相熟的梅花拳弟子，一旦有空闲时间，常会把手中的锄头当作临时兵器，切磋交流武艺。而且，习练梅花拳武场不仅有助于提高身体机能，强健体魄，也具备一定的技击实战功能和表演观赏价值。在北杨庄人看来，只有掌握梅花拳拳法和兵器知识，才能将乡村梅花拳组织运作起来，这也是维系村落武术传统的根本要素。

二、自治策略：德行与规矩

（一）自治的前提：德行修养

梅花拳武场师傅尤其注重对梅花拳弟子们的德行教导。德行修养是习武的前提，这也要求梅花拳弟子在日常生活中予以践行①。例如，“做一件好事不难，难的是做一辈子好事”“要注意人的两面性，有人表面是正人君子，但背后却可能是阴险小人”“你可能做不了好事，最起码要保证自己不去做坏事”“一个善字走天下”等朴素的生活伦理观念，常被梅花拳武场师傅所提及②。过去村民多数从幼时开始学拳，这种德行教育深刻渗透到他们的价值观念中去。在北杨庄还流传着不少与梅花拳武术相关的民间俗语，如“学武难，学武难，难倒名师受真传”“传武难，传武难，传

---

① 张兴宇：《乡村梅花拳的公益观念与生活实践——冀南广宗县北杨庄梅花拳调查》，载《民俗研究》2015年第6期。

② “没有武德，你练再好的拳也没有，反而对社会还是有害的。你有了功夫，不能光想着欺负人，而是得多做好事。”被访谈人：邢YG，男，北杨庄村民；访谈人：周连华；访谈时间：2016年7月9日；访谈地点：北杨庄。

给匪徒惹祸端”。换言之，村民要想把武术水平练到一定高度，这就意味着要比别人多付出几倍努力。例如，武场师傅王尚信能够精通梅花拳的各种兵器，主要得益于他年轻时在北杨庄林业队工作的便利。在练拳方面他也比别人能吃苦，为了练好拳技，平时下了很多苦功夫钻研。虽然王尚信在本村梅花拳队伍里不是领班，但是他的功夫过硬，在广宗县梅花拳武术圈内具有一定的影响力。当然，对绝大多数村民来说，他们只是把练拳视为一种日常闲暇娱乐放松方式。在村民看来，过去北杨庄村中参与练拳人数众多，与现在乡村地区流行的广场舞相比，本质上并无二致。

不仅如此，学练梅花拳还能起到日常防身自卫的功用。过去北杨庄村民骑车外出做一些小生意，到了人生地不熟的地方，如果偶然遇到打劫、偷盗之举，自身懂一些梅花拳功夫可以防身自卫。但梅花拳门内的“五要五不要”规矩也时常提醒村民不能随意招惹是非。相比较而言，在“文化大革命”以前，梅花拳武场内部的规矩繁多，拜师、收徒及日常组织管理等都有着严格的程式。例如，新学拳的弟子在拜师进入梅花拳武场体系时，武场师傅通常会提前向他们阐明门内规矩：“不许保镖护院，不许欺师灭祖，不许欺男霸女，不许采花盗柳，不许偷偷摸摸。”并嘱咐梅花拳弟子平时多注意修德养性，同时在“老爷爷”面前发下“如若违背，天打五雷轰，身上长疮”的毒誓。

梅花拳武场师傅的德行高低与否，直接影响着其在本村梅花拳组织体系内的地位。例如，梅花拳武场老拳师王占功力深厚，身体素质极佳。他常说“武不离身”，虽然已经年近90岁高龄，仍坚持习武不辍。至今他眼不花、耳不聋，平常可以独自骑自行车外出。前几年他甚至还能够单独表演靠墙倒立，徒手爬电线杆，功夫水平得到北杨庄村民的一致赞许①。他的父亲王盈周，号老德，与北杨庄梅花拳文场师傅邢彦士同辈。王老德擅长梅花拳医道，懂得一些推拿功夫，平时帮助村民医病。王占从十一二岁

① “这个老头子的身体可好啦！七八十岁了还能爬电线杆，一般的老百姓都没有他这个身板。村里年轻这一辈练梅花拳的基本都是跟着王占学的。他的功夫好，村里人都知道。”被访谈人：王李氏，女，北杨庄村民；访谈人：张兴宇；访谈时间：2015年8月12日；访谈地点：北杨庄。

开始习武，擅长梅花拳双刀，是北杨庄梅花拳名师邢生奎的徒弟。虽然学拳时间较晚，但他善于钻研，武艺长进很快。最初他学练梅花拳时，武场师傅立下的规矩是不拉三年架子不能下场，这主要是为了训练学员们扎实的基本功。练功时武场师傅故意踢他试探他的腿功，等练拳结束晚上回家后，他才发现腿被踢得又青又紫，疼痛不已。当然，正因为经受了严格的梅花拳武场训练，王占最终练就了一身硬功夫。因平时为人平和，德行高尚，其在北杨庄梅花拳组织内部享有着较高的威望。

与此相反的情形是，北杨庄另一位梅花拳武师邢某却没有得到该村梅花拳内部组织体系的认同。邢某早年间也曾跟随北杨庄梅花拳名师邢生奎练拳习武，但他个人性格偏爱张扬，后来梅花拳师傅不允许他再学拳。邢某的父亲是一位老中医，他在年轻时多少接受了一些传统中医知识的熏陶，算是村里的赤脚医生。虽然邢某的梅花拳武场功夫不错，但他的处世风格在北杨庄梅花拳弟子之间评价不一。据说当年他曾告诉外人，家中存放着一杆梅花拳内部使用的旧式大刀兵器，但后来没有找到。他又反说大刀已被他卖掉，弄得村中梅花拳弟子都很没面子。因此，邢某始终没能被梅花拳文场师傅允许“立架”，他在家中供养的全神神位，并非梅花拳文场认可的“架桌子”。而且邢某在本村一直没有收徒，主要原因在于他没能得到梅花拳文场师傅的认可。事实上，虽然他与邢氏家族梅花拳弟子都属同姓，但到了邢某这一支已经和北杨庄梅花拳的“老门口”出了五服关系。从亲缘关系上看，他们之间的确远了一层。当然这并不是邢某被北杨庄梅花拳组织疏离的根本原因，德行修养成为村民评判梅花拳弟子武德的重要符号标志。

（二）自治的约束：规矩传承

村民在习练梅花拳时，还必须要遵守“文场领导武场”的传统规矩，借用北杨庄梅花拳老拳师王占的话来说：“梅花拳里面，就是有个系统，别管岁数大小，都是武功遵从文功，以文为主。”① 据村民回忆，过去他们

---

① 被访谈人：王Z，男，北杨庄村民；访谈人：张兴宇；访谈时间：2015年4月17日；访谈地点：北杨庄。

到邻村谷常相村找梅花拳师傅学拳，老师爷经常教导他们：如果外出参加白事表演梅花拳时，一定要多询问对方村子的白事规矩，不能轻易犯了对方忌讳。同时，无论梅花拳武场弟子的功夫多么高强，平时参加集体活动必须要听从文场师傅的统一安排。过去村民外出表演时，如果对方家中设立了梅花拳"架桌子"，梅花拳弟子需洗手、净面、漱口，然后再虔诚敬拜"架桌子"以示尊敬，俗称"参架"。梅花拳弟子之间相见，辈分低的还要主动给辈分高的"师爷"行礼。例如，有一年北杨庄梅花拳弟子邢银超和王尚信到邢台市购买梅花拳兵器，卖家一听他们是梅花拳中的长辈，扑通一声跪在地上给他们两人磕头"找礼"，最终还给了他们优惠价。当然，现在梅花拳弟子之间已不再刻意讲求这一套传统规矩，大多数程序也被简化。但梅花拳弟子外出参加表演前，需请文场师傅查看"香礼"，预测外出是否顺利、平安。这种组织方式，也体现出文场师傅在梅花拳组织内部的权威性。

正式拜师则是衡量和确认梅花拳弟子身份的重要标志，这一门内规矩也被北杨庄梅花拳武场长期遵循。梅花拳武场也会按照"三师调教"的规矩组织拜师仪式，并由文场师傅按照学拳弟子的资质安排引师、送师和恩师。引荐拜师时，文场师傅如果感觉这个孩子天资不错，坚持习武可能会有一番出息，就为其寻找一位名望较高的武场师傅，以帮助他更快进步。如果习武资质一般，则挑选一位普通的武场师傅。例如，北杨庄梅花拳拳师王尚信因为武场功夫扎实，徒弟遍布广宗县各个乡村，甚至在平乡、巨鹿、威县等地也有不少他的弟子。当年他外走天津时，虽然也有不少人跟他学练梅花拳，但他并不承认这些学生是他的弟子。因为他们没有遵循"三师调教"的传统拜师程序，所以无法归为梅花拳正式弟子。一定程度上看，规矩意味着禁忌，乡村梅花拳武场的内部规矩是维持其组织"神圣性"的重要方式，而梅花拳也需要持续地采用禁止性措施来对其进行保护。①

---

① ［英］道格拉斯著，黄剑波、卢忱、柳博赟译：《洁净与危险》，民族出版社2008年版，第27页。

三、自治认同："点灯"与"灭灯"

（一）能量聚合："点灯"习武

过去北杨庄村民平时组织的晚间集体练拳活动，又被他们称作"点灯"。因为北杨庄村民白天大多忙于地里的农活，而孩童则要上学读书，所以村民组织练拳基本上都在晚间进行。每年进入秋后，尤其是冬季农闲时段，村民便开始组织人员"点灯"习练梅花拳。过去北杨庄总体经济发展水平不高，村里直到20世纪80年代才通了电。村民之前在家中都是点煤油灯照明，常见的是一种煤油棉花灯。由于过去练武条件较差，北杨庄没有通电之前，村民在组织集体习练梅花拳时每人需出钱购买煤油点灯练武，又称碰钱"点灯"。当时煤油价格约为两毛钱一斤，练拳的梅花拳弟子每人只需碰几分钱。碰钱买煤油的学生，大多数是已经学了两三年梅花拳功夫的村民，他们每一季度碰一次钱。而且，北杨庄梅花拳武场师傅还定下了传拳规矩：本村孩童学拳不收费，第一年初学者不收费。当时练拳者多是已经拜师入门的梅花拳"门里人"，而那些没有进入梅花拳文场、武场体系的村民只能算作"门外人"。村民习武的场所并不固定，村中但凡有空房之地，就是他们练拳的场地。村民有时在村委办公室的闲屋练拳，有时则在邢银超或王尚信家中练拳①。梅花拳的习练内容以基本功拉架子为主，一般要坚持三年以上，否则基础不牢会影响到后续梅花拳成拳、器械的学习。当时北杨庄梅花拳武场教学主要由拳师王占和王尚信等人负责。如北杨庄梅花拳武场师傅所言："基本功练不好，大架不像大架，小架不像小架。大架上不去，小架下不来。"② 例如，梅花拳武场师傅王英武，从12岁开始学练梅花拳，先跟随师傅邢生奎练了三年基本功拉架子，后来又跟拳师王占学习梅花拳腿法和手法，一直练到20岁。尽管后来村落

---

① "当时哪里有空地方就去哪里练拳啊，到处是土地，学校、空房子，一年换一个地方，没有固定场所。"被访谈人：王SX，男，北杨庄村民；访谈人：蒋帅；访谈时间：2015年4月7日；访谈地点：北杨庄。

② 被访谈人：邢SE，男，北杨庄村民；访谈人：周连华；访谈时间：2016年7月10日；访谈地点：北杨庄。

公开层面不再允许村民习练梅花拳，但他和盟兄弟邢银超一起在家中偷偷练拳，始终没有中断。

有意思的是，在梅花拳弟子看来，武场"点灯"练拳具有一定的"神圣性"。过去北杨庄村民在拳场点灯练习梅花拳时，每次给煤油灯添油的工作都需由领拳师傅亲自操作，添油时外人不许随便问询，梅花拳弟子只需专心练拳即可。梅花拳武场的添油规矩也使得"点灯"练拳成为一种仪式化的象征，他们也会在日常生活中借助口头叙事来强化"点灯"行为的信仰"灵验性"。在莫斯看来，"'信仰'意味着所有人都坚持一种观念，进而坚持一种情感状态、意志活动，并同时坚持一种思维过程的表象"①。北杨庄梅花拳弟子将"点灯"练拳神秘化的过程，其实也是在寻求群体的观念、情感认同。梅花拳武场师傅通常会很长时间添一次油。如果碰到外人看热闹随口问了一句："这么长时间怎么还不添油啊？"燃着的油灯可能用不了多久就会灭掉。武场师傅认为，外人一般不懂梅花拳的内部规矩，如果说了不吉利的话语，则会导致灯灭的情况发生。类似的神秘化口头叙事方式在北杨庄村民之间十分常见。细思之，每一次"点灯"，武场师傅添加油量的多少并不总是相同，煤油灯的燃烧时长实际上并不固定，油灯何时灭掉当然只是一种偶然性巧合。其中不乏梅花拳弟子在故事讲述的过程中不断地添油加醋，进而营造一种梅花拳"添油"的神秘感和"神圣性"。久而久之，村民便有可能随之生信，这也是乡村梅花拳组织增强自治认同感的重要方式之一。

（二）能量释放："灭灯"起事

在北杨庄，没有练过梅花拳的村民通常如此评价这些热衷练拳的梅花拳弟子："年轻的时候练练拳还是不赖，最起码出门的时候胆子大。"②"灭灯"表面上指梅花拳拳场的煤油灯被其他拳派灭掉，以此比较武艺高低，实际上却暗含着不同拳派之间势力强弱的较量。虽然这种极端情形在

---

① ［法］马塞尔·莫斯、［法］昂利·于贝尔著，杨渝东等译：《巫术的一般理论：献祭的性质与功能》，广西师范大学出版社 2007 年版，第 116 页。

② 被访谈人：王李氏，女，北杨庄村民；访谈人：张兴宇；访谈时间：2015 年 8 月 12 日；访谈地点：北杨庄。

日常村落生活中并不多见，却是彰显梅花拳群体性力量的重要时刻。从某种程度上看，乡村梅花拳组织的内部成员组建了一个小型区域的“族群”，它是其成员自我归属、认同的重要方式，并具有人们之间有组织的互动这一特征①。自改革开放以来，北杨庄梅花拳曾组织过三次规模较大的群体“亮拳”活动。前两次均是在1984年，当时村民召集了谷常相村、前魏村等多个村落的梅花拳弟子在村北大坑处交流武艺；另一次则是在2006年由广宗县政府组织的乡村梅花拳武术交流活动。据村民回忆，1984年北杨庄梅花拳弟子组织的两场规模宏大的“亮拳”表演活动，其实与邻村洪拳拳班发生的“灭灯”冲突有关②。北杨庄当年第一次“亮拳”表演活动纯粹为交流梅花拳武艺而组织，但令人意想不到的是，当天梅花拳武场弟子用梢子开场时，一不小心把邻村杜家庄一名小孩子的额头打破。巧合的是挨打的小孩父辈出身洪拳世家，双方由此引起了矛盾纠纷。杜家庄练洪拳的村民扬言要去砸掉北杨庄梅花拳拳场。北杨庄梅花拳弟子见对方如此气盛，对于这种公然挑衅的“灭灯”行为自然也不肯轻易罢休。后来他们先集体凑钱给这名受伤的小孩子看好了病，紧接着这些梅花拳弟子又下帖组织了一次规模更大的“亮拳”示威活动，周边村落的梅花拳弟子接帖后纷纷赶来助阵。两村梅花拳和洪拳之间的关系一时剑拔弩张，差点打起架来。当然，这一“灭灯”事件最终在梅花拳文场师傅的居中调停之下得到平稳解决。这一冲突，始于对一个群体忠诚的社会内聚力，源于对竞争者的恐惧而加强，一方面是自然的演进过程，另一方面是在社会进程中得以发展③。毫无疑问，乡村梅花拳组织的这种群体性“亮拳”活动，具有一

---

① ［挪威］弗雷德里克·巴斯著，高崇译：《族群与边界》，载《广西民族学院学报（哲学社会科学版）》1999年第1期。

② “当年因为和杜家庄的洪拳出了点矛盾，所以闹得比较厉害。一般情况下，咱们玩武的时候都挺注意的。但那次也巧了，伤了杜家庄的一个小孩，人家不愿意了，所以就组织人来‘灭灯’。咱们也不能轻易服输啊，来了事不怕事，所以就鸡毛传帖，组织了两次‘亮拳’活动。”被访谈人：邢YG，男，北杨庄村民；访谈人：张兴宇；访谈时间：2016年7月10日；访谈地点：北杨庄。

③ ［英］伯特兰·罗素著，肖巍译：《权威与个人》，中国社会科学出版社1990年版，第5~6页。

定的社会“示威”作用，也体现出自治能量的聚合。正是因为此类竞争性事件在村落社会存在的可能性，乡村梅花拳组织的内聚力可以在一定程度上得到刺激和强化，并在特定社会时刻释放出巨大的群体性自治能量。一聚一散之间，则在无形中增强了乡村梅花拳内部的自治认同感。

第三节　公益与私益：梅花拳自治的两面性

传统中国作为一个复杂社会系统，在民间生活与国家政治之间有着复杂而深厚的同生共存关系①。正是基于这种互动关系结构，往往使得乡村社会的公共生活领域充满着丰富的自治张力。而且在中国社会中，现代制度性的福利和公益概念尚没有足够的力量渗透到乡村，但这并不意味着乡村是公益活动的真空地带②。事实上，具体到乡村梅花拳组织而言，它在参与乡村自治生活实践的过程中呈现出鲜明的两面性特征。首先，它在村落社区的公益运作等方面发挥着重要的引导作用。其次，这种公益行为并非完全只是无条件的奉献，对普通乡民来说，乡村梅花拳组织也满足了部分民众的私益性需求。如此看来，以北杨庄为代表的乡村梅花拳组织，既是一个内部自成体系的乡村自治运作系统，也具有当地独特的村落自治个性与文化特征。这一类乡村梅花拳组织在村落社区的自发成长过程，其实还深刻影响着当地民众的日常生活方式及民俗意识。他们长期参与梅花拳文场、武场组织的“立架”“亮拳”“打醮”等各类集体性活动，形成了公益与私益相互交织的乡村自治文化景观。

一、自治之私益：乡村拳师的个体经验

对北杨庄梅花拳文场师傅而言，他们在乡村日常生活中除了为新入门的梅花拳弟子传授文场知识外，还承担着为村落社区其他民众提供信仰服务的重要职责。一个新的团体的组成本身既是排斥的也是接纳的过程；有些人建

---

① 张士闪：《礼俗互动与中国社会研究》，载《民俗研究》2016 年第 6 期。
② 范丽珠：《公益活动与中国乡村社会资源》，载《社会》2006 年第 5 期。

立了新的联系，有些人则断绝了这种联系。这两个过程都反映在各个团体所表现的身份标志上，所有这些都是在更大地区范围内组织的①。乡村梅花拳组织通过村民“在拳”和“不在拳”来确认内部成员的身份，并在此过程中形成了一个新的乡村交往关系网络。村民依据日常生活需求，不断更新、调适乡村梅花拳组织在村落社会中发挥的公益性功能，同时兼顾村民个体的私益性维护。在北杨庄，目前村民公认的具有一定功力和水平的梅花拳文场师傅包括邢银超、邢尚宝和王奇亮三人。总体来看，这些文场师傅的日常职责主要包括保管梅花拳兵器、大鼓、铜器及表演服装，帮助村民“解事”“医病”及文场“立架”，组织梅花拳武场弟子外出表演武术等不同方面。下面以北杨庄梅花拳文场师傅王奇亮修习梅花拳文场、武场的个体生活经验为例，进一步讨论乡村梅花拳组织的公益和私益运作逻辑等问题。

（一）文场“顶梁柱”

王奇亮，男，时年51岁，北杨庄梅花拳第十四辈弟子。在村民们眼中，王奇亮的梅花拳文场功力比较深厚，是北杨庄三位文场师傅之一②。他平日为人和善，村内村外找他求助医治“虚病”的村民很多。但对于他自身来说，梅花拳只是一种“副业”。王奇亮除了耕种着几亩薄田之外，主要靠做室内装修工作来挣钱养家。王奇亮从十二三岁开始接触梅花拳武场，个人擅长使用三节棍、双刀等梅花拳兵器。王奇亮的武场功夫主要是从北杨庄梅花拳老拳师王占那里学得，他的地趟三节棍功夫在广宗当地小有名气。早年间得益于他和师傅王占家分居前后院的便利，他年轻时几乎每晚都会跟着王占练拳学艺。王奇亮18岁时与村民邢玉卿、邢中良等人一同正式拜师入门。当时他们拜了马庄桥田宝义为师，引师为王占，送师是

① 迈伦·科恩：《共有的信仰：清代台湾南部客家人的会所、社区与宗教》，原载于［美］韦思谛编，陈仲丹译：《中国大众宗教》，江苏人民出版社2006年版，第207页。

② “奇亮有些梅花拳的文场功夫，村里村外找他看病的人不少。平时小孩有个什么小小不然的毛病啦，或者家里面有点什么事情，到他那里一看，基本上就好了。”被访谈人：王李氏，女，北杨庄村民；访谈人：张兴宇；访谈时间：2015年8月12日；访谈地点：北杨庄。

王尚信。刚开始练拳的时候，梅花拳弟子之间还需互相碰钱“点灯”学拳，坚持练了几年之后，又从煤油灯改为使用电灯照明。王奇亮 29 岁结婚，结婚没多久便主动申请“立架”。当时王占带着他找到本村梅花拳文场师傅邢尚彬门下，经过几次考验，方允许王奇亮在家中设立了“架桌子”。当年冬季农闲时节，邢尚彬在王奇亮居住的老院房中为其主持“立架”仪式。此后，王奇亮陆续跟随邢尚彬、田宝义学了不少文场知识，加之他善于钻研传统中医理论，逐渐成为北杨庄梅花拳文场的三大顶梁柱之一。

（二）文场知识的“习得”

乡村梅花拳文场知识是文场师傅进行“医病”“解事”判断的重要参照资料。王奇亮家中存放着两本由他自己整理抄写的梅花拳“香礼”知识，更多的梅花拳文场知识则被他深深牢记于脑中。王奇亮平时常读的书目有《玉匣记》《推背图》等民间文本。其中有一部分是给孩童“配锁子”“开锁子”的经文，还有许多“立架文”、烧香歌、白事祭文等各种形式的梅花拳文场知识。其实这些梅花拳民间文献中多数都杂糅着传统佛教、道教的解事禳灾方法，村民俗称为“化病方”。它甚至会细化到每一月每一日，指明可能是何原因导致的不良结果，并提出与之相符的处理方法。这些梅花拳知识，王奇亮主要是从他的文场师傅那里学来。在师傅未去世之前，他每年春节还会去马庄桥给师傅拜年。

当然，在王奇亮看来，乡村梅花拳文场内部不仅规矩大，而且秘密多。即使拿到了这些民间文献，一般也只是习得表层功夫，真正的内在知识一生都学不完。梅花拳文场师傅不能单纯依靠这些文献资料，在具体“解事”“医病”过程中必须活学活用，灵活变通。比如某人磕碰了一下，导致胳膊流血，便可以通过梅花拳文场的“止血方”使血液凝固不流。据村民讲述，在 2013 年左右，北杨庄一位村民邢某在外边工作时不小心把额头磕破，王奇亮当即使用梅花拳文场止血之法为其治疗。等邢某到了医院，额头上的创口已经凝固结疤①。李亦园曾指出，中国人对自然现象的

① 被访谈人：邢 SE，男，北杨庄村民；访谈人：张兴宇；访谈时间：2016 年 7 月 10 日；访谈地点：北杨庄。

认知确有一种趋向于着重“实用”的文化传统，这一传统一方面可能影响当前的科学发展态势，另一方面则表现为仍然约束着一些民众日常生活的习惯和风俗。① 这表明民众对于自然界中模棱两可的事物的态度更偏向于“实用性”。对乡村梅花拳文场师傅王奇亮而言，梅花拳文场弟子在学习文场知识时，不着迷不行，但是太过着迷也不好。因此，梅花拳文场师傅在学习文场知识的过程中必须把握好尺度，注意其实际功用发挥，并随时加以灵活性处理。如他所述：

> 这里面老多东西啊，学不完。这个比如一个人，有外五行，有内五行。根据一个宅子说吧，也有外五行，内五行，一点点地琢磨道理，哪里属于外，哪里属于内，慢慢地积累就学会了。北屋、南屋、东屋属什么，过道属什么，儿女占在哪里，女的占在哪里，都是一点点地积累起来的。和人的内五行一样，心肝脾肺肾，都是连着一起的。你越学越愿意学，越看越愿意看。光学、光看也整迷了。学一阵，就歇一阵子，再学点。一下子学完，那就毁了。学了一章，就歇歇，接着可以再学。否则容易学迷了，学傻了，光琢磨这一套了，就只有这一个心眼了。②

不仅如此，梅花拳文场内部讲究“一年四季动香火”，每逢拳内春、夏、秋、冬“四节气”时，梅花拳文场弟子都需摆供敬奉“老爷爷”。此时如果有新“立架”的梅花拳家户不懂具体祭拜程序，便会邀请村中的文场师傅上门指导。王奇亮经常为村民“动香火”提供帮助，他还会耐心告知“动香火”时每一处需要注意的仪式细节。例如，在三月三“动香火”期间，早晨要为“老爷爷”取水打茶，必须在太阳未出之前取井中的第一担水敬神，取水时还要念叨上几句吉利话。等把水提上来以后，村民用担

---

① 李亦园：《人类的视野》，上海文艺出版社 1996 年版，第 185、188 页。

② 被访谈人：王 QL，男，北杨庄村民；该谈人：张兴宇；访谈时间：2016 年 4 月 9 日；访谈地点：北杨庄。

子挑水时必须一口气担到家，中间不许停歇。回到家先将这桶水倒入烧水壶中，然后再跪在坛前等待，水烧开之后才能端上敬奉神家。类似的文场敬神礼仪还有很多，比如每年农历三月三、六月六、九月九、腊月初八和春节接架时都有对应的念佛词，而且均有相对固定的敬神程式，王奇亮早已将此类梅花拳文场知识内化于心，外化于形。

事实上，以王奇亮为代表的北杨庄梅花拳文场师傅，他们通过帮助乡民解决日常生活中的各种“私事”来实现为梅花拳“传道”的基础性自治公益诉求。这一问题可从以下三个方面予以理解：第一，这些梅花拳文场师傅在为村民提供力所能及的“心理治疗”服务时，也得到了一部分受益村民的话语认可，从而使其在乡村中享有着一定的威望；第二，在村民看来，他们希望借助“神力”去化解生活中的难题，而梅花拳文场师傅恰好扮演着乡土“心理医生”的角色；第三，也是更为关键的一点，梅花拳文场师傅在为村民“医病”“解事”期间并不收取费用，体现出鲜明的公益性特征。乡土社会是靠亲密和长期的共同生活来配合各个人的相互行为，社会的联系是长成的，是熟习的，到某种程度使人感觉到是自动的。① 一定意义上看，乡村梅花拳文场师傅在乡村社会充当了村民的信仰辅助媒介。当然，这些村民之间自有他们的人际相处之道和礼俗规矩。通常情况下，前来求助的问事者多半不会空手而来，他们也会象征性地准备一些饼干、点心等供品敬奉“老爷爷”。有些问事者还会主动在“架桌子”的炉底下面放置一定数额的“许愿钱”“还愿钱”作为梅花拳文场师傅的“解事”“医病”酬资。但对大部分向他们求助的普通村民来说，这种医治“虚病”的开销所费很少。实如北杨庄梅花拳老拳师王Z所言：“梅花拳这个事，不能有私心，要不然什么事也办不成。作为文场师傅不能怕麻烦，因为你做的不是一个人的事。”② 名义上代表私益，其本质上彰显出一定的公益性。梅花拳文场师傅日常的这种具有乡村公益性质的“医病”“解事”行为，也

---

① 费孝通：《乡土中国》，北京出版社2005年版，第68页。

② 被访谈人：王Z，男，北杨庄村民；访谈人：张兴宇；访谈时间：2016年4月9日；访谈地点：北杨庄。

是维持北杨庄梅花拳组织长期稳定自治运转的重要因素之一。

二、自治之公益："架鼓送殡"习俗

如前章所述，在北杨庄丧葬礼仪中至今仍流传着一项"架鼓送殡"的特殊民间习俗，而此俗最初的形成也与乡村梅花拳组织密切相关。我们知道，梅花拳内部组织人员进行武术表演活动时，通常会借助敲打锣鼓铜器等方式以壮声势。过去乡村梅花拳组织中的成员有人去世，其他与之关系不错的梅花拳弟子则会结伴前往主家"参灵"。基本程序大致是一边表演梅花拳武术，一边敲打锣鼓铜器，以示祭送逝者最后一程。村民将这种习俗称为"架鼓送殡"，但过去仅限于在梅花拳弟子之间流行①。例如，以前北杨庄和谷常相村联系比较紧密，如果谷常相村中梅花拳弟子遇到白事，一般会邀请北杨庄梅花拳弟子前往表演梅花拳。或者如果周边村庄的村民和北杨庄梅花拳弟子家有亲戚关系，他们有时也会酌情参与。这种应邀表演活动，基本都是义务性质，并不向对方收取任何费用。值得注意的是，在北杨庄，最近几十年来已经形成了面向全体村民的具有村落社区公益性质的"架鼓送殡"新习俗。自 1978 年以后，该村梅花拳组织作出决定：村中男女老少不论穷富，只要遇到白事都会去义务表演梅花拳，并敲锣打鼓为逝者送行。

实际上，北杨庄"架鼓送殡"新习俗的形成与该村梅花拳组织在乡村日常生活中推行的公益观念不无关系。据北杨庄人回忆，在"文化大革命"以前，北杨庄村中曾设有专门的锣鼓表演队。当村中遇到白事的时候，他们负责敲打锣鼓为逝者送葬。而在"文化大革命"期间，此类习俗被全面禁止。到了 1978 年左右，北杨庄梅花拳在核桃园乡参加乡艺汇演活动一举成名。此后村委会开始逐渐鼓励村民练拳，传承梅花拳武术。由于该村梅花拳组织内部用来配合武术表演的锣鼓铜器大部分已经损坏，梅花

---

① "以前都是本帮的梅花拳有白事的时候，咱们武术队出去表演，叫'架鼓送殡'，后来渐渐地就变为全村都流行的风俗了。"被访谈人：王 SX，男，北杨庄村民；访谈人：张兴宇；访谈时间：2015 年 4 月 7 日；访谈地点：北杨庄。

拳武场师傅王尚信便挑头建议村委会出钱购买锣鼓铜器。一开始村委会并不同意购置，后来他们建议锣鼓铜器并不专供梅花拳内部使用，全体村民如有需要均可使用，而且如果其他村民遇到白事，他们梅花拳弟子将一视同仁，义务为其表演梅花拳送葬。经过几次商议后，村委会终于同意购置新的锣鼓铜器。紧接着梅花拳武场师傅王尚信带领人员去邢台市孙村购买了架鼓和铜器，总共花费五百余元。他们同时购置了十多杆梅花拳长枪，花费一百多元。后来由于年轻村民并不熟悉铜器使用方法，新买的铜器仅用了一年便已损坏，于是第二年他们又到邢台买了一次。自从村委会支持购买铜器开始，北杨庄正式兴起了梅花拳“架鼓送殡”的新习俗。然而，每一届村委会对锣鼓铜器的购买、使用态度并不完全一致，梅花拳武场师傅王 SX 则在其中多次扮演着交涉人的重要角色。他说：

后来换成英文当支书了，一开始找多少趟不给买。说怎么铜器老是坏呢？他们光盼着我来了，对我说，你还得找他们去啊。我一开始先没找英文，找的英春。英春是他哥哥，他说这是咱一村里的事，又不是你非叫英文作难啊。他不同意买，你是长辈你不会骂他啊！又过了几天，我又去找英文，对他说，你说铜器到底买不买吧，这不是你村里的事？谁家不死人啊，以后谁说不得给帮忙啊。英文答复说，等过了年，开个会商议商议，再买不行啊。所以又给买了，一直撑到现在。①

显而易见，梅花拳弟子有着独特的生存智慧和处世逻辑，他们甚至会从情理道义上对村委会进行“逼宫”。众所周知，中国社会长期被小地方与大社会、传统与现代、社会与国家、内部与外部等广泛存在的紧张关系所困扰。中国人运用过很多方式处理这些紧张关系，其中一个广为采用的有效方式是作为文化传统并被作为政治艺术运用的双名制。② 当梅花拳这

① 被访谈人：王 SX，男，北杨庄村民；访谈人：张兴宇；访谈时间：2015 年 4 月 7 日；访谈地点：北杨庄。

② 高丙中：《一座博物馆——庙宇建筑的民族志》，载《社会学研究》2006 年第 1 期。

种面向全村的“架鼓送殡”行为逐渐衍化为北杨庄新的民俗生活惯例之后，村委会出钱购置锣鼓铜器也就成了“必然之举”。如今北杨庄梅花拳大鼓和铜器的购置都需村委会提供经费支持。据说2011年梅花拳弟子重新置办了一套崭新的锣鼓铜器，村委会一共花费8000余元。虽然北杨庄村委会的集体收入来源并不多，但是对于这种新出现的村落习俗，村委会成员最终还是给予了正面扶持。梅花拳内部的锣鼓敲打技法系由本村老年人传承下来，村民们认为此举也接续了村落原本的艺术文化传统。及至后来，梅花拳弟子遇到白事去村民家中“参灵”时，主要进行锣鼓表演，甚至把梅花拳的武术展演放到了次要位置。在北杨庄梅花拳义务“架鼓送殡”的新习俗形成之后，处理丧事的主家一般也遵循着“礼尚往来”的民间交往规矩，他们通常会听从主事者的安排，提前与梅花拳文场“当家人”做好对接工作。而梅花拳弟子一同前往“参灵”时，通常也会准备祭奠逝者的烧纸和礼钱，以示尊重。这种礼俗交往方式也成为北杨庄人维系不同家族之间社会关系的纽带。

在刘铁梁看来，乡民艺术常常打着信仰的旗号，增加自己在现实社会中存在的合理性与权威性，而宗教信仰往往需要借助于艺术表演增强自己的感染力。在中国式的“神圣”空间里，不仅需要礼节、礼仪之类庄严肃穆的活动，也需要欢腾的表演；既需要象征性地表达与重建社会生活的秩序，也需要夸张地体验生活的乐趣和发挥真实的性情。① 事实上，对操办丧礼的主家而言，参与梅花拳表演的人数越多，表演现场越是热闹，他们越感觉脸上有面子。乡村梅花拳组织的具有一定乡村公益性质的架鼓表演活动，既是梅花拳弟子对村落公共资源的灵活支配与运用，同时也是扩大乡村社区公益范围的重要手段。置于乡村生活领域中的梅花拳，既代表了民间社会的一种超功利追求，也拓展了梅花拳的乡村自治权威性。由此塑造的北杨庄村落习俗惯例，体现了乡民在日常生活中最为基础性的人际交往模式。虽然梅花拳“架鼓送殡”的民间习俗在北杨庄整个葬礼仪式过程

---

① 刘铁梁：《村落生活与文化体系中的乡民艺术》，载《民族艺术》2006年第1期。

中只是起到一种辅助性作用，但依靠这种情感交流层面的点滴滋润，可以清晰地折射出乡土民众的日常生活智慧与人情伦理意识。

三、自治之外延：地缘联结与跨村落公共活动

乡村梅花拳组织本质上属于民间社会中一种以男性结社为鲜明特征的互助组织形式。它不仅影响着参与其中的村落民众的日常生活方式，同时也是构建乡土地缘关系的重要纽带。王明珂认为，我们每一个人都生活在以集体记忆结合的社会群体中。[①] 乡村梅花拳组织的群体性组合模式，主要依靠他们在村落日常生活中建立的人际关系网络。各个村落梅花拳组织之间通过跨村落公共活动促进了梅花拳弟子的信息交流，形成了一种较为典型的地缘群体联结模式。

（一）乡村社交网络：互通有无

在过去，梅花拳弟子跨村落之间的信息沟通、传播主要借助步行、骑车等传统方式进行，现在则普遍升级为使用电话相互联系。相比而言，这极大地提高了乡村梅花拳组织内部共享信息的效率。时至今日，有些乡村梅花拳弟子甚至还专门组建了微信交流群，用于分享梅花拳内部的相关消息。北杨庄与周边村落梅花拳组织建立交流关系，最初是通过梅花拳内部的师徒关系而建立。这主要与早年间梅花拳祖师爷邹宏义来广宗地区收徒传拳密切相关。据说当年邹宏义以广宗县前魏村作为传拳初始地，后来不断收徒，范围波及前魏村、谷常相村、北杨庄等众多村落[②]。因为前魏村梅花拳文场师傅的辈分最高，所以该村在广宗县整个梅花拳组织中长期发挥着核心组织作用。目前北杨庄与广宗县前魏村、谷常相村、前马井村、后马井村、王常相村，巨鹿县苗家庄村、郭家庄村等梅花拳村落均维持着不错的村际关系。

---

① 王明珂：《华夏边缘：历史记忆与族群认同》，允晨文化实业股份有限公司1997年版，第49页。

② “邹师爷第一个到魏村传拳，收了不少徒弟，俺们杨家庄也有不少跟着学拳的。最早都是那时候传下来的。”被访谈人：王Z，男，北杨庄村民；访谈人：张兴宇；访谈时间：2015年8月12日；访谈地点：北杨庄。

平乡县马庄桥作为河北地区乡村梅花拳祖师爷的定居地，过去北杨庄梅花拳弟子要步行几十里地去马庄桥定期祭祖。当外村遇到事情时，只要对方一下通知，梅花拳弟子必须组织人员前去捧场。以前村民都是早晨天未亮时就出发，一直到很晚才能回村。在这些已经建立了良好关系的梅花拳弟子之间，一旦遇到白事需要村民外出表演“架鼓送殡”时，他们通常也是招之即去，义务前往。当然，一般情况下，只有设立了梅花拳文场“架桌子”且双方关系不错的梅花拳弟子之间才会倾心相助，他们也基本遵循着“礼尚往来”的民间规矩。例如，北杨庄梅花拳武场师傅王尚信受邀参加前魏村梅花拳“打醮”仪式，他前往参加仪式时随了 20 元作为礼金。以后当他遇到类似事情时，对方也会予以对等数额进行还礼。而且乡村梅花拳内部在举行“打醮”仪式时，还需遵循特定的“参架”规矩。一般梅花拳武场师傅进神棚“参架”时，要手捧大刀走到神前，然后把大刀往空中一抖，一边念唱口诀的同时，一边表演梅花拳大刀套路。表演完毕，才可进行其他事宜。杜赞奇认为，宗教的等级制度、联系网络、信仰、教义及仪式是构成权力文化网络的重要因素。① 虽然乡村梅花拳表面上看是一个以习拳练武为主的武术组织，但它同时也是一个规矩较为严密的民间信仰组织。村民通过此类互通有无的民间规矩，促进了乡村梅花拳弟子之间的人际交往，形成并拓宽了乡村社会中特定的权力文化网络。

（二）地缘联结：民间“亮拳”展演

在乡村梅花拳组织内部，村民至今传承者“天下梅拳是一家”的独特门内理念。梅花拳弟子之间空闲时聚集在一起习文练武，并借助每年定期参与“亮拳”的跨村落交流方式始终保持着较为稳固的交往联系。这些梅花拳弟子之间有的属于师兄弟关系，有的则是师徒关系。如若一方有事，只要有人招呼一声，其他梅花拳弟子便会热心前往帮忙。虽然平日里梅花拳跨村落师徒之间的往来走动并不太多，但到了年节期间，梅花拳师兄弟之间依旧传承着相约去师傅家中拜年的民间习惯。如果师徒之间维系比较

① ［美］杜赞奇著，王福明译：《文化、权力与国家——1900—1942 年的华北农村》，江苏人民出版社 1996 年版，第 111 页。

良好的交往关系，对梅花拳弟子来说，他也能够从师傅那里学得更多的梅花拳文场或武场知识。长此以往，这种村落社会的人情交往模式被乡村梅花拳弟子一代代地传承下来。下面以2016年北杨庄梅花拳弟子参与的前魏村梅花拳“亮拳”表演活动为例，进一步窥探乡村梅花拳组织在当下乡村生活中的地缘联结关系。

2016年2月16日，文化部（现为文化和旅游部）民族民间文艺发展中心、山东大学、广宗县政府与广宗县梅花拳协会组织承办了“梅花拳与中国乡村自治传统”学术研讨会。按照会议安排，与会学者要在当天前往广宗县前魏村参观每年一度的乡村梅花拳“亮拳”表演活动。过去前魏村组织的梅花拳“亮拳”活动主要安排在农历正月十九举行，后因村民年后要忙于外出打工挣钱，“亮拳”时间又改为正月初九。当天，在前魏村梅花拳传承基地的大院中悬挂着一幅印有“美丽乡村梅花拳”字样的大型背景幕布，来自周边村庄的梅花拳弟子一早便从家中赶往前魏村参加“亮拳”表演活动。在过去，“亮拳”表演是展示梅花拳武术水平、吸纳练拳人员的重要方式。而新时期乡村梅花拳的“亮拳”表演性质已然发生了很大变化。如今的公开“亮拳”活动既是展现当代乡村民间艺术的重要窗口，也是当地村民在春节期间娱乐交流的重要选择之一，同时还是维系跨村落梅花拳弟子之间人际关系的重要手段。

除了周边村落组织的梅花拳武术队伍，本次“亮拳”活动还有两支广宗县当地的学校代表队参与其中，分别为广宗二中和东召中学梅花拳武术队。同时还有来自广宗县周边的故城县、威县和巨鹿县等地方的梅花拳弟子参加“亮拳”表演活动。各村梅花拳武术代表队按照提前排好的出场顺序依次表演，临时负责人举着“某某村武术队”的简易木制标示牌，其他队员则挥舞着广宗县梅花拳协会前几年统一制作的会旗。前魏村梅花拳传承基地大院中铺设了一块大红地毯，以防村民现场演练武术时摔伤。虽然参与人员众多，但整个“亮拳”活动组织得较为有序。西北角设置了一处简易厨房，由前魏村村民李连印等6人负责当日伙食。前魏村的几位中老年女性帮忙在伙房做饭，白菜炖粉条，配上白馒头，就是参加“亮拳”表演人员的午餐。村民陈洪存等12人负责接待来访客人，村民孙瑞欣等6人负责管理捐献的布施费用。村民在院子东侧村民张榜公布了此次梅花拳“亮拳”活动捐献布施的人员名单。捐献布施的名单用黄纸书写，大红纸面上写着“捐资修圣”四个大字。涉及捐献的村庄包括前魏村、后平台、东召村、侯家寨、赵寨、曹家营、南苏、广宗东街等28个村庄，其中北杨庄武术队全体捐献100元。当天总收入6600元，支出5700元，余900元。报到由董保选等3人负责，治安由王林深等12人负责，报到处设有专人统计参加“亮拳”表演活动的村庄名、领队、参加人数与联系方式等信息。其中，北杨庄梅花拳武术队由邢尚娥带队，参加人数36人；核桃园小学由北杨庄梅花拳武场师傅刘金亮带队，参加人数9人；广宗二中由北杨庄梅花拳武场师傅王尚信带队，参加人数40人。可以说，北杨庄作为参与“亮拳”人数最多的村庄，由该村梅花拳武场师傅带领的这三支武术队的表演也成为本次梅花拳“亮拳”表演活动的重头戏①。

“亮拳”仪式一开始，首先由乡村梅花拳大刀表演开场，其次是来自侯家寨村、刘全寨村和赵伏城村的舞狮子表演，紧接着是北杨庄梅花拳武场师傅王尚信带领的广宗县二中学生表演队伍现场演练的各种梅花拳稀有兵器。大部分参加表演的村民都身穿梅花拳特制的表演服装，队服颜色以蓝色为主色调。也有一些是淡白色，并在右侧胸前统一绣上了“广宗梅花拳”与梅花标志。从演练现场放眼望去，年逾60岁以上的梅花拳武场弟子不在少数。双刀、梢子、流星、长枪、棍、对练等梅花拳兵器、套路轮番上演。这些上了年纪的梅花拳弟子，一招一式演练起来略显吃力，但表演时的认真劲儿与表演后的满足感，彰显出他们对梅花拳武术珍视有加的朴素情感。孩童在表演梅花拳时，虽然招式、动作不甚标准，但专注的神情不时引来村民的阵阵喝彩。近些年也有不少村庄发展了一部分女性梅花拳练习者，在“亮拳”现场，她们以略显柔顺的身姿表演梅花拳基本功拉架子。北杨庄武场弟子邢尚娥和邢尚奇表演的是长枪和五虎铲对练项目，刚劲勇武，众人纷纷叫好。与此同时，梅花拳武场的另一支助兴

---

① 被访谈人：王SX，男，北杨庄村民；访谈人：张兴宇；访谈时间：2016年7月10日；访谈地点：北杨庄。

队伍的锣鼓铜器表演也是格外热闹。伴随着躁动的鼓点和镲、锣的喧闹声，来自周边村落观看表演的村民将现场围得水泄不通，甚至连院外的墙头上面都站满了看“热闹”的人群。他们或是评头论足，或拿起手机拍照记录，表演者和观看者的脸上都洋溢着欢乐、愉悦的表情。这些乡村梅花拳武场弟子的表演精彩纷呈，演练到激烈处，引来村民的阵阵欢呼与喝彩。

通过上述“亮拳”个案不难发现，乡村梅花拳在获得国家级非物质文化遗产的合法性身份后，这一民间武术组织在当地已经形成了特定的乡村武术交流圈。这一圈层对村民们的武术观念和生活方式不断施加影响，进而构建了一种多元交织的跨村落交往语境和权力文化网络。这种跨村落的权力文化网络如何呈现？其实它主要依托于乡村梅花拳组织中的武场能手和文场能手来编织，并从村落内部向外延展，进而形成了一个相对完整的乡村自治运作系统。例如梅花拳文场崇信的“天地君亲师”观念，与之相关的解释也被村民融入、链接到日常生活之中。而且，对于日夜为生计操劳的百姓来说，国家既是一种无处不有、无时不在，又充满了遥远的、不可触摸的神秘感的神圣力量，常常是政治、社会与文化“正统”的主要来源①。村民对于与国家权力的想象以及官民关系的柔性处理方式，体现出以梅花拳为代表的乡村自治组织在一定程度上是具有社会效力的。

一言以蔽之，跨村落范围的乡村梅花拳组织意味着一种隐形的地缘联结象征关系。它把乡民日常生活中可以借助的社会力量拓延到更广的地域范围，从而营造出一种潜在的“势力”幻象。具体说来，北杨庄民众熟悉的抗战红色叙事是一种话语象征，而梅花拳弟子参与村落政治则是一种权力象征，参加“亮拳”表演活动属于一种关系象征。不仅如此，这种跨村落关系联结也可被视为一种民间自治防御机制。村民并不一定经常动用外村关系来解决生活难题，但保存这种力量对梅花拳弟子而言非常重要。从某种意义上看，乡村梅花拳在当代村落社会中的群体功能意义发挥呈现出

---

① 郑振满、陈春声主编：《民间信仰与社会空间》，福建人民出版社 2003 年版，第 9 页。

效用递减趋势，甚至在某些领域不断失效。但不能忽视的是，这一组织群体始终都在培育、创造新的异化形式，试图加强、稳固乡村梅花拳的传承根基。正如当下他们善于借用传统文化和民间信仰的名义去推行梅花拳的文场、武场知识一样，这种运作机制和自治逻辑也是维系乡村梅花拳组织持续性发展的关键因素。

小　结

总体来说，北杨庄梅花拳文场、武场传承与乡村公共生活之间呈现出密不可分、互为衬托的自治关系结构模式。在中国传统乡村社会，一种相对稳定的乡村自治传统生成，并非简单依靠一两代村民的努力和维系就能实现。实如张士闪所言，村落宗教传统与艺术传统在内的“民间小传统”的复兴，并不一定指向与国家政治的背离。相反地，它们为了在地方社会中立足，或是让自身权威身份得以确立，反而会积极地向国家政治话语靠拢，表现出一种国家与民间相融共处的景观。① 发掘并运用存留乡村的自治传统，则是激活乡土社区传统文化活力的可行性路径之一。

相比较而言，在华北乡村社会的民众自治生活领域，传统家族力量虽然不像弗里德曼、科大卫他们所研究的华南乡村社会那样铿锵有力，但不可否认的是，家族关系仍然在华北乡村社会中起着十分关键的枢纽作用②。尤其是在推行个体私益和村落公益层面，乡民也习惯于利用家族亲属关系展开自治实践。它通常需要乡民在日常生活领域中不断摸索、磨合，建立并维系一种功能性和结构性并存的自治框架。文场立架作为一种自治权威和象征，武场传艺作为一种自治根基和策略，二者相互调谐，使得乡村梅花拳组织能够潜移默化地在乡村社会传承、发展。例如北杨庄抗战红色叙

---

① 张士闪：《乡民艺术的文化解读——鲁中四村考察》，山东人民出版社 2005 年版，第 247 页。

② 参见［英］莫里斯·弗里德曼著，刘晓春译：《中国东南的宗族组织》，上海人民出版社 2000 年版；科大卫著，卜永坚译：《皇帝和祖宗：华南的国家与宗族》，江苏人民出版社 2009 年版。

事形塑而成的村落集体记忆，乡民也在试图将其纳入一个超稳定的乡村信仰组织系统中去。而乡民在村落生活中一旦遇到各种问题，乡村梅花拳组织内部成员多会采用相互磋商的方式，汇集群体智慧，从而试图将其对民众日常生活造成的可能性危害降至最低。同时乡民也会在此逻辑框架内找到适合自身的自治生活方位，并依据个体能力的强弱在其中发挥着或是核心或是边缘的作用。北杨庄长期以来形成的“邢王不骂”“架鼓送殡”等乡村自治传统，则是一种非常鲜明的民俗生活写照。

第四章　自治实践：梅花拳的“神圣”与“秘密”

流布于广宗地区的乡村梅花拳组织，之所以能够在乡土社会中持续传承甚至干预乡村公共生活，一方面得益于部分梅花拳武场弟子长期以来内聚的拳术威望，同时又深受梅花拳文场师傅在日常生活中向民众不断传播的民间信仰观念影响。总体来看，梅花拳的乡土自治实践主要围绕“神圣”与“秘密”两个维度而展开。相比较而言，梅花拳文场所内含的隐性信仰能量更容易使村民“久而生信”。① 在北杨庄流传着大量与梅花拳相关的民间轶事，乡民习惯于借助日常生活中的“神圣化”口头叙事和“灵验”信仰来强化群体的认同观念。

进一步来说，梅花拳自身呈现出的“秘密化”传承倾向，是其能够在乡村社会保持潜默运行的典型特征。而且，乡村梅花拳组织通常会引入“分”与“合”的自治运作逻辑去平衡、解决乡村日常生活中发生的各种问题。“拳内”与“拳外”的梅花拳自治边界划分也使得村民的日常信仰生活充满了丰富的张力。例如，每年农历二月十九“菩萨会”是冀南广宗一带极具普遍性的乡村公共信仰习俗。而在具体信仰实践过程中，北杨庄梅花拳组织内部的文场和武场之间相互制衡。他们不仅将

---

① 葛学溥认为：“人们不但要使自己符合人世间的传统和规范，而且还必须调整自己来满足神灵社区的需要，与神灵们和睦相处，以获得所渴望的幸福。”参见［美］葛学溥著，周大鸣译：《华南的乡村生活：广东凤凰村的家族主义社会学研究》，知识产权出版社 2011 年版，第 153 页。

“菩萨会”信仰活动纳入乡村年中信仰体系框架之内，还在乡村公共信仰空间的建构及公益运作等方面发挥着主体能动性作用。由此导致的直接结果是梅花拳的乡土自治实践与村落公共生活领域交相呼应，并实现了深度融合。

第一节　“神圣”的拳：梅花拳轶事与“灵验”信仰

梅花拳作为一个不断扩展的开放系统，在它广泛分布的华北乡村社会中对广大民众起到了一种整合、向心、导向的复合功能，在传统文化与小农经济体制之间起着一定的调节作用，同时自身也在缓慢地发展、成熟着①。实际上，乡村梅花拳文场与武场相结合的独特自治运作机制，是支撑乡村梅花拳组织不断传承发展的动力来源。就北杨庄而言，村中流传着许多梅花拳相关的村落轶事和“灵验”信仰案例，这构成了乡村梅花拳“神圣”实践的主体结构框架。弗里曼认为，中国农民按照宗族、宗教、村庄遗留下来的惯例和标准，以及包含在长期形成的习惯中的传统规范进行思考和行动。② 进而言之，乡民在日常生活中积累的各种梅花拳民间轶事和“灵验”故事，也能反映出冀南乡村社会的多元信仰生活境况。它在村民之间通过口耳相传的方式不断传播，此类村落“神圣”轶事的叠加扩散，必然为当地民众建构梅花拳的“神圣”实践格局提供丰富素材。

一、诠释“神圣”：村落梅花拳轶事

在北杨庄，村民之间口头流传着大量的梅花拳文场和武场轶事。一定意义上看，这些所谓的民间轶事既是北杨庄村民过去生活经历中的“真

① 张士闪：《从梅花桩拳派看义和拳运动中的民俗因素》，载《民俗研究》1994年第4期。

② ［美］弗里曼等著，陶鹤山译：《中国乡村，社会主义国家》，社会科学文献出版社2002年版，第372页。

实”体验，但其中的某些故事情节也不乏被村民“添油加醋”，并不断赋予多元的神圣性色彩。在中国民众信仰中，作为信仰对象的“神”与“灵验”紧密相连。① 而乡村梅花拳与村落信仰生活的结合，离不开村民朴素的“灵验”逻辑意识。总体而言，北杨庄村中传播的梅花拳“灵验”轶事大多与梅花拳弟子涵养道德的修养追求密切相关，内容主要涉及治“病”助人、拳场比武、家国情怀及神秘规矩等几个方面。

（一）医技之“神”：治“病”助人

在北杨庄人看来，梅花拳文场的医道功夫可以帮助村民治病，它又细分为治疗“实病”和“虚病”两类。这些村民日常所遵循的医“病”逻辑是：一旦身体不适、察觉生病，村民一般先去医院进行诊治。如果长期吃药打针总不见效，他们才会去找懂得医道功夫的梅花拳文场师傅帮忙。北杨庄人戏称，以前件只医院的大夫对北杨庄送去的病人尤其头疼，因为他们送去的多是疑难杂症。② 例如，过去北杨庄有一位梅花拳名师邢海云，他是一名老中医，精通传统中医针灸、推拿技术，曾帮助许多村民治疗疾病。目前北杨庄主要有邢银超、邢尚宝和王奇亮三位梅花拳文场师傅帮助村民医治“虚病”。比如在前两年，距离北杨庄村北不远的尹村有一位老太太曾找到邢银超和邢尚宝求助。

（二）拳技之“圣”：拳场比武

如前所述，北杨庄梅花拳武场在 20 世纪 50 年代以前曾经十分兴盛，当时村民的练拳热情普遍高涨。北杨庄村内最多曾设立三处拳场，也培育出了一批梅花拳武场名师。在村民们眼中，这些梅花拳武场师傅不仅武艺高强，并且在日常生活中非常注重德行修养。与他们有关的拳场轶事在北杨庄梅花拳弟子之间广为流传，这也成为梅花拳文场、武场师傅平时教育

---

① 岳永逸：《灵验 · 磕头 · 传说：民众信仰的阴面与阳面》，生活 · 读书 · 新知三联书店 2010 年版，第 176 页。

② “北杨庄的梅花拳医道还是很有功夫的，过去都说那个西边的件只医院，就怕北杨庄送去的病人啊。因为有些小的问题，找文场师傅就能给帮忙解决了。只有那些看不了的，一些疑难杂症，再去找他们。”被访谈人：王 SX，男，北杨庄村民；访谈人：张兴宇、蒋帅；访谈时间：2015 年 2 月 25 日；访谈地点：北杨庄。

弟子的重要素材①。

邢九成学拳

清朝乾嘉年间，北杨庄村民邢九成拜广宗县城梅花拳第八代传人陈福水为师，学习梅花拳。北杨庄距离广宗县城约45华里，邢九成学拳时经常路过威县马庄。村里有人见他经常进城，便询问他进城做什么事，邢九成回答学梅花拳。这位村民当即向他发出挑战，说道：“等你啥时学会了我们一块比试比试。”邢九成不好推辞，也就答应了对方的邀约。很快过了一年时间，邢九成说没练好功夫。转眼又过了一年，邢九成还说没学好。等第三年过去了，邢九成觉得老说没学好挺没趣儿，就鼓起勇气找到之前问话的人说：“我不怕丢丑，你要比试我同意了，但比试的方法得由我说了算。”对方听后欣然同意。邢九成又说：“咱俩背对背，胳膊向两边展开，手背相对。你脸冲地趴下，我脸冲天。我用千斤坠功夫，你能拱起来你为师，我为徒，你要拱不起来别硬拱。”于是两人比较起功夫来，只见那人用力一拱，没拱动；再一拱，还是拱不动；第三次一用力，一下子口吐鲜血。邢九成对他说：“咱们有言在先，你拱不起来就别拱，你不听话。这就不怪我了。”这就是所谓的“练武不练功，到老一场空”。正是因为邢九成下了三年苦功夫，才练就了梅花拳扎实的基本功。

邢九成破无头案

早年间，沙河知县的小姐被匪人抢走。当时北杨庄有一位叫邢鹏龄的村民在县衙当差，所以县太爷安排邢鹏龄做办案人，限期抓匪人归案。可这是桩无头案，向哪里去抓人呢？这邢鹏龄如同牛犊子掉到井里——有劲使不出来。邢鹏龄一时急得没办法，想到了他的乡亲邢九成，就去找他帮忙。有人跟邢九成说，邢鹏龄以前架子大，见了“平凡人”都不说话。回家来的时候不到自己门口都不下马，我们不

---

① 下述几则梅花拳拳场轶事由北杨庄村民邢银昌（已故）搜集而来，现由村民邢尚娥保存。

要管他的闲事。但邢九成明白，没有用不着的人，没有走不着的路，于是他决心拉乡亲一把。他四处和梅花拳门里的人联系，打听绑匪的下落。与没有共过事的人联系时，对方就用行话反问他：“您从哪里来?”他答：“我从东都来。”人家又问：“你向哪里去?”答：“我到西域去。”对方知道是梅花拳门内的人，就答应相助。这样，很快他就打听到了小姐的消息，也知道了匪人的藏匿之地。邢九成怀揣流星锤，手里提着量天尺，带着几个善战能打的同门弟子，隐蔽在匪窝一扇打开的门后面。一个匪人听到动静，手提单刀，一摇三晃地走出来，一脚踹开另一扇门。邢九成一个外翻腕，量天尺正打在匪人的手腕上。匪人的刀“当”的一声落了地，众人一拥而上把匪人捆了起来。这时，有人喊：“房上有人!”邢九成立刻掏出流星锤，撒手打了出去，缠住了房上那人的腿，然后猛拉绳子，把房上的匪人拽了下来。九成帮邢鹏龄破了无头案，邢鹏龄按期交了差，对九成感激不尽。

父子铡草

北杨庄梅花拳名师邢彦臣和他父亲邢鹤鸣都爱习武。邢彦臣小的时候很顽皮，有一天他和父亲一块铡草，提到昨天邻居家里来了个威县的木匠，木匠会玩拳，还会“黑狗钻裆”，这一招很厉害。父亲问他：“你学会了没有?”他说：“学会了。”父亲又说：“那你往我裆里钻一下看看。”他使劲向父亲裆里钻过去，父亲使了一招，也不知道怎么回事，他就躺下了，只听见父亲在不停地抽烟、磕烟灰。过了很长时间，父亲在他身上使了手法，他才慢慢地清醒过来。从那以后，邢彦臣不论学哪一手梅花拳武功，自己都先用“手架子”练基本功。

几年后的一天，邢彦臣下梅花拳场子玩拳，拳打得挺野。有三个功夫好的村民轮流上场和邢彦臣对练，打起了“车轮战”。邢彦臣被缠得实在没劲了，就朝打鼓的地方看。本班的人就叫邢彦臣的小徒弟王律章上去，把他接替下来。王律章看那三个人都不是善家，不敢上场。这时有个叫王福堂的村民，他长得高大魁梧，虽然真本事不多，但会一手绝招“后扑”（仰面朝上的摔法）。他跑进场，替出了邢彦臣。对方来了一招举腿劈头，福堂在对方起腿时，一手抓住对方的腿上托，另一只手托住对方的后背，举过头顶。那人立马喊道：“好汉留命!”福堂这才把对方扔到地上，一场争斗这才算结束。此后，邢彦臣把梅花拳真功夫传给了王福堂。

王登云举铁砧子

北杨庄梅花拳武场师傅王登云出生于1832年。有一年村里来了个打铁的铁匠，每天傍晚停工时，铁匠都用双手把铁砧子举起来，对村民说：“谁能举起来，给你打活不要钱。”王登云听说了这事之后，就搬了一把椅子坐到铁匠附近，看打铁的怎么说。果然，收工的时候，铁匠把铁砧子举了起来，又说：“谁能举起来，给你做铁匠活，我不要钱。”王登云说：“我来试试行吗?”铁匠看了他一眼问：“你不怕摔着吗?”王登云说：“活动活动也好。”说着就走过去，同时伸出食指和中指，夹住了砧子把，拇指和无名指一合拢，叫了一声：“起!”就把铁砧子举了起来，然后轻轻地放在附近的一个土墙头上。铁匠吃了一惊，费了好大劲才把铁砧子搬下来，对王登云说：“你说吧，要我给你打什么?”王登云说：“我个人什么也不打，我们村子大，人口多，有个红白喜事通知给乡亲挺慢的，要是有两把三眼枪，有个什么事的话三眼枪一响，大伙就都知道了。再就是，乡亲们担水时水桶容易掉到井里挺难捞的，要是有个铁锚就好了。”铁匠说：“行，一个铁锚两把三眼枪，你请好吧!”这铁锚和三眼枪在村里流传了很多年，每当村民看到这两样东西，就会提到王登云举铁砧子的事。

仨拳场切磋技艺

过去北杨庄有三个拳场，村西头是邢彦士看拳场，后街是王文湘看拳场，村东北角是邢玉会看拳场。邢玉会、王文湘和西头拳场的王盈周三人经常聚到一块切磋拳艺。有一次他们说到“四两拨千斤”，连说带比画，一个人把手掌平放在桌面上，另一个人用力把手掌按在这个人的手掌上面，看手掌在下面的人如何利用技巧和功力把手掌抽出来。别人按住邢玉会的手掌，邢玉会能抽出来，他要是按住别人的手掌，别人抽不出来。王文湘的二指禅功夫很厉害，他两根指头用力并住，别人怎么用力也分不开。他们切磋武艺的事后来传开了，邻村有一个卖饼的王老多觉着自己手上有把力气，对王文湘说："我的两根手指头并住，你也分不开。"王文湘回答说："我能分开。"王老多就伸出二指紧紧并住，只见他用力一扯，王老多的二指根部就被扯破流血了。围观的人都说："你别逞强了，赶快上药去吧。"

（三）德之"神圣"：家国情怀

在抗日战争年代，北杨庄梅花拳弟子曾积极配合共产党参与抗日救国工作。据北杨庄保存的村落历史文献资料显示，在20世纪四五十年代，北杨庄有村民680人，而村中共产党员就有78名。北杨庄早在1935年就成立了党支部，当时共分为两部分。其中东边一部分党员由槐窝村地下党员吴希华发展，党支书叫刘老冒；西边的一部分党员则由李家庄地下党员王书祥发展壮大，他同时担任党支书①。北杨庄村中还设立了秘密电台、报社等，村民挖掘了一条东西走向的地道贯穿村落，以方便共产党员开展地下抗战工作。北杨庄梅花拳弟子邢生堂曾担任北杨庄秘密信息联络员。由于当时共产党基层组织还处于隐秘发展状态，即便父母之间也不能随意透漏信息。北杨庄梅花拳名师邢彦士、邢中道、邢生堂、王文湘、王文朝、卞贵征等都曾是地下党员，他们暗中为抗战作出了不少贡献。

例如，梅花拳弟子卞贵征早年从军入伍，抗战胜利后回到老家，在村中林业队担任保管。又如梅花拳武场师傅邢彦士，他在村中威望很高，宣传能力强。邢彦士平日与村民的关系相处不错，还曾担任过北杨庄村长。北杨庄梅花拳弟子王文朝，化名王老中，他也是一名老共产党员。抗日战争期间，王文朝凭借一身胆量，曾以游击队员身份独闯北杨庄附近的件只乡炮楼打鬼子。过去件只乡政府驻地在农历二、七时逢大集，当时王文朝提着一个菜篮子假装去集市卖菜，在街道上遇到鬼子后，他悄悄地从菜篮里拿出土制手枪向鬼子射击。意外的是，由于村民自制的土枪质量不一，

---

① 被访谈人：王Z，男，北杨庄村民；访谈人：张兴宇；访谈时间：2015年4月7日；访谈地点：北杨庄。

手枪扣动扳机后竟然没响。幸亏王文朝武艺高超，身法敏捷，他用平时练就的梅花拳硬功，迅速把巡逻的鬼子拿下①。这些梅花拳武场师傅的英勇事迹在村落内部广为流传，成为梅花拳弟子胸怀家国的重要象征。

（四）言行之“神圣”：秘密规矩

在乡村梅花拳组织内部，由于其自身的“秘密”传播特性，形成了一系列被“神圣化”的门内规矩。这些规矩大多是由梅花拳文场师傅制定，并被其他梅花拳弟子所遵循。例如，每次外村梅花拳弟子到前魏村参加一年一度的“亮拳”表演活动，中午吃饭时，梅花拳文场师傅总会特意嘱咐村民不要轻易掀开盖馒头的布。村民吃馒头时，吃多少就拿多少，但不允许外人随便乱问。梅花拳文场师傅认为，正是在“老爷爷”的福佑之下，才能够保证他们当天向村民充足地供应馒头②。实际上，在梅花拳弟子之间形成的这种内部饮食规矩，既是在制造一种神秘性氛围，也是在营造一种“神圣性”体验，而类似行为已经渗透到村民日常生活的方方面面。

第一，乡村梅花拳的秘密规矩与民众日常生活密切相关。前已提及，广宗县政府曾在2006年组织举办过一场“梅花拳文理武功保护论坛”国际学术研讨会。按照当时会议安排，与会学者在参会期间要去北杨庄考察乡村梅花拳。为了做好这次会议接待工作，北杨庄梅花拳弟子精心准备，并在村北组织了一场规模盛大的“亮拳”表演活动。然而村民除了按照日常程序准备“亮拳”活动之外，北杨庄梅花拳文场师傅还专门借助具有神秘化色彩的“跪香”行为来祈求活动的顺利举办。“亮拳”之前，该村梅花拳文场师傅更一同在“架桌子”前“跪香”，请求“老爷爷”保佑诸事运转平安。当时广宗县梅花拳协会负责人李玉普曾打电话给北杨庄梅花拳“当家人”邢银超，告知他由于天气原因考察学者可能无法到场参会。文场师傅邢银超却信心满满地给他答复说：没有问题，放心来就行。据村民回忆，当天除了北杨庄之外，周边三里地范围之内都在下雨，最后他们也

---

① 被访谈人：王Z、邢YG，男，北杨庄村民；访谈人：张兴宇、周连华；访谈时间：2016年7月10日；访谈地点：北杨庄。

② 被访谈人：李YP，男，前魏村村民；访谈人：雷明月；访谈时间：2015年4月6日；访谈地点：前魏村。

圆满完成了这次接待任务①。

从北杨庄梅花拳文场师傅这一简单的“跪香”事例中可以看出，乡村梅花拳的秘密规矩与村民的群体性“神圣”口头叙事之间具有十分紧密的关联。细而言之，北杨庄梅花拳组织在接到上级通知后，他们从思想上自然非常重视这次“亮拳”活动，并已经进行了周密的会前准备。其一，在村民看来，能有来自六个国家的专家学者到华北平原上一个非常不起眼的小村庄参观考察梅花拳，是北杨庄百年不遇的“大事件”。其二，这种难得的“亮拳”展演机会如果由于天气原因导致活动取消，那么村中梅花拳弟子之前所做的所有工作也将随之泡汤。其三，这次梅花拳“亮拳”表演活动也是展示北杨庄邢氏家族“梅拳世家”身份的绝佳窗口。我们知道，村落不同家族之间关于生存空间的竞争，关系到村落家族对空间格局的理解以及对村落仪式的创造。② 以北杨庄邢氏家族为代表的梅花拳“老门口”，他们对此次“亮拳”活动的精心谋划和组织，也是彰显家族实力和威望的重要表现。

当然，梅花拳文场师傅在家中的“跪香”行为原本只是出于确保“亮拳”活动顺利举办的基础性诉求。据北杨庄文场师傅邢 YC 回忆，“亮拳”当天，他从早晨五点多起床后，看到外边还在下着蒙蒙细雨，一度也十分担心降雨会影响“亮拳”表演。但他通过梅花拳“香礼”得到的答复是“没事儿”，所以从活动开场直到收场，他始终留在家中“架桌子”前跪香③。也许对这位梅花拳文场师傅来说，他内心一方面对活动的顺利举办有所担心，另一方面又不得不寄希望于“香礼”的指点。实际上，正是这种偶然性与必然性的相互叠加，最后促成此次“亮拳”活动的成功举办。它也顺理成章地变成了村民集体性“神圣”叙事生产的根本来源。

---

① 被访谈人：王 YW，男，北杨庄村民；访谈人：张兴宇；访谈时间：2016 年 7 月 9 日；访谈地点：北杨庄。

② 刘晓春：《仪式与象征的秩序：一个客家村落的历史、权力与记忆》，商务印书馆 2003 年版，第 164 页。

③ 被访谈人：邢 YC，男，北杨庄村民；访谈人：张兴宇、蒋帅；访谈时间：2016 年 4 月 4 日；访谈地点：北杨庄。

因此，村落梅花拳组织“亮拳”活动时“不下雨”在十年之后可以转变为村民建构“神圣”口头叙事的标志性素材，无疑有助于增强乡村梅花拳组织的民间权威性。乡村梅花拳组织运行“神圣”叙事的过程，也是村落内部组织权力再生产的过程。在杜赞奇看来，民间信仰及其组织在区域中的存在具有两面性：一方面，它是作为一个为不同的社会阶层所共享的体系存在的；另一方面，它在不同阶层的眼中具有不同的意义。① 村民通过运作民意，使得其对在村落中生活的人们产生敬畏之心。尤其是在当下乡土社会急剧变迁的社会大潮冲击之下，村民之间的心理疏离感难免有所增强，乡村梅花拳组织以其内部文场、武场的自治运作逻辑试图去弥补这一差异性鸿沟。

第二，乡村梅花拳的秘密规矩约束着乡民的日常言行。北杨庄人习惯将梅花拳武术表演活动称作“玩武”，这一民间词汇体现出乡村梅花拳典型的娱乐性特征。民间武术的娱乐功能主要表现在自娱性与他娱性（表演性）两方面，而较武竞技则是武术娱乐性的心理根源②。“玩武”的本质在于闲暇娱乐，但村民在进行日常武艺交流时难免发生意外，而且这很有可能给村民造成身体上的伤害。尤其是组织集体性武术表演活动，参与者上至六七十岁的老人，下至十二三岁的孩童，他们在进行兵器演练时容易发生不测事件。然而一旦产生任何问题，那么“玩武”的娱乐性功能也将随之丧失。因此，村民在参加类似“亮拳”表演、武艺交流活动之前，梅花拳文场师傅通常会特别提醒村民们注意安全。

一般情况下，梅花拳文场师傅需先借助香礼向“老爷爷”问询是否有“咱的武”，其主要目的在于预防不测事件的发生。大致说来，询问“香礼”或许是村民在寻求一种心理上的慰藉，但它事实上也可以给参加武艺交流的村民吃下一颗定心丸。例如，有一年冬天，来自山东的梅花拳名师燕子杰和台湾的梅花拳名师翁正茂前往广宗调查梅花拳。当时正逢大雪，

---

① ［美］杜赞奇著，王福明译：《文化、权力与国家——1900—1942 年的华北农村》，江苏人民出版社 1996 年版，第 111～120 页。

② 旷文楠：《中国武术文化的历史地位与作用》，原载于刘吉主编：《新中国体育史优秀论文集：1984—1994》，奥林匹克出版社 1997 年版，第 191 页。

村民先请梅花拳文场师傅查看“香礼”，得到“老爷爷”的答复是“见不了红，见不了血，可能得摔一下”①。后来他们在交流梅花拳“拉架子”技艺时果然有人不小心摔了一跤，这又被当地村民认定为“香礼”的“灵验性”。反推之，其实当天原本处于雨雪天气状况之下，村民在院中土地上交流梅花拳武艺，地面湿滑自然容易发生意外。当然，即便梅花拳文场师傅的诚敬之心常存心中，仍旧无法完全杜绝“玩武”意外事件的发生。

一些村民通常暗中也会“抱怨”，他们把这一类意外发生的事件归结为梅花拳文场师傅没有提前“瞧准”。据村民回忆，有一年北杨庄梅花拳老拳师王占带领本村梅花拳弟子去张家庄参加武术表演。其中一位弟子在表演大枪时，一时失手没控制住枪把，枪头顺势落在人群中，险些伤到前来观看的人群。还有一次，他们去邻村刘家庄表演梅花拳，村民在演练大刀和梢子棍的时候，梢子棍差点落入人群中②。因此，村民一旦掌握不好武术演练的火候，原本的助兴表演很容易转变成“扫兴表演”。其中最重要的一点是，对村内梅花拳文场师傅“当家人”而言，无论出了任何问题，他们都无法回避管理责任。但借助梅花拳文场“香礼”预测规矩以尽提醒之责，在一定程度上能够降低这种危险性事件发生的概率。

就此而言，乡村梅花拳组织内部运行的传统交往礼数和规矩本身就搭建了一个等级相对严密的自治结构体系。这既有上下之别，也有长尊之分。北杨庄村落中普遍流传的医“病”助人、拳场比武、家国情怀及神秘规矩等民间梅花拳轶事，也是构建“神圣性”口头叙事框架的关键要素。在乡村日常生活中，无论是梅花拳新入门弟子的加入，还是文场师傅“传道”助人的价值体现，都需要村民遵循其内在的道德运作逻辑。乡村梅花拳组织既要聚拢村落人心，也要顾及村民个体的自身生计问题。乡民构建“神圣”叙事格局的根本目的在于运作民意，从而维持乡村梅花拳组织的稳定运转。这一过程主要基于两个方面展开：一是推行“神圣化”的乡村

---

① 被访谈人：邢 YG，男，北杨庄村民；访谈人：张兴宇、周连华；访谈时间：2016 年 7 月 10 日；访谈地点：北杨庄。

② 被访谈人：邢 YG，男，北杨庄村民；访谈人：张兴宇、周连华；访谈时间：2016 年 7 月 10 日；访谈地点：北杨庄。

信仰观念，将“行好”意识与民众日常生活中的道德准则相勾连；二是借助个体的“神圣”“灵验”实践，从而实现“言行”上的规矩约束。一般认为，乡村民间信仰作为中国广大农村既有的社会现象，有着深厚的历史、社会和文化基础。① 这其中不仅包含乡民“神圣”信仰的个体价值底线，也涵盖了无限边界的道德终极追求。例如，梅花拳内部流传的圣人、圣贤和英雄人物形象，它们担负着普通梅花拳弟子的道德“偶像”职责。值得注意的是，一旦村民触及道德底线甚至导致道德失范现象发生时，这一套民间规矩和“神圣”运作系统可以作为民众进行价值判断的重要参考，这也体现出乡土道德秩序建构与乡村自治生活之间的动态博弈过程。

二、体验“神圣”：“灵验”信仰与生存智慧

从某种意义上看，乡村梅花拳组织并非一个单纯的民间拳班。它表面上只是一群喜好梅花拳拳术的民众集合体，实际上却反映了乡民对待村落艺术和文化传统的不同态度。在广宗乡村梅花拳近百年传承发展过程中，村民个体的“灵验”信仰逻辑及其生存智慧始终发挥着十分重要的导向性作用。郭于华认为，国家政治的仪式化运作弥漫于农民的日常生活，改变着人们的原有的整合的生活逻辑和乡土社会的文化景观。② 事实上，乡村梅花拳的“神圣实践”最终都要在国家政治的宏观背景下落实于乡民的日常生活之中。而乡民又需依靠“灵验”信仰的生活逻辑去强化这种“神圣实践”活动，其中彰显着乡土民众对于梅花拳的独特生存智慧和自治经验。下面以北杨庄梅花拳武场师傅王尚信的个体“灵验”信仰生活实践为例予以进一步分析。

王尚信，男，梅花拳第十四辈弟子，1948 年出生于本村。因为他梅花拳武场功夫深厚，被村民赞誉为“广宗县梅花拳第一武师”。在王尚信家

---

① 苗月霞：《乡村民间宗教与村民自治：一项社会资本研究》，载《浙江社会科学》2006 年第 6 期。

② 郭于华主编：《仪式与社会变迁》，社会科学文献出版社 2000 年版，第 376 页。

中，悬挂着近些年他外出参与梅花拳武术表演活动获赠的数面锦旗[①]。王尚信自幼受其父亲影响，从小爱好习练梅花拳。据说他的父亲脸上长了不少疙瘩，在北杨庄人送外号“二麻瘆”。又因他皮肤黝黑，个头高大，村民也称呼他为“黑铁塔”。过去每逢梅花拳“亮拳”时，“黑铁塔”负责开场扩展地盘。他先用梢子棍朝地下鞭打，一时尘土飞扬，众人见状纷纷后撤留出大片表演场地[②]。王尚信自七岁起开始在村中学练梅花拳，他的爷爷王仁杰和邢银超的爷爷邢彦臣当时都曾在村中教练梅花拳。同时还有邢彦士、王文香、邢中道等梅花拳文场、武场师傅一同参与组织。等后来王尚信正式拜师学拳时，北杨庄梅花拳老拳师只剩下邢彦臣一人，因此他的拳法技巧主要跟随邢彦臣学习而来。过去村民在冬季没有太多娱乐项目，习练梅花拳算是村民的娱乐生活方式之一。幼时与王尚信一同练拳的村民大概有20人。村民坚持练拳，时间久了便逐渐转变成一种生活习惯。王尚信的梅花拳功夫属于子承父业，他个人善于钻研，武艺进步很快。

（一）痴迷“玩拳”

王尚信与村民王步航都是梅花拳第十四辈弟子，王尚信比王步航大四岁。他们二人共同拜巨鹿县梅花拳武场师傅为师，当时一同练拳的村民还包括邢玉俊、王俊领二人。因为喜好梅花拳拳术，他们曾在王尚信的带领下于1966年秋后组织一批年轻村民跟随武场师傅邢彦臣学拳。梅花拳在北杨庄又被叫做“架子拳”，但这些老拳师在教拳时发现过去熟悉的架子套路无法串联起来，于是他们想方设法汇集众人智慧，一同串起了架子套路。但之后没多久就赶上了“文化大革命”，上级部门认为梅花拳“烧香

---

① 2009年，广宗县第二中学赠予王尚信一面“梅拳弟子，武德高尚”锦旗，用以表彰他在教学梅花拳时取得的成绩。2010年农历十月三十日，王尚信应邀参加永年县梅花拳传播基地管委会组织的第四届文武交流大会，获得团体表演奖。2014年元宵节期间，他应邀参加巨鹿县文广新体局和巨鹿县梅花拳协会组织的“元宵节”梅花拳武术汇演，获得优秀表演奖。2014年农历正月初九，他组织人员参加由广宗县文化局、广宗县体育局和广宗县梅花拳协会组织的广宗县梅花拳第十四届文武交流大会，荣获特等奖。

② 被访谈人：邢YG，男，北杨庄村民；访谈人：张兴宇、周连华；访谈时间：2016年7月10日；访谈地点：北杨庄。

磕头”具有“迷信”色彩，因此公开的练拳活动被禁。而在禁止练拳的这段时间里，王尚信坚持在家中跟着父亲偷偷练拳，遇到不懂的地方，他就向村里的老拳师请教学习。当时恰逢北杨庄成立林业队，王尚信被分配到林业队中负责看护树林，既不耽误他挣“工分”，还能享用便利的练拳场所。

北杨庄梅花拳拳场停练了三年左右，到1969年冬季，王尚信又开始组织村民复练梅花拳。但那时村中的一些梅花拳老拳师困扰于梅花拳文场的“迷信”身份缠身，轻易不敢露头。在王尚信看来，他敢于组织村民练拳的原因主要得益于胆量比别人要大。王尚信认为自己就是一名普通“社员”，练拳的目的是为了锻炼身体，也不去招惹别人，因此别人也管不着他①。复练一开始，只有几名年轻村民参与练拳活动，他们晚上经常一块在村中的空房子里面习练，不过有些村民闲来无事也会过去观看。北杨庄村委会担心年轻村民学拳之后惹是生非，打架斗殴，会给村中添乱，时任北杨庄村支书还专门找到王尚信，劝他别再组织村民练拳。王尚信答复说，出了问题由他来承担。王尚信边学边教，他在组织村民练拳之前，通常会向弟子强调练拳规矩和德行要求。比如，练拳的首要目的是强身健体，不能仗势欺人，其次才是御敌防身。后来，在北杨庄村干部默许下，村中第二次复练梅花拳的人员规模逐渐扩大。当时练拳人数已从最初的20余人增加到114人，此后几乎每年都不断有村民加入练拳队伍。村民学练梅花拳的内容主要包括拉架子、散打、兵器等几个方面。他们一般选在冬、春两季练拳，一直到第二年麦收时停练。当然，村民练拳期间，有些人能够坚持下去，也有村民受不了苦中途退出。普通村民想要练好梅花拳，除了个人兴趣爱好之外，能否迈过摔打关、婚姻关和家庭关等三方面考验至为关键。过去村民练拳时都是在土地上摔打，一晚上练下来通常满

① “我就是普通的社员，老百姓只练拳，为了锻炼身体。不去招惹别人，不搞文场的那些事，别人也管不到我。那时候也不懂文场的事情啊。我那时候在树林子里面看树，练拳还能起到防卫的作用。有几个年轻人跟着我一块练，但是不多。”被访谈人：王SX，男，北杨庄村民；访谈人：张兴宇；访谈时间：2015年8月13日；访谈地点：北杨庄。

脸是灰。即便北杨庄每年都有新加入练拳队伍的村民，但真正能够坚持下来的人并不多。这一次北杨庄梅花拳拳场在复练了两三年之后，村中梅花拳“老人”才开始参与进来。

从 1969 年到 1978 年，北杨庄村民的练拳地点虽然几经变化，但练拳房屋的钥匙都是由梅花拳武场师傅王步航掌管。他每天晚上准时开门，负责“点灯”组织练拳。一些老学员每月每人出五分至两毛不等的份子钱，用来购买煤油点灯照明，一般在三间结构的土坯房内要点上两盏煤油灯。有时候学员们凑份子的钱花不完，他们也会买上两盒烟卷供武场师傅抽食以表孝心。但这种行为被梅花拳“当家人”邢生奎及时制止，并定下规矩普通村民只需碰钱点灯，无须孝敬师傅。那时候王尚信只是组织村民习练梅花拳拳术，他对梅花拳文场知识了解并不多。1978 年时，北杨庄梅花拳“当家人”邢生奎带领该村梅花拳武术队参加核桃园乡组织的乡艺表演比赛，拿到了全乡第一名的好成绩，王尚信在其中发挥了重要的组织作用，并逐渐成为这支村落梅花拳表演队伍的骨干力量。此后，北杨庄村委会开始公开支持发展村落梅花拳，紧接着又在王尚信的多次争取下，村委会为梅花拳队伍购置了锣鼓铜器。乡村梅花拳组织也向村委会承诺锣鼓铜器归全体村民使用，并产生了具有村落公益性质的北杨庄“架鼓送殡”习俗。

（二）出了“派性”

季羡林曾言：“有一种叫做‘派性’的东西，摸不着，看不见，既无根据，又无理由，却是阴狠、毒辣，一点理性也没有。谁要是中了它，就像是中了邪一样。”① “派性”是北杨庄人的一种俗语称谓，一般用来形容村落中拉帮结派的不良习气。进入 20 世纪 80 年代以后，在北杨庄梅花拳组织内部闹出了“派性”。当时北杨庄梅花拳“当家人”邢生奎与文场师傅邢尚彬之间产生了一些小的隔阂。随着村委会公开支持村民练拳，村中多数老拳师也开始重新参与梅花拳组织的有关活动，但邢尚彬由于自身的党员身份，并不愿意主动“抛头露面”。当时梅花拳“当家人”邢生奎对他说：“如果再不出来玩拳，以后你也永远不能参加梅花拳。”双方由此造

① 季羡林：《牛棚杂忆》，中共中央党校出版社 2009 年版，第 7 页。

成了一些误会。而王尚信曾跟随邢尚彬学过梅花拳，在“文化大革命”期间，邢尚彬还曾劝说王尚信停止练拳，以免给个人带来麻烦。此时北杨庄村民认为王尚信站在了邢尚彬这一边，有村民指责他“闹派性”。王尚信年轻时性子急，一气之下离开了北杨庄，转而去他的丈人家刘家庄教练梅花拳。他在刘家庄教了两三年梅花拳之后，有一次正巧赶上北杨庄遇到白事，邻村梅花拳弟子前往参加“架鼓送殡”活动，在演练梅花拳期间，跟王尚信学拳的刘家庄弟子的武艺明显要高于北杨庄的弟子，后来北杨庄梅花拳武术队便想办法让他回村教拳①。可是王尚信脾气执拗，直接花了5块4毛钱买了一张去天津的火车票，出外打工谋生。因为他的表姐家在天津生活，他过去之后在亲戚家开设的玻璃钢厂上班，一个月能挣20元钱工资。后来王尚信在天津娶妻成家，一直生活了将近20年，但他始终没有中断过习练梅花拳。当时工厂里曾有好事者和他比武，后来见王尚信武艺高强，便向他求教学拳。他在天津期间教了20余名学生。到了20世纪90年代末期，由于家庭变故，王尚信又重新搬回北杨庄居住。回到老家后，王尚信紧接着做起了修理自行车的小生意，同时还在广宗县杜家庄、刘家庄一带不断收徒传拳。

（三）经受“考验”

进入21世纪以后，广宗县地方政府更加重视乡村梅花拳的保护、传承工作。在此背景下，广宗县体委、教育局和广宗县梅花拳协会协商推行了“梅花拳进校园”的地方政策，并将部分中小学体育课程改为梅花拳课程。他们到各村寻找梅花拳武场师傅担任体育教师，在时任广宗县政协主席李云豪及广宗县梅花拳协会负责人李玉普的举荐下，王尚信被选聘到广宗二中教练梅花拳。2008年4月10日起上班，当时学校给王尚信的许诺是每月1200元的工资，包吃住。然而刚去没几天，王尚信在北杨庄的家院窗户玻璃就被人用石块砸坏。当天晚上，王尚信给前魏村梅

---

① “那时候北杨庄和刘家庄的学拳的弟子们比了比武，嗨，一看摔不过人家了。那不行，时间长了，杨家庄不得挨揍啊。所以他们又想法让我回来教拳，但是我不想回来，就直接去天津投奔亲戚去了。”被访谈人：王SX，男，北杨庄村民；访谈人：张兴宇；访谈时间：2015年8月13日；访谈地点：北杨庄。

花拳文场师傅李玉普打电话，确认“老爷爷”是否同意他在学校教授梅花拳。第二天一早，李玉普回电话告知王尚信，说这是“老爷爷”在考验他，并嘱咐道：“你在学校带学生，只有好处，没有坏处。如果放弃不带，只有坏处，没有好处。”① 在得到文场师傅的确定答复后，王尚信才安下心来在学校继续教拳。第一个月结束后，学校给王尚信开了2000元工资。当年9月1日学生新学期开学时，学校还专门奖励了他一面锦旗。不过此时学校和他商量想把待遇改为600元一月，不包吃，询问他是否同意。教课待遇的突然转变让王尚信心里有些难受，但他经过一番思虑，认为这是“老爷爷”对他的第二次考验。他下定决心要做出一番成绩之后才能离开，于是同意继续在学校教拳。新学期开始后，他抽出学生中午、晚上的空闲时间提高训练频度。学生们平常畏惧王尚信的威严，一听到“王尚信老师来了”，练拳时立马默不作声②。对于校园梅花拳的课程安排，王尚信按照年级将练拳队伍分成三个小组。一组在周一、周四训练，二组在周二、周五训练，三组在周三、周六训练，周日全体年级合练，每次练拳时间在一个小时左右。一学期下来，这一批由普通学生组成的梅花拳表演队伍实力大增，具备了独立外出参加梅花拳武术表演活动的能力。而且，王尚信带领的这支梅花拳校园武术队在当地出名之后，还曾代表广宗县出访瑞士、法国等地，交流梅花拳武术技艺，传扬广宗乡村梅花拳武术文化③。

到了第二年的9月20日，广宗二中更换了校长。新校长见他授课认真，紧接着给王尚信涨了200元工资。王尚信认为对方很尊重他，所以继续坚持在学校教拳。又过了一年时间，学校又给他每月涨了100元工

---

① 被访谈人：李YP，男，前魏村村民；访谈人：张兴宇；访谈时间：2015年4月5日；访谈地点：北杨庄。

② 被访谈人：刘ZM，男，北杨庄村民；访谈人：张兴宇、周连华；访谈时间：2016年7月10日；访谈地点：北杨庄。

③ “2009年的时候吧，俺们几个人跟着李主席，到瑞士、法国几个国家访问，交流梅花拳的武术。我还给他们讲了一下练拳学拳的门路。外国人很感兴趣，不过外国饭吃不饱肚子啊。”被访谈人：王SX，男，北杨庄村民；访谈人：张兴宇；访谈时间：2015年8月13日；访谈地点：北杨庄。

资。当年暑假期间，他去天津闺女家小住时，校长联系他说有外出表演活动，想请他回来组织演练队伍，随后给王尚信提高了工资待遇，寒暑假期间工资照发。再后来学校又换了一位新校长，约定给他每月再涨100元工资，同时兼任学生食堂卫生监督员，可以免费在食堂用餐。到了2014年王尚信过生日当天，新校长又给他涨了200元工资，他的工资待遇终于变回了第一任校长最初许诺的1200元一月，且包吃住。在此期间，王尚信带领的广宗二中梅花拳表演队伍外出表演不断获奖，广受师生赞誉。而且学校为了让他安心教拳，还专门出资改善了校园梅花拳训练场地和配套器材。王尚信在广宗二中的校园传拳经历，增强了他自身对梅花拳文场的崇信程度，同时也显示出乡村梅花拳拳师在地方社会中的生存智慧。

大致说来，梅花拳弟子将个体习拳生活经历与梅花拳文场“老爷爷”的考验结合起来，这构成了其体验梅花拳“神圣性”的主要逻辑框架。实际上，无论是王尚信最初教拳时家中玻璃偶然被砸坏的心生疑惑，还是后来学校许诺“工资待遇”未能落实时的二次考验，都体现出乡村梅花拳弟子一种朴素的“神圣”信仰观念。这实际上也是其为自身的行为选择寻找“合理性”解释的动态过程。王尚信作为一位性格开朗、豪爽仗义的乡村梅花拳武师，随着年龄的增长，近几年他也在考虑梅花拳武场功夫的传承问题①。因为梅花拳武场的拳技功法传承主要依靠口传心授，王尚信文化水平不高，识字不多，所以他特意让学生在课余时间帮忙整理了一些梅花拳武场训练技法。即便王尚信的梅花拳武场功夫已达到一定高度，他对梅花拳文场仍然深信不疑。自从王尚信在家中设立了文场“架桌子”以后，他坚持焚香供奉，文武结合的双修模式成为其内心追求的“文武大道”。

总之，乡民一方面通过乡村梅花拳轶事来诠释“神圣”，一方面经由

① “真正的梅花拳名师都是文武皆通，但是一般人做不到这个。一是没那个功夫，二是不一定有人带。我的‘架桌子’是魏村二爷给立的，他没事也过来看看我烧香的情况。但文场的事，基本还是咨询他，我懂得不多。”被访谈人：王SX，男，北杨庄村民；访谈人：张兴宇；访谈时间：2015年8月13日；访谈地点：北杨庄。

个体“灵验信仰”实践来体验“神圣”。二者一张一弛，构成了梅花拳这一日常自治实践框架。张士闪认为：“长期以来，村民崇尚‘武教天元’，一直传承着梅花拳‘文场’的信仰系统，并将之贯穿于村落日常生活之中。”① 换言之，乡村梅花拳文场信仰系统与民众日常生活紧密相连。而在乡村日常生活中，村民难免会遇到各种棘手事情，此时他们找到梅花拳文场师傅求助，经过一番具有灵验性功能的“解事”，也能够强化普通村民的“神圣”信仰观念。这不仅促使民众的日常“神圣”叙事逻辑不断充实，也促使梅花拳文场信仰系统的组织、运作更加缜密、有效，从而形成了乡村梅花拳组织特色鲜明的自治生活方式。

进一步而言，乡村梅花拳的“神圣”叙事结构与乡村公共道德秩序的维系密切相关。对村落中的男性群体来说，加入梅花拳武场和文场组织是他们的一种个体生活追求。表面上看，乡村梅花拳组织具有“不能随便进出”的刚性约束，但对村民其实并没有太多制度性的惩罚措施。如果村民加入梅花拳组织之后不经常参加集体性活动，久而久之也必然会遭到其他梅花拳弟子的排斥和冷落。北杨庄村中流传的各种梅花拳轶事和“灵验”故事，以及村民经历过的“红色抗战叙事”等社会历史事件的综合影响，这并未降低乡村梅花拳的自治传承韧性，村民反而把这种红色叙事纳入梅花拳传承话语体系之中。这种乡村梅花拳组织既是一个自树权威的自治群体，也在运作民意，推行村落公益过程中展开自治实践，从而在村庄内部建立起一套相对成熟、稳定的乡村道德体系和自治生活秩序。

第二节　“秘密”的拳：“菩萨会”与梅花拳组织

大致说来，梅花拳组织既是一种民间武术组织，同时也是一种乡村信

① 张士闪：《灵的皈依与身的证验——河北永年县故城村梅花拳调查》，载《民俗研究》2012 年第 2 期。

仰组织。从武场视角来看，梅花拳的武术表演属于公开展示型；从文场视角来看，梅花拳的文场敬拜属于秘不示人型。值得注意的是，在日常生活语境之下，乡村梅花拳的文场信仰组织还与村落普遍存在的“菩萨会”信仰相互交织，这使得梅花拳内部的自治运作机制更加复杂。因此，下文将以村落公共仪式活动中的“菩萨会”为例，进一步剖析乡村信仰组织与梅花拳之间的关系。

在冀南广宗县一带，每年农历二月十九，诸多村落盛行举办“菩萨会”信仰仪式活动。据新编《广宗县志》记载：“广宗县境内部分村庄自二月初开始，为观世音菩萨修身塑像，当日为其上供、烧香、磕头，送之归天。”① 众所周知，以观音菩萨为代表的神灵崇拜形式在我国民间甚为普遍。学愚认为菩萨思想源于早期佛教，贯穿一切佛教。② 郑志明在研究台湾地区的观音信仰时也曾指出：“观音信仰源自于佛教的义理系统，属于佛教的宗派，但传统社会的观音信仰早就被鬼神信仰所同化，其内在义理结构被民间集体意识暗中置换，加入了不少世俗性格，强调其救获众生的灵验事迹，以及摒除现实苦难的特异功能。”③ 同此一理，北杨庄“菩萨会”也属于这种世俗化的观音信仰形式。值得一提的是，此处述及的“菩萨会”应包括两层含义：一是代指村民为庆贺观音菩萨诞辰而举行的摆会仪式活动，二是指村落中以老年妇女为主体成员的民间信仰组织。

在考察村落乡村公共信仰仪式活动的运作过程时，我们总能碰到这样一个群体：他们看似是有组织的，却并不一定受到组织的绝对约束；他们看似是散在的，却也在民间社会甚为常见。他们以类似韦伯所言的“克里斯玛”式身份沉浸其中，为乡村公共性信仰仪式活动贡献着自身的物力、

---

① 刘保华编：《广宗县志·民情习俗》（第 6 编），方志出版社 1999 年版。

② 学愚：《菩萨范式及其转换》，载《世界宗教研究》2017 年第 3 期。

③ 他进一步解释：“如此民俗的观音信仰其神圣性与世俗性是不断地相互激荡，形成一股拉扯的力量，展现出独有的文化风貌，以其宗教功能来满足人们的精神慰藉与信仰需求。”见郑志明：《台湾民间的宗教现象》，中华大道文化事业有限公司 1996 年版，第 49 页。

财力和精力，体现出鲜明的“自治性”①。在北杨庄，村民聚众摆会庆贺“菩萨会”，俗称“合会”。据村民推断，该村“菩萨会”信仰习俗至少已有百余年历史②。目前该村共有“菩萨会”会员五十余户，以中老年妇女为主，约一百人③，村民“合会”常常采取“家中过会”的组织形式。它以个体家户为单位，一般需由村民提前许下“愿口”④，并向“菩萨会”组织口头申请“领会”；同时要在农历二月十七、十八、十九三天承担摆会职责，虔诚供请菩萨，烧香并敬拜，组织抬菩萨巡游“演街”，直至“抛架”归天。在此期间，其他村民不断携带供品到“菩萨会”“升供”许愿，祈求菩萨保佑平安。

一、组织“秘密”：分合之间

在华北民间社会，以操办村落公共性仪式为典型的民间信仰组织，其组织方式呈现出丰富多元的自治样态。挪威人类学家巴斯在分析族群文化

---

① 马克斯·韦伯认为，任何一种组织都是以某种形式的权威为基础，他把人类社会的统治形式分为魅力（克里斯玛）型统治、传统型统治与法理型统治三种，其中魅力型权威人士主要通过超凡的个人魅力来维持统治。此处笔者所提的类似“克里斯玛”型主要是借喻民间信仰组织中的核心魅力领导型人员，他们常常以会首、香头的身份出现在各类民间信仰仪式活动中。参阅 Talcott Parsons，Max Weber，*The Theory of Social and Economic Organization*，New York：The Free Press of Glencoe，1964，pp. 358－359.

② 被访谈人：邢 SJ，男，北杨庄村民；访谈人：张兴宇；访谈时间：2015 年 4 月 5 日；访谈地点：北杨庄。

③ 北杨庄“菩萨会”成员，每年每人需自愿缴纳 5～10 元不等的在会费，主要用于“菩萨会”日常活动开销。2015 年以前，北杨庄“菩萨会”还是一个统一的信仰组织群体，但在此之后依照村东、村西的地理界线分成了两边各自摆会。西头由邢胜君（男）、王永奎（男）、戴素恩（女）等会首组织摆会事宜，东头则由邢尚娥（男）、刘朝雪（男）、王凤莲（女）、赵玉敏（女）等会首负责。需要说明的是，男性虽然是名义上的会首，但“菩萨会”期间的各项仪式流程，主要由女性会首负责带领其他中老年女性共同协作完成。北杨庄大部分女性会员年龄在 50 岁以上，时年最长者 84 岁，统称“行好的”。

④ 所谓“愿口”，是指村民在“菩萨会”期间向菩萨许下的各种愿望。“愿口啊，都是本家本户地许，比如有病的了，有灾的啦，还有别的事情了。许愿以后，再申请摆会。比如添了小孩了，申请领会，排到谁家，一年年地再往下推。”被访谈人：王 FL，女，北杨庄村民；访谈人：周连华、赵京伟；访谈时间：2016 年 7 月 10 日；访谈地点：北杨庄。

边界的维持问题时曾指出，族群认同是经由一套特定文化同价值标准相结合的，它遵循这样的原则：有这样一些环境，在其中，这种认同可以逐步成功地实现，也存在着使这种成功受阻碍的限制。① 显而易见，如果将乡村信仰组织视为一个小型信仰共同体单位，那么它当然也需要建立一套相对稳定的信仰习惯和价值标准来维持其信仰边界。具体到村落而言，这种信仰边界的维持往往依托于民间信仰组织的自治组织方式。例如叶涛早年对泰山香社的民俗宗教研究发现，受到不同阶段国家政策的影响，以泰山香社为代表的民间信仰组织表面上看似没有组织，但他们在进行活动时又会有组织者参与，尤以香头为代表。② 换言之，居于乡土的民间信仰生活，作为乡民日常生活方式的重要组成部分，往往并非完全严格按照某一信仰仪式的程序和规制来操作实施，而是在具体的信仰实践情境中予以活用和调适，这或许是中国社会民间信仰生活的实际镜像。

反观北杨庄“菩萨会”组织及运作过程，民众在面对乡村公共信仰生活中的各类繁杂事件时，习惯于采用个人叙事与群体叙事相结合的方式，试图寻找一套上下皆通的解释性话语。而且，这套叙事话语表述的真假可能并不重要，重要的是村民在有针对性的叙事应对中达成了民间信仰组织的内部自治，使得“菩萨会”信仰仪式活动能够在当地长期存续。从微观视角审视，这也是民间信仰组织的一种自治艺术③。它既能与国家政策相

---

① 他进一步点明，族群认同不会超越这些限制而保持下去，因为在人的比较行动有明显不足的地方，对基本价值标准的忠诚是无法维持的。参阅［挪威］弗雷德里克·巴斯著，高崇译：《族群与边界》，载《广西民族学院学报（哲学社会科学版）》1999 年第 1 期。

② 叶涛：《泰山后石坞元君庙与邹城西关泰山香社——当代民间信仰组织的个案调查》，载《民间文化论坛》2004 年第 3 期。

③ 这里所说的自治艺术，并非全然不顾信仰的民俗性。它既是一种民间智慧，有时也可能是出于村民对现实遭遇的无奈之举。张士闪教授在论述“国家”和“民间”的二元关系时，曾重点阐述了乡土社会的民间应对策略视角。他认为，在乡村社会语境中，“国家制度”经常被视作一种可供谈论、交流、改装或化用的“文化文本”；不应忽略民众的应对之道，自上而下贯彻下来的国家制度是必须接受的“既成事实”，接受的过程也是尝试、斟酌、置换、再造的过程，以谋求与自身当下的生存状态的恰当对接。参阅张士闪：《礼俗互动与中国社会研究》，载《民俗研究》2016 年第 6 期。

统合，又与基层民众的日常信仰诉求密切相连。

（一）分合之变

前已述及，北杨庄“菩萨会”是一个由中老年妇女为主要组成人员的民间信仰组织。在2015年之前，该村一直沿用“家中过会”的形式来组织“菩萨会”信仰仪式活动。然而到了2016年农历二月十九，却分离成了村东、村西两方各自摆会的现象。其中村东人员选择了在菩萨庙前搭棚“庙上过会”的形式，村西则继续坚持“家中过会”的形式。引用村民的话语来说：本来是“合会”，没曾想却变成了“分会”①。这一看似细微的变化，背后实际上牵连着村落信仰组织内部更为复杂的运作和自治方式。

我们在进一步调查中发现，这种“分合”现象的发生绝非偶然，在冀南其他村落的民间信仰组织中也时有出现。总体上分析，导致北杨庄“菩萨会”组织分离成两派的核心根由大致包括两点：一是因摆会产生的利益纠纷②；二是建设村庙过程中引发的累积争端③。在村民眼中，双方选择分离过会并非小事，并随之引生了更多的临时性难题。例如，涉及“取水”“演街”“抛架”等集体性仪式程序，双方应该如何处置？而这些问题正是村民发挥群体智慧进行磋商的场域。因此，原本需要群体成员共同参与的“取水”仪式，随后转变成了双方隔日各自“取水”；坚持“家中过会”的村西村民继续抬着菩萨像在全村巡游“演街”，村东村民则取消了“演街”仪式，只在菩萨庙前自娱。当双方队伍在菩萨庙东的

---

① 被访谈人：刘JY，男，北杨庄村民；访谈人：张兴宇；访谈时间：2016年7月10日；访谈地点：北杨庄。

② 据村民口述，在村东、村西未分离过会之前，每年举办“菩萨会”收取的香火钱是由村西头一名男性会首管理，但村东“菩萨会”成员认为香火钱的开支并不透明，由此产生了经济上的质疑。参阅山东大学民俗学研究所编：《百脉泉·冀南广宗四村打醮梅花拳调查专辑》，第20期，2015年5月。

③ 在前几年，村东“菩萨会”成员希望支取一部分香火钱修复菩萨庙，认为庙是为全村修建，理应使用“菩萨会”的摆会收入，但村西认为，村东修庙只是顾及东头村民自己的利益（村东时有年轻人早亡现象），而并非为了全村利益考虑，所以不同意支取“菩萨会”经费。后来，村东“菩萨会”成员自发筹钱建设了菩萨庙、真武庙和地母娘娘庙，又进一步激化、加深了双方矛盾。参阅山东大学民俗学研究所编：《百脉泉·冀南广宗四村打醮梅花拳调查专辑》，第20期，2015年5月。

十字路口处相遇时，相隔仅有50余米，双方竞相表演扭秧歌、广场舞等娱乐节目。此时虽无直接的话语沟通，相形之下，双方的潜在竞争态势非常明显。至于“抛架”仪式，经过双方的暗地磋商，他们约定从时间安排上一前一后“抛架”，互不影响。在整个仪式操演过程中，双方仍不免自发产生竞争甚至造成冲突的意味。但村民借助“行好”的统合叙事逻辑，至少从表面上看，双方最终都顺利完成了各自组织的“菩萨会”仪式活动。①

在詹姆斯·斯科特看来，社会的意义及其连贯性是处于更大的范围之中的，但在日常话语的想当然世界中，人们只要“知道”这些规范就可以，而无须用言词将这些规范表达出来。② 细而究之，以北杨庄“菩萨会”为代表的民间信仰组织，在运行具体信仰生活规则和实践的动态过程中，主要采用了“分工”与“合作”、“分离”与“整合”的自治方式，并以此划定村落内部的信仰边界。民间仪式通过建立空间和时间边界，所获得的是表征与认同能力。③ 简言之，在民间社会，民众信仰生活中的分与合，并非完全是对立层面的分合，实际上二者属于一种互有联系的分合框架模式。

（二）从“分工”到“合作”：保持自治弹性

首先，“分工”与“合作”是保持自治弹性的重要方式。围绕着“菩萨会”这一乡村信仰组织的日常运作管理，其所涉内容大致包括账目收支、人际往来及庙宇扩修等方面。在民间信仰组织内部，矛盾和纠纷的出现不可避免，因为这关涉乡村公益与个体私利之间的固有冲突。

---

① “都是行好的，再怎么着咱也不能因为这些矛盾的事打起来，现在这不还是法制社会么？只要两边管事的不发话，其实两边也打不起来。”邢SE，男，北杨庄村民；访谈人：张兴宇；访谈时间：2016年7月9日；访谈地点：北杨庄。

② 他认为，只有当人们把行为标准的表现不再被视为理所当然时，才会给出具体的说明。参阅［美］詹姆斯·斯科特著，郑广怀等译：《弱者的武器》，译林出版社2007年版，第168页。

③ 王斯福称为“隐喻性”（metaphoricity），这并非指分开以及划定边界这种事实，而是联结着两面。参阅［英］王斯福著，赵旭东译：《帝国的隐喻：中国民间宗教》，江苏人民出版社2008年版，第18页。

如葛兰言所言，在中国人的民间信仰活动中，人们所希望避免的危险虽不具体但更实际：通过一系列惯常而不自知的琐碎行为，人们消除了日常思考中神秘性的困扰。① 实际上，人们在日常生活中趋利避害的信仰取向，从来都是民间信仰活动受众广泛的重要原因之一。“菩萨会”仪式活动的顺利举办，也是村民对日常生活期许的一种心灵安顿。所以，乡村信仰组织的“分工”与“合作”，在整个“菩萨会”过程中甚为常见，并主要表现在以下两个方面：一是鲜明的性别分工，二是仪式流程的有序合作②。即便村东、村西“菩萨会”成员之间出现了积聚已久的紧张争端状态，仍不妨碍双方通过互相磋商的方式进行更高层次的“合作”。“分离”过去往往被视作一种打破常规的行为，不能避免矛盾问题的发生，最终却又维持了表面上的和睦情形。这足以说明，乡村信仰组织的“分工”与“合作”，是其保持自治弹性的重要方式之一。

其次，“分工”与“合作”指向于个体成员对乡村信仰共同体的价值认同。“菩萨会”信仰仪式活动的顺利操办，需要进行有效的“分工”与“合作”，其终极指向是为了一个共同的目标或期许，这种认同并非只是对过去集体性信仰生活的观念延续，它融入民众日常生活之中并被赋予现实意义。经由村民个体叙事的多义性也可以看出，在“菩萨会”具体信仰实践过程中，村民的每一种话语表述，实际上代表着信仰个体眼中的“合会”观念。相对于乡村信仰生活的现实境遇，当乡村信仰组织内部出现不同意见时，通常采取群体磋商方式，甚至借助“神判”，以促成问题的解决。而且，在群体共同组织下，“合会”的价值取向，既指向村落公益，也面向村民私益。“菩萨会”成员的个体参与过程，一方面追求个人的价

① ［法］葛兰言著，程门译：《中国人的宗教信仰》，贵州人民出版社 2010 年版，第 154 页。

② 在北杨庄“菩萨会”的组织过程中，男性主要负责搭棚等体力活，女性主要负责具体的仪式程序。但村东、村西出现矛盾纠纷时，双方的“菩萨会”流程磋商都是由男性来会面商议决定的。此外，北杨庄“菩萨会”有序的合作主要依据内部信仰知识的共享原则。“菩萨会”女性会首采取“以老带新”的方式，对摆会知识予以内部共享。内部共享知识大致包括民间经卷、佛歌文本、锣鼓技能和程序禁忌等方面。

值实现，同时也是为了家庭的平安诉求，再往上才可能是一村之公益。又如李海云在鲁中东永安村“烧大牛”活动仪式考察中也发现，一般民众对于种种所谓“迷信”并不是真正地“执迷于信”，而是在且迷且疑中找寻、创造人与人之间的交流契机，崇神是为了联众。① 以“菩萨会”为代表的这类乡村信仰组织，生成于村民的个体关系联结，也正是联结中的相互作用，才使得自治有意义。

（三）从“分离”到“整合”：划分信仰边界

当然，这种乡村信仰组织与国家话语下的村落基层自治组织有所不同。它一般由乡民自发组织，或以家族、宗族等亲缘关系为基础，或以庙会等地缘关系为纽带，通过某种方式遴选出村落中有威望、有能力的民众，并以此共同协商、组织乡村公共性信仰仪式活动或其他事务的自治行为。费孝通认为，在社会变革的过程中，为组织集体行动，对社会情况需要有一个多少为大家所接受的分析和定义以及一个系统的计划。这种准备活动一般都需要一种话语形式。② 诚如此言，具体到村落社区的小“社会”来说，当乡村内部的信仰组织产生意见分歧，甚至导致群体发生分离现象时，村民无疑是需要一套叙事话语来应对和解释这种变革的。对村落内部的民众而言，“菩萨会”仪式能够安稳操办，无论“分会”还是“合会”，仍遵循着“不出事”的逻辑底线。③ 巴斯也曾指出：“文化的整合常常被认为是逻辑或心理上的一致性表现。它意味着一个反思或内省的过程，经由这个过程把不同的价值观进行比较和调整，从而达成一致性。”④ 这一类乡村信仰组织在运作公共性信仰仪式活动过程中，也不同程度地体现出

---

① 李海云：《信仰与艺术：村落仪式中的公共性诉求——鲁中东永安村“烧大牛”活动考察》，载《思想战线》2014 年第 5 期。

② 费孝通：《江村经济：中国农民的生活》，商务印书馆 2002 年版，第 21 页。

③ 贺雪峰在分析基层政权治理问题时，曾提出“不出事”的逻辑概念。对北杨庄“菩萨会”而言，即便村落内部出现了较大分歧，双方闹僵分开摆会，但民众在运作具体程序时，其实也暗中遵循着“行好”的“不出事”逻辑。参阅贺雪峰、刘岳：《基层治理中的“不出事”逻辑》，载《学术研究》2010 年第 6 期。

④ Barth, Fredrik, *Models of Social Organization*, Royal Anthropological Institute of Great Britain & Ireland, 1965, pp. 12 – 13.

一种信仰整合倾向。而且，它的整合观念往往与分离观念密切相连。这就涉及民间信仰组织分与合逻辑的第二个面向：“分离”与“整合”。

其一，“分离”与“整合”是划分内部信仰边界的关键。具体说来，北杨庄“菩萨会”信仰组织出现分离摆会的情形，或许是村民对现实矛盾问题的折中选择，其中还夹杂着理性的磋商和非理性的“斗气”①。整合摆会则是村民对“菩萨会”仪式活动的一种恒久信仰愿景。但在民间信仰生活的具体实践中，常常会因为特定的信仰生态发生分化，并由此勾勒出村落内部的信仰边界和动态的信仰图景。“分离”的本义，是在一个更小的共同体单位中组织仪式活动，实际上也是保持村落信仰组织活力的常态路径，同时它还刺激了村落信仰组织的结构再生产。毕竟，在有着固定地理与生活边界的村落之内，村民无法做到完全分离。更进一步讲，它是一种更为广义的整合。

其二，“分离”与“整合”并不意味着乡村信仰组织自治能力和权威的降低。相反，它还有可能进一步提升其组织水平。因此，在理解乡村信仰组织的自治逻辑时，“分离”与“整合”应是两个非常重要的变量。这种自治逻辑，一方面应用于对乡村信仰组织的日常管理，另一方面则适用于乡村公共性信仰仪式的自主操办。北杨庄“菩萨会”是村民在春节之后群体参与的首次仪式盛会，也是一年一度个体成员“许愿”“还愿”的重要日子。面对这种乡村信仰组织出现的“分离”与“整合”现象，村民既是为“菩萨”庆贺寿诞，也期望能借助菩萨之“灵”，疏解民众现实生活之忧心，成为村民日常生活方式中的一种信仰工具。村民追求圆满和理想化的生活，往往是现实生活困境的折射。② 稳定社会

---

① “其实你要说吧，两头也没什么别的太大事。你说说，这都是一个村子的，有什么事过不去啊，可都觉得得争这一口气。”被访谈人：王 FL，女，北杨庄村民；访谈人：张兴宇、周连华、赵京伟；访谈时间：2016 年 7 月 10 日；访谈地点：北杨庄。

② “咱们这里老百姓都迷信这个，你说是迷信吧。都穷得不行，没办法啊也是。尤其像咱们北杨庄出现的这个情况，它不是个正常现象。它是以信仰为表面，但内心其实是一种分裂性的，内心是撕裂的，都有私心。所以啊，就成了现在这个样子。”被访谈人：邢 YX，男，北杨庄村民；访谈人：张兴宇；访谈时间：2016 年 7 月 10 日；访谈地点：北杨庄。

关系的力量需要在了解过程中实现。所谓了解，是指接受着同一的意义体系，同样的刺激会引起同样的反应。[①] 虽然这种乡村信仰组织并没有严格的规章制度约束，但这并不影响民众运用约定俗成的规矩和权威来整合、提升其乡村自治能力。

综而述之，“分”与“合”的叙事逻辑赋予了乡土民众的信仰生活更加丰满的意义，它还牵涉经济、社会、文化等不同层面。如果将乡村信仰组织视为一种文化性的存在，那么它也是一种特定村落信仰共同体的存在。借用美国社会学家威廉·托马斯的话来讲：“如果人们认定某些情形为真，那么这一情形就具有真实的效果。”[②] “菩萨会”信仰组织并非严格意义上的信仰共同体，其主要在“分”与“合”的功能框架内编织多元的信仰生活图景。北杨庄“菩萨会”正是在这种“分”与“合”的磋商知识体系中得以传续，这也体现出当代乡村信仰生活的“活法”和理路，它本身就是一个内部的知识共享系统。

可以说，华北地区当代乡村信仰组织在村落日常生活中的运作逻辑，“合”代表统一性，“分”象征着分化性。某种程度上看，如何处理统一与分化的关系是民间信仰活动的自治底色，“分”与“合”的观察视角固然不能成为理解村落信仰组织自治方式的唯一指向，但它可被视为乡村信仰组织进行自治的一个必要条件。换言之，从“分”与“合”的微观视角出发，能够拓宽理解乡村自治生活的逻辑路径，同时也是在动态的民间信仰实践过程中建构村落内部的礼俗公共秩序。而且，乡村信仰组织的内部规范并非一成不变，它在民众日常信仰生活实践的“分”“合”情境中不断调适、丰富。这既彰显了乡村信仰组织的自治逻辑与运作机制，又是其保有内在发展活力的关键因素。或许正是这种潜运其中的民间信仰传统，往往能使乡村信仰组织生成更为持久的发展态势。

---

① 费孝通：《乡土中国》，北京出版社 2005 年版，第 67 页。

② ［美］罗伯特·默顿著，唐少杰等译：《社会理论和社会结构》，译林出版社 2015 年版，第 633 页。

二、制衡“秘密”：梅花拳与“菩萨会”的生活交织

实际上，上述北杨庄“菩萨会”所发生的“分”与“合”的内部逻辑变动，它与乡村梅花拳组织有着密不可分的关联，其背后涉及梅花拳文场与武场之间的制衡策略问题。不同类型的社群具有不同形式的社会影响力，它们有的倾向于社群联结，有的倾向于自我封闭，或者是相互重合与叠加。① 北杨庄“菩萨会”从表面上看是由村中中老年妇女操持举办，但是其背后真正的话语权威和控制力量掌握在该村梅花拳组织手中。更进一步讲，北杨庄“菩萨会”村东和村西分离“过会”现象的发生，其实主要是受到乡村梅花拳组织文场和武场之间潜在纠纷的影响。具体来说，北杨庄“菩萨会”村东的实际负责人由该村梅花拳文场弟子担任，而“菩萨会”村西的负责人则由梅花拳武场弟子担任。北杨庄“菩萨会”是以女性参与为主的乡村集体信仰活动，但其内部成员在日常生活中不可避免地产生一些矛盾和问题时，则必须经过矛盾双方的男性负责人出面解决②。虽然双方在乡村公共仪式举办过程中出现过一些小的争端并相互在暗中“较劲”，但并没有因此引发更大范围的矛盾冲突，这主要得益于乡村梅花拳组织在内部发挥着居中调和的自治功能。

（一）互相联结：“文不离武，武不离文”

在乡村梅花拳组织内部，流传着“文不离武，武不离文”的普遍性说法。我们知道，关于文场、武场的规制性划分其实并非梅花拳拳派所独有。过去在民间戏班中，也传有将表演者和吹奏者分为文、武两场的民间规范法。在北杨庄，村民习惯于将专门“玩拳”的梅花拳武场称为“武班”，把负责敲击锣鼓铜器助威的表演队伍叫作“文班”，而把家中设立“架桌子”的家户归入梅花拳文场。在中国传统语汇中，文武兼修本身是

---

① ［美］魏乐博、范丽珠主编：《江南地区的宗教与公共生活》，上海人民出版社 2015 年版，第 2 页。

② “娘们只管‘菩萨会’上仪式的事，念个佛歌、表个功、升个供什么的，像里面真出事了还得靠老爷们来解决。”被访谈人：赵 YM，女，北杨庄村民；访谈人：张兴宇；访谈时间：2016 年 3 月 26 日；访谈地点：北杨庄。

一种互文关系。二者通常互相影响，而且密不可分，属于典型的二元互动结构。“文不离武，武不离文”既是一种管理工具，也是一种调控方式，如果双方互不服从，那在乡村梅花拳组织内部可能就会出现矛盾纠纷。不难发现，乡村梅花拳内部文场和武场的格式化区分，必然会形成一道天然的边界屏障。虽然传统乡村梅花拳讲究和推崇“文场领导武场”的内部规矩，但在现实生活中，乡村梅花拳组织从来都是以文武交织的结构逻辑不断演绎推进。

北杨庄梅花拳文场“立架”统计简表①

姓　名	性　别	年　龄	立架时间	位　置
1. 刘朝顺	男	54	6 年	东
2. 刘金永	男	71	5 年	南
3. 董国良	男	55	5 年	南
4. 刘朝凡	男	34	3 年	南
5. 王英武	男	62	16 年	西
6. 邢玉珍	女	56	3 年	西
7. 邢尚新	男	49	6 年	西
8. 邢尚宝	男	48	100 余年（老架）	西
9. 王奇亮	男	52	20 余年	西
10. 王化景	男	53	14 年	北
11. 王希景	男	52	15 年	北
12. 王庆勋	男	53	12 年	北
13. 邢世敬	男	68	10 年	北
14. 邢世卫	男	63	8 年	北

① 北杨庄梅花拳文场立架的统计数据截止日期为 2016 年 8 月底，统计数据由村民邢 YC、邢 YG、王 SX、邢 SE、刘 JY 等人提供。

（续表）

姓　名	性　别	年　龄	立架时间	位　置
15. 邢锡成	男	64	100 余年（老架）	北
16. 邢银超	男	63	100 余年（老架）	北
17. 邢银峰	男	58	30 余年	北（东）
18. 邢尚岭	男	48	20 余年	北
19. 邢树广	男	47	7 年	北
20. 邢尚斗	男	52	20 余年	北（东）
21. 杨振桥	男	42	6 年	北（东）
22. 邢玉领	男	60	8 年	北（东）
23. 刘金武	男	43	5 年	北
24. 邢银皋	男	80	100 余年（老架）	中
25. 邢尚娥	男	44	22 年	中
26. 杨春阁	女	55	6 年	中
27. 王尚信	男	67	12 年	中

通过上面这份北杨庄梅花拳文场“立架”统计表可以看出，目前北杨庄绝大部分加入梅花拳文场的家户仍以男性为主，仅有少数女性家户参与“立架”。而且，村民的“立架”时间一般是在 20 岁以后，他们散居于北杨庄东、西、南、北四个方位。其中，参与梅花拳文场“立架”的村民多数来自村内邢氏、王氏、刘氏等家族成员，而邢银超、邢银皋、邢尚宝与邢锡成四家皆为传承 100 年以上的“老架”。村民“立架”之后，梅花拳弟子之间辈分清晰有序，这也是乡村梅花拳群体认同的重要符号标志。从社会资本理论视角看：“梅花拳作为一种民间社会资本对当地的民众有着较大的吸引力，加入梅花拳成为人们扩大人际关系、增加社会资本的一种途径。”① 例如村民通常使用“你是从哪个门口领的”的询问方式，据此判断对方是不是梅花拳门内人。此外，进入梅花拳文场之后，各弟子之间

① 张国栋等：《梅花拳的复兴与华北乡村的群体认同》，载《民俗研究》2016 年第 5 期。

必须遵循着大致相似的民间信仰规矩，否则在这个群体内很难获得认同。当然，这并不意味着村民日常信仰生活始终处于风平浪静的发展状态，实际上村民们经常处于暗流涌动的生活状态。这种非正式的乡村信仰组织也难免会滋生各种问题，它需要村民在日常生活中汇集群体智慧去寻找解决问题的方法。

概言之，乡村梅花拳组织无论是选择以文统武的传承方式，抑或以武养文的生存逻辑，都凝结着村民面对现实生活境遇得出的理性自治经验思索。例如，乡村梅花拳武场修炼中通常追求一种“上马如无敌天神，下马如有道贤人”的贤达境界，这体现出梅花拳文武相得益彰的价值指向。但必须指出的是，乡民日常信仰中的价值追求是一回事，而其在具体村落生活实践中如何落实则是另外一回事。这也并不能保证村民在接触梅花拳文场、武场之后，人人皆可达成“贤达”境界，它至多是为普通村民提供了一种价值选择的路径而已。在乡村梅花拳组织内部，还流传有“一脚门里，一脚门外”的说法。梅花拳文场设立了“架桌子”的村民与未设“架桌子”的村民之间有着明显的待遇差异①。换言之，只习练梅花拳拳术的村民并不能完全被归入梅花拳门内成员，只有家中设立了“架桌子”的文场弟子才算真正进入了梅花拳体系之内。文武一体是梅花拳理念的核心，反映了梅花拳的本质特征②。因此，“文不离武，武不离文”的乡村梅花拳组织理念起码具有两种现实意义，一方面它可以促进乡村梅花拳武术的有序传承，另一方面它能够保持该组织在村落社会中的自治权威力量。

（二）互相制衡：“文武并存，运作民意”

乡村梅花拳组织的文场和武场之间还呈现出一种制衡关系。林顿认

---

① “有架桌子的能收徒弟。无论走到哪里也好，只要梅花拳的弟子，能吃饭，能喝水，都没问题。没有架桌子的这个啊，他是光叫你喝水，不叫你吃饭。”被访谈人：邢 YX，男，北杨庄村民；访谈人：张兴宇；访谈时间：2016 年 7 月 10 日；访谈地点：北杨庄。

② 张茂林等：《论梅花拳的组织和特点》，载《河北体育学院学报》2004 年第 1 期。

为，任何特定的个人对于它所述的社会或者他参与其中的文化的运作和生存很少有什么重大意义，个人的需求与潜能却是所有社会和文化现象的基础。[①] 乡村梅花拳组织的文武制衡逻辑即基于村民的个体生活需求而生成的独特文化现象。通常情况下，梅花拳武场需服从文场的统一指挥。如北杨庄人所言：梅花拳武场是“惹事”的，而梅花拳文场则是“填坑”的[②]。这表明梅花拳文场对武场具有一定的约束性作用。细思之，梅花拳武场“惹事”有可能是村民故意为之，也有可能是无心之失。但是只要碰到类似问题，都需要梅花拳文场师傅出面帮助解决。梅花拳文场师傅作为该组织的“当家人”，自然有义务去承担梅花拳组织内部可能发生的各种风险与问题。乡村梅花拳组织形成的某些传承规矩，也在跟随时代发展而不断变化。比如，过去梅花拳讲究以武开道，用文扎根，稍有名望的梅花拳师傅通常都是文武双修型人物。及至现在，乡村梅花拳组织则催生出一套“练武的不一定走文场，走文场的不一定练武”的传播逻辑。

首先，文武制衡不仅仅是梅花拳文场和武场之间力量强弱的较量。事实上，即便梅花拳文场师傅口中常提及“天下梅拳是一家”的交往理念，也并不意味着村民在接触陌生梅花拳弟子时会予以毫无戒备的信任。一般梅花拳文场、武场弟子之间在相互交往时，大致呈现出一种不断试探、摸索对方意图并逐渐建立信任关系的过程。北杨庄村民在日常生活叙事中，通常会把梅花拳定义成没有“派性”的稳定道德秩序范畴。但不可否认的是，乡村梅花拳组织内部注定无法完全避免“派性”的存在。尤其是在乡村梅花拳武场与文场之间，由于村民个体能力、秉性脾气的差异，这一组织内部总会出现某些个人性质的矛盾，从而引发“派性”问题。其中大部分原因在于梅花拳武场师傅与文场“当家人”之间的话语权力之争，并呈现出相互制衡的关系结构。当然，如果梅花拳文场“当家人”属于文武皆

---

① ［美］拉尔夫·林顿著，于闽梅、陈学晶译：《人格的文化背景：文化、社会与个体关系之研究》，广西师范大学出版社 2007 年版，第 9 页。

② 被访谈人：邢 YG，男，北杨庄村民；访谈人：张兴宇、周连华；访谈时间：2016 年 7 月 9 日；访谈地点：北杨庄。

通型人物，则可能在一定程度上避免这种“派性”问题的发生。

其实，在理解、阐释乡村梅花拳对于乡村自治生活领域的功能和意义问题时，往往容易陷入一种矛盾和困惑的境地之中。比如乡村梅花拳组织文场和武场的制衡关系对村落生活究竟可以起到多大的影响作用？在进一步的调查中我们发现，面对村落日常生活中出现的各种矛盾问题，北杨庄梅花拳文场师傅主要基于三点原则来解决问题：其一，待人处事和蔼为主；其二，不主动挑事，但也不怕事；其三，防备被别人利用，借刀杀人。① 这种处事逻辑其实也是该村梅花拳弟子的人际交往规则之一。正是在此规则之下，尽管北杨庄“菩萨会”内部发生了纠纷争端，但是经过双方梅花拳负责人的斡旋调和，这一内部矛盾并没有激化到动武成仇的地步。实际上，在北杨庄“菩萨会”出现了分离“过会”的矛盾和争端问题时，村东梅花拳文场负责人和村西武场负责人碰面磋商之后，双方最终以一句“都是梅花拳爷们”的简单话语就化解了这场内部纠纷。如此看来，梅花拳弟子通常以“爷们”相称，它既代表着村民之间一句简单的客套话语，也属于制衡双方关系的一种礼俗约束方式。这些民间话语，既是村民日常生活经验智慧的结晶，也体现出乡村自治生活的丰富性特征。

其次，乡村梅花拳组织内部文场与武场之间的制衡关系，还表现在秘密性、公益性价值观念推广等方面，其关键在于运作民意。当然，对于乡村梅花拳组织的秘密性特征问题，部分历史学者已有相关探讨。例如，与周锡瑞早年间提出的梅花拳是非宗教的武术和武术组织的一般化论断有所不同，佐藤公彦对梅花拳文场的宗教性和秘密性特征予以阐释，并将梅花拳归为一种信仰与武术结合的“秘密结社”组织②。而北杨庄梅花拳文场、武场传承目前仍以保持秘密性为主要核心要素，否则它在当下村落社会很难凝聚日益离散的村落人心。虽然将梅花拳赋予秘密性是梅花拳文场的一种重要制衡方式，但它目前也面临着许多影响其效用发挥的不利条件。比

---

① 被访谈人：邢 YG，男，北杨庄村民；访谈人：张兴宇、周连华；访谈时间：2016 年 7 月 9 日；访谈地点：北杨庄。

② ［日］佐藤公彦著，宋军等译：《义和团的起源及其运动：中国民众 Nationalism 的诞生》，中国社会科学出版社 2007 年版，第 303 ~ 306 页。

如，现代乡村生活方式转变、村民科学文化意识不断增强等因素都在无形中对传统梅花拳的秘密信仰实践发起冲击。与此同时，它还借助在村落日常生活中推广的公益性价值观念，实现村落梅花拳文场、武场的道德价值体认。例如梅花拳武场师傅教拳不收费，村民学练梅花拳不交费，外人找梅花拳文场师傅帮忙“解事”也不交费。当村落中遇到白事或者举办“菩萨会”等公共信仰仪式活动时，梅花拳文场还会组织武场人员进行义务梅花拳武术表演。此类公益性价值观念的推广，既有助于乡村梅花拳在村落中的传播发展，也是其组织内部运作民意、实现文武制衡关系的重要手段。

第三节　自治的边界：拳内与拳外

格尔兹曾说，人类学家在乡村里做研究，但他并不一定是研究乡村。换言之，他通过研究乡村社会中各类微观、具体的生活现象或事项，并以此理解其所代表的国家和民族。[①] 而在这种小型村落社区背后，其实涉及更大范围的共同体组织。乡村梅花拳组织是广宗地方村落社会中典型的民间结社形式，梅花拳弟子在其中担负着多重身份象征。他们既是普通村民中的一员，同时也是乡村梅花拳组织中的骨干力量。北杨庄村民通常会用“在拳”“不在拳”来区分个体是否属于组织成员，梅花拳弟子对拳内、拳外的自治边界有着非常鲜明的确认标志。其实，对大多数普通村民而言，他们在日常生活中对乡村梅花拳组织所秉持的态度更值得分析。尤其是在乡村公共信仰层面，梅花拳弟子善于使用“行好”的逻辑观念来整合集体信仰意识，并在重建村庙、组织村落仪式等方面发挥着重要的自治引导功能。

一、“行好”：泛化的信仰观念

一直以来，民间信仰研究素为历史学、社会学、民俗学等学科持续关

---

① 参见［美］克利福德·格尔兹著，纳日碧力戈等译：《文化的解释》，上海人民出版社 1999 年版。

注。历史学擅长将与民间信仰有关的地方社会研究视为深入阐释中国乡土社会的突破口之一①；社会学则强调从社会组织、结构及其功能关系的视角分析民间信仰行为对地方社会产生的功能、意义等②；民俗学则是从村落生活的整体语境出发，注重民间信仰主体的心态感受与乡土社会生活的意义勾连等方面③。目前，学界对民间信仰大致以“信仰形态、超宗教性”等核心要素进行概念界定④。早期顾颉刚的妙峰山庙会考察开启了现代民俗学范畴的民间信仰田野研究序幕。自20世纪80年代以后，随着乡土社会中各类民间信仰活动的复兴，已有一批民俗学者对乡村公共信仰仪式活动进行了深入、细致的调查研究。在冀南广宗一带的乡土村落，除春节、中秋节等传统节日活动，“菩萨会”是当地村民最为重视的以村落为组织单位的地方性盛会。具体到北杨庄而言，在乡村公共信仰仪式的自治运作过程中，乡村梅花拳组织习惯借用“行好”这一泛化的民间信仰逻辑，将民众组织的“菩萨会”仪式与梅花拳组织相融合，二者共同建构了相互交织、互相制衡的乡村自治生活景观。

如前章所述，对乡村梅花拳组织成员而言，他们大都经历过“文化大革命”。无论是村民日常在家中进行的“敬神”行为，抑或参与村落范围内公共信仰仪式活动，他们通常会将这种“烧香磕头”的敬拜活动定义为

---

① 如［美］孔飞力著，陈兼等译：《叫魂——1768年中国妖术大恐慌》，上海三联书店2014年版；［美］杜赞奇著，王福明译：《文化、权力与国家》，江苏人民出版社1996年版；赵世瑜：《狂欢与日常：明清以来的庙会与民间社会》，生活·读书·新知三联书店2002年版。

② 如［美］杨庆堃著，范丽珠译：《中国社会中的宗教：宗教的现代社会功能与其历史因素之研究》，上海人民出版社2006年版；郭于华主编：《仪式与社会变迁》，社会科学文献出版社2000年版。

③ 如乌丙安：《中国民间信仰》，长春出版社2014年版；刘铁梁：《村落集体仪式性文艺表演活动与村民的社会组织观念》，载《北京师范大学学报（社会科学版）》1995年第6期；张士闪：《灵的皈依与身的证验——河北永年县故城村梅花拳调查》，载《民俗研究》2012年第2期；岳永逸：《行好：乡土的逻辑与庙会》，浙江大学出版社2014年版。

④ 陈勤建、衣晓龙：《当代民间信仰研究的现状和走向思考》，载《西北民族研究》2009年第2期；王建：《近年来民间信仰问题研究的回顾与思考——社会史角度的考察》，载《史学月刊》2005年第1期。

"迷信"之事。由于近些年国家和地方社会给予了民间信仰活动以适度的生存空间，各类村落信仰仪式活动才逐渐兴盛起来。即便如此，当地村民并非完全抱有一种开放心态去面对村落"迷信"活动的身份界定。他们普遍认为，村民自发组织的"烧香磕头"敬拜活动皆是为了"行好"。在村民们看来，这种具有"封建迷信"色彩的村落公共信仰仪式活动也许并不一定符合国家的政策和管理方针，但是此类民间信仰观念早已渗透、融入民众的日常生活之中。它持续深刻影响着民众的朴素信仰心态，村民一般将这种村落内部普遍的信仰行为用"行好"代称。比如，村民参与村落公共信仰仪式活动是为了"行好"，出力帮助重建村庙也是为了"行好"。此时村民实施的"行好"行为还不仅仅是为了行个人之"好"，更是为了行全体村民之"好"。这种"行好"的群体信仰逻辑是支撑乡村梅花拳组织能够在村落社会长期运行的原因之一。而此类民间信仰活动被质疑的过程，实际上也是乡村信仰秩序被暂时性打破和重建的特殊过程。

需要注意的是，乡村梅花拳组织的乡村公共信仰仪式活动通常还会以均质化的样貌呈现出来，其具体表现为：村民长期共享着乡村公共信仰的知识系统，各类乡村公共信仰仪式活动也常会被村民视作一种地方性村落节日活动来看待。此时国家话语也会对村民组织的村落信仰实践活动造成隐性影响。但村民习惯于借用"现在国家支持宗教信仰自由""我们信仰的东西是佛教"等话语表述，将借国家许可的宗教信仰权威赋予村落公共信仰实践活动以合法性①。此外，当地村委会作为官方认定的基层自治单位，村委会成员在面对村落中具有一定"封建迷信"色彩的敏感性公共信仰活动时，他们通常既要考虑遵守国家的相关法律政策，同时也会兼顾村民日常的信仰心理诉求。对于这些基层管理者来说，他们如果不能在道义上获取大部分民众的支持，则有可能影响到以后村落工作的开展。不仅如此，北杨庄村民在组织村落公共信仰仪式活动的过程中，常常以"行好"的逻辑为价值支撑，并通过个人"奉献"的方式来实现"行好"的目标。

---

① 被访谈人：王 FL，女，北杨庄村民；访谈人：赵京伟；访谈时间：2016 年 7 月 9 日；访谈地点：北杨庄。

而且，普通村民在村落中的“行好”行为又可细分为个人“行好”与集体“行好”两个方面。其中，个人的“行好”行为需要凭借乡村集体性信仰仪式活动来展现，而每一位村民对于“行好”的不同逻辑解释则掺杂着个体的信仰诉求。

第一，对于乡村梅花拳组织的各类公共性信仰仪式活动而言，它本身是一个具有娱神、娱人双重属性的地方性村落仪式。这种信仰仪式活动充斥着仪式的严肃性和节日的娱乐性双重特征。例如，主持村落信仰仪式的梅花拳文场师傅在闲暇时也会与其他村民聊天逗乐，但在做仪式的过程中，他们则会表现出无比的虔诚，代村民向神灵表功。这种互动结构关系是乡村公共信仰仪式活动的典型特征之一。

第二，普通村民乐于将供品奉献给各种神灵，经由梅花拳文场师傅之手，期冀神灵对未来的家庭生活提供帮助。信仰的功能就是促使人们去行动，帮助人们生活下去。通过与神的沟通，信仰者不仅能够看到非信仰者所忽视的新的世界，而且个人也会更加坚定信仰行为①。梅花拳弟子借助于“行好”的方式为个体或者家庭的安稳生活向神灵“许愿”。这种愿望可以是村民的短期生活目标，也可以是长期的愿望期许。一般情况下，普通村民的个体愿望诉求往往着眼于当下家庭生活中亟须解决的问题。即便是村落中衣食无忧、生活相对富足的家户，他们通常也更乐于在日常“行好”实践方面耗费一定的精力、财力。在村民看来，他们内心希望借助于“行好”的奉献方式获取神灵帮助，获取并保持稳定富足的生活状态。

第三，乡村梅花拳组织借助“行好”逻辑解决民众日常生活中的精神困惑，获取心灵上的安顿，其中还包含着朴素的道德价值追求。在乡土中国，“行好”既是自古就有的风气，是古语所言的“风尚”“风俗”，也是乡民因应当下语境，对儒、释、道等传统文化根据自己的理解，在日常生活的运用与实践②。村民日常生活中的“行好”实践不仅是行个人之

---

① ［法］爱弥儿·涂尔干著，渠东、汲喆译：《宗教生活的基本形式》，上海人民出版社1999年版，第550页。

② 岳永逸：《行好：乡土的逻辑与庙会》，浙江大学出版社2014年版，第318页。

“好”，更是行村落集体、公共之“好”。正如北杨庄村中富有者向神灵祈求赚取更多的金钱、新婚者祈求早日得子、患疾者祈求早日痊愈、求学者祈求金榜题名一样，村民所有的这些“行好”实践行为看起来充斥着明显的功利之心。其实这恰好反映出民众在日常生活中所面临的各种困难和“不易”，乡村公共信仰实践活动则成为他们表达日常精神生活诉求的依赖方式之一。因此，对于乡村信仰活动的主体——村民来说，理解他们的信仰心态呈现过程更加重要。通过村民的个体叙事与集体叙事逻辑，也能够理解当下乡村公共信仰仪式活动在中国乡村社会的复现，其背后则有着更深层次的缘由。

第四，乡村梅花拳组织在日常进行的“行好”实践主要与每年定期重复举行的乡村公共仪式有关。重复性是乡村公共信仰仪式的重要特征之一。重复是一种标志，也是一种象征。村民每年在名义上至少都要遵循着相同或相似的信仰仪式程序，但在具体细节呈现方面，多数又会有细微的差异性。如特纳所言，仪式力量场充满着合作的氛围，而村落群力量则被一种竞争的氛围所环绕。① 乡村梅花拳弟子的磕头、烧香等敬拜行为，是一种每日不厌其烦的肢体重复过程，同时也是内心信仰意识的强化过程。重复可以实现记忆再造，通过这种颇具仪式感的信仰生活机制，有助于构建信仰者与信仰对象之间的“神圣性”。它并不是完全机械性的重复，而是在灵活的结构变化中实现信仰的象征化。重复相对固定的仪式流程，在某种程度上而言，是为了强化控制，而控制效果的显现需要不断进行重复。因此，它既是对过去仪式程序的重复，也是对未来仪式的预演。从某种程度上看，重复也代表着传承性。从根本上来说，梅花拳文场信仰习俗的传承是对村落传统习俗的一种接续，它继承了仪式核心与主体内容。传承为重复提供了持续的动力，乡民也会依据往年的仪式操办流程不断推进仪式创新，并且会在不违背整体信仰原则的情形下，希望从中谋求更多的“行好”收益。

---

① ［英］特纳著，赵玉燕等译：《象征之林：恩登布人仪式散论》，商务印书馆2006年版，第283页。

二、自治的边界：村庙重建与身份区隔

村庙作为普通村民日常村落信仰生活的空间载体之一，也是乡村公共信仰空间的重要组成部分。前已述及，北杨庄村中的几处旧式庙宇在“文化大革命”期间悉数被毁。进入21世纪以来，村民陆续自发筹资修建了菩萨庙、关公庙、全神庙、真武庙、地母娘娘庙等村落庙宇。在建庙过程中，仅从表面上看，北杨庄“菩萨会”这一乡村信仰组织在其中发挥着关键的领导作用，然而其背后有着乡村梅花拳组织的暗中力量支撑，村民重建村庙的实际话语权也掌握在这些梅花拳弟子手中。这种显隐兼具的自治运作方式，使得北杨庄重建村庙一事转而成为乡村梅花拳组织划定村民“拳内”“拳外”身份界限的重要标志性符号。

实际上，虽然散布在北杨庄的村落庙宇在近些年均已得到重建，村民甚至还在原来的基础之上增建了部分新庙，但他们实际组织操持建庙的过程并不平静。北杨庄最初的建庙争端肇始于菩萨庙的修建。据村民讲述，过去北杨庄菩萨庙只是一座面积不大的小型庙宇，庙中供奉着一幅观音画轴和一尊泥胎制作的观音神像①。在2000年前后，北杨庄村东头有几户村民提议使用村中每年农历二月十九“菩萨会”积攒的过会收入来翻修菩萨庙。这几户村民和“菩萨会”会首商议复建事宜时，会首并未同意翻盖。后来北杨庄村东几户村民自发筹资组织人员翻修菩萨庙，但因当时资金不足，建庙账目上出现了1000元空额，村东几户村民便约定他们每人再出50元钱，暂时当作建庙经费使用，等来年“菩萨会”过会有了充足收入，再将这一部分经费退还给出资村民。不过第二年北杨庄组织“菩萨会”过会仪式之后，会首并未同意拿出“菩萨会”过会的公共收入去平掉村东几户村民之前建庙的1000元账目。会首认为村东这几户村民擅自作出决定，并未考虑到村西家户的意见。双方争执不下，这使得北杨庄村东和村西的“菩萨会”成员在无形中造成了一些潜在的纠纷和争端。北杨庄村落信仰

---

①　被访谈人：赵YM，女，北杨庄村民；访谈人：赵京伟；访谈时间：2016年7月10日；访谈地点：北杨庄。

组织内部最初产生的上述矛盾，后来又在其他村庙修建的过程中进一步被激化。2013 年春季，村东的部分家户筹资在北杨庄东面修建了一座真武庙。到了 2016 年正月，他们又操持人员在村北位置修建了一座地母娘娘庙。这一系列村庙的修建彻底将村东、村西村民的矛盾激化。因此，在 2016 年北杨庄“菩萨会”期间，村东、村西直接分成了两帮村民各自过会的情况①。总体来看，修建村庙所牵涉的问题较为复杂，大致包括资金、选址、人员、时间等几个方面，但归根结底涉及村民之间如何进行自我利益磋商和自治管理的问题。

首先，重建村庙属于一种公益性与私益性交织的乡村自治实践行为。事实也证明，在北杨庄村庙的复建过程中，村民最初发起建庙的原因主要和个体家庭的私益性诉求有关。但在村庙复建之后，庙宇本身就具有了为村落公众服务的公益性价值。例如北杨庄一位刘姓村民曾参与修建村中菩萨庙、真武庙和地母娘娘庙。他最早在参与“菩萨会”信仰仪式活动时“许愿”，如果两个儿子能够顺利娶上媳妇，他就主动捐资建庙，并自愿出工出力。个体愿望实现后，为了及时“还愿”，他履行了当时在菩萨面前许下的诺言。当然，这只是北杨庄村民参与重建村庙诉求的一个缩影。不可否认的是，对于参与建庙过程的每一位村民来说，他们无疑都夹杂着个体的私益性诉求。如何将这些私益性想法转化为公益性的重建村庙行动，这就需要村落建庙负责人的谋划安排。北杨庄梅花拳弟子在其中则扮演着重要的负责人角色。他们将村民重建村庙的行为划入“行好”的逻辑范畴，并对这种公益性信仰实践活动施加道德层面的赞誉。梁漱溟曾言：“公德所由养成，端在公私利害之一致；为公即所以为私，为私亦势须为公。”② 而且，对于修建村庙这一类乡村公共信仰活动，必然要求某些村民在一定程度上作出私益性让步，由此才能实现“建庙是为了全村百姓求平

① “嗨，弄来弄去出了‘派性’了，两边直接分开过会了。弄不到一块去你说怎么办啊。商量不下来，想盖个大点的菩萨庙也没盖起来。当然这个关键在于领头人，就看以后怎么组织了。”被访谈人：刘 JY，男，北杨庄村民；访谈人：张兴宇、周连华；访谈时间：2016 年 7 月 9 日；访谈地点：北杨庄。

② 梁漱溟：《中国文化要义》，上海人民出版社 2005 年版，第 275 页。

安”的公益性追求。

其次，重建村庙引发的矛盾纠纷，还涉及梅花拳组织之外的乡村信仰边界问题。人们设置边界，以边界区分群体，依据边界而形成的不同群体以不同的文化认同相区别，并通过一系列的活动予以强化。[①] 在北杨庄村民看来，新建村庙的位置布局直接影响着村民们的整体利益。村庙位置的选定是否考虑到全体村民的共同利益，则是导致村民滋生内部纠纷的重要关注点之一。比如，在村民的日常认知观念中，他们认为如果村民居住的家院距离村庙位置越近，越能便捷地享受到神灵赐予的恩惠。因此，北杨庄部分村民对村中新近建设的真武庙、地母娘娘庙选址颇有微词。有村民提出：“新建的这些村庙神灵所保佑的范围并未覆盖到北杨庄全村，而只是顾及了村东部分家户的利益。”[②] 实际上，这涉及梅花拳组织之外的乡村信仰边界的划定问题。随着北杨庄村庄人口的不断增长，村落原有的居住范围也随之不断扩大。由于过去的旧式村庙已被拆除，村民新建村庙的选址必然需要考虑多种因素的影响。但无论村庙究竟是在原址复建，还是另选新址重建，村民之间都不可避免地会产生一些摩擦和矛盾。再加上受到之前村东、村西两帮“菩萨会”成员积累的隐形矛盾影响，这无疑引发了村民对于重新确认乡村信仰边界的诉求。

进一步而言，在北杨庄村庙修建的过程中，还体现出当地村民对“面子”问题的关注。在中国传统社会，“面子”是一种独特而广泛的社会资源。在日常互动中，人们之间进行“面子”交换比较常见，这种交换是互动双方人情关系的一种体现，情面就是人情式的“面子”。[③] 虽然“面子”只是一种虚拟事物，但村民在村落日常人际交往中能深刻地感受到它的存在。北杨庄村庙的不断修建，其实也是已经产生纠纷的村民双方不断地在

---

① 李海云：《乡土社会边界研究——山东潍北地区东永安村烧祭仪式考察》，山东大学博士学位论文，2017 年 5 月，第 213 页。

② 被访谈人：邢某，男，北杨庄村民；访谈人：张兴宇、蒋帅；访谈时间：2015 年 4 月 5 日；访谈地点：北杨庄。

③ 姜彩芬：《面子文化产生根源及社会功能》，载《广西社会科学》2009 年第 3 期。

为自身“找面子”的过程，并进而强化生成新的信仰群体凝聚力。对乡村梅花拳组织成员而言，一旦在处置乡村公共信仰事务过程中失去了“面子”，那么其在乡村内部建立起来的公信力也很可能随之削弱甚至消失。

最后，“菩萨会”与村落梅花拳组织之间出现了身份交叉的局面，这也是确立自治边界的关键指标。北杨庄村民通常将其组织的“菩萨会”视为一种“民间佛教”信仰。梅花拳文场内部虽然讲究“天地君亲师”信仰模式，但对当地梅花拳文场弟子来说，他们习惯于将其信奉对象视为儒、释、道合一的“民间信仰”类型。“天地”的权威在“天地君亲师”的权威体系中属于自然性权威，“君亲师”属于社会性权威，它们的合法性来自于将它们同自然性权威相联系。① 梅花拳弟子把“架桌子”也称作“佛桌子”，梅花拳弟子的文场功夫修炼也被称为“修佛”。村民认为，尽管“菩萨会”和梅花拳同属于“佛门大教”，而且双方出现了身份交叉的情况，但这两者之间其实还是有着非常明显的结构差别。相比较而言，梅花拳具有固定的组织结构，人员组成以男性为主，内部规矩较为严密，包括日常使用香支都须由文场师傅统一管理；而“菩萨会”组织结构相对松散，它的人员组成以中老年妇女为主，信众出入较为自由，村民平时可自由购置烧香敬神的香支。但在组织乡村公共信仰仪式活动时，“菩萨会”组织和乡村梅花拳组织之间呈现出一种相辅相成的关系结构。双方信众都被归入“行好”序列之中，而且乡村梅花拳组织还要在“菩萨会”举行仪式过程中演练梅花拳、敲锣打鼓为其助兴。他们借助比较固定的信仰群体、仪式程序和佛歌文本等进行传播，共同在村落中推行“行好”的公益价值观念。即便乡村梅花拳组织的身份认定有着明显的“拳内”“拳外”之别，但他们仍然都是基于乡村社会的公共信仰诉求来组织各自的信仰生活。

---

① 翟学伟：《中国社会中的日常权威——关系与权力的历史社会学研究》，社会科学文献出版社 2004 年版，第 65 页。

结语　梅花拳与乡村自治传统的互动阐释

不容忽视的是，乡村梅花拳之所以能够渗入乡民自治生活的各个领域，与其隐运于乡土社会中的乡村自治组织有着密不可分的关系。这种乡村自治组织以梅花拳为传播媒介，勾连着乡村社会的经济、政治、文化、信仰生活等不同方面。具体而言，乡村梅花拳组织在实际的自治运作过程中，呈现了较为典型的乡土性、自治性、“神圣性”、公益性等民间特征。而上述四种特征也可被视为乡村梅花拳组织在村落社会长期保持自治运转的重要影响因素。

此外，从乡村梅花拳组织的基层运作逻辑视角来看，当地村民将“玩拳”“行好”与村落自治机制有机结合，并使之成为村民日常生活领域不可或缺的一部分。而在乡村梅花拳组织背后，则彰显着乡民艺术与乡村自治传统之间的文化制衡力量。因此，这意味着乡村梅花拳组织对乡村自治生活领域所施加的影响一定是丰富多元的。从某种程度上看，民众将梅花拳赋予生活意义的过程，其实也是乡村梅花拳逐渐融入民众生活并衍化为这一种乡村生活传统的过程。就此而言，无论是面对全村曾经普遍习练梅花拳的“辉煌”时代，还是其在当下遭遇的种种传承发展困境，乡村梅花拳组织总能因势而变。这一乡村自治组织在地方社会的存在和运行，既是地方民众凝聚集体磋商智慧的自治体现，也是乡民艺术传统得以保持自治发展活力的关键机制。

第一节 梅花拳何以影响乡村自治传统

如前文所述，乡村梅花拳组织呈现出鲜明的自密性特征，而且梅花拳弟子也很少在村落公开场合谈论梅花拳知识。显而易见的是，一方面它是为了保持拳派内部的神秘性，另一方面防备外人偷学梅花拳功夫。过去乡村梅花拳弟子之间的文场活动基本都在家中私下交流，虽然梅花拳武场表面上可以公开交流拳技功法，但对其门内武功绝技则是以私相传授的秘密方式进行。在不了解对方底细的情况下，他们更不会轻易透漏梅花拳内部知识，这是梅花拳新入门弟子的一项基本常识。据说当年远道而来的燕子杰、路遥、翁正茂、安瑞德等梅花拳研究者，在初次展开梅花拳调查时也吃过“闭门羹”。他们虽然有地方政府部门牵头，但乡村梅花拳组织的内部知识依旧处于保密封闭状态，并未对外人开放①。与此同时，乡村梅花拳组织内部成员如果外出办事，他们在遇到问题时可向外部梅花拳弟子寻求帮助，这又呈现出明显的江湖“开放”气息。行文至此，此时需要回答的核心问题是：梅花拳何以影响乡村自治传统？下面主要从四个方面展开讨论。

一、植根乡土：梅花拳与民众的日常生活逻辑

在芮德菲尔德看来，生活在一个社会——不论它有多么的原始——里面的人们总难免会或多或少地关切他们亲戚之间的或朋友之间的关系是如何的，而且人们之间是不可能除了维系血缘亲族关系或某种铁杆的共同利害关系之外再无其他任何纽带关系的。② 梅花拳原本属于一种土生土长的

① “你们的那个老师，燕子杰、路遥他们那时候一开始来的时候，咱也不说梅花拳里面的事。一个是不知道对方什么来头，再一个得防备着。除非时间久了之后，才知道底细，慢慢地才会交流这些知识。”被访谈人：邢 SE，男，北杨庄村民；访谈人：张兴宇；访谈时间：2016 年 7 月 10 日；访谈地点：北杨庄。

② ［美］芮德菲尔德著，王莹译：《农民社会与文化：人类学对文明的一种诠释》，中国社会科学出版社 2013 年版，第 72 页。

"庄稼拳"，而乡村梅花拳组织典型的民间特征之一就是它的乡土性。换言之，梅花拳的这种乡土性植根于民众日常生活之中，并密切勾连着乡民的生活文化逻辑。

首先，从乡村梅花拳组织的人员框架构成层面看，日常参与梅花拳武术习练的主体人群都是乡土社会中普普通通的村民。他们习惯于将自身称为"拳民"，并把他们的梅花拳组织称作"拳班"，还将平常习练的拳种称为"玩拳"，这均表明了梅花拳习练者的乡土农民身份。村民在梅花拳文场信仰中将其供奉的"天地君亲师"牌位统称为敬奉"老爷爷"，也体现出村落梅花拳浓厚的乡土人情特征。而对于北杨庄村流传的梅花拳"架鼓送殡"习俗，村民在改革开放以前还只是使用小鼓表演，后来则改成了四人或八人协奏的大鼓表演，并增加了梅花拳武术演练活动。乡村梅花拳组织催生的这一"架鼓送殡"的民间习俗也总是伴随着村民的乡土生活需求而不断变化，久而久之则在村落内部形成了一种新的乡土惯例。如果这种覆盖村落整体范围的乡村梅花拳习俗一旦发生中断，反而有可能导致乡土村落中的民众无所适从。因此，维系和保证乡村梅花拳内部规矩、习俗的有序传延，是彰显该组织乡土特性的重要方式。

其次，从乡村梅花拳文场、武场的组织过程来看，民众在组织梅花拳公共仪式活动时也从未摆脱乡土生活环境的约束。梅花拳武场平时主要是在土地上摔打演练，切磋交流梅花拳武艺。其演练过程中所使用的各类独门兵器，也多是从乡土中孕育而生。对梅花拳文场来说，民众依托信仰实践来充实乡土信仰生活。虽然乡村梅花拳练拳群体的文化水平普遍不高，但他们基本遵循着一定的乡土道义和伦理准则。例如，北杨庄梅花拳武场师傅在传授拳术技法时，时常会教育门内弟子要怀有"爱国爱民"的博大胸怀，还需秉持"不打老人、不打孩童、不打妇女"的梅花拳门内规矩①。这些道德层面的追求代表着传统乡土价值观念的文化输出，也对塑造当地

① "咱梅花拳这个武术，'三不打'，不打老人，不打小孩，不打妇女。而且还得以忍让为主，轻易不使用这个武术。你不能说自己学会了功夫到处惹是生非，那你这样就不合格了。"被访谈人：邢 YC，男，北杨庄村民；访谈人：张兴宇、蒋帅；访谈时间：2015 年 4 月 6 日；访谈地点：北杨庄。

独特的乡村文化个性起到了间接的影响。

再次，乡村梅花拳组织依托日常人情礼俗关系，构建了一种较为活跃的乡土交际网络。一般在传统乡村社会中，民众主要通过熟人关系来解决各种生活问题。庄孔韶认为，在血缘之外，地缘和业缘也在乡村社会的组织生活中发挥着一定的作用，所以在宗族不发达的社会或无宗族社会，同乡组织、水利组织、青苗组织等乡村基层组织成为人类学组织研究的对象。① 在乡村梅花拳组织内部，梅花拳弟子之间通常互以“爷们”相称。他们在乡村日常生活中互帮互助，实际上是运用乡土社会中传统的拟制“亲属”关系来强化组织内部的凝聚力。在北杨庄乡村梅花拳内部，由此形成了“梅花拳，父子道”“父子爷们”等多种说法。梅花拳弟子口中的“父子爷们”，其实也是一种协同互助机制。这种紧密关系意味着要拔除“陌生人”之间的疏离感，从而营造出一种费孝通所谓的“熟人社会”关系。相比较传统村落交往关系而言，对于梅花拳这种乡村自治组织，如果从人员结构和人情礼俗关系等方面来审视，它主要起到了扩展民众日常人际交往圈的重要作用。基于乡村梅花拳组织而建立的跨村落人际关系网，还有助于强化地方村落社会的群体性成员认同。

二、自治生活：梅花拳的日常运作机制

表面上看来，乡村梅花拳只是一种纯粹的武术活动，但其中内含的价值意义绝不止此。梅花拳相对于乡村日常生活领域而言，为何需要自治逻辑？从民间武术组织发生学的视角来看，可以说，乡村梅花拳既是普通村民在日常生活中进行传统乡民艺术交流的一种表演媒介，也是民众进行村落自治生活实践的乡土运作模式之一。乡村梅花拳组织在村落之中的生活传承和价值观引导，充分汲取了乡民的集体生活智慧，自治实践则是确保该组织长期稳定运转的基础性运作机制。

其一，乡村梅花拳组织是村落社会中一种自发形成的武术自治组织。

---

① 庄孔韶：《作为文化的组织：人类学组织研究反思》，载《思想战线》2012 年第 4 期。

如马林诺夫斯基所言：“每一个组织都是为了满足一个基本需求而被组建的，其他行动只是辅助性的……一个制度的功能就是满足需求，为此机构才被组建。”① 实际上，在地方社会外部环境的综合影响下，乡村梅花拳组织从最初以练拳习武为主要特色的民间拳班，发展成为北杨庄波及范围最广、影响范围最大的乡村自治群体。它作为一种村落自发形成的武术自治组织，在近百年来乡村历史发展进程中，村民不断调适其传承方式，并催生出一套与地方社会发展相协调的适应机制。乡村梅花拳不仅融合了多种外来文化符号，还转化成各种形式以满足民众日常生活之需。比如，参与梅花拳武场练拳活动能够满足村民个人的强身健体需要，而村民定期参加梅花拳“亮拳”表演活动则契合了共同体发展的需要。正因为梅花拳这一整体性文化符号的存在，它能够将乡村社会中的部分民众团结、凝聚在一起，进而实现乡村梅花拳组织的有序自治。基于梅花拳这种村落自治组织的符号体系创造，其中充满着相互杂糅的组织关系结构。对于乡村梅花拳文场、武场并存的自治实践，它既追求上下一体的层级秩序，也强调长幼尊卑的礼俗规矩。在此基础之上，尽管这些严密的梅花拳内部秩序、规矩与碎片化的村落自治生活并不完全同步，但村民反而可以将这种乡村自治生活方式予以价值观层面的意义统合，从而化解组织内部各自为政的“危机”。如此看来，乡村梅花拳组织的自发形成过程，必然摆脱不了梅花拳的日常生活化传承方式，否则这种乡村自治组织很难在乡土社会长期生存下去。

其二，乡村梅花拳组织的自治诉求基于民众日常生活需要而不断调适变动。在传统乡村社会，对村落梅花拳组织而言，他们基本的自治诉求其实就是希望能够获得安稳有序的传承环境。芮德菲尔德认为：“农民对自己的生活的安排一般都是以如何让自己获得美好的生活为宗旨的。在什么情况下农民会对自己的生活感到满足呢？那就是当他感到自己事事问心无愧，没有做任何违背天良的事，而且当他感到自己的农艺本事上乘又丰衣

① ［英］布劳尼斯娄·马林诺夫斯基著，张帆译：《自由与文明》，世界图书出版公司2009年版，第109页。

足食的时候。”① 正如过去，在村庄内农活做得不错的村民往往可以享受到尊敬待遇一样，如果乡村梅花拳组织中文场师傅和武场师傅的功力高深，并且德行高尚，这些人也会得到普通村民的认可和尊重。但对大多数村民而言，做农活只是一种日常谋生的手段，而参与乡村梅花拳组织则是日常生活中的一种辅助性需求。正如现在北杨庄的年轻村民巴不得早点离开那个看起来略显破旧、落后的村庄一样，新一代年轻村民对参与乡村梅花拳组织的个人兴趣也不高。而且在乡村梅花拳组织内部，它的自治能力强弱并不一定由梅花拳文场师傅的传统权威来确定，而是在很大程度上受到村民个体家庭或家族力量的影响。与此同时，村民基于日常生活需求形成的梅花拳内部共享的文场、武场等共识性知识，需要获得组织内部成员的集体认同之后才能达成局部共识。但这些共识性知识在村民日常生活中也并非具有绝对的强制性，乡村梅花拳组织的自治诉求与这种共识性知识处于一种相辅相成的关系框架之内。

其三，乡村梅花拳组织的自治实践是多方力量互相制衡的结果。具体说来，在乡村社会生活日益分化的现实背景之下，乡村梅花拳组织在广宗一带的村落社会中形成了一个力量相对强大的自治组织系统。但这种自治组织系统的成员关系并非完全紧密一致，而是不断随着梅花拳参加人员的变动，其内部结构、权力强弱、自治功能等不同方面都随之发生变化。这种以梅花拳武术为媒介的乡村自治共同体必然受到多方力量的制衡。比如，对普通村民而言，他们在日常生活中无论是参与梅花拳的武场习练，还是坚持梅花拳文场的祭拜活动，都是基于一定的目的诉求才参加进来。村民或将练拳视为闲暇娱乐、强身健体的村落休闲方式之一，也可能把梅花拳文场视为一种信仰层面的情感寄托。这一乡村自治组织反过来影响着村民的自治力量权衡。旗田巍曾指出，在中国农村，每个人的生活基础都在共同体之中，每个人都无法割断与共同体的联系，所以每个人一生下来就与共同体密切相连。他们生活的全部，至少主要部

① ［美］芮德菲尔德著，王莹译：《农民社会与文化：人类学对文明的一种诠释》，中国社会科学出版社 2013 年版，第 165 页。

分是依赖于共同体的，离开了共同体他们就无法生活。[①] 毫无疑问，作为乡村梅花拳组织的领导者而言，他们自然希望通过乡村自治方式来增强组织内部成员的群体认同性，进而提升整体的凝聚力和向心力。但在乡村日常生活之中，乡村梅花拳组织的约束力和控制力总会受到村落政治、人员素质、管理框架等多方面影响，并对其原有的组织系统带来一定的冲击，严重时可能会导致整个乡村自治组织的秩序重组。换言之，梅花拳文场和武场之间的力量制衡状况和功能效用发挥，也是影响梅花拳自治能力的一个重要变量。在乡村梅花拳内部讲究“文场领导武场”，从某种程度上看，文场属于自变量，武场属于因变量。梅花拳文场师傅作为整个乡村自治组织的核心领导力量，他们的组织管理方式直接影响着梅花拳武场的兴衰与否。这种多方制衡力量，也考验着乡村梅花拳组织内部自治关系网络的稳定性和持续性。

三、“神圣”实践：村落社会的“秘密”属性

在乡村梅花拳组织内部，曾流传着一句“神圣不离凡人语，凡圣接出真妙言”的民间俗语。村民在日常生活中与梅花拳建立关联，无论是其文场的祖师敬拜仪式，还是武场的“灵验”轶事，都体现出乡村梅花拳组织的“神圣”实践特征。这种“神圣”实践行为的彰显，往往与村落社会的“秘密”属性密切相关。而在葛兰言看来，人们所希望避免的危险虽不具体但更实际：通过一系列惯常而不自知的琐碎行为，人们消除了日常思考中神秘性的困扰。[②] 毋庸置疑，“秘密”是人类社会极为常见的一种文化现象。民众可以通过各类生活事件，为其寻找类似“因果报应”“行好”等情理上的话语解释，从而不断促进乡村梅花拳组织“神圣”实践的再生产。

第一，乡村梅花拳组织的“神圣”实践来源于民众的日常生活创造。

---

① ［日］旗田巍著：《中国村落与共同体理论》，岩波书店1973年版，第266页。

② ［法］葛兰言著，程门译：《中国人的宗教信仰》，贵州人民出版社2010年版，第154页。

实际上，如果从乡村整体视角俯瞰，整个村落内部结构是不断走向分化的。受集体化时代的政策性影响，在基层乡村社区，当地村民仍习惯于按照生产队的划分形式来组织日常农事。这种小范围的群体界定，又把整个村落分成了一个个小型共同体单位。村民对于任何一种乡村自治组织，并未生成绝对的依赖，它们在村落中多数只是起到一种生活辅助性功能。乡村梅花拳组织通过影响村民个体的微观生活领域，以增强和促进组织内部的群体凝聚力。尤其是在梅花拳文场信仰活动方面，他们从来都不是仅凭单一的信仰形式呈现，而是在多元融合中强化整体性，但同时也在乡村梅花拳信仰整体的统合之下，彰显组织个性。村民通过个体、群体的信仰实践而向“神圣”实践靠拢的过程，其实也是“神圣”运作逻辑得以实现的过程。正如杨庆堃所说的“民间宗教发展是以社区的福祉和保护为广泛基础的功能模式”①，民间信仰同样如此。乡村梅花拳的“神圣”实践运作过程，其目的在于为村落公共社区提供群体的保护、福祉等服务。进一步而言，乡村梅花拳组织的“神圣”实践来源主要落实于民众日常生成的村落记忆与生活叙事。村民在村落生活实践过程中赋予其“神圣性”价值和意义，但这种“神圣”实践并不一定完全以真实面貌呈现出来，它是民众日常生活创造的结果之一。

第二，乡村梅花拳组织的“神圣”实践深刻影响着民众的日常生活方式。就乡村梅花拳组织而言，如何对村落内部的“神圣性”传统施加影响并维持连续性无疑是其重点关注的问题。在乡村梅花拳组织内部广为流传的各种“神圣性”叙事则是村落展开“神圣”实践、建构“神圣性”传统的重要素材。比如，村民选择重建村落庙宇时，既遵循着过去围绕村庙形成的“神圣性”叙事题材，也会依据现有生活需要去创造和传播新的“神圣性”故事。而村落“神圣”格局的构建过程，则需要集合“神圣”叙事、“神圣”资本、“神圣”实践等多方面资源才能实现。村民既要为其赋予合理性，也要强化其“神圣性”。这样一套“神圣性”叙事逻辑的演

---

① ［美］杨庆堃著，范丽珠等译：《中国社会中的宗教：宗教的现代社会功能与其历史因素之研究》，上海人民出版社 2006 年版，第 28 页。

绎和实践过程，充分体现出民众日常生活与“神圣性”叙事已紧密嵌套、交织在一起的格局。由此形成的村落“神圣”格局、“神圣”叙事与“神圣”实践，也深刻影响着村民的日常生活。在“神圣”实践的长期影响之下，村落中的家庭个体成员也会深受这种“神圣性”濡染。例如，北杨庄梅花拳弟子刘金永的孙子从小跟着爷爷奶奶生活，对村落梅花拳文场一事并不陌生。每次放假回家时，他都要到爷爷家中供奉的梅花拳“架桌子”前给“老爷爷”上香敬拜。这种朴素的民间信仰意识在他孩童成长阶段不断得到熏陶，转而成为他的信仰生活习惯。在他看来，这是祖辈传承的“信仰”方式，爷爷奶奶也会特意嘱咐他在平时生活中好好做人，认真做事①。而梅花拳文场师傅也通常会以“伺候久了也就有了感情”等话语来教育门内弟子。正是这种生活化的“神圣”叙事和个体信仰实践，构成了北杨庄人独特的信仰生活图景。乡村梅花拳组织参与村落中各种信仰仪式活动时，经由民众的“神圣性”话语叙事，进而生成一种内部阶层关系。村民借助“神圣性”叙事放大乡村梅花拳组织的仪式中心感和生活主体感。在梅花拳武场的拳术表演或者文场师傅的“解事”实践中，都体现出乡村梅花拳组织通过“神圣”实践来影响村民的个体生活方式。

第三，乡村梅花拳组织在“神圣性”与世俗化之间互为支撑，相互依赖。值得注意的是，当今全球化与市场化进程发展迅速，导致城乡人口流动速度加快，传统的乡村梅花拳组织也受到了较大的冲击。就历史变革的进程而言，中国乡村的结构性变革始于20世纪初期。在整整一个世纪的发展过程中，乡村社会变迁始终是中国历史变迁的主体内容，这不仅因为在区位结构中乡村占据绝对的多数，而且因为乡村的生活模式和文化传统从更深层次上代表了中国历史的传统。② 必须承认，乡村梅花拳组织毕竟不

---

① “在我很小的时候就跟着爷爷奶奶在‘架桌子’前磕头。特别是我奶奶，她一辈子行好，经常在‘菩萨会’里给人家帮忙，也给我讲了不少积德行善的故事。小时候爷爷不仅教我练书法，还会嘱咐我做人、做事的规矩。”被访谈人：刘ZM，男，北杨庄村民；访谈人：张兴宇、周连华；访谈时间：2016年8月2日；访谈地点：北杨庄。

② 王先明：《中国近代乡村史研究及展望》，载《近代史研究》2002年第2期。

能占据家庭日常生活的全部，村民平时还是要考虑如何确保稳定的生计来源，它可以为村民获取稳定生活提供组织辅助作用。此时这一组织内部所做的应对方式就是借助传统文化和“神圣性”隐喻实现其价值的象征性置换。实际上，乡村梅花拳组织在地方社会中一度处于被“边缘化”的生存发展状态，主要因为梅花拳在过去无法避免“秘密团体”的组织属性①。梅花拳内部借助“文场领导武场”的组织形式，能够强化普通村民习拳练武时的个体“神圣性”信仰意识。而且，乡村梅花拳组织不仅满足了当地村民的生活安全需要，也为村民提供了社会地位层面的身份认定。大致看来，乡村梅花拳既代表着一种民间武术传统，也象征着一种乡村组织传统，同时也是一种乡土信仰传统。

不可否认的是，乡村梅花拳组织曾在很长一段时期内都处于秘密传承的发展状态，这主要与其以“烧香”敬拜为主的文场信仰习俗有关。对乡村梅花拳组织中的文场弟子来说，他们身上往往背负着两种身份认定：一是普通村民身份，二是信仰组织成员身份，这也可被视为“即圣即俗”的杂糅组织方式。“神圣”与世俗在传统宗教学研究中常被提及，而以村落为基础单位的民众信仰之“俗”，一般被视作村民的功利性信仰行为。但如果摒弃了此类世俗化信仰形式，乡村信仰活动的传承动力必然也将被大大削弱。乡村梅花拳组织的“神圣性”则是在村民的日常信仰实践中获得和体现。“神圣性”与世俗化之间是一种互相支撑的结构关系。乡村梅花拳组织中的“神圣”实践并非全然不顾它的世俗化转换，梅花拳的世俗化有其内部的传承规矩和发展理路。例如，在梅花拳内部流传着许多“神圣性”叙事，这些叙事内容通常会与“国家”“地方”概念相对应，村民尽量使其符合国家和本土的双重社会语境。乡村梅花拳背后的“神圣性”和世俗化逻辑，背后则体现出乡村自治传统的多元文化底色。

---

① “也就是这些年，人的思想比以前开放多了。过去谁敢提梅花拳文场的事情啊，那时候都是‘黑拳’！烧香磕头更是慎之又慎，都是在家里把大门关上，偷偷地烧香，生怕被人发现。都说是个‘教门’啊！其实普通老百姓能怎么样呢，无非都是‘行好’的，求家庭平安无事什么的。”被访谈人：邢 YG，男，北杨庄村民；访谈人：张兴宇、蒋帅；访谈时间：2016 年 4 月 7 日；访谈地点：北杨庄。

四、走向公益：运作村落民意

中国传统乡村社会的公益性建构一般指向于公共秩序和公共道德两个方面。这种公益性实际上与菅丰提出的“共益”概念非常相似，它被认为是自古以来在民间独自发生、发展起来的一种成熟的“社会性”传统①。通过乡村梅花拳文场、武场的运作方式可以看出，这一村落自治组织具有十分鲜明的公益性特征。其主要目的在于，通过走向社区公益的实践逻辑，从而运作村落民意，增强内部认同。

其一，乡村梅花拳组织尤为注重乡村社会的公益性价值观念的推广。一般来说，推行公益通常被视作一种苦行历练与自我牺牲的实践。基层村落自治组织的公益运作往往不被重视，并呈现出分化和断层的倾向。乡村梅花拳组织在推行村落公益观念与实践等方面发挥着积极的作用。例如，北杨庄梅花拳文场师傅通常以“劝人向善”“行好”等价值观念教育门内弟子②。原本仅限于梅花拳门内子弟的“架鼓送殡”习俗衍化为面向全村的公益性生活习俗，也离不开乡村梅花拳组织的公益观念推广。村落公益意味着乡村梅花拳组织自愿向乡村社会提供公共产品或者服务。对乡村梅花拳组织而言，村民学习梅花拳不收费，使用梅花拳谱本也是无偿的。周边村庄的梅花拳弟子遇到问题，他们也会尽力提供帮助。村民外出表演梅花拳时，并不向村民收取任何费用，只需主家提前与梅花拳文场“当家人”打好招呼，确定好表演时间、地点及参与人员即可。值得注意的是，这种乡村公益行为的实施是一种有限度的价值观念，它还与村落社会人际交往中的“互惠”原则紧密相关。至于乡村公益性价值观念的区分和推

① ［日］菅丰撰，陈志勤译：《公益与共益：从日本的“社会性”传统再构成看国家与民众》，载《民俗研究》2016年第6期。

② “都说行好，什么是真正的行好啊？想学坏不过一日，想学好一生学不好。行好不能只看表面，有的老百姓认为烧香就是行好。但如果你一方面拜神烧香，背地里却不做好事。这样的好行得越多，对社会产生的危害越大啊。你真正地做好比行好更重要。你看菩萨会上修的功活，磕头烧香的，这些都只是表面现象，必须要从内心去修炼才行。”被访谈人：邢SB，男，北杨庄村民；访谈人：张兴宇、赵京伟；访谈时间：2016年4月6日；访谈地点：北杨庄。

广，村民内部共享一套认定、评价机制，而在乡村之间也会产生一套交往评价机制。乡村梅花拳组织的义务表演、免费传拳等日常活动都具有明显的公益性特征。

其二，乡村梅花拳组织的公益实践主要依托公共道德和公共秩序来维系。对乡土社会中的普通村民而言，他们的日常生活框架不能只由生计方式组成，村民也维持着一定的精神和价值追求。具体到北杨庄来说，此类诉求在村落生活层面则表现为以“行好”为表征的各种民间信仰活动。例如，北杨庄村民在参与“菩萨会”信仰仪式活动时，义务扎制、装裱“功活”敬奉神灵的过程，同时也是在进行村落公益性信仰实践活动①。而乡村梅花拳文场的“四节气动香火”及日常“一天两时香”等普遍性信仰行为，村民通过为神灵提供敬奉服务，既体现出一种朴素的公益性观念，也涵盖了公益实践的价值追求。乡村梅花拳组织依靠道德观念引导人们“行好”，落实到具体的村落生活之中则会转化为一种“神圣性”价值叙事。从长远来看，村民尽其所能、不计回报地推行公益实践，其实也可以在乡村中获取更多的价值性认可。

当然，村落生计方式与以乡村梅花拳为代表的民间信仰活动的组合，并不能构成村落公益实践运作模式的全部。魏乐博认为，民间信仰组织的规模会影响到它们提供社会产品的能力，而这一信仰组织也具有动员社会资本的能力。乡村梅花拳组织的公益实践背后，其实也是在村落社会运作民意的过程。村民通过这类公益实践活动来建构乡村公共道德秩序。民众在日常生活中总会面临各种事情，借助乡村梅花拳组织的公益实践活动开展，它能够融合村民日常交往的情感纽带，促进村落自治生活方式更加丰富多元。进一步来说，乡村梅花拳组织的公益实践逻辑关乎村落社区民众的切身福祉和公共利益。这种具有明显公益性特征的乡村自治组织，在推行村落公益性实践活动时还存在“公”“私”感并存

① “你说这不都是迷信事啊，神在哪里来，谁也见不着，是不是？但是做这些功活不只是为自己啊。每年我再累我也得出来帮忙，她们一般都不会剪纸，我从小跟着俺奶奶学的。都是行好的事，不能计较付出多少啊。”被访谈人：王 FL，女，北杨庄村民；访谈人：赵京伟；访谈时间：2016 年 8 月 1 日；访谈地点：北杨庄。

的现象。依托村落公共道德和公共秩序所推行的公益实践逻辑指向以下三个维度：一是针对个体或家庭自身的公益性诉求；二是面向家族及村落公共生活的公益性观念；三是在跨村落交往中的公益性意识。而且，乡村梅花拳组织的框架结构在村落社会看似松散，但这并不意味着其开展的乡村公益实践活动所发散的能量有限。相反，这种乡村自治组织的存在和运行，能够激活隐运于乡土的民间自治传统，并巩固、深化乡土民众的日常公益实践活动。一言以蔽之，梅花拳对乡村自治传统所施加的影响主要基于植根乡土、自治生活、“神圣”实践和走向公益四个方面而实现。在乡村自治生活领域，梅花拳与外部世界始终保持着或张或弛的互动联系。

第二节　梅花拳与乡村自治传统的互动结构

钱穆曾言，社会譬如一个庭园，里面有林林总总的花草树木，其中有几百千年的盘根老树，也有移植不到一月几旬的娇嫩芝卉。在同一横断面下，有不同之时间存在。① 相较之，乡村梅花拳在地方社会历史发展的年轮中呈现出不同的时代样貌。对普通村民来说，梅花拳既是一种民间拳术，也是一种信仰对象，还是一种“非遗”文化，它在乡村生活中的具体定位总会伴随着地方社会的变迁进程而不断丰富、更新。在进一步讨论梅花拳与乡村自治传统的互动结构关系问题时，首先要明确梅花拳在村民生活圈子内是处于边缘化还是中心化的定位。很显然，具体到近百年来北杨庄村落梅花拳的发展历程来看，这一乡村自治组织深刻影响着村落经济、政治、文化、社会等各个领域，并且展示出一种“边缘—中心—边缘”型的螺旋式发展结构。实际上，乡民将“玩拳”“行好”等行为与乡村自治生活实践有机结合，梅花拳已成为当地乡村生活文化传统的重要组成部分。

---

① 钱穆：《中国历史研究法》，生活·读书·新知三联书店2001年版，第52页。

一、武术之本：梅花拳的角色担当

归根结底，梅花拳是一门植根于乡土的传统武术项目。在中国传统农业社会，梅花拳的本质属性是作为一种乡土武术而存在。对村民而言，习武既能够强身健体、防身自卫，还能习得一技之长。过去北杨庄村民普遍参与习练梅花拳的目的相对单纯，主要原因在于它是村民冬季农闲时的娱乐选择之一。当然这也得益于村落梅花拳文场、武场师傅的长期不断推广。在过去，当村落中的练拳人数达到一定规模时，它还能充当村庄保卫的重要角色。虽然按照梅花拳门内规矩并不允许梅花拳弟子参与保镖护院，但这种乡土功夫本身就具有一定的群体威慑力。尤其是在传统小农经济社会体系内，由乡村梅花拳建立起来的自治组织团体，即便它在村民日常生活中可能并不经常用到，但仍属于一股隐性的民间互助力量。

乡村梅花拳武场师傅在传拳授艺时，通常将其组织的练拳活动称之为“玩拳”。毫无疑问，对参与习武活动的普通村民来说，个人兴趣是支撑村民坚持习练梅花拳武术的关键因素。在过去，虽然北杨庄村民每年组织练拳的地点并不固定，拳场条件也相对简陋，但这并没有妨碍村民练拳、传拳的热情和动力。北杨庄能够成为广宗地区著名的梅花拳村，并形成了特色鲜明的村落武术传统，这必然与村民们长期以来培育出的对梅花拳的情感密不可分。北杨庄流传着一句“三十年河东转河西”的民间俗语，梅花拳在当下村落社会同样面临着后继无人的传承困境，村民也正被这种时代性“焦虑”所困扰。村落内老一辈梅花拳拳师随着年龄的增长逐渐退出，新生代梅花拳弟子如何接续村落习武传统是一个十分尖锐的问题①。值得注意的是，村民因练拳习武滋生的“义务感”也是维系乡村梅花拳组织不断发展的动力。这种维护村落武术传统的“义务感”落实到村落日常生活中，主要表现为梅花拳武场师傅的“义务传拳”行为和文场师傅的“义务

① “现在学拳的年轻人越来越少了，你想往外传都没人愿意学。现在家里的孩子少，很多小孩子不愿意吃苦练这个。除了上体育课能学一些，真正能坚持下来的更是少之又少了。”被访谈人：王 SX，男，北杨庄村民；访谈人：张兴宇；访谈时间：2016 年 8 月 2 日；访谈地点：北杨庄。

传道”之举，二者共同构成了乡村梅花拳组织在村落自治生活领域的角色担当。

二、生存策略：梅花拳的辅助功能

一定意义上看，中国乡土社会是传统农业文明的缩影，它与长期以来农耕文明孕育而成的乡土生计方式紧密结合，具有独特的社会结构、权力框架和人际关系网络。李怀印认为，单单是遵从社群准则的道义责任，或者是自利的理性算计，都不能解释农民的行为和乡村的凝聚性。对大多数村民而言，遵守惯例应该被视为维持其生计的最佳策略，而不仅仅是村社准则和价值内在化的结果。① 目前来说，传统乡土文化得以发展的土壤、载体和空间均已发生较大变化，其创造与传承的主体也随着社会环境的变迁而不断更新。由此造成的后果是，传统乡土文化在村落社会中面临着断裂、边缘化的倾向。具体到乡村梅花拳而言，它在村落社会长期存在和发展的过程，始终没有脱离以生计方式作为传承基础的底线。乡村梅花拳组织是一个以男性自愿结社为典型特征的民间互助群体。在此基础上构建的村落社会关系网络，影响着村民的日常生活方式。过去北杨庄村民习拳练武，梅花拳在其中发挥着村庄防卫的实际功能。

其实对村民个体来说，他们长期参与习练梅花拳的过程，也与村落日常生计方式有着密不可分的关系。如前所述，北杨庄在20世纪80年代以前曾经果林遍地。当村民出外售卖水果时，他们平时练就的一身梅花拳功夫能够帮助他们应付在外地可能发生的各种问题。而梅花拳弟子之间形成的跨村落关系网络，在必要时也能为村民提供应急服务。进入90年代以后，北杨庄村民曾以加工蜜枣、粉条生意作为生计来源的主业。这一生计方式最早是由梅花拳弟子从邻村杜家庄引入，并随着乡村梅花拳网络在村落中不断传播开来。梅花拳弟子借助乡村梅花拳组织实现了一定程度上的“信息共享”。这种能够增加村民日常生计收入的经

---

① ［美］李怀印著，岁有生、王士皓译：《华北村治：晚清和民国时期的国家与乡村》，中华书局2008年版，第17页。

济信息并不限于梅花拳弟子之间使用，它有时也面向村落其他民众传播，体现出明显的共享性。近几年，北杨庄村民从外地引入了金银花和油葵种植技术，当初正是由该村梅花拳文场师傅从广宗县前魏村习得。借助乡村梅花拳组织的特殊关系，前魏村最早从巨鹿县梅花拳弟子家中引入油葵种植技术，后来又从前魏村传到北杨庄。可见村民之间通过这种乡村自治组织互相帮扶，对于实现村民增收、带动村落经济发展等方面起到了重要的促进作用。

乡村梅花拳组织在地方社会中还发挥着调剂村落农业生态的功能。虽然北杨庄村民目前已经普遍解决了温饱问题，但他们暂时仍无法完全摆脱"靠天吃饭"的农事劳作传统。温铁军认为，农村改革过程中，对农业稳定性起主要影响的内部因素，是小农在市场经济的压力下逐渐从追求生存和温饱为目标转向追求收入最大化目标。[①] 当地村民极为关心日常天气变化情况，因为这直接影响到村民当年的农业收入水平。因此，村民日常收入来源只是处于相对稳定状态，并没有充分的保障。北杨庄地处广宗县百里沙带之上，春夏之际缺水严重。每到干旱年份，农田里的水源供给问题成为当地村民的"心头大患"。村民一方面在地方政府的帮助下打井修渠，增加水源供给；另一方面，村民也会在北杨庄梅花拳组织的指导下诉诸乡村信仰实践活动。祈求风调雨顺、五谷丰登是北杨庄人组织各种乡村公共信仰仪式活动时最为普遍的信仰诉求。当然，老天是否降雨远非村民自身所能控制和左右，在一定程度上他们只能"听天由命"。如果村民在举行祈雨仪式后果然下雨，那么这种"灵验"事件可能会促使他们产生持续不断的信仰动力。如果并不灵验，村民其实也无可奈何，乡村梅花拳组织在其中主要发挥着心理疏导作用。另外，在北杨庄，梅花拳文场师傅可以通过查看"香礼"预测当年天气情况，这恰好为村民提供了一种心理"安慰剂"。例如在夏季时，村民担心遇到下雨天气可能会影响西瓜销售。此时梅花拳文场弟子在家中日常敬奉"老爷爷"时则会祈求老天

① 温铁军：《中国农村基本经济制度研究》，中国经济出版社 2000 年版，第 13 页。

不要降雨。当然，无论降雨与否，梅花拳文场师傅一般会将天气变化的影响归结于村民个体的日常修为。如此看来，梅花拳既是乡民满足日常生存策略的一种辅助补充，其实也是乡村农事劳作系统中不可或缺的一部分。

三、信仰诉求：梅花拳的关键动力

在乡村梅花拳组织内部，以“烧香磕头”为表征的文场信仰活动始终是传统梅花拳研究中不可回避的重要论题。乡村梅花拳在过去长期被定义为“黑拳”，并一度被列入“封建会道门”组织名录，这与其在组织信仰活动时的秘密团体倾向有关。濮文起认为，在清朝王伦清水教起义之前梅花拳就已逐渐宗教化，拳民在练拳的同时也念咒诵经，烧香拜佛。① 可见梅花拳的民间信仰传统久已有之。诚然，乡村梅花拳组织作为一种信仰群体而存在，但它更是乡土村落中一种普通的男性互助组织形式。与过去华北村落中流行的看青会、水利会等自治组织类型相比，它们本质上并无太多差异，都是基于村民日常生活需求而设立的乡村自治组织。弗里德曼在其东南宗族组织研究中曾指出，由地方宗族组成的社区一开始是地域群体和亲属群体。“秘密会社”不仅无视宗族组织，而且往往会在分化的宗族中划分界限，将富人和有地位者与穷人和贫弱者区分开来。② 北杨庄村落梅花拳组织则出现了与弗里德曼所述完全相悖的情形。北杨庄梅花拳文场最初正是依靠邢氏家族的秘密传播方式在村落中得以发展。这些家户也因“架桌子”的设立时间最早，被村民认定为该村梅花拳的“老门口”。而且，北杨庄人主要依据梅花拳文场弟子的“天地君亲师”信仰对象来判定梅花拳的组织群体属性。

实际上，乡村梅花拳的文场信仰方式与村中普遍存在的“菩萨会”信仰活动较为相似。它们只是在具体信仰对象、仪式流程等方面存在差异，

---

① 濮文起：《秘密教门——中国民间秘密宗教溯源》，江苏人民出版社 2000 年版，第 324 页。

② ［英］莫里斯·弗里德曼著，刘晓春译：《中国东南的宗族组织》，上海人民出版社 2000 年版，第 104、151 页。

但均可被视为一种在地化的村落信仰群体。在林惠祥看来：“秘密结社之所以为秘密是因为其拒绝会外的人，但结社的秘密性也不是绝对存在的，有些结社并不秘密。”① 就信仰属性而言，乡村梅花拳群体是一种以“天地君亲师”敬拜为载体的村落信仰组织。它通过被赋予了“秘密性”“神圣性”的梅花拳文场信仰活动，对村民日常信仰生活施加影响。但乡村梅花拳文场对普通村民并不是完全封闭的，而是呈现出包容并济的传播特征。当村民遇到“虚病”找到梅花拳文场师傅帮忙时，梅花拳文场师傅通常会欣然应允。梅花拳文场师傅在日常生活中对武场的有序管理，也需要借助信仰力量的支撑。他们通过制造和传播与梅花拳相关的“神圣性”叙事，并参与组织各类乡村公共信仰仪式活动，将梅花拳的信仰实践充分渗透至乡村自治生活传统之中。

四、组织网络：梅花拳的认同机制

内山雅生认为：“在多重社会体制转换过程中磨炼出来的中国农民的顽强性格和他们所坚持的实现互相间的结合或团结的道理，也许是正向市场经济迈进的现代中国农村发展的支柱。”② 从近现代乡村梅花拳组织的传承发展历程来看，这一组织群体基于某些共同的诉求、目标相互联结，并在地方村落建构了“亲人—熟人—陌生人”的社会交往网络。具体而言，依托亲人、熟人与陌生人三者之间的互动结构关系，是乡村梅花拳组织展开日常生活运作的主要路径。其中，亲人以传统家庭的血缘和姻缘的亲属关系为基础而建立。例如，早年间虽然北杨庄梅花拳武场练拳活动面向全体村民，但文场知识最初只允许在邢氏家族内部传播，直至后来才逐渐借助姻亲关系向村内王氏、刘氏等其他家族拓展。熟人是以地缘关系为联结纽带，它通过地理实体范围进行界定。近至街坊邻居，远至周边村落，村

① 林惠祥还指出，秘密结社流行于很多民族，如美拉尼西亚、新几内亚、印度尼西亚东部、非洲西部、北美洲、澳洲等处都存在，文明社会如美国、欧洲、中国也都有。林惠祥：《文化人类学》，商务印书馆 1996 年版，第 182 ~ 183 页。

② ［日］内山雅生著，李恩民、邢丽荃译：《二十世纪华北农村社会经济研究》，中国社会科学出版社 2001 年版，第 317 ~ 318 页。

民多数都是在一个距离有限的地理实体范围内组建日常生活圈子。乡村梅花拳组织的武场传艺及文场传道行为，通常基于这种熟人关系不断往外传播。陌生人则是指处于乡村日常生活边界之外的人群。这一类人群既可能是来自外地的梅花拳门内弟子，也有可能只是普通陌生人。因此，按照梅花拳门内身份认定的传统规矩可以迅速判断出陌生人的“底细”，从而决定是否与其进一步交往。

需要指出的是，乡村梅花拳组织构建的“亲人—熟人—陌生人”的社会交往框架之间可以互相转化。《直隶风土调查录》一书中曾记载，广宗人情“朴实勤俭，向颇闭塞，现已渐即开明”①。实际上，当地村民一直保有着特殊的乡土智慧。具体到乡村梅花拳文场和武场的制衡关系处理过程中，村民主要借助一系列民间规矩和“神圣性”叙事来保证乡村梅花拳组织的稳定、持续发展②。例如，梅花拳内部讲究“子不拜父为师”的传统规矩，即将亲人关系向陌生人关系转化；而梅花拳弟子之间互称“父子爷们”，在日常生活中营造一种亲属关系，则是将熟人关系向亲人关系靠拢；对于外来的陌生梅花拳弟子，他们在通过身份认定后又可逐渐发展为一种熟人关系。虽然北杨庄梅花拳弟子与外来陌生人打交道的时间、次数总是有限，但这并不妨碍他们与外来陌生人建立一种类似熟人甚至亲人般的交往关系。当然，在北杨庄人看来，乡村梅花拳组织中的熟人之间还要尽量保持一定的“陌生人”关系。因为如果组织成员之间的关系过于紧密，一旦由于某些事件发生裂痕，双方可能造成更大的矛盾纠纷。尽管如此，村民在日常生活中也难免发生各类问题，这种村落交往框架只是乡村梅花拳组织的一种“理想型”结构模式。而且，乡村梅花拳组织中文场、武场负责人作为该组织维持正常自治运作的核心管理层，他们之间的制衡关系状况直接影响着乡村梅花拳组织的团结性和凝聚力。

---

① 直隶省视学编：《直隶风土调查录》，上海商务印书馆 1915 年版，第 162 页。

② “这个梅花拳的文场、武场就和家庭过日子一样。你是娘们，我是爷们。你主内，我主外，内场的你招呼着，外场的我招呼，谁也离不开谁。”被访谈人：邢 SB；访谈人：张兴宇、蒋帅；访谈时间：2015 年 8 月 13 日；访谈地点：北杨庄。

五、文化传统：梅花拳的乡土使命

一般而言，乡村文化传统的发展、传承过程并不是孤立存在的，它有赖于整个村落社会系统的平衡和稳定。村落梅花拳作为中国传统乡民艺术形式之一，内含着丰富的乡土文化意蕴。换言之，作为民间文化传统代表的乡村梅花拳，如果脱离了民众创造主体，抑或失去了乡土社会的根基，它将游离于民众日常生活之外，并丧失其积淀已久的民间传承动力。丁荷生曾指出，在中国历史上，每个时期和地区，囿于不同的文化氛围和权力机制，各自有独特的宗教仪式传统。这些文化氛围和权力机制，是为了让每一个人得到一种身份认同而发展起来的。① 乡村梅花拳在村落社会中衍生了一套信仰仪式传统，也是村落成员获得身份认同的重要符号标志。2006 年，广宗县梅花拳成功申报为国家级非物质文化遗产，梅花拳作为地方村落中的一种民间文化得到国家的政策性肯定。这一拳术也终于从过去的“黑拳”获得了合法性身份，这成为其在当下村落社会进一步传承发展的“尚方宝剑”。如今乡村梅花拳通常被视为一种民间传统武术文化，并在各种地方节庆活动中轮番展演。由乡民创建的民间文化传统本身就是一个整体系统，它从乡村日常生活中传承，并在吸收群体智慧的过程中向民众输出乡土文化价值观。乡村梅花拳组织的文化特性意味着它能够在乡村自治生活领域发挥教化功能。

道格拉斯认为：“任何文化都是一系列相关的结构。它包括社会形态、价值观念、宇宙哲学和整体知识体系。通过它们，所有的经验都能得到调和。”② 梅花拳所具备的文化教化功能，则意味着它面向乡村自治生活的整体领域有了更高的道德价值追求。例如，引导村民习练梅花拳拳术是普及梅花拳武场知识的主要方式。梅花拳武场师傅在传拳授艺的过程中，尤其强调武德的重要性，其实也是在进行一种乡土文化道德价值观的教化。而相对于

---

① ［加］卜正民、［加］傅尧乐主编，张晓涵译：《国家与社会》，中央编译出版社 2014 年版，第 159 页。

② ［英］道格拉斯著，黄剑波、卢忱、柳博赟译：《洁净与危险》，民族出版社 2008 年版，第 159 页。

梅花拳武场的道德教化而言，乡村梅花拳文场的教化知识则更加丰富。在梅花拳内部，秘密流传着大量拳谱、经卷（《皇笈宝卷》《通天宝卷》《万法归宗》《根源经》等）、"香礼"（《百字大法》等）等民间文献资料，文场师傅借助此类资料教育门内弟子积德行善，并在乡村日常生活中作出表率。在马林诺夫斯基看来："文化根本是一种'手段性'的现实，为满足人类需要而存在，其所取的方式却远胜于一切对于环境的直接适应。而且，文化在满足人类的需要当中，创造了新的需要。"① 而在乡村梅花拳组织中流传的这些民间典籍，本身就蕴含着丰富的传统文化意涵。村民作为传承梅花拳这门乡民艺术活动的主体，他们已经在乡村社会发展过程中积累了丰富的文化性经验。过去北杨庄梅花拳弟子在"义和团运动""抗日救国""缴纳公粮""计划生育"等不同领域，都曾积极热心参与其中。如今面临乡村社会道德感的滑落等现实问题，梅花拳文场师傅通常也在日常生活中给村民灌输"孝顺""懂礼""担当"等传统文化价值观念，由此产生的道德教化观念逐渐衍化为当地民众日用而不知的乡村历史记忆与民间文化传统。

总之，纵观河北广宗一带乡村梅花拳近百年来的发展历程，以北杨庄梅花拳为代表的乡村自治组织，形成了显隐兼具、层次分明的乡土文化景观。这种乡民艺术贯穿于民众的日常生活之中，背后蕴藏着深厚的民俗运作逻辑，呈现出鲜明的村落文化张力。与张士闪在"小章竹马"研究中的发现相类似，这种乡民艺术表演的动机倾向于一种对内彰显权威与秩序、向外展示自己的传统文化、维护既定村落形象的习惯性力量②。可以说，乡村梅花拳与村落武术、生计、信仰、组织、文化等不同层面的艺术化勾连，村民将"玩拳"与自治行为有机结合，不仅使得梅花拳成为民众日常生活方式的一部分，而且对乡村社会的民俗文化传统产生了持久影响。

---

① ［英］马林诺夫斯基著，费孝通译：《文化论》，华夏出版社 2002 年版，第 99 ~ 100 页。

② 张士闪：《乡民艺术的文化解读——鲁中四村考察》，山东人民出版社 2005 年版，第 101 ~ 102 页。

余　论

一、“秘密社会”的秘密

“山东的小张来了！”近几年每当我从山东奔赴河北展开田野调查时，消息总是不胫而走。一般用不了多久，北杨庄梅花拳弟子之间便知晓了这条不大不小的村落“新闻”。通常在白天忙完农活之后，一吃过晚饭，这些村民会聚集到我临时居住的梅花拳家户中，不时询问我本次调查的目的和主题。尽管之前已有来自山东的老一辈梅花拳研究者牵线搭桥并与村民们建立了不错的“田野关系”，但面对我这位初来乍到的“新人”时，村民一开始的防备心理依旧很重。直至第四次我再去北杨庄进行调查，晚上与招待我的梅花拳弟子闲聊时才听他解释道：

> 梅花拳里面的这些东西，咱轻易一般不敢露。除非咱们都知根知底了，才会互相交流一下。一来对外人总要有个防备心理，害人之心不可有，防人之心不可无嘛！二来咱们梅花拳有自己的规矩，不是说你想看就能看，有些事情得向“老爷爷”请示。①

诚然，北杨庄梅花拳弟子对外人保持的“警觉性”就是这类乡村梅花拳组织“自密化”的典型表现。换言之，进行田野调查的过程中，调查双方只有建立了相当稳固的“田野关系”，调查者才有可能获取比较可靠的民间文献资料。实际上，相较于乡村梅花拳武场拳术的开放属性，北杨庄梅花拳文场的内部知识对外来人通常是处于封闭或秘密状态。即便面对乡村中的普通民众，他们也多采用“陌生化”“神秘化”等处理方式来强化乡村梅花拳组织的秘密属性。

---

① 被访谈人：邢 SE，男，北杨庄村民；访谈人：张兴宇；访谈时间：2015 年 4 月 7 日；访谈地点：北杨庄。

对于中国传统乡土社会中存在的这一类民间组织，学界以往通常采用“秘密结社”“秘密会党”“秘密社会”等概念加以研究。英国人类学家拉德克利夫·布朗早就注意到中国社会的“秘密结社”传统，他曾对中国乡村生活社会学调查提出建议：“一般乡村组织和有特殊目的的组织（如青苗会、庙会、行会等）均系形成结构的重要因素。那里如有秘密结社存在，也不妨加以研究，虽然这些是显然的不易研究的组织。”① 历史学者王大为则采用“秘密会党”概念来解释民间组织的社会结构与文化功能。他认为“秘密会党”是那些生活在社会边缘、为了在一个充满危险与竞争的社会中寻求互相保护与互相帮助的人所创立的非正式的民间组织。② 最近也有学者指出，晚清以来席卷中国的民间信仰团体一直是本土学界未能充分展开讨论的一个话题，一方面有其意识形态上的约束，比如民间信仰组织长期被称为“会道门”、秘密教派、秘密结社等；另一方面也有是否可以视其为宗教以及用何种方法来研究的纠结。③

由此可见，解读“秘密社会”内部的秘密运作机制正是诸多研究者的兴趣所在。科大卫曾指出，“秘密社会”最大的秘密就是没有秘密。从本质上来说，乡村梅花拳在过去属于“秘密社会”的组织形式之一。不过需要厘清的问题是，此处所谓的“秘密社会”，大致内涵包括两个方面：一是组织内部为应对外部世界而被动建立的“秘密”社会情境；二是组织面向内部成员的主动“自密化”行为。乡村梅花拳组织实际上集中糅合了这两层含义。例如，虽然梅花拳文、武两场的设置方式在其组织内部是一种普遍性存在，梅花拳弟子在乡村日常生活中热衷于以“拳”说事，以“拳”讲理，练拳的武场师傅却未必比文场师傅的社会地位高出多少，其主要原因就在于梅花拳文场师傅与“天地君亲师”的祖师爷信仰相连接。

---

① ［英］拉德克利夫·布朗著，夏建中译：《社会人类学方法》，华夏出版社2002年版，第184页。

② ［加］王大为著，刘平译：《兄弟结拜与秘密会党：一种传统的形成》，商务印书馆2009年版，第2页。

③ 伍婷婷、郑少雄：《教分各地？——民间教派的宗教人类学视角》，载《读书》2018年第2期。

这种信仰机制又和所谓秘密甚至是神秘的信仰力量发生联系，它也是乡村梅花拳内在传承的重要推动力。实如麦高温所言："中国农民是真正的硬汉子，这尤其表现在解决生计问题方面，为了生计，他们不得不进行艰难的抗争。"① 从近现代广宗地方社会发展进程来看，乡村梅花拳始终在坚持不懈地为其自身寻找合适的村落"生计"方式。而且，"秘密社会"与乡村自治传统并不矛盾，自治生活领域也并非意味着完全公开。因此，这种秘密化、"神圣化"的村落语境营造其实也是乡村梅花拳组织长期以来面对地方社会自发生成的一种惯性保护机制。

二、乡民"想象"的生活文化传统

必须承认，本研究所涉及的梅花拳与乡村自治传统，可能对以北杨庄为代表的乡间村落影响更为深刻。尽管河北广宗一带是乡村梅花拳组织比较活跃的地区，但梅花拳对村落的影响力量并不是一种均质化的呈现。为什么梅花拳在不同乡村地区所发挥的功能、作用不尽相同？一定程度上看，梅花拳是超越乡土社会而存在的，它甚至与更广泛的外部世界发生联系——一方面可能是具有实质层次的关联，另一方面也可能是偶然性或特殊性的联系。对乡民而言，他们或许正是通过这种与外部世界"想象"中的联系来建构乡村生活文化传统。值得注意的是，"玩拳"与"行好"是乡村梅花拳组织在村落日常生活中的基础自治运作逻辑，这一组织有时也会利用外部力量来整合乡村内部生活。在埃德蒙·利奇看来："当我们用象征把一类事物或行为与另一类事物或行为区别开来时，就是在某一'自然'连续的领域之中，创造一些人为的界限。"② 梅花拳作为一种土生土长的"庄稼拳"，过去它在乡村中是普通村民闲暇娱乐时的选择之一。而"玩拳"既可被视为拳场上的武功技法切磋，在当下也表现出梅花拳这一乡民艺术典型的游艺性色彩；"行好"则可被看作乡村梅花拳文场信仰实

---

① ［英］麦高温著，朱涛、倪静译：《中国人生活的明与暗》，中华书局2006年版，第251页。

② ［英］埃德蒙·利奇著，卢德平译：《文化与交流》，华夏出版社1991年版，第88页。

践的核心表征，在一定程度上塑造了乡村内部丰富多样的传统信仰景观。当然，“玩拳”与“行好”的逻辑背后其实彰显着乡村梅花拳文场和武场组织之间的一种制衡结构关系。正如赵世瑜将民俗学定义为一门研究民众生活文化动态传承的学问，生活与文化传承都是以人为主体[①]。当地乡民作为乡村梅花拳的传承主体成员，他们在日常生活中借助武场传艺、文场立架等传统方式与乡村公共生活领域相联结，同时也会借用乡村“神圣化”叙事和“灵验”实践活动来强化民众的日常信仰意识。但是，乡村梅花拳文场、武场在村落日常生活中并不总是处于和谐一致的状态，我们不应忽视二者之间存在的结构性紧张。梅花拳组织内部一般会引入“分”与“合”的自治运作逻辑去平衡彼此日常可能发生的各种问题。无论是隐形的纠纷，还是公开的摩擦，双方在梅花拳武场“玩拳”与文场“行好”之间都充满着丰富的制衡张力。

在中国传统乡土社会，生活在同一村落的农户，除血缘宗族组织之外，村民还会基于日常生活需要成立各种自愿（自治）组织。而在实际生活中，以信仰活动为中心的会社、以办理差务为主要职责的公会和以看护庄稼为主要目的的经济协作组织之间并无绝对界限，许多村庄往往以一种组织为主要形式而兼具多种职能[②]。简言之，此类在乡土社会中运行的民间结社团体，其实也是村民基于互助需求而建立的乡村自治组织形式。具体到乡村梅花拳组织而言，它仍遵循着传统村落社会的互助自治逻辑，并孕育了具有地域特征的生活民俗文化。进一步说来，这种看似平淡的乡村民俗文化传统并非无章可循，乡村梅花拳组织与村落生计方式、仪式信仰、家族组织及乡艺文化等因素密切相连，也是其与村落社会不断磋商、渗透、融合的结果。

如今再回到导言中那位司机师傅的“调查梅花拳有什么用”之问，不难发现，乡村梅花拳组织于不同社会历史时段所扮演的角色深刻影响着它

---

① 赵世瑜：《民俗学的人文学学科特征》，载《民俗研究》2011 年第 4 期。

② 从翰香主编：《近代冀鲁豫乡村》，中国社会科学出版社 1995 年版，第 85、100 ~ 101 页。

在村落社会的实际效用。史华慈认为，在中国社会，精英文化与民间文化并非同一种文化的两种版本，它们也不必然地呈现出平行并列的关系，它们之间的关系是两个既相互影响但又相对分离的领域之间动态张力的互动关系。① 无论是梅花拳内部“天地君亲师”的文场信仰实践，抑或是“五要五不要”的武场习拳规矩，都体现出乡村梅花拳组织在村落社会中探求着更高层次的价值观念。对普通乡民而言，他们从未停止过对村落梅花拳这一乡民艺术的主动调适甚至改造，并在此自治逻辑基础上形塑、建构乡民头脑中“想象”的生活文化传统。而这种动态的民俗生活方式，正是本研究的初衷所在。

① ［美］本杰明·史华慈著，程钢译：《古代中国的思想世界》，江苏人民出版社 2014 年版，第 547 页。

主要参考文献

一、中文类参考文献

（一）地方文献

1. 〔明〕万历二十六年《广宗县志》。

2. 〔清〕康熙三十二年《广宗县志》。

3. 直隶省视学编:《直隶风土调查录》，上海：商务印书馆，民国四年(1915)。

4. 姜楹荣修，韩敏修等纂:《广宗县志》，台湾：成文出版社，1969 年。

5. 致远:《冀南农村状况》,《国讯》1935 年第 114 期。

6. 吕迪吉:《冀南农民生活》,《县乡自治》1936 年第 2 期。

7. 姚烽:《冀南农村里的妇人》,《星华》1937 年革新第 6 号。

8. 广宗县地名办公室编:《广宗县地名志》，邢台印刷厂，1984 年。

9. 广宗县政协委员会主编:《广宗文史资料》（第 1 辑），广宗县政协委员会，1990 年。

10. 中华人民共和国民政部、中华人民共和国建设部主编:《中国县情大全·华北卷》，北京：中国社会出版社，1992 年。

11. 萧玉雄主编:《邢台地区水利志》，石家庄：河北科学技术出版社，1992 年。

12. 广宗县政协文史资料委员会编:《广宗文史资料》（第 3 辑），广宗县政协委员会，1996 年。

13. 崔乃夫主编：《中华人民共和国地名大词典》，北京：商务印书馆，1998 年。

14. 广宗县地方志编纂委员会编：《广宗县志》，北京：方志出版社，1999 年。

15. 《广宗县旧志校注》委员会编：《广宗县旧志校注》，2001 年。

16. 广宗县政协委员会编：《广宗文史资料专集》（第 5 辑），北京：中国文史出版社，2007 年。

17. 燕子杰、李云豪、翁正茂编：《梅花拳文理武功传承保护广宗论坛文集》（文史资料特辑 · 6），北京：中国文史出版社，2009 年。

18. 甘振波编：《河北历史地名集》，北京：中国文史出版社，2013 年。

19. 广宗县地方志编纂委员会编：《广宗县志》，石家庄：河北人民出版社，2015 年。

20. 山东大学民俗学研究所编：《百脉泉 · 冀南广宗四村打醮梅花拳调查专辑》，第 20 期，2015 年 5 月。

21. 〔清〕杨炳：《习武序》，清乾隆七年（北杨庄村民邢尚娥藏）。

22. 《根源经》（北杨庄村民邢尚娥藏）。

23. 《梅花拳“香礼”百字大法》（北杨庄村民王奇亮藏）。

24. 《北杨庄大架梅花拳十九势》（北杨庄村民刘金亮藏）。

25. 《立架文》（北杨庄村民王奇亮藏）。

26. 《动香火文》（北杨庄村民王奇亮藏）。

（二）专著类

1. ［日］旗田巍著：《中国村落与共同体理论》，东京：岩波书店，1973 年。

2. ［美］欧文 · 戈夫曼著：《日常生活中的自我呈现》，黄爱华、冯刚译，杭州：浙江人民出版社，1989 年。

3. ［英］伯特兰 · 罗素著：《权威与个人》，肖巍译，北京：中国社会科学出版社，1990 年。

4. ［英］埃德蒙 · 利奇著：《文化与交流》，卢德平译，北京：华夏出版社，1991 年。

5. ［美］欧大年著：《中国民间宗教教派研究》，刘心勇等译，上海：上海古籍出版社，1993 年。

6. ［德］鲁道夫·奥托著：《论“神圣”》，成穷、周邦宪译，成都：四川人民出版社，1995 年。

7. ［美］杜赞奇著：《文化、权力与国家——1900—1942 年的华北农村》，王福明译，南京：江苏人民出版社，1996 年。

8. ［英］王斯福主编：《乡土社会的秩序、公正与权威》，北京：中国政法大学出版社，1997 年。

9. ［美］露丝·本尼迪克特著：《文化模式》，王炜等译，北京：生活·读书·新知三联书店，1988 年。

10. ［美］明恩溥著：《中国乡村生活》，午晴、唐军译，北京：时事出版社，1998 年。

11. ［德］马克斯·韦伯著：《经济、诸社会领域及权力》，李强译，北京：生活·读书·新知三联书店，1998 年。

12. ［法］爱弥儿·涂尔干著：《宗教生活的基本形式》，渠东、汲喆译，上海：上海人民出版社，1999 年。

13. ［美］马若孟著：《中国农民经济：河北和山东的农民发展，1890—1949》，史建云译，南京：江苏人民出版社，1999 年。

14. ［美］克利福德·格尔兹著：《文化的解释》，纳日碧力戈等译，上海：上海人民出版社，1999 年。

15. ［美］克利福德·吉尔兹著：《地方性知识：阐释人类学论文集》，王海龙、张家瑄译，北京：中央编译出版社，2000 年。

16. ［英］莫里斯·弗里德曼著：《中国东南的宗族组织》，刘晓春译，上海：上海人民出版社，2000 年。

17. ［法］涂尔干、［法］莫斯著：《原始分类》，汲喆译，上海：上海人民出版社，2000 年。

18. ［日］内山雅生著：《二十世纪华北农村社会经济研究》，李恩民、邢丽荃译，北京：中国社会科学出版社，2001 年。

19. ［法］莫里斯·哈布瓦赫著：《论集体记忆》，毕然、郭金华译，上海：上海人民出版社，2002 年。

20. ［英］马林诺夫斯基著：《文化论》，费孝通译，北京：华夏出版社，2002 年。

21. ［美］弗里曼等著：《中国乡村，社会主义国家》，陶鹤山译，北京：社会科学文献出版社，2002 年。

22. ［英］拉德克利夫·布朗著：《社会人类学方法》，夏建中译，北京：华夏出版社，2002 年。

23. ［美］黄树民著：《林村的故事：1949 年后的中国农村变革》，素兰、纳日碧力戈译，北京：生活·读书·新知三联书店，2002 年。

24. ［美］奈杰尔·巴利著：《天真的人类学家——小泥屋笔记》，何颖怡译，上海：上海人民出版社，2003 年。

25. ［美］周锡瑞著：《义和团运动的起源》，张俊义、王栋译，南京：江苏人民出版社，2005 年。

26. ［美］柯文著：《历史三调：作为事件、经历和神话的义和团》，杜继东译，南京：江苏人民出版社，2005 年。

27. ［美］杨庆堃著：《中国社会中的宗教：宗教的现代社会功能与其历史因素之研究》，范丽珠等译，上海：上海人民出版社，2006 年。

28. ［英］特纳著：《象征之林：恩登布人仪式散论》，赵玉燕等译，北京：商务印书馆，2006 年。

29. ［英］麦高温著：《中国人生活的明与暗》，朱涛、倪静译，北京：中华书局，2006 年。

30. ［美］韦思谛编：《中国大众宗教》，陈仲丹译，南京：江苏人民出版社，2006 年。

31. ［日］佐藤公彦著：《义和团的起源及其运动》，宋军等译，北京：中国社会科学出版社，2007 年。

32. ［美］詹姆斯·斯科特著：《弱者的武器》，郑广怀等译，南京：译林出版社，2007 年。

33. ［美］李怀印著：《华北村治：晚清和民国时期的国家与乡村》，

岁有生、王士皓译，北京：中华书局，2008年。

34. ［英］王斯福著：《帝国的隐喻：中国民间宗教》，赵旭东译，南京：江苏人民出版社，2008年。

35. ［英］道格拉斯著：《洁净与危险》，黄剑波、卢忱、柳博赟译，北京：民族出版社，2008年。

36. ［德］马克斯·韦伯著：《世界宗教的经济伦理·儒教与道教》，王容芬译，桂林：广西师范大学出版社，2008年。

37. ［美］杨美惠著：《礼物、关系学与国家：中国人际关系与主体性建构》，赵旭东、孙珉译，南京：江苏人民出版社，2009年。

38. ［美］韩书瑞、罗友枝著：《十八世纪中国社会》，陈仲丹译，南京：江苏人民出版社，2009年。

39. ［法］葛兰言著：《中国人的宗教信仰》，程门译，贵阳：贵州人民出版社，2010年。

40. ［德］狄德满著：《华北的暴力和恐慌——义和团运动前夕基督教传播和社会冲突》，崔华杰译，南京：江苏人民出版社，2011年。

41. ［美］葛学溥著：《华南的乡村生活：广东凤凰村的家族主义社会学研究》，周大鸣译，北京：知识产权出版社，2011年。

42. ［美］芮德菲尔德著：《农民社会与文化：人类学对文明的一种诠释》，王莹译，北京：中国社会科学出版社，2013年。

43. ［美］爱德华·希尔斯著：《论传统》，傅铿、吕乐译，上海：上海人民出版社，2014年。

44. ［挪威］费雷德里克·巴斯主编：《族群与边界——文化差异下的社会组织》，李丽琴译，北京：商务印书馆，2014年。

45. ［美］武雅士著：《中国社会中的宗教与仪式》，彭泽安、邵铁峰译，南京：江苏人民出版社，2014年。

46. ［加］卜正民、［加］傅尧乐编：《国家与社会》，张晓涵译，北京：中央编译出版社，2014年。

47. ［德］赫尔曼·鲍辛格著：《技术世界中的民间文化》，户晓辉译，桂林：广西师范大学出版社，2014年。

48. ［美］本杰明·史华慈著：《古代中国的思想世界》，程钢译，南京：江苏人民出版社，2014 年。

49. ［美］罗伯特·默顿著：《社会理论和社会结构》，唐少杰等译，南京：译林出版社，2015 年。

50. ［美］魏乐博、范丽珠主编：《江南地区的宗教与公共生活》，上海：上海人民出版社，2015 年。

51. 鲁迅著：《且介亭杂文末编》，北京：人民文学出版社，1973 年。

52. 李亦园著：《文化与信仰》，台北：巨流图书公司，1978 年。

53. 高丙中著：《民俗文化与民俗生活》，北京：中国社会科学出版社，1984 年。

54. 路遥著：《义和拳运动起源探索》，济南：山东大学出版社，1990 年。

55. 路遥编：《义和团运动文献资料汇编》，济南：山东大学出版社，2012 年。

56. 中国义和团运动史研究会编：《义和团运动与近代中国社会》，成都：四川社会科学院出版社，1987 年。

57. 从翰香主编：《近代冀鲁豫乡村》，北京：中国社会科学出版社，1995 年。

58. 郑志明著：《台湾民间的宗教现象》，台北：中华大道文化事业有限公司，1996 年。

59. 林惠祥著：《文化人类学》，北京：商务印书馆，1996 年。

60. 魏宏运编：《二十世纪三四十年代冀东农村社会调查与研究》，天津：天津人民出版社，1996 年。

61. 王铭铭著：《村落视野中的文化与权力：闽台三村五论》，北京：生活·读书·新知三联书店，1997 年。

62. 王明珂著：《华夏边缘：历史记忆与族群认同》，台北：允晨文化实业股份有限公司，1997 年。

63. 刘吉主编：《新中国体育史优秀论文集：1984—1994》，北京：奥林匹克出版社，1997 年。

64. 李宁、江百龙主编:《中国武术史略》,北京:人民体育出版社,1997年。

65. 乌丙安著:《中国民间信仰》,上海:上海人民出版社,1998年。

66. 燕子杰著:《中国梅花桩文武大法——中华武术之魂》,青岛:青岛出版社,1998年。

67. 麻国庆著:《家与中国社会结构》,北京:文物出版社,1999年。

68. 濮文起著:《秘密教门——中国民间秘密宗教溯源》,南京:江苏人民出版社,2000年。

69. 温铁军著:《中国农村基本经济制度研究》,北京:中国经济出版社,2000年。

70. 刘平著:《中国秘密宗教史研究》,北京:北京大学出版社,2010年。

71. 戴玄之著:《义和团研究》,北京:北京大学出版社,2010年。

72. 钱穆著:《中国历史研究法》,北京:生活·读书·新知三联书店,2001年。

73. 费孝通著:《江村经济:中国农民的生活》,北京:商务印书馆,2001年。

74. 费孝通著:《乡土中国》,北京:北京出版社,2005年。

75. 杨懋春著:《一个中国村庄:山东台头》,张雄等译,南京:江苏人民出版社,2001年。

76. 侯杰、范丽珠著:《世俗与神圣:中国民众宗教意识》,天津:天津人民出版社,2001年。

77. 赵世瑜著:《狂欢与日常:明清以来的庙会与民间社会》,北京:生活·读书·新知三联书店,2002年。

78. 赵世瑜著:《小历史与大历史:区域社会史的理念、方法与实践》,北京:生活·读书·新知三联书店,2006年。

79. 郑振满、陈春声主编:《民间信仰与社会空间》,福州:福建人民出版社,2003年。

80. 刘晓春著:《仪式与象征的秩序:一个客家村落的历史、权力与记忆》，北京：商务印书馆，2003 年。

81. 赵旭东著：《权力与公正——乡土社会的纠纷解决与权威多元》，天津：天津古籍出版社，2003 年。

82. 翟学伟著：《中国社会中的日常权威——关系与权力的历史社会学研究》，北京：社会科学文献出版社，2004 年。

83. 梁景之著：《清代民间宗教与乡土社会》，北京：社会科学文献出版社，2004 年。

84. 梁漱溟著：《中国文化要义》，上海：上海人民出版社，2005 年。

85. 张士闪著：《乡民艺术的文化解读——鲁中四村考察》，济南：山东人民出版社，2005 年。

86. 张士闪、杜圣昌、赵秋唐编：《真文大武——燕子杰先生与梅花拳》，济南：山东画报出版社，2009 年。

87. 徐显明主编：《以人为本与法律发展》，济南：山东人民出版社，2008 年。

88. 肖唐镖等主编：《当代中国农村宗族与乡村治理——跨学科的研究与对话》，北京：中国社会科学出版社，2008 年。

89. 季羡林著：《牛棚杂忆》，北京：中共中央党校出版社，2009 年。

90. 科大卫著：《皇帝和祖宗：华南的国家与宗族》，卜永坚译，南京：江苏人民出版社，2009 年。

91. 岳永逸著：《灵验·磕头·传说：民众信仰的阴面与阳面》，北京：生活·读书·新知三联书店，2010 年。

92. 岳永逸著：《行好：乡土的逻辑与庙会》，杭州：浙江大学出版社，2014 年。

93. 李文海主编：《民国时期社会调查丛编·宗教民俗卷》，福州：福建教育出版社，2014 年。

94. 冯骥才总主编：《中国非物质文化遗产百科全书：代表性项目卷》（上），北京：中国文联出版社，2015 年。

95. 王加华著：《被结构的时间：农事节律与传统中国乡村民众年度时间生活》，上海：上海古籍出版社，2015 年。

96. 李霞著：《娘家与婆家：华北农村妇女的生活空间和后台权力》，北京：社会科学文献出版社，2010年。

97. 刁统菊著：《华北乡村社会姻亲关系研究》，北京：中国社会科学出版社，2016年。

98. 李晓斐著：《民间权威与地方政治：一个中原乡村的传统蜕变》，北京：知识产权出版社，2016年。

（三）论文类

1. 李世瑜：《义和团源流试探》，《历史教学》1979年第2期。

2. 傅衣凌：《中国传统社会：多元的结构》，《中国社会经济史研究》1988年第3期。

3. 燕子杰：《论梅花拳的文场与武场》，《社会科学研究》1991年第3期。

4. 周伟良：《梅花拳考略》，《成都体育学院学报》1992年第4期。

5. 张士闪：《从梅花桩拳派看义和拳运动中的民俗因素》，《民俗研究》1994年第4期。

6. 张士闪：《灵的皈依与身的证验——河北永年县故城村梅花拳调查》，《民俗研究》2012年第2期。

7. 张士闪：《民间武术的“礼治”传统及神圣运作——冀南广宗乡村地区梅花拳文场考察》，《民俗研究》2015年第6期。

8. 张士闪：《礼俗互动与中国社会研究》，《民俗研究》2016年第6期。

9. 刘铁梁：《村落集体仪式性文艺表演活动与村民的社会组织观念》，《北京师范大学学报（社会科学版）》1995年第6期。

10. 刘铁梁：《村落：民俗传承的生活空间》，《北京师范大学学报（社会科学版）》1996年第6期。

11. 刘铁梁：《村落生活与文化体系中的乡民艺术》，《民族艺术》2006年第1期。

12. 刘铁梁：《感受生活的民俗学》，《民俗研究》2011年第2期。

13. 赵世瑜：《国家正祀与民间信仰的互动——以明清京师的“顶”

与东岳庙为个案》，《北京师范大学学报（社会科学版）》1998 年第 6 期。

14. 赵世瑜：《民俗学的人文学学科特征》，《民俗研究》2011 年第 4 期。

15. ［挪威］弗雷德里克·巴斯：《族群与边界》，高崇译，《广西民族学院学报（哲学社会科学版）》1999 年第 1 期。

16. 车锡伦：《“天地君亲师”牌位的出处》，《民俗研究》1999 年第 3 期。

17. 高丙中：《民间的仪式与国家的在场》，《北京大学学报（哲学社会科学版）》2001 年第 1 期。

18. 周伟良：《梅花拳拳理功法的历史寻绎》，《体育文化导刊》2002 年第 5 期。

19. 刁统菊：《女性与龙牌：汉族父系社会文化在民俗宗教上的一种实践》，《民族艺术》2003 年第 4 期。

20. 黄涛：《村落拟亲属称谓制的社会功能》，《社会科学研究》2003 年第 6 期。

21. 张茂林等：《论梅花拳的组织和特点》，《河北体育学院学报》2004 年第 1 期。

22. 叶涛：《泰山后石坞元君庙与邹城西关泰山香社——当代民间信仰组织的个案调查》，《民间文化论坛》2004 年第 3 期。

23. 牛铭实：《从封建、郡县到自治：中国地方制度的演变》，《开放时代》2004 年第 6 期。

24. 贺雪峰：《乡村治理研究的三大主题》，《社会科学战线》2005 年第 1 期。

25. 韩建中：《冯克善原系梅花拳门派人》，《中华武术》2005 年第 7 期。

26. 冯尔康：《简论清代宗族的“自治”性》，《华中师范大学学报（人文社会科学版）》2006 年第 1 期。

27. 王加华：《社会节奏与自然节律的契合——近代江南地区的农事活动与乡村娱乐》，《史学月刊》2006 年第 3 期。

28. 范丽珠：《公益活动与中国乡村社会资源》，《社会》2006 年第

5期。

29. 苗月霞：《乡村民间宗教与村民自治：一项社会资本研究》，《浙江社会科学》2006年第6期。

30. 高丙中：《一座博物馆——庙宇建筑的民族志》，《社会学研究》2006年第1期。

31. 周星：《民俗宗教与国家的宗教政策》，《开放时代》2006年第4期。

32. 赵旭东：《中心的消解：一个华北乡村庙会中的平权与等级》，《社会科学》2006年第6期。

33. 周伟良：《梅花拳信仰研究——兼论梅花拳的组织源流》，《北京体育大学学报》2006年第6期。

34. 刘宗迪：《民俗志与时空观的地方性》，《民间文化论坛》2007年第1期。

35. 岳永逸：《家中过会：中国民众信仰的生活化特质》，《开放时代》2008年第1期。

36. 庄孔韶等：《中国乡村研究三十年》，《开放时代》2008年第6期。

37. 陈勤建、衣晓龙：《当代民间信仰研究的现状和走向思考》，《西北民族研究》2009年第2期。

38. 姜彩芬：《面子文化产生根源及社会功能》，《广西社会科学》2009年第3期。

39. 杨学新、庞琳：《20世纪二三十年代河北农村社会状况调查述评》，《河北学刊》2010年第4期。

40. 李向平：《中国信仰的实践逻辑》，《学术月刊》2010年第6期。

41. 贺雪峰、刘岳：《基层治理中的“不出事”逻辑》，《学术研究》2010年第6期。

42. ［美］魏乐博、张士江等：《对话宗教与慈善公益》，《世界宗教文化》2011年第2期。

43. 高丙中、夏循祥：《作为当代社团的家族组织——公民社会的视角》，《北京大学学报（哲学社会科学版）》2012年第4期。

44. 庄孔韶：《作为文化的组织：人类学组织研究反思》，《思想战线》2012 年第 4 期。

45. 凌静园：《武术师徒传承模式的文化分析》，《中华武术》2013 年第 4 期。

46. 刁培俊：《官治、民治规范下村民的“自在生活”——宋朝村民生活世界初探》，《文史哲》2013 年第 4 期。

47. 唐韶军：《梅花拳何以成为“义和拳运动”的主导力量》，《民俗研究》2013 年第 6 期。

48. 耿波：《乡规民约治下的社区传统与城镇化调适》，《中国政法大学学报》2015 年第 3 期。

49. 李海云：《信仰与艺术：村落仪式中的公共性诉求——鲁中东永安村“烧大牛”活动考察》，《思想战线》2014 年第 5 期。

50. 颜军：《“自治”与“官治”：从地方自治改革看清朝的灭亡》，《广东社会科学》2014 年第 6 期。

51. 张国栋等：《梅花拳的复兴与华北乡村的群体认同》，《民俗研究》2016 年第 5 期。

52. ［日］菅丰：《公益与共益：从日本的“社会性”传统再构成看国家与民众》，陈志勤译，《民俗研究》2016 年第 6 期。

53. 李生柱：《冀南醮仪中“功”的逻辑与实践——兼论民俗语汇作为民俗学研究的一种可能路径》，《民俗研究》2016 年第 6 期。

54. 赵旭东、孙笑非：《中国乡村文化的再生产——基于一种文化转型观念的再思考》，《南京农业大学学报（社会科学版）》2017 年第 1 期。

55. 学愚：《菩萨范式及其转换》，《世界宗教研究》2017 年第 3 期。

二、英文类参考文献

1. Malinowski, B., & Redfield, Robert. (1948). *Magic, science and religion and other essays.* Boston: Beacon Press.

2. Gamble, S. (1963). *North China villages; social, political, and economic activities before* 1933. Berkeley: University of California Press.

3. Talcott Parsons, Max Weber.(1964). *The Theory of Social and Economic Organization*, New York: The Free Press of Glencoe.

4. Barth, Fredrik.(1965). *Models of Social Organization*, Royal Anthropological Institute of Great Britain & Ireland.

5. Yang, C.(1970). *Religion in Chinese society; a study of contemporary social functions of religion and some of their historical factors.* Berkeley: University of California Press.

6. Overmyer, D.(1976). *Folk Buddhist religion: Dissenting sects in late traditional China.* Cambridge: Harvard University Press.

7. Chien-yu Julia Huang, 2001, Recapturing Charisma: Emotion Globalizing Buddhist Movement from Taiwan, Dissertation. Boston University.

8. Ashiwa, Y., & Wank, David L.(2009). Making religion, making the state: The politics of religion in modern China. Stanford: Stanford University Press.

9. Katz, P.(2009). Divine justice: Religion and the development of Chinese legal culture (Academia Sinica on East Asia). London; New York: Routledge.

10. Johnson, D.(2009). *Spectacle and sacrifice: The ritual foundations of village life in North China.* Cambridge: Harvard University Asia Center: Distributed by Harvard University Press.

11. Goossaert, V., & Palmer, David A.(2011). *The religious question in modern China.* Chicago: University of Chicago Press.

12. Katz, P.(2014). *Religion in China & Its Modern Fate.* Waltham: Brandeis University Press.

附　录

一、〔清〕杨炳《习武序》①

有谓至治之世而武可以不练，此言之者迂也。盖武可以百年不用，不可一日不备。自古圣帝明王莫不隆文重武，公卿大夫率皆出将入相。无如时至近今，每多庸儒俗子，互相讥笑，文而弗武者有之，武而弗文者有之。此无他，皆所以自待薄而期许者浅也。故孟子曰：待文王而后兴者，凡民也。若夫豪杰之士，虽无文王犹兴。

炳幸中探花（1712），愧无全才之足录，幸有才长之堪信。每遇亲友，屡请教授，恐为人之所患。若欲隐密，俱负师之所传。无可奈何，须俟尚志好学之士，将管窥微技细细说。倘学者诚心习之，宝珍爱之，如君子深造之以道，焉知无左右逢源之乐，七日不食弹琴咏歌之乐趣乎！时而穷也，保身保家；时而达也，可以卫君卫国。治四海如磐石之安，登万民于仁寿之域，讵曰小补之哉！

时乾隆七年（1742，炳71岁）岁次壬戌春二月朔一日，原任御前侍卫壬辰科探花及第杨炳虎文甫编著，儒学生员王端儒校阅。校字受业门人岳金梁擎天、武登科镇远表侄周名久健庵、男兆熊梦叶。[此板存北京白云观，道光乙未（1835）刻板重印，同治十二年（1873）问世]

【立教条目】

（拳堂中间立“天地君亲师”神位）

---

① 该《习武序》手抄本由北杨庄村民邢尚娥收藏。

左书：振三纲须赖真武，论纲常要恃文友讲。

右书：整五常全凭大文，定太平还让武将能。

上书：一贯之道。

设炉次第：上三炉，左一炉，右一炉。

上香定则：五炉上香不必拘定，一握十数炷。上三炉或一握六炷，东炉三炷，西炉五炷。亦可为其贫富不等，只要诚敬为主，且简可行。

拜师祖仪注：每逢朔望日期，定行三跪九叩首之礼，平常日期只行一跪三叩首之礼，亦诚敬为主。

拳堂中徒拜师仪注：拜师时只可先一揖，次叩两头，再一揖。若在别处见师，只用一揖。若久久不见，即叩首亦无不可。

历来相传武祖要言，如文子敬孔子，使人有过庙生肃、过墓生哀之意。真性本于天生，教道成于师传。

上拜收元老祖。收元老祖即天地也。言一元之气，化生万物，成始成终，故为收元老祖。

次拜均天教主。均天教主即帝王也。言一人立教，居中治外，六合一家，故为均天教主。

终拜东都护法。东都护法即亲师也。言一生气肇东，生我成我，恪遵王法，故曰东都护法。不可退前落后，切忌忘师背祖。然后再一愿，不可犯上作乱，连累父兄。如孔子曰：如所否者，天厌之，天厌之。师立于左边，学徒望上叩首，如前述拜法。

【习武规矩十二条】

第一条：凡立教之始，务要他知孝弟忠信、礼义廉耻之道，异日可以入则事其父兄，出则事其长上，不愧有勇知方之士。

第二条：凡入教之时，务要他知身体发肤受之父母，不敢毁伤。讲习武艺，所以保身体；好勇斗狠，所以危父母。切宜熟记。

第三条：凡习武务要使他知拳脚为枪棍之母。不活拳脚，则枪棍不获臻其妙。徒尚拳脚，则遇敌不克取其胜。二者兼之，方得其趣。

第四条：凡学技之士，务要知安详恭敬。虽曰手舞足蹈，似与文人不同，而其神化莫测，非粗心浮气者所能入也。昔宋将岳武穆，上马如无敌天神，下马如有道贤人。

第五条：凡入拳堂时，务要沉细，不可喧哗，方可知进退之中有妙着，趋避之内有利害。万不可视拳脚如戏场，则学习终有进益。

第六条：凡出拳堂时，务要如见大敌，不可轻忽，当思何法可以破他，何着得以胜他。久久习之，可以登堂入室。

第七条：凡见师面，即便站起，不可视若路人。每见庸师俗弟子之辈，并肩而行，同凳而坐，全无师弟之分，绝无尊敬之意。一则师艺浅，二则弟心傲，所以徒有习武之名而全无真艺之用也。

第八条：凡师弟授受之际，弟子却不听。俗人曰：不打师傅不得妙着。每有乘师无备，偷刺暗打，最是轻狂可恶。窃思奇着妙法，【补：孰有圯上老人，必待子房三进礼而后授，盖奇着妙法，】何师无之，皆因弟子轻薄不知尊师重道，故秘而弗传。况奇着妙法，俱是杀敌之毒手段，倘若轻施，弟必受伤，定要缓缓传授，慢慢讲说，始堪有得。自古学武难，传武更难。因材而教，文武皆然，岂可躐等也哉！

第九条：凡入教习武之士，谅其身之强弱、人之雅俗，如讲道书生只可缓授其进退之法、闪磕之术、步骑身势而已，断不宜拳打脚踢，与门浑者一样看也。

第十条：凡拜师，于每月朔望日期，只行二拜礼，不必同君亲之礼。何也？礼有隆杀，过犹不及，方免足恭之讥。切记，切记。

第十一条：凡教习武之士，当尊孔子有教无类。不然，仲弓不得列德行之科，互乡鲜克有见圣之童。务使其改过自新，正见人才难得故耳。

第十二条：凡传教之师，断不可重利轻艺。苟受匪人，败名丧德，明有王法，暗有神鬼，可轻泄哉！孔子曰：我待价者也。价非千两银万两银，是待有尊德之君、重道之主。卑礼厚聘，方可出而仕也。如千银万金，礼若涕唾，岂足以动至圣之心，教者当如是耳。

武教条约立于前，因可取信于众。若不再设立或问数条，恐心有神疑，习武不传。故再立或问之说，使人深服于心，再后武教可成。

或问曰：叟年已七旬有一，正静养时也，犹斤斤以武艺为念，常常讲说，毋乃非自重之道，延年益寿之方乎？答曰：贫当益坚，老当益壮。窃思由泮水以登鹰扬，由鹰扬以升会武历至殿试。圣祖仁皇帝特授探花二等侍卫，恩至重也。屡蒙皇赏，情至厚也。每与同朝比武较艺，侥幸俱捷，名至美也。年虽老迈，犹欲得好学尚志之士，诚心习之，庶宿学之。武长可继后生之玉成有期，予岂好劳哉？予不得已也。

或问曰：将者操旗鼓耳，一剑之力，非将任也，奚用技为？答曰：否，否，不然。盖为将者身先士卒，若技艺，士卒之勇怯不得知，行伍之整乱不得明，赏罚之厚薄不得平。况处玉石不分之际，敌惟恐不获将领为首功，武艺重乎？不重乎？

或问曰：武艺者，兵丁之所先，士民之所缓，似为不急之务。答曰：否，否，不然。盖大夫生而志在四方，士居四民之首，自古士子出门，每携琴剑书箱。夫琴者，禁也，禁止邪妄，而妇中正为调养性情之具。至于剑，讵能使贼一见而即避，能于百步之外取人首者乎？今者腐儒每笑武为鲁夫，宜为元之邓弼肆酒而怒叱者乎？推之农工商贾，在所宜习，概可知矣。

或问曰：何谓把势？何谓学活？答曰：把者握也，操也；势者，因利而制权，以静而待动，如转圆石于千仞之山，一发而入无补救之术，此之谓也。学之为言效也，活者不拘上下左右前后，顾之严，备之密，不露破绽。设若二人比武，数人较技，要看他力从何处来，待旧力略过新力未来而乘之，则无不胜也。或谓肘靠之法，先用虚着哄他进来，我的枪棍侵入他二三尺急力拍开，务要以响为度。经曰：一声响处值千金，彼失提防我便赢。至精至妙之诀也。

或问曰：武者粗迹也，文者细事也。分言一贯，予惑滋甚。曰：坐，吾明语子。圣人之心譬如明镜止水，无彻不照，事来随应，不先事而为之备，不后事而为之留，深合时措之宜，切契内外之道，如天之无不覆，如地之无不载。《易》曰：其惟圣人乎！知进退存亡而不失其正者，其惟圣人乎！

孔子曰：我战则克。夫克无他术，唯以静待动也，以逸待劳也，以主待客也。静待之义即君子之道费而隐也。其大无外，其小无内，可谓费矣。然其理之所以然，则隐而不可见也。鲁《论》曰：小不忍则乱大谋。苏子曰：一勇可以支百勇，一静可以致百动。文经曰：定静安虑。鲁《论》曰：临事而惧，好谋而成，子之所慎齐战疾，善人教民七年亦可即戎矣。自古名将之统众兵，临大敌不动如山岳，难测如阴阳，静如处女，动若雷电。武经曰：致人而不致于人，早而骄之，逸而劳之，作之而知动静之理，角之而知有余不足之处。用而示之不用，不用而示之用，神而明之，化而裁之，运用之妙存乎一心。总不外乎主敬之心，格物之学，故曰一贯之道，岂予无根之谈而诈妄欺人也哉！

【一贯之道】

易有太极，是生两仪，两仪生四象，四象生八卦，八卦生六十四卦，生生无穷。夫一者，太极也。贯者，生生不穷之仪也。《易》曰：生生之谓易，阴阳不测之谓神。夫乾，其静也专，其动也直，是以大生焉。夫坤，其静也翕，其动也辟，是以广生焉。天地设位，而易行其中矣。成性存存，道义之门，引而伸之，触类而长之，天下之能事毕矣。子曰：知变化之道者，其知神之所为乎？世子欲学文武之道者，一而已矣，讵可泛视也哉！

问：至圣之心如明镜止水者，何谓也？答曰：即周子通书，曰寂然不动者诚也，感而遂通者神也，动而未形有无之间者几也。诚精故明，神感故妙，几微故幽。几、诚、神曰圣人。谓一为太极者，何谓也？答曰：道为太极，心为太极，万物之理具于一心，随感而应，皆合其宜，如四时行百物生，故曰圣人一太极。

【附记】

妙诀：

刚在他力前，柔乘他力后，

彼忙我待静，知拍任君斗。

咏太极诗：

要落空浑是有有，非滞物寂如无无。

不知太极森然处，三复濂溪太极图。

古肥郡邑庠生刘汉裔敬

叙：

尝闻拳师鸣九王氏本鹤之言曰：古铜台大名府内黄县有伊契友虎文杨氏，讳炳。武烈出众，中壬辰科探花。予信其略比黄、吕，法术效孙、吴，勇过伍明甫，运筹帷幄之中，决胜千里之外。今观其佳作，所载武略规模，礼佛仪注，故予会文武童子，不特武略骎骎师尚父，更有文章祖先尼，故敢破胆献丑，沐手俚言赞于后。

赞曰：

佳作出自杨虎文，武艺文章两绝伦；

探花及第非侥幸，果是忠君报国臣。

识见高明达时务，龙潭虎穴难久存；

致仕养亲归故里，满腹经纶谁认真。

金鲤已化黄池隐，安贫乐道耕有莘；

老生勤施趋庭教，公子科会定超寻。

古海陵邑庠生孙文宣敬题

赞曰：

十载寒窗苦用心，得会皇榜第三人；

名满天下咸钦仰，丹心报国扶明君。

大鹏初展垂天翅，金钱钩出虎狼群；

正当统军为元帅，忽动终养一片心。

致仕孝亲为处士，愿效伊尹耕有莘。

又曰：

先生武艺比人强，文章超群不寻常；

曾中壬辰探花客，名传九州达四方。

御前侍卫官爵贵，有福有寿子孙昌；

奉旨回籍行孝道，忠孝两全姓名扬。

道光二十三年岁次癸卯暮春朔四日重抄（公元1843年）

（民国十年阳月敬抄）

二、广宗县梅花桩研究会第一届委员会成员名单[①]

名誉顾问：

韩复光　北京市梅花桩拳研究会会长

韩建中　北京市梅花桩拳研究会秘书长，北京市警官大学总教练

韩百广　河南省农民企业家，梅花拳大师

路　遥　中国梅花义和拳研究会常务副会长，山东大学教授

燕子杰　山东大学武术协会副会长，教授

顾问：

申振元　邢台市西大街梅花拳师

史多月　平乡县油召梅花拳师

张存生　南宫市王家庄梅花拳师

张文洲　威县李家寨梅花拳师，威县梅花拳研究会会长

赵安居　威县沙柳寨梅花拳师

张清俊　广宗县董里集“天友武馆”红拳拳师

曹振国　广宗县城西关三星炮锤拳拳师

侯九林　广宗县砖窑红拳研究会会长

李春肖　广宗县西杜武术学校校长

韩勤祥　广宗县件只村红拳拳师

刘保华　广宗县史志办公室主任

朱凤理　广宗县件只村红拳教练，广宗县武术协会秘书

名誉会长：

徐学清　中共广宗县县委书记

名誉副会长：

石书明　广宗县县长

李太运　中共广宗县县委副书记

菅新月　广宗县副县长

---

① 下列资料由北杨庄村民王占、王尚信、邢尚娥等人提供。

杨志东　广宗县体委副主任

张尚义　广宗县水泥袋厂厂长，广宗县武术协会主席，邢台地区武术协会委员

张尚平　中共广宗县李怀乡党委书记

郝书更　广宗县李怀乡乡长

谷鸿凯　中共广宗县谷常相村党支部书记

王增勉　广宗县饴糖厂厂长，广宗县武术协会秘书长，邢台地区武术协会委员

会长：

谷景华　广宗县谷常相村梅花拳师

副会长：

李保珍　广宗县城关东街梅花拳师

潘金贵　广宗县侯家寨梅花拳师

邢银超　广宗县杜杨庄梅花拳教练

秘书长：

谷奎勋　广宗县谷常相村梅花拳教练

副秘书长：

谷恒通　广宗县谷常相村梅花拳教练

委员：

邢尚彬（组织组长）　广宗县杜杨庄梅花拳师

杨清滏（理论组长）　广宗县中清村梅花拳师

李怀存（秘书组长）　广宗县后马井梅花拳师

谷朝君（训练组长）　广宗县谷常相村梅花拳教练

孟祥君（后勤组长）　广宗县谷常相村梅花拳师

孟祥朝（顾问组长）　广宗县谷常相村梅花拳师

陈洪善（医疗组长）　广宗县前魏村梅花拳师

谷奎欣　广宗县谷常相村梅花拳教练

张保顺　广宗县王常相村梅花拳师

张兰坤　广宗县王常相村梅花拳师

赵培荣　广宗县赵伏城村梅花拳师
刘云鹤　广宗县刘全寨梅花拳师
张进孝　广宗县油坊梅花拳师
王春廷　广宗县徐家庄梅花拳师
张俊同　广宗县后平台梅花拳师
王永皋　广宗县赵寨村梅花拳师
王　占　广宗县杜杨庄梅花拳师
谷桂生　广宗县谷常相村梅花拳师
郑修仁　平乡县霍洪村梅花拳师
田保义　平乡县马庄梅花拳师
马永林　平乡县中马鲁村梅花拳师
郭文英　巨鹿县郭家庄村梅花拳师
孙德昌　巨鹿县黄家屯村梅花拳师
苗清波　巨鹿县苗家庄梅花拳师
黄辰忠　威县康寺村古梅花拳师
谷奎点　广宗县谷常相村梅花拳师
徐清江　广宗县城北关街梅花拳师

三、广宗县梅花桩研究会章程

（一）梅花桩研究会的宗旨

梅花桩研究会隶属于中华全国体育总会，应在广宗县体委、体育总会和武术协会的领导下开展工作。为了挖掘、整理、继承和发展祖国优秀文化遗产“五势梅花桩”，为了调查、研究梅花拳在历史上参加景廷宾起义和义和团运动的光荣历史，为了锻炼身体，陶冶情操，提高技术水平，培养后辈人才，团结广大武术界同仁，坚持百花齐放、百家争鸣，取长补短，相互促进，共同发展武术事业，为祖国“四化”建设服务。

（二）梅花桩研究会的组织原则

1. 委员会由60人组成，其中，名誉顾问5人，顾问12人，名誉会长1人，名誉副会长9人，会长1人，副会长3人，秘书长1人，副秘书长1

人，委员27人，委员会下设组织、理论、秘书、训练、后勤、顾问、医疗7个组，各组长由委员兼任。

2. 由正、副会长，正、副秘书长和分委员会委员组成常委会主持日常工作。有重要事情召开全体委员会讨论决定。

3. 本会根据需要，聘请顾问若干人，顾问可对本会活动提出意见和建议，必要时邀请顾问参加委员会的会议讨论工作。

4. 自本会成立之日起，凡本拳种的同行，愿尊重本会章程者，均可申请入会。

5. 吸收新会员应召开委员会讨论通过。

6. 本会的活动根据各村情况成立若干运动队，分别进行武术锻炼。

7. 各业务的成员，由各业务组长提名，提交常委会研究确定。

8. 委员会成员任职期限为四年，届满改选；遇有特殊情况可以提前或推迟。

（三）梅花桩研究会章程

1. 坚持四项基本原则，在党的领导下为我国的文化体育事业的发展，为我国传统武术项目的开展和普及贡献力量。

2. 全体会员愿在广宗县体委、体育总会和武术协会的领导下开展活动，遵守县体委、体育总会和武术协会的一切规章制度，服从领导，贯彻上级决定，挖掘整理与发展改革梅花桩武术项目，调查、研究梅花拳在历史上参加景廷宾起义和义和团运动的史实和英雄人物，继承和发扬当地人民的优良文化传统。

3. 全体会员应与本县武术界同行一起，破除门户之见，加强团结，相互交流，相互学习，为了使更多的人有健壮的身体、健康的思想、坚强的意志而服务。

4. 全体会员都应热爱劳动，热爱本职工作，努力学习，坚持锻炼，为武术的普及和发展而努力。

5. 凡研究会会员都应遵纪守法，尊长爱幼，孝师爱徒，讲武德武风，要虚心学习，刻苦练功，解放思想，破除迷信，无私授艺，诚心传人。

（四）梅花桩研究会的权利

1．会员均享有选举权和被选举权。

2．会员有权向委员会提出各种建议和意见，改进本会工作。

3．会员有权参加本会举办的各种活动。

4．会员有要求学习本拳种各位前辈人武功技艺的权利。

（五）梅花桩研究会会员的义务

1．全体会员必须遵守本会章程，接受委员会的领导，执行本会决议，按时缴纳会费（半年不缴会费按退会处理）。

2．全体会员都应本着勤俭节约的方针开展一切活动，爱护公物。

3．全体会员必须团结友爱，遇事商量，发扬民主，开展批评与自我批评，同一切封建迷信、保守落后和坏人坏事及不团结的现象做斗争。

广宗县五势梅花桩研究会委员会
一九八九年九月

四、广宗县梅拳协会辅导站各站负责人名单

站　名	站　长	副站长	教　练
北杨庄	王　占	邢尚宝　邢尚彬　周玉坤	邢玉栋　王林元
前魏村	李聚行	李玉普　王林茂　范国强	孙瑞洲　李增振
前马井	李瑞铎	李济民　李尚夫　吕秀柱	张纪刚　于献民
谷常相	孟祥朝	刘景秋　谷景宾	孟祥朝
东北街	王培浩	王振春　徐文臣　范志坤	王培浩
赵家寨	潘元海	王化忠	白汝芹　张林振
南寺郭	张丙亚	陈文献　靳全彩	李明增
赵伏城	赵保全	赵敬敏　高玉顺	贾广荣
前枣科	代西连	代景良　张俊杰	葛灵昌

后 记

理解中国乡村，实属不易。本书系笔者在博士学位论文基础上修改而成，主要是关于梅花拳与乡村组织民俗研究的一些田野思索。

坦白讲，我始终认为自己是一个比较拙笨的人。幼时的我成长于鲁南地区一个平凡无奇的乡村，但回想过去，乡间的生活既快乐又纯粹。童年时，三五小伙伴常聚到一起，在坑洼中刨土，从浅沟里摸鱼，采洋槐叶做哨，用湿泥巴糊墙，乐趣自在横生。那时的乡村，河水是清澈的，天空是湛蓝的，麦地里还能碰到四处奔飞的野鸡。这些颇具田园化的生活意象，构成了我们这些孩童对乡村的最初感知。近些年，不间断的念书求学，给了我走出乡村看世界的机会。回首再看，似乎我与不少同为乡村出身的“民俗学人”又有着大体一致的感慨：真正理解中国乡村，何其难也！犹记得爷爷在生前常以“不为最先，不耻最后”的八字格言教导儿孙，或许正因于此，也激励着我这个愚笨的人在理解乡村的道路上不断前行。

田家少闲月，五月人倍忙。民俗学田野成果的产出从来都离不开地方乡民的无私襄助。在本书进行田野调查和写作期间，河北省广宗县政协原主席李云豪先生不辞辛劳，百忙之中抽出时间陪同调查，为我提供了周到妥帖的田野保障，一言一行令人感动。他还时常与我沟通调查心得，使我受益良多。广宗县北杨庄王尚信、王占、邢银须、邢银超、邢尚娥、邢胜君、邢尚宝、邢尚奇、刘金永、王奇亮、王凤莲、赵玉敏、刘正茂及前魏村李玉普、杜家庄张锡景（已故）等村民数年来对我关怀备至，田野调查期间我经常吃住在农家，总能真切地感受到浓浓的乡情与乡谊。当然，需要感谢的乡民太多，人名难免挂一漏万，恕不能一一列出。淳朴善良的北杨庄人，谢谢你们！

自闻颖师弹，起坐在一旁。感谢我的博士生导师张士闪教授，这本小书的选题是几年前我们在河北乡村田野调查的磋商中获得的。士闪老师博物多闻，达士通人，在我学习、工作过程中都给予了莫大的关心与支持。每当我遇到困惑或者难处，他虽寥寥数言，却总能拨云见日，直指“病灶”所在。点滴之间，师恩自是难忘。感谢山东大学民俗学研究所刘德龙研究员、刘铁梁教授、刘宗迪教授（现就职于北京语言大学）、刁统菊教授、李浩副教授、王加华教授、朱以青教授、赵彦民教授（现就职于大连外国语大学）和龙圣副教授等老师们一直以来对我的帮助。感谢校外导师美国波士顿大学魏乐博（Robert Weller）教授与赵世瑜教授、李松研究员、赵旭东教授、张瑞威教授、金光亿教授、马广海教授、李善峰研究员、高迎刚教授、张从军教授、陈国忠教授、耿波教授，以及我的博士后导师陈利根教授、季中扬教授等老师们，在本书写作期间给予的学术启迪和知识点拨。感谢国家公派留学基金项目、民政部中国慈善联合会“竹林计划”科研项目和国家出版基金项目提供的研究及出版经费支持。

浮云游子意，落日故人情。感谢李海云、蒋帅、周连华、雷明月、沈婉婷、赵京伟、崔丛聪等同仁对我数轮田野调查任务的鼎力支持，感谢李生柱、孔军、刘捷、张帅、朱振华、井长海、袁大伟、褚强、李浩、朱明等好友对我的帮助，感谢南京农业大学民俗学研究所诸位同仁的关心和鼓励。特别感谢齐鲁书社编辑刘海军老师，他不仅为人谦和，校对书稿更是认真负责，为本书的出版耗费了大量的心力。我相信：岁月久长柔如海，友情绵深厚似歌。

最后还要感谢我的父母与家人，你们是我不断前行的最大动力。

臧克家先生曾言：“人生永远追逐着幻光，但谁把幻光看作幻光，谁便沉入了无底的苦海。”其实，理解乡村与理解人生一样，皆为不易。幻光也好，苦海也罢，个中滋味，暖冷终须自尝。是为记。

张兴宇

2019 年冬于南京钟山